The Intellectual Tradition of Modern Germany

Volume 1

The
Intellectual Tradition
of
Modern Germany

A Collection of Writings from the Eighteenth to
the Twentieth Century

Compiled by

RONALD TAYLOR
Professor of German, University of Sussex

Volume I

Philosophy, Religion and the Arts

LONDON
G. Bell & Sons Ltd
1973

316123

ISBN 0 7135 1657 7 Hardback
ISBN 0 7135 1658 5 Paperback

Printed in Hungary by Franklin Printing House

To KCJ
and to M *in memoriam*

CONTENTS

Preface   xi
Acknowledgments   xvii

LESSING: (i) *Das Christentum der Vernunft*   1
         (ii) *Über die Entstehung der geoffenbarten Religion*
         (iii) *Über die Wirklichkeit der Dinge außer Gott*

Introduction   1
Text (i)   5
Commentary   8
Text (ii)   9
Commentary   10
Text (iii)   11
Commentary   12

HERDER: *Shakespear*   13

Introduction   13
Text   16
Commentary   32

KANT: *Was ist Aufklärung?*   36

Introduction   36
Text   39
Commentary   46

KANT: *Das Ende aller Dinge*   48

Introduction   48
Text   51
Commentary   62

SCHILLER: *Was kann eine gute stehende Schaubühne eigentlich wirken?*
(Die Schaubühne als eine moralische Anstalt betrachtet)   64

Introduction   64
Text   68
Commentary   78

FICHTE: *Über den Grund unseres Glaubens an eine göttliche Weltregierung* 82

Introduction   82
Text   86
Commentary   95

SCHELLING: *Über den wahren Begriff der Naturphilosophie*   97

Introduction   97
Text   102
Commentary   118

GOETHE: *Shakespeare und kein Ende*   120

Introduction   120
Text   124
Commentary   132

HÖLDERLIN: (i) *Der Abschied*   134
           (ii) *Die Wanderung*

Introduction   134
Text (i)   139
Commentary   140
Text (ii)   141
Commentary   144

FRIEDRICH SCHLEGEL: *Rede über die Mythologie*   145

Introduction   145
Text   149
Commentary   155

E. T. A. HOFFMANN: *Beethovens Instrumentalmusik*   156

Introduction   156
Text   160
Commentary   166

HEGEL: *Über das Wesen der philosophischen Kritik*   168

Introduction   168
Text   174
Commentary   185

SCHOPENHAUER: *Zur idealistischen Grundansicht*   187

    Introduction   187
    Text   191
    Commentary   205

NIETZSCHE: *Von den ersten und letzten Dingen*   207

    Introduction   207
    Text   212
    Commentary   234

NIETZSCHE: *Mahnruf an die Deutschen*   237

    Introduction   237
    Text   239
    Commentary   242

DILTHEY: *Die Kultur der Gegenwart und die Philosophie*   244

    Introduction   244
    Text   249
    Commentary   262

DÖBLIN: *Von der Freiheit eines Dichtermenschen*   265

    Introduction   265
    Text   269
    Commentary   275

JASPERS: *Über Bedingungen und Möglichkeiten eines neuen Humanismus* 277

    Introduction   277
    Text   282
    Commentary   303

HEIDEGGER: *Was heißt Denken?*   305

    Introduction   305
    Text   311
    Commentary   321

Bibliographical Note   322

PREFACE

The intention of these two volumes is to offer a selection of original writings which shall represent the major concerns of German philosophers, poets, historians, political and social thinkers over the last two hundred years and reveal the issues and emphases that have shaped the intellectual life of modern Germany.

Any historical sequence that claims to constitute a 'tradition' cannot but present a complex surface and conceal an at times apparently contradictory nature. There may be movement in abundance, but no necessary progress. Culture may at times have been felt to be under attack, but there were different views on how—or whether—to defend it. A general spiritual malaise may even have been diagnosed, but there were varying opinions on how—or whether—to treat it: *quot medici, tot morbi.* Since, therefore, it has been my aim to assemble a body of source-material on widely different subjects and by widely different authors, the historical tradition of modern German thought is necessarily and deliberately preserved in its natural heterogeneity. A trend in philosophy may have its own momentum and its own set of influences, yet run counter to a contemporary trend in historiography or political theory. Moreover the history of German thought reveals an often destructive polarisation of rational and irrational principles.

At the same time, however, the tradition has within it certain recurrent factors, related responses to historical situations or psychological pressures, and it is these that I have sought to make explicit. Philosophical idealism; spiritual inwardness and the pursuit of an egocentric *Lebensanschauung;* the power of *Geist* and a faith in the organic wholeness of life and experience; devotion to art and to aesthetic modes of experience; political and cultural particularism, and the subsequent self-conscious aggressiveness of the search for a national identity; Prussian conservatism and militarism *versus* intellectual liberalism: these are some of the component values distinguishable within the tradition as a whole, and each has in turn its own sectional tradition. Inevitably these sectional traditions coalesce at many points, the one affecting the course of the other, but this does not invalidate their independent impulses and functions. At one moment a philosophical concern may predominate, at another a political.

The heavier concentration of eighteenth- and early nineteenth-century writers in the religious, philosophical and aesthetic spheres (Volume One), and of late nineteenth- and early twentieth-century writers in the fields of history, politics and sociology (Volume Two), reflects these fluctuations within the historical pattern itself. Likewise the tendency to spiritualisation and the recourse to the metaphor of the organic self-fulfilment of individual and corporate entities reveal themselves in figures as different as Goethe and Spengler, Herder and Hegel.

There is of course a certain arbitrariness in regarding one particular moment as the *fons et origo* of a tradition. Determined searching will always disclose arguable precedents, of varying validity, and the chronicler can only try to steer a course between the Scylla of uncritically accepted novelty and the Charybdis of infinite regression. I have been concerned, however, not to point to the alleged historical origins of important and persistent modes of thought but to illustrate this importance and persistence through the work of significant writers. Modern German history, political, social and intellectual, cannot be understood solely in terms of nineteenth-century industrialism, European balance-of-power politics since the Congress of Vienna and the belated unification of the Reich of 1871. One has to follow the line that leads back to Luther, and beyond Luther to the Middle Ages. For the purposes of this collection of writings, therefore, the presence of Luther (felt in Lessing, Nietzsche and others), as of the authoritarianism (Hegel, Nietzsche), mysticism (Novalis), Christian universalism (Herder, Hesse) and other forces of the medieval tradition, must be ensured, and I have tried to do this by drawing on thinkers in whose works the living influence of these historical forces is made explicit, works which may be as different as Novalis' *Die Christenheit oder Europa* (Vol. II, p. 17) and Thomas Mann's *Deutschland und die Deutschen* (Vol. II, p. 227). The same approach has been followed in other circumstances where this principle of historical continuity is at stake. Sometimes the continuity may be made explicit in the chosen text itself, sometimes it may be conveyed through the import of the writer's work as a whole—in which case the introduction will seek to indicate what this import is—and sometimes both. Thus in the absence of, for example, a piece of writing by Husserl, the importance of the phenomenological movement in the twentieth century can still be conveyed through Heidegger (Vol. I, p. 305), Jaspers (Vol. I, p. 277) and Max Scheler (Vol. II, p. 83).

The material *en bloc* has been conceived as a single unit, and its division into two volumes is basically a mere matter of convenience. However, if there is to be a division, one can fairly distinguish between, on the one hand, a body of writings, philosophical and aesthetic, centred on eighteenth- and nineteenth-century idealism and the subsequent reaction against it, and on the other hand, essays devoted to the social needs,

political responses and national aspirations of a succession of different
Germanys from the late eighteenth century to 1945. Clearly there are
areas of overlap, just as there are dominating personalities whose work
straddles any line of demarcation: Marx, for example, could be presented
qua philosopher as well as political agitator, and Brecht *qua* theorist of
drama as well as spokesman of Communist *engagement*. But again it is
with the centrality of recurrent themes that I have been most concerned,
so that alongside giants like Kant and Goethe I have needed to include
lesser figures who reveal quite different but equally significant facets
of German intellectual life.

Almost all the chosen texts were written as independent essays or
lectures. The few exceptions—the pieces by Schopenhauer, Nietzsche,
Friedrich Schlegel and Freud—were composed as self-contained parts
of larger works and have an equally demonstrable conceptual unity. All
the passages are complete: there are no excerpts or collages, so that each
author's trains of thought, and the style in which he couches them, may
be observed without distortion or editorial 'interpretation'. What matters
for an understanding both of specific content and of mood and style is
above all a personal experience of the writer's actual words, and the
texts, at the centre of attention, therefore stand complete as the primary
utterances that they are.

Because I have been concerned with the historical forces that have
helped to make the present what it is, I have not included examples of
the most modern manifestations of the various lines of thought. Marcuse
and Habermas, for instance, have their fashionable following today: a
few decades hence they too will have become parts of a tradition. This
book has rather the purpose of trying to present the elements of the
traditions which these and other modern writers have inherited, and
which therefore help to explain contemporary attitudes. The focus is on
the immediate past rather than on the present. And one can, after all,
only understand the present in terms of the past.

Or to illustrate by another example: it may be possible to see Hitler
in the context of a specifically German historical continuity, but I have
not been concerned to dwell on the tawdry, un-original thoughts of
Mein Kampf—rather, to represent some of the main strands of thought,
such as nationalism and militarism, on which he drew, and to illustrate
contrasting reactions to the Germany he created. There has been no
dearth of writers who have set themselves the task of demonstrating a
continuity in German history from the Middle Ages to the twentieth
century, but this book is not of that kind.

The introductory essays have as their point of focus that sphere of
the author's activity from which the text in question is drawn and that
aspect of German intellectual life which it exemplifies. With Kant, Hegel
or Marx, for example, whose impact on life and thought has been so

great, and whose influence has been felt in so many diverse spheres, it would have been worse than useless to attempt a summary characterisation in the space of a few pages. Similarly there would have been little point in trying to skim through the literary qualities of Thomas Mann as novelist when our attention is focused on the politico-cultural concerns of his *Deutschland und die Deutschen*. I have therefore restricted myself to suggesting the significance of the passage in the development of moral philosophy, aesthetics, political nationalism or whatever the subject may be. Biographical background is only brought into the discussion when it is helpful to know the circumstances in which the work was written—as with social revolutionary works like Büchner's *Hessischer Landbote* (Vol. II, p. 36) and Karl Marx's *Inauguraladresse* (Vol. II, p. 51)—or when the writer's career—one might think of Gottfried Benn (Vol. II, p. 167) or Thomas Mann (Vol. II, p. 227)—directly relates to the subject-matter of his essay.

The commentaries, as well as explaining references to persons and ideas that may not be immediately familiar, take up points which supplement the discussion in the corresponding introduction and have often been conceived as much as a continuation of this discussion as an appendage of footnotes to the text proper. Where it has seemed appropriate, therefore, certain issues have been held back in the introduction and left until an appropriate point in the commentary. Style, language and other technical matters proper to annotated editions are not discussed.

As the various strands that make up the complex web of this intellectual tradition intersect at many points, so there are moments of common interest in the accompanying introductions and commentaries. But since this is less a book with a continuous narrative than a panorama of highly diverse material from which students of different disciplines will probably tend in the first instance to take what is immediately relevant to their particular interests, I have let these moments stand. German thought is rich in the fusion of the aesthetic and the ethical, the idealistic and the egocentric, the analytically historical and the aspirationally national, and nothing is more misleading than false systematisation. I hope therefore that readers will not be too irked to find an occasional point made, or an occasional quotation used, more than once.

Although I believe that the writers represented in these volumes have both their individual interest and their representative importance, I do not deceive myself that people will not regret the omission of other authors. Indeed, in many ways it would have been easier to compile a four-volume than a two-volume work. However, for practical reasons I have had to keep within narrower limits. I can only console myself with the utilitarian hope that I may have satisfied most of the readers most of the time, and assembled a body of writings of both individual and corporate interest.

I am indebted to many friends and colleagues for their suggestions on authors to be included in these volumes, and for their critical reactions to my principles and procedures. In particular I wish to thank most warmly my old friend Mr Kenneth Case, formerly of Gonville and Caius College, Cambridge, with whom I had many discussions on the form the book should take, and whose keen observations were both a challenge and a reassurance to me.

My friends and colleagues Professor Zevedei Barbu, Dr Edmund Jephcott, Dr Laci Löb, and Dr John Osborne rendered me a great service by reading the proofs and making welcome suggestions for improvements in the text. I am also most grateful to my wife for her careful and critical help at the proof-reading stage.

My sincere thanks, finally, to Mrs Erika Poole for typing and assembling a very long manuscript with such thoughtfulness and efficiency, and to Mr John Taylor of Bell's for his sympathetic handling of what we have envisioned as the first of a series of volumes devoted to the study of the intellectual traditions of modern nations.

R. T.

ACKNOWLEDGMENTS

Thanks are due to the following for permission to use copyright material: C. H. Beck'sche Verlagsbuchhandlung, Munich, for Oswald Spengler, *Politische Pflichten der deutschen Jugend;* S. Fischer Verlag, Frankfurt-am-Main, for Thomas Mann, *Deutschland und die Deutschen,* from *Reden und Aufsätze II,* Stockholmer Gesamtausgabe der Werke von Thomas Mann, Copyright 1965 Katja Mann; Francke Verlag, Berne, for Max Scheler, *Über die Nationalideen der großen Nationen;* the Imago Publishing Co. Ltd., London, by permission of S. Fischer Verlag, for Sigmund Freud, *Vorlesungen zur Einführung in die Psychoanalyse: Einleitung;* Ernst Klett Verlag, Stuttgart, for Ernst Jünger, *Der Friede;* Limes Verlag, Wiesbaden, for Gottfried Benn, *Der neue Staat und die Intellektuellen* and *Züchtung II;* R. Piper Verlag, Munich, for Karl Jaspers, *Über Bedingungen und Möglichkeiten eines neuen Humanismus;* Rowohlt Verlag, Reinbek, for the texts from Kurt Tucholsky, *Gesammelte Werke II,* pages 138 and 787; Suhrkamp Verlag, Frankfurt, for Bertolt Brecht, *Rede auf dem Ersten Internationalen Schriftstellerkongreß.*

LESSING (1729–81)

Das Christentum der Vernunft (1753)
Über die Entstehung der geoffenbarten Religion (1755)
Über die Wirklichkeit der Dinge außer Gott (1763)

'Not since Luther had Germany produced so great, so good a man as Gotthold Ephraim Lessing', wrote Heine in *Zur Geschichte der Religion und Philosophie in Deutschland.* The importance of Lessing in the history of literary theory and criticism needs no labouring, nor does the power of his inspiration for the German writers of his day. More widely felt, however, both in his own time and since, are the qualities of mind which, whatever limitations his creative and critical works reveal, represent much of what is most noble, most honest and most admirable in modern German thought. Not without cause was *Nathan der Weise* the drama most often chosen to re-open German theatres after the defeat of Hitler's Reich in 1945.

Lessing would have appreciated Heine's perception in linking his name with Luther's, for he himself assessed his intentions as having a spiritual kinship with those of the Reformer. The two men had the same pride, the same self-confidence, the same fearless honesty and directness, the same concern with the spiritual well-being of the German people, and the same outspoken, polemical manner of pursuing their aims. Indeed, they both revelled in that intolerance characteristic of men single-mindedly committed to their search for 'truth'. For one man's truth may not be another man's truth: Luther's truth was not Erasmus', and Lessing's truth was not Kant's. Only on the surface and in the interests of the action of the play is *Nathan der Weise* a plea for tolerance. To be sure, no-one has a monopoly of truth—none of the rings, in the parable that Nathan tells, is the real one—but Lessing's assertion is of the unique rightness of the search for truth by Reason, which will supersede religions and other repositories of exclusive dogma. There can be no tolerance in the face of what one believes to be evil, or wrong, or untrue. Truth is revealed through the natural and rational development of human knowledge as transmitted in the pattern of history and as latent in the progress of man towards his moral goal.

This is Lessing's 'religion', of which the three short pieces below —all discovered only after his death—convey certain basic concepts: the fragmentary *Christentum der Vernunft* and *Über die Entstehung der geoffenbarten Religion* were first published in the *Theologischer Nachlaß* (Berlin, 1784), while *Über die Wirklichkeit der Dinge außer Gott* is one of various short items included by Lessing's brother Karl in his biography *Lessings Leben* (Berlin 1795).

The ideals of the Age of Enlightenment rested on a confidence in the power of the human reason to construct a total *Weltbild* on the data of experience: the natural moral order of things would emerge through the creative intervention of the human spirit preconditioned to the attainment of epistemological and ethical truth. Religion, too, had to be justified through this knowledge gained by reason and disclosed by these innate capacities of the soul, so that the natural relationship of man to his Creator could be deduced. This transference of the centre of gravity from a world conceived in terms of God to a world conceived in terms of man led some to a position of virtual atheism, while the majority saw it as a shift of emphasis which offered a truer view of religion itself. Inevitably, however, the power of the concept of God was weakened, and the distance between man and God lessened, leaving the Enlightenment to declare a new position of faith—faith in the world, in a world-principle, in the unaided power of man to achieve complete self-expression and fulfil his 'existential' role.

Such is the challenge which Lessing met—indeed, which he imposed, both on his age and on himself. It is a stern call to self-discipline and intellectual integrity, a demand that man shall overcome the non-rational forces within him and engage in an unceasing struggle for truth—for the struggle itself, not the enjoyment of some moment of victory to which it may lead, gives man his nobility: 'Nicht die Wahrheit, in deren Besitz irgendein Mensch ist oder zu sein vermeint, sondern die aufrichtige Mühe, die er angewandt hat, hinter die Wahrheit zu kommen, macht den Wert des Menschen' (*Eine Duplik*, 1778: *Lessings Werke*, ed. J. Petersen and W. v. Olshausen, 25 vols., Berlin/Leipzig/Vienna/Stuttgart, n.d. XXIII, 58).

Lessing, like all rationalists, denied the possibility of supernatural events in the world but posited an initial act of creation, a first cause from which the world receives its meaning, its purpose and the guarantee of human progress towards its predetermined goal. Since man is bound to be moving towards perfection, and God must be perfect in all his acts (cf. the opening paragraphs of *Das Christentum der Vernunft*), Lessing's position is deterministic, expressive of His conviction that God was working out His purpose through man. Hence he could claim that there was no place for free will, and he rejoiced in his compulsion to do good:

'Ich danke dem Schöpfer, daß ich *muß*, das *Beste* muß' (editorial notes to Wilhelm Jerusalem's *Philosophische Aufsätze, ed. cit.* VII, 122).

The same single-minded devotion to truth emerges from Lessing's little dialogue *Das Testament Johannis* (1777). In his old age St. John came to make his collects shorter and shorter, until finally they came to consist of just one sentence: 'Children, love one another'. At first this simple sentence met with great satisfaction, but as time went on, people became impatient and asked him why he would utter nothing but this one sentence. 'Because the Lord so commanded', he replied; 'and because, if such a condition were really attained, it would be enough, and more than enough.'

On principles such as these rests the deistic concept of natural religion in which Lessing's deepest moral convictions are enshrined—as opposed to the positive or revealed religion whose dogmatic claims to exclusive validity, as our three pieces show, he vigorously rejected. Lessing believed in man and in the history that man made. At the same time he could not conceive of existence apart from God, as the opening sentence of *Über die Wirklichkeit der Dinge außer Gott* bluntly states. The synthesis of these two beliefs is the pantheism, inspired by Spinoza, which informs virtually the whole of his ethical outlook. 'Es gibt keine andere Philosophie als die Philosophie des Spinoza', he said to Friedrich Heinrich Jacobi in the year before his death (*ed. cit.* XXIV, 170). *Über die Wirklichkeit der Dinge außer Gott* is the statement of a pantheistic position already identifiable ten years earlier, in *Das Christentum der Vernunft*, through such statements as 'God ... made creatures each of whom possesses certain of His perfect qualities (§ 13) ...' 'The sum of these creatures is the world' (§ 14). Determinism implied therefore not the slavery that one might expect but the joyful affirmation of one's pre-ordained involvement in the achievement of God's purpose—a purpose, moreover, in which human error as well as human virtue has a role to play (cf. *Über die Entstehung der geoffenbarten Religion*, § 10).

Lessing did not deny that there were underlying truths in all revealed religions, or that these religions had their place in the divine scheme of things, but they did conflict with his 'natural religion', and his predictable opposition to dogmatic Christianity attracted the equally predictable antagonism of orthodox believers. He spent much—too much—effort in attacking the views of insignificant orthodox theologians of his day and defending himself against their counter-attacks: 'Ja, Polemik war die Lust unseres Lessings', wrote Heine.

But in the year before his death he assembled in epigrammatic, almost syllogistic form the positive elements of his religion, and in this short work, with its characteristic rationalist title *Die Erziehung des Menschengeschlechts*, he crystallises his faith in human progress and his vision of the relationship between revelation—which may on occasion claim historical priority in matters of human knowledge—and reason, which, left to its own resources, would eventually discover for itself all those things which might earlier have been the objects of revelation. Herder, himself a far from orthodox Christian and temperamentally remote from Lessing, defended his older contemporary by claiming that, in his own polemical way, Lessing was serving the truth no less sincerely than his opponents. Herder must have known, however, like Lessing himself, that this was a very different kind of truth from that defended by the spokesmen of orthodox Christianity. The 'inner truth' of Christianity, said Lessing, was not true because Christ and His disciples preached it: they preached it because it was true. It is to the demonstration of this 'inner truth', the workings of an ethic that absorbs the virtues of revealed religion but has its roots in a boundless confidence in the nobility of the human reason, that Lessing's *Nathan der Weise* is pledged.

'Jeder sage, was ihm Wahrheit dünkt, und die Wahrheit selbst sei Gott empfohlen.' This is the nobility of outlook, this the honesty of purpose, this the directness of manner that have made Lessing a figure to whom men have looked time and again in moments when humane values are being trampled underfoot and emotive savagery is dictating the pattern of both personal and national conduct. From Heine, who admired his proud, uncompromising independence, through Nietzsche, who praised the tireless seeking after truth of 'der ehrlichste theoretische Mensch' (*Die Geburt der Tragödie*, XV), and Dilthey, who valued above all his analytical, anti-metaphysical clear-headedness, to modern Marxists and humanist critics who seek, in both his philosophical and aesthetic position, rational, anti-sentimental values with which to combat 'bourgeois, right-wing tendencies'—to all these Lessing stands as a champion of 'enlightened' thought. One cannot dissemble the limitations of his outlook and his methods. But neither can one deny their recurrent, beneficial influence on the moral and intellectual tradition of modern Germany.

BIBLIOGRAPHY

H. Arendt, *Von der Menschlichkeit in finsteren Zeiten, Gedanken zu Lessing* (Hamburg, 1960)

H. Böhi, *Die religiöse Grundlage der Aufklärung* (Zurich, 1933)

H. B. Garland, *Lessing: The Founder of Modern German Literature* (Cambridge, 1937)

M. Kommerell, *Lessing und Aristoteles*[2] (Frankfurt, 1957)

Lessing und die Zeit der Aufklärung (symposium; Göttingen, 1968)

O. Mann, *Lessing* (Hamburg, 1961)

G. Pons, *Gotthold Ephraim Lessing et le Christianisme* (Paris, 1964)

P. Rilla, *Lessing und sein Zeitalter* (Berlin, 1960)

W. Ritzel, *Gotthold Ephraim Lessing* (Stuttgart, 1966)

E. Schmidt, *Lessing. Geschichte seines Lebens und seiner Schriften* (2 vols; Berlin, 1884–92)

S. Seidel, *Gotthold Ephraim Lessing* (Berlin, 1963)

H. Thielicke, *Offenbarung, Vernunft und Religion. Studien zur Religionsphilosophie Lessings*[3] (Gütersloh, 1957)

[1]*Das Christentum der Vernunft*

Das einzige vollkommenste Wesen hat sich von Ewigkeit her mit nichts als mit der Betrachtung des Vollkommensten beschäftigen können.

2

Das Vollkommenste ist er selbst; und also hat Gott von Ewigkeit her nur sich selbst denken können.

3

Vorstellen, Wollen und Schaffen ist bei Gott eines. Man kann also sagen: alles, was sich Gott vorstellt, alles das schafft er auch.

4

Gott kann sich nur auf zweierlei Art denken: entweder er denkt alle seine Vollkommenheiten auf einmal und sich als den Inbegriff derselben, oder er denkt seine Vollkommenheiten zerteilt, eine von der andern abgesondert und jede von sich selbst nach Graden abgeteilt.

5

Gott dachte sich von Ewigkeit her in aller seiner Vollkommenheit; das ist: Gott schuf sich von Ewigkeit her ein Wesen, welchem keine Vollkommenheit mangelte, die er selbst besaß.

6

Dieses Wesen nennt die Schrift den Sohn Gottes oder, welches noch besser sein würde, den Sohn Gott. Einen Gott, weil ihm keine von den Eigenschaften fehlt, die Gott zukommen. Einen Sohn, weil unserm Begriffe nach dasjenige, was sich etwas vorstellt, vor Vorstellung eine gewisse Priorität zu haben scheint.

7

Dieses Wesen ist Gott selbst und von Gott nicht zu unterscheiden, weil man es denkt, sobald man Gott denkt, und es ohne Gott nicht denken kann; das ist, weil man Gott ohne Gott nicht denken kann, oder weil das kein Gott sein würde, dem man die Vorstellung seiner selbst nehmen wollte.

8

Man kann dieses Wesen ein Bild Gottes nennen, aber ein identisches Bild.

9

Je mehr zwei Dinge miteinander gemein haben, desto größer ist die Harmonie zwischen ihnen. Die größte Harmonie muß also zwischen zwei Dingen sein, welche alles miteinander gemein haben, das ist, zwischen zwei Dingen, welche zusammen nur eines sind.

10

Zwei solche Dinge sind Gott und der Sohn Gott sein oder das identische Bild Gottes; und die Harmonie, welche zwischen ihnen ist, nennt die Schrift den Geist, welcher vom Vater und Sohn ausgeht.

11

In dieser Harmonie ist alles, was in dem Vater ist, und also auch alles, was in dem Sohne ist; diese Harmonie ist also Gott.

12

Diese Harmonie ist aber so Gott, daß sie nicht Gott würde, wenn der Vater nicht Gott und der Sohn nicht Gott wären, und daß beide nicht Gott sein könnten, wenn diese Harmonie nicht wäre, das ist: alle drei sind eines.

13

Gott dachte seine Vollkommenheiten zerteilt, das ist: er schaffte Wesen, wovon jedes etwas von seinen Vollkommenheiten hat; denn, um es nochmals zu wiederholen, jeder Gedanke ist bei Gott eine Schöpfung.

14

Alle diese Wesen zusammen heißen die Welt.

15

Gott könnte seine Vollkommenheiten auf unendliche Arten zerteilt denken; es könnten also unendlich viel Welten möglich sein, wenn Gott nicht allezeit das Vollkommenste dächte und also auch unter diesen Arten die vollkommenste Art gedacht und dadurch wirklich gemacht hätte.

16

Die vollkommenste Art, seine Vollkommenheiten zerteilt zu denken, ist diejenige, wenn man sie [2]nach unendlichen Graden des Mehrern und Wenigern, welche so aufeinanderfolgen, daß nirgends ein Sprung oder eine Lücke zwischen ihnen ist, zerteilt denkt.

17

Nach solchen Graden also müssen die Wesen in dieser Welt geordnet sein. Sie müssen eine Reihe ausmachen, in welcher jedes Glied alles dasjenige enthält, was die untern Glieder enthalten, und noch etwas mehr; welches etwas mehr aber nie die letzte Grenze erreicht.

18

[3]Eine solche Reihe muß eine unendliche Reihe sein, und in diesem Verstande ist die Unendlichkeit der Welt unwidersprechlich.

19

Gott schafft nichts als einfache Wesen, und das Zusammengesetzte ist nichts als eine Folge seiner Schöpfung.

20

Da jedes von diesen einfachen Wesen etwas hat, welches die andern haben, und keines etwas haben kann, welches die andern nicht hätten, so muß unter diesen einfachen Wesen eine Harmonie sein, aus welcher Harmonie alles zu erklären ist, was unter ihnen überhaupt, das ist in der Welt, vorgeht.

21

Bis hieher wird einst ein glücklicher Christ das Gebiet der Naturlehre erstrecken, doch erst nach langen Jahrhunderten, wenn man alle Erscheinungen in der Natur wird ergründet haben, so daß nichts mehr übrig ist, als sie auf ihre wahre Quelle zurückzuführen.

22

Da diese einfache Wesen [4]gleichsam eingeschränkte Götter sind, so müssen auch ihre Vollkommenheiten den Vollkommenheiten Gottes ähnlich sein, so wie Teile dem Ganzen.

23

Zu den Vollkommenheiten Gottes gehört auch dieses, daß er sich seiner Vollkommenheit bewußt ist, und dieses, daß er seinen Vollkommenheiten gemäß handeln kann; beide sind gleichsam das Siegel seiner Vollkommenheiten.

24

Mit den verschiedenen Graden seiner Vollkommenheiten müssen also auch verschiedene Grade des Bewußtseins dieser Vollkommenheiten und der Vermögenheit, denselben gemäß zu handeln, verbunden sein.

25

Wesen, welche Vollkommenheiten haben, sich ihrer Vollkommenheiten bewußt sind und das Vermögen besitzen, ihnen gemäß zu handeln, heißen moralische Wesen, das ist solche, welche einem Gesetze folgen können.

26

Dieses Gesetz ist aus ihrer eigenen Natur genommen und kann kein anders sein, als: Handle deinen individualischen Vollkommenheiten gemäß!

27

Da in der Reihe der Wesen unmöglich ein Sprung stattfinden kann, so müssen auch solche Wesen existieren, welche sich ihrer Vollkommenheiten nicht deutlich genug bewußt sind, — — — — — — — — — — — —
— — — — — — — — — — — — — — —
— — — —

COMMENTARY

Text: *Lessings Werke* ed. J. Petersen and W. von Olshausen (25 vols, Berlin/ Leipzig/Vienna/Stuttgart n.d.) XX, 106–9.

1. *Das Christentum der Vernunft:* first published posthumously (Berlin, 1784) in a volume entitled *Lessings theologischer Nachlaß*. The first twelve sections constitute an examination, by dialectical methods, of the meaning of the Christian doctrine of the Trinity. Far from wishing to widen the gulf between Christianity and the claims of reason, he had sought from his early career to broaden the ground on which Christian tenets would coincide with the results of his sceptical probing; his early unfinished ode *Die Religion* already shows him to be searching for a satisfying reconciliation of dogmatic belief and intellectual doubt, and *Das Christentum der Vernunft*, written four years later, breathes the same spirit. From paragraph 13 to the point at which the fragment breaks off constitutes a positive statement of the pantheist position in terms of which Lessing's own religious standpoint is most appropriately understood.

2. *nach unendlichen Graden des Mehrern und Wenigern:* this way of expressing the relationship between the whole and the parts corresponds to the view of human self-fulfilment in Lessing's late work *Die Erziehung des Menschengeschlechts*, in which the education of man is seen to lie in the gradual advance of a rational understanding which will eventually discover for itself the truths at present conveyed through the medium of revealed religion. 'Also gibt auch die Offenbarung dem Menschengeschlechte nichts, worauf die menschliche Vernunft, sich selbst überlassen, nicht auch kommen würde; sondern sie gab und gibt ihm die wichtigsten dieser Dinge nur früher'. (paragraph 4: *ed. cit.* VI, 64). But this is far from a denial of the necessity of religion, which, he says later in the same work (paragraph 77), can give us insights of a quality that reason alone might never attain.

3. *Eine solche Reihe* etc: this is one of the senses, deterministic in character, in which the rationalist accepted the concept of immortality. Related to it is the belief in metempsychosis and pre-existence—a belief shared by Herder and many other thinkers of the time—which Lessing makes explicit in the final paragraphs of *Die Erziehung des Menschengeschlechts*.

4. *gleichsam eingeschränkte Götter:* the divinity in man is the foundation of Lessing's religion (cf. paragraphs 13–15) and of the ethical imperative uttered in paragraph 26.

[1]*Über die Entstehung der geoffenbarten Religion*

Einen Gott [2]erkennen, sich die würdigsten Begriffe von ihm zu machen suchen, auf diese würdigsten Begriffe bei allen unsern Handlungen und Gedanken Rücksicht nehmen: ist der vollständigste Inbegriff aller natürlichen Religion.

Zu dieser natürlichen Religion ist ein jeder Mensch, nach dem Maße seiner Kräfte, aufgelegt und verbunden.

Da aber dieses Maß bei jedem Menschen verschieden, und sonach auch eines jeden Menschen natürliche Religion verschieden sein würde, so hat man dem Nachteile, welchen diese Verschiedenheit, nicht in dem Stande der natürlichen Freiheit des Menschen, sondern in dem Stande seiner bürgerlichen Verbindung mit andern hervorbringen konnte, vorbauen zu müssen geglaubt.

Das ist: sobald man auch die Religion gemeinschaftlich zu machen für gut erkannte, mußte man sich über gewisse Dinge und Begriffe vereinigen und diesen konventionellen Dingen und Begriffen eben die Wichtigkeit und Notwendigkeit beilegen, welche die natürlich erkannten Religionswahrheiten durch sich selber hatten.

Das ist: man mußte aus der Religion der Natur, welche einer allgemeinen gleichartigen Ausübung unter Menschen nicht fähig war, eine positive Religion bauen, so wie man aus dem Rechte der Natur aus der nämlichen Ursache ein positives Recht gebaut hatte.

Diese positive Religion erhielt ihre Sanktion durch das Ansehen ihres Stifters, welcher vorgab, daß das Konventionelle derselben ebenso gewiß von Gott komme, nur mittelbar durch ihn, als das Wesentliche derselben unmittelbar durch eines jeden Vernunft.

Die Unentbehrlichkeit einer positiven Religion, vermöge welcher die natürliche Religion in jedem Staate nach dessen natürlicher und zufälliger Beschaffenheit modifiziert wird, nenne ich die innere Wahrheit derselben, und [3]diese innere Wahrheit derselben ist bei einer so groß als bei der andern.

Alle positiven und geoffenbarten Religionen sind folglich gleich wahr und gleich falsch.

Gleich wahr, insofern es überall gleich notwendig gewesen ist, sich über verschiedene Dinge zu vergleichen, um Übereinstimmung und Einigkeit in der öffentlichen Religion hervorzubringen.

⁴Gleich falsch, indem nicht sowohl das, worüber man sich verglichen, neben dem Wesentlichen besteht, sondern das Wesentliche schwächt und verdrängt.

Die beste geoffenbarte oder positive Religion ist die, welche die wenigsten konventionellen Zusätze zur natürlichen Religion enthält, die guten Wirkungen der natürlichen Religion am wenigsten einschränkt. — — —

COMMENTARY

Text: *ed. cit.* XX, 193–4.

1. *Über die Entstehung der geoffenbarten Religion:* written ca. 1755 but only published, like *Das Christentum der Vernunft*, in the *Theologischer Nachlaß* of 1784.

2. *erkennen:* note the criterion of rational understanding (cf. paragraph 6: 'unmittelbar durch eines jeden Vernunft') and the related faith in 'natural religion', which latter bears its truth within itself and needs no verification from without.

3. *diese innere Wahrheit* etc: that one revealed ('positive') religion is as valid —and as invalid—as another (cf. paragraph 8) is a thesis most familiar from Lessing's *Nathan der Weise*, in which the shortcomings of various kinds and degrees of 'konventionelle Zusätze' (paragraph 11), Christian, Jewish and Muslim, are exposed and the superiority of the 'natural religion' of reason demonstrated. Hence the dogmatic conclusion in paragraph 11. 'Nathans Gesinnung gegen alle positive Religion ist von jeher die meinige gewesen', he wrote in his preface to the play.
   Another place in which Lessing urges a religion free of sophisticated trappings and adventitious decoration is *Eine Parabel* (1778), the work which was his opening shot in his merciless battle of words with the Lutheran pastor Johann Melchior Goeze, and an allegorical restatement of views he had already put out in his *Gegensätze* to the Reimarus fragments the previous year.

4. *Gleich falsch:* Lessing laid stress on the value of error in the educative progress of man and was able to absorb human fallibility into his scheme of things because of his conviction that God was ineluctably working out His divine plan for the world through human agency, a plan which did not depend for its fulfilment on man's exercise of free will (see p. 2 above).

¹Über die Wirklichkeit der Dinge außer Gott

Ich mag mir die Wirklichkeit der Dinge außer Gott erklären, wie ich will, so muß ich bekennen, daß ich mir keinen Begriff davon machen kann.

Man nenne sie das Komplement der Möglichkeit, so frage ich: Ist von diesem Komplemente der Möglichkeit in Gott ein Begriff oder keiner? Wer wird das letztere behaupten wollen? Ist aber ein Begriff davon in ihm, so ist die Sache selbst in ihm, so sind alle Dinge in ihm selbst wirklich.

Aber, wird man sagen, der Begriff, welchen Gott von der Wirklichkeit eines Dinges hat, hebt die Wirklichkeit dieses Dinges außer ihm nicht auf. Nicht? So muß die Wirklicheit außer ihm etwas haben, was sie von der Wirklichkeit in seinem Begriffe unterscheidet. Das ist, in der Wirklichkeit außer ihm muß etwas sein, wovon Gott keinen Begriff hat. Eine Ungereimtheit! Ist aber nichts dergleichen, ist in dem Begriffe, den Gott von der Wirklichkeit eines Dinges hat, alles zu finden, was in dessen Wirklichkeit außer ihm anzutreffen, so sind beide Wirklichkeiten eins, und alles, was außer Gott existieren soll, existiert in Gott.

Oder man sage: die Wirklichkeit eines Dinges sei der Inbegriff aller möglichen Bestimmungen, die ihm zukommen können. Muß nicht dieser Inbegriff auch in der Idee Gottes sein? Welche Bestimmung hat das Wirkliche außer ihm, wenn nicht auch das Urbild in Gott zu finden wäre? Folglich ist dieses Urbild das Ding selbst, und sagen, daß das Ding auch außer diesem Urbild existiere, heißt, dessen Urbild auf eine ebenso unnötige als ungereimte Weise verdoppeln.

Ich glaube zwar, die Philosophen sagen, von einem Dinge die Wirklichkeit außer Gott bejahen, heiße weiter nichts, als dieses Ding bloß von Gott unterscheiden und dessen Wirklichkeit von einer andern Art zu sein erklären, als die notwendige Wirklichkeit Gottes ist.

Wenn sie aber bloß dieses wollen, warum sollen nicht die Begriffe, die Gott von den wirklichen Dingen hat, diese wirklichen Dinge selbst sein? Sie sind von Gott noch immer genungsam unterschieden, und ihre Wirklichkeit wird darum noch nichts weniger als notwendig, weil sie in ihm wirklich sind. Denn müßte nicht der Zufälligkeit, die sie außer ihm haben sollte, auch in seiner Idee ein Bild entsprechen? Und dieses Bild ist nur ihre Zufälligkeit selbst. Was außer Gott zufällig ist, wird auch in Gott zufällig sein, oder Gott müßte von den Zufälligen außer ihm keinen Begriff haben. — Ich brauche dieses außer ihm, so wie man es gemeiniglich zu brauchen pflegt, um aus der Anwendung zu zeigen, daß man es nicht brauchen sollte.

«Aber», wird man schreien, «Zufälligkeiten in dem unveränderlichen Wesen Gottes annehmen!» — Nun? Bin ich es allein, der dieses thut? Ihr selbst, die ihr Gott Begriffe von zufälligen Dingen beilegen müßt, ist euch nie beigefallen, daß Begriffe von zufälligen Dingen zufällige Begriffe sind?

COMMENTARY

1. *Über die Wirklichkeit der Dinge außer Gott:* written ca. 1763 and first published by Lessing's brother Karl in his *Lessings Leben* (1795). Brief though it is, it states the basic deist-pantheistic position from which Lessing approached orthodox Lutheran Christianity on the one hand and sceptical materialistic rationalism on the other. That he finds it impossible to conceive of any meaningful sense in which one can speak of an existence—human, material, physical, spiritual—separate from God is an expression of his unitary conception of the world, by which everything that is there, is everything that there is. As he puts it: everything that people claim exists outside God, in fact exists within God. The existence of God as creator is the initial and sole non-verifiable postulate that Lessing makes; from here onwards the path to knowledge, truth and goodness is pointed by reason.

HERDER (1744-1803)

Shakespear (1773)

In September 1770 Johann Gottfried Herder arrived in Strassburg in the company of his employer, the Prince of Holstein-Eutin. The following month he underwent the first of a series of painful eye operations, and for almost six months afterwards he was confined to his room in the hotel 'Zum Geist'. Much of this time he spent in the enthusiastic study of Ossian and Shakespeare, stimulating those who came to visit him— Goethe and Jung-Stilling among them—to do the same. Ossian, Shakespeare, Homer, the cult of genius, folk-poetry, the Middle Ages, national traditions and cultures—such were the themes he set in the minds of his admirers with the infectious exuberance that still communicates itself to all who read his writings. In practical terms his devotion to folk-poetry reached its climax with his two volumes of *Volkslieder* (1778–9), but his earliest statement of the issues at stake in this and the other objects of his enthusiasm comes in the manifesto *Von deutscher Art und Kunst* (1773), which contains essays by Herder on Ossian and Shakespeare, Goethe's *Von deutscher Baukunst*, an anonymous essay on Gothic architecture and Justus Möser's *Deutsche Geschichte*.

This small collective work, little more than a pamphlet, has great importance in the history of German letters. It is the first important document of the *Sturm und Drang* movement; it is a concerted plea for specific values of the past which were to become dominant among the Romantic writers a few decades later; it is a testimony to the vital influence of England on a slowly-developing national German literature; it opens the era of conscious patriotism in the evolution of a German literary tradition; and above all it sets the tone of total spiritual and moral *engagement* which dominates the mood of German literature for years to come—almost, one might say, throughout the following century.

The driving force behind *Von deutscher Art und Kunst* was Herder himself. Rarely has there been a man of such far-reaching interests and so unwaveringly universal an outlook: Jung-Stilling said of him that he had but a single thought in his mind—the whole world. And access to this 'whole world' lay open only to the 'whole man', in whom emotion and intellect, intuitive understanding and analytical reason combined to give an experience of life at its truest and deepest, and through whom the ideal of *Humanität* would be realised. It is in the service of this ideal that Herder ranges from Homer to the Bible, from Kalidasa to Ossian, in search of paradigms to illustrate his high moral purpose, and it is with didactic intent that he lays his literary revelations before us.

These and other apparently diverse interests are all expressive of Herder's concern, shared at this time by Goethe and the *Stürmer und Dränger* at large, with the nature and workings of genius. For those of the 'enlightened' rationalist persuasion, the activities of the mind, however great that mind might be, were mensurable, reflective of natural, if concealed, rules, amenable to analytical description and justification. For Herder the great creative mind was unpredictable, a law unto itself, an often irrational force whose manifestations were not to be judged against formal criteria derived from other, irrelevant sets of circumstances. Thus in this, the so-called *Geniezeit*, the cult of the great figure—Prometheus, Caesar, Mohammed, Homer, Shakespeare—dominated the minds of those to whom the *engagement* of the complete personality, intellectual and emotional, rational and irrational aspects alike, was a *sine qua non* for meaningful human activity. Once again we are with the demand for wholeness: 'Ein Mensch, der allein Kopf sein will, ist so ein Ungeheuer, als der allein Herz sein will; der ganze, gesunde Mensch ist beides. Und daß er beides ist, jedes an seiner Stelle, das Herz nicht im Kopf, der Kopf nicht im Herzen, das eben zeigt ihn als Menschen' (Herder, *Philosophie und Schwärmerei; Sämtliche Werke* ed. B. Suphan, IX, 504).

In Shakespeare Herder found the unbridled autonomy of the artistic imagination which triumphantly vindicated his profoundest convictions. But although the ecstatic tone of his essay stands out in eighteenth-century criticism, he was far from the first in Germany to praise the dramatic power of Shakespeare's plays: Wieland, Lessing, Moses Mendelssohn and Gerstenberg had occupied themselves, in their different ways, with what they saw as the lessons of form and content which the German literary tradition could learn from Shakespeare, and Herder knew that he belonged to this tradition. Wieland's translations of twenty-two of Shakespeare's dramas (1762–6), stylistically calculated less to convey his vision of the meaning of the original than to appeal to the tastes of his audience, were the basis of German knowledge and understanding of Shakespeare throughout the remainder of the century, and being not in verse but in prose, they played a vital role in inducing that remarkable belief in Shakespeare's wild abandonment and utter freedom of expression which found its outlet in Goethe's *Götz von Berlichingen* and its contemporaries.

Herder's Shakespeare studies in the early 1770s, as the title *Von deutscher Art und Kunst* already implies, form part of his lifelong concern

with the identification and preservation of national cultural traditions.
The greatness of Shakespeare is of a different mode from, and is not to
be approached through, the greatness of Sophocles, nor can non-con-
formity to the outward form of Sophoclean tragedy on the part of
Shakespeare or any other dramatist be regarded as a meaningful criterion
of literary criticism. The poems given to the world by James Macpherson
as the works of 'Ossian' he sees not as products of isolated genius but as
reflective of the noble Celtic tradition to which he took them to belong:
for him the same individual national context surrounds Homer, the
Bible, Kalidasa and the poems of many lands collected in his own
anthology of *Volkslieder*. And behind this philosophy burns his desire
to see the literature of his own Germany established on the national
cultural tradition which could be its only true basis.

In a mood compounded of the spirituality of his mentor Hamann and
the rational discernment of his temperamental antonym Lessing, Herder
gives in this Shakespeare essay his most deeply-pondered assessment of
the meaning of the works of the world's greatest poetic dramatist, an
assessment in terms not of technical historical principles or only of the
transitory cultural needs of the moment but of the timeless spiritual
power residing in these works. Where Lessing was concerned to demonstrate how, as he thought, Shakespeare did in fact bear out Aristotelian principles in the achievement of moral purpose through tragedy,
Herder set out to show that Shakespeare created his own world with its
own *logos;* where Lessing confines himself purposefully to Shakespeare
the dramatist, Herder's all-embracing view is of Shakespeare the poet;
where Lessing measures Shakespeare by criteria of the past, Herder views
his genius *sub specie aeternitatis:* 'Da ist nun Shakespear der größte
Meister, eben weil er nur und immer Diener der Natur ist' (p. 26 below).

Thus the sensuous values singled out by Wieland and Gerstenberg,
the rationalistic historicist assessment made by Lessing and the spiritual
values of artistic creativity preached by Hamann all come together in
Herder's vision of the genius of Shakespeare. The nineteenth-century
Romantics refined some areas of the vision and enlarged others, but
nothing can shake its position as the first and definitive revelation of
the universality of Shakespeare's meaning, and Herder's essay takes its
place alongside his *Briefwechsel über Ossian*, his *Volkslieder*, and his works
on the philosophy of history and religion in that complex of activities
which makes him so central a figure in the pattern of nineteenth-century
German culture.

BIBLIOGRAPHY

H. Begenau, *Grundzüge der Ästhetik Herders* (Weimar, 1956)

R. T. Clark, *Herder's Life and Work* (Berkeley/Los Angeles, 1955)

F. Gundolf, *Shakespeare und der deutsche Geist* (Berlin, 1914)

R. Haym, *Herder* (2 vols, Berlin, 1954—a reprint of the original edition of 1877–85)

E. Purdie (ed.), *Von deutscher Art und Kunst* (Oxford, 1924)

Shakespear

1

Wenn bey einem Manne mir jenes ungeheure Bild einfällt: «hoch auf einem Felsengipfel sitzend! zu seinen Füssen, Sturm, Ungewitter und Brausen des Meers; aber sein Haupt in den Strahlen des Himmels!» so ists bey Shakespear! — Nur freylich auch mit dem Zusatz, wie unten am tiefsten Fusse seines Felsenthrones Haufen murmeln, die ihn — erklären, retten, verdammen, entschuldigen, anbeten, verläumden, übersetzen und lästern! — und die Er alle nicht höret!

Welche Bibliothek ist schon über für und wider ihn geschrieben! — die ich nun auf keine Weise zu vermehren Lust habe. Ich möchte es vielmehr gern, dass in dem kleinen Kreise, wo dies gelesen wird, es niemand mehr in den Sinn komme, über für und wider ihn zu schreiben: ihn weder zu entschuldigen, noch zu verläumden; aber zu erklären, zu fühlen wie er ist, zu nützen, und — wo möglich! — uns Deutschen herzustellen. Trüge dies Blatt dazu etwas bey!

Die kühnsten Feinde Shakespears haben ihn — unter wie vielfachen Gestalten! beschuldigt und verspottet, dass er, wenn auch ein grosser Dichter, doch kein guter Schauspieldichter, und wenn auch dies, doch wahrlich kein so klassischer Trauerspieler sey, als Sophokles, Euripides, Korneille und Voltaire, die alles Höchste und Ganze dieser Kunst erschöpft. — Und die kühnsten Freunde Shakespears haben sich meistens nur begnüget, ihn hierüber zu entschuldigen, zu retten: seine Schönheiten nur immer mit Anstoss gegen die Regeln zu wägen, zu kompensiren; ihm als Angeklagten [1]das *absolvo* zu erreden, und denn sein Grosses desto mehr zu vergöttern, je mehr sie über Fehler die Achsel ziehen musten.

So stehet die Sache noch bey den neuesten Herausgebern und Kommentatoren über ihn — ich hoffe, diese Blätter sollen den Gesichtspunkt verändern, dass sein Bild in ein volleres Licht kommt.

Aber ist die Hoffnung nicht zu kühn? gegen so viele, grosse Leute, die ihn schon behandelt, zu anmassend? ich glaube nicht. Wenn ich zeige, dass man von beyden Seiten blos auf ein Vorurtheil, auf Wahn gebauet, der nichts ist, wenn ich also nur eine Wolke von den Augen zu nehmen, oder höchstens das Bild besser zu stellen habe, ohne im mindesten etwas im Auge oder im Bilde zu ändern: so kann vielleicht meine Zeit, oder ein Zufall gar schuld seyn, dass ich auf den Punkt getroffen, darauf ich den Leser nun fest halte, «hier stehe! oder du siehest nichts als Karrikatur!» Wenn wir den grossen Knaul der Gelehrsamkeit denn nur immer auf- und abwinden solten, ohne je mit ihm weiter zu kommen — welches traurige Schicksal um dies höllische Weben!

2

Es ist von Griechenland aus, da man die Wörter Drama, Tragödie, Komödie geerbet, und so wie die Letternkultur des menschlichen Geschlechts auf einem schmalen Striche des Erdbodens den Weg nur durch die Tradition genommen, so ist in dem Schoosse und mit der Sprache dieser natürlich auch ein gewisser Regelnvorrath überall mitgekommen, der von der Lehre unzertrennlich schien. Da die Bildung eines Kindes doch unmöglich durch Vernunft geschehen kann und geschieht; sondern durch Ansehen, Eindruck, Göttlichkeit des Beyspiels und der Gewohnheit: so sind ganze Nationen in Allem, was sie lernen, noch weit mehr Kinder. Der Kern würde ohne Schlaube nicht wachsen, und sie werden auch nie den Kern ohne Schlaube bekommen, selbst wenn sie von dieser ganz keinen Gebrauch machen könnten. Es ist der Fall mit dem griechischen und nordischen Drama.

[2]In Griechenland entstand das Drama, wie es in Norden nicht entstehen konnte. In Griechenland wars, was es in Norden nicht seyn kann. In Norden ists also nicht und darf nicht seyn, was es in Griechenland gewesen. Also Sophokles Drama und Shakespears Drama sind zwey Dinge, die in gewissem Betracht kaum den Namen gemein haben. Ich glaube diese Sätze aus Griechenland selbst beweisen zu können, und eben dadurch die Natur des nordischen Drama, und des grösten Dramatisten in Norden, Shakespears, sehr zu entziffern. Man wird Genese Einer Sache durch die Andre, aber zugleich Verwandlung sehen, dass sie gar nicht mehr Dieselbe bleibt.

3

Die griechische Tragödie entstand gleichsam aus Einem Auftritt, aus den Impromptus des Dithyramben, des mimischen Tanzes, des Chors. Dieser bekam Zuwachs, Umschmelzung: Aeschylus brachte statt Einer

handelnden Person zween auf die Bühne, erfand den Begriff der Haupt-
person, und verminderte das Chormässige. Sophokles fügte die dritte
Person hinzu, erfand Bühne — aus solchem Ursprunge, aber spät, hob
sich das griechische Trauerspiel zu seiner Grösse empor, ward Meisterstück des menschlichen Geistes, Gipfel der Dichtkunst, den Aristoteles
so hoch ehret, und wir freylich nicht tief gnug in Sophokles und Euripides bewundern können.

Man siehet aber zugleich, dass aus diesem Ursprunge gewisse Dinge
erklärlich werden, die man sonst, als todte Regeln angestaunet, erschrecklich verkennen müssen. Jene Simplicität der griechischen Fabel,
jene Nüchternheit griechischer Sitten, jenes fort ausgehaltne Kothurn-
mässige des Ausdrucks, Musik, Bühne, Einheit des Orts und der Zeit—
das Alles lag ohne Kunst und Zauberey so natürlich und wesentlich im
Ursprunge griechischer Tragödie, dass diese ohne Veredlung zu alle
Jenem nicht möglich war.   Alles das war Schlaube, in der die Frucht
wuchs.

Tretet in die Kindheit der damaligen Zeit zurück: Simplicität der
Fabel lag würklich so sehr in dem, was Handlung der Vorzeit, der
Republik, des Vaterlandes, der Religion, was Heldenhandlung hiess,
dass der Dichter eher Mühe hatte, in dieser einfältigen Grösse Theile zu
entdecken, Anfang, Mittel und Ende dramatisch hineinzubringen, als sie
gewaltsam zu sondern, zu verstümmeln, oder aus vielen, abgesonderten
Begebenheiten Ein Ganzes zu kneten. Wer jemals Aeschylus oder Sophokles gelesen, müste das nie unbegreiflich finden. Im Ersten was ist die
Tragödie als oft ein allegorisch-mythologisch-halb episches Gemälde,
fast ohne Folge der Auftritte, der Geschichte, der Empfindungen, oder
gar, wie die Alten sagten, nur noch Chor, dem einige Geschichte zwi-
schengesetzt war—Konnte hier über Simplicität der Fabel die geringste
Mühe und Kunst seyn? Und wars in den meisten Stücken des Sophokles
anders? Sein Philoktet, Ajax, vertriebner Oedipus u. s. w. nähern sich
noch immer so sehr dem Einartigen ihres Ursprunges, dem dramatischen
Bilde mitten im Chor. Kein Zweifel! es ist Genesis der griechischen
Bühne.

Nun sehe man, wie viel aus der simpeln Bemerkung folge. Nichts
minder als: [3]«das Künstliche ihrer Regeln war — keine Kunst! war
Natur!» — Einheit der Fabel — war Einheit der Handlung, die vor ihnen
lag; die nach ihren Zeit- Vaterlands- Religions- Sittenumständen nicht
anders als solch ein Eins seyn konnte. Einheit des Orts — war Einheit
des Orts; denn die Eine, kurze feierliche Handlung ging nur an Einem
Ort, im Tempel, Pallast, gleichsam auf einem Markt des Vaterlandes
vor: so wurde sie im Anfange nur mimisch und erzählend nachgemacht
und zwischengeschoben: so kamen endlich die Auftritte, die Scenen
hinzu — aber alles natürlich noch Eine Scene. Wo der Chor Alles band,
wo der Natur der Sache wegen Bühne nie leer bleiben konnte u. s. w. Und

dass Einheit der Zeit nun hieraus folgte und natürlich mitging— welchem Kinde brauchte das bewiesen zu werden? Alle diese Dinge lagen damals in der Natur, dass der Dichter mit alle seiner Kunst ohne sie nichts konnte!

Offenbar siehet man also auch: die Kunst der griechischen Dichter nahm ganz den entgegen gesetzten Weg, den man uns heut zu Tage aus ihnen zuschreyet. Jene simplificirten nicht, denke ich, sondern sie vervielfältigten: Aeschylus den Chor, Sophokles den Aeschylus, und man darf nur die künstlichsten Stücke des letztern, und sein grosses Meisterstück, den [4]Oedipus in Thebe, gegen den [5]Prometheus, oder gegen die Nachrichten vom alten Dithyramb halten: so wird man die erstaunliche Kunst sehen, die ihm dahinein zu bringen gelang. Aber niemals Kunst aus Vielem ein Eins zu machen, sondern eigentlich aus Einem ein Vieles, ein schönes Labyrinth von Scenen, wo seine gröste Sorge blieb, an der verwickeltsten Stelle des Labyrinths seine Zuschauer mit dem Wahn des vorigen Einen umzutauschen, den Knäuel ihrer Empfindungen so sanft und allmählig los zu winden, als ob sie ihn noch immer ganz hätten, die vorige Dithyrambische Empfindung. Dazu zierte er ihnen die Scene aus, behielt ja die Chöre bey, und machte sie zu Ruheplätzen der Handlung, erhielt Alle mit jedem Wort im Anblick des Ganzen, in Erwartung, in Wahn des Werdens, des Schonhabens, (was der lehrreiche Euripides nachher sogleich, da die Bühne kaum gebildet war, wieder verabsäumte!) Kurz, er gab der Handlung (eine Sache, die man so erschrecklich missverstehet) Grösse.

Und dass Aristoteles diese Kunst seines Genies in ihm zu schätzen wuste, und eben in Allem fast das Umgekehrte war, was die neuern Zeiten aus ihm zu drehen beliebt haben, müste Jedem einleuchten, der ihn ohne Wahn und im Standpunkte seiner Zeit gelesen. Eben dass er [6]Thespis und Aeschylus verliess, und sich ganz an den vielfach dichtenden Sophokles hält, dass er eben von dieser seiner Neuerung ausging, in sie das Wesen der neuen Dichtgattung zu setzen, dass es sein Lieblingsgedanke ward, nun einen neuen Homer zu entwickeln, und ihn so vortheilhaft mit dem Ersten zu vergleichen; dass er keinen unwesentlichen Umstand vergass, der nur in der Vorstellung seinen Begriff der Grösse habenden Handlung unterstützen konnte. — Alle das zeigt, dass der grosse Mann auch im grossen Sinn seiner Zeit philosophirte, und nichts weniger, als an den verengernden kindischen Läppereyen schuld ist, die man aus ihm später zum Papiergerüste der Bühne machen wollen. Er hat offenbar, in seinem vortreflichen Kapitel vom Wesen der Fabel «keine andre Regeln gewusst und anerkannt, als den Blick des Zuschauers, Seele, Illusion!» und sagt ausdrücklich, dass sich sonst die Schranken ihrer Länge, mithin noch weniger Art oder Zeit und Raum des Baues durch keine Regeln bestimmen lassen. O wenn Aristoteles wieder auflebte, und [7]den falschen, widersinnigen Gebrauch seiner Regeln bey

Drama's ganz andrer Art sähe. — Doch wir bleiben noch lieber bey der stillen, ruhigen Untersuchung.

4

Wie sich Alles in der Welt ändert: so muste sich auch die Natur ändern, die eigentlich das griechische Drama schuf. Weltverfassung, Sitten, Stand der Republiken, Tradition der Heldenzeit, Glaube, selbst Musik, Ausdruck, Maas der Illusion wandelte: und natürlich schwand auch Stoff zu Fabeln, Gelegenheit zu der Bearbeitung, Anlass zu dem Zwecke. Man konnte zwar das Uralte, oder gar von andern Nationen ein Fremdes herbey holen, und nach der gegebnen Manier bekleiden: das that Alles aber nicht die Würkung: folglich war in Allem auch nicht die Seele: folglich wars auch nicht (was sollen wir mit Worten spielen?) das Ding mehr. Puppe, Nachbild, Affe, Statüe, in der nur noch der andächtigste Kopf den Dämon finden konnte, der die Statüe belebte. Lasset uns gleich (denn die Römer waren zu dumm, oder zu klug, oder zu wild und unmässig, um ein völlig gräcisirendes Theater zu errichten) zu den neuen Atheniensern Europens übergehen, und die Sache wird, dünkt mich, offenbar.

Alles was Puppe des griechischen Theaters ist, kann ohne Zweifel kaum vollkommner gedacht und gemacht werden, als es in Frankreich geworden. Ich will nicht blos an die sogenannten Theaterregeln denken, die man dem guten Aristoteles beymisst, Einheit der Zeit, des Orts, der Handlung, Bindung der Scenen, Wahrscheinlichkeit des Brettergerüstes, u. s. w. sondern würklich fragen, ob über das gleissende, klassische Ding, was die Korneille, Racine und Voltaire gegeben haben, über die Reihe schöner Auftritte, Gespräche, Verse und Reime, mit der Abmessung, dem Wohlstande, dem Glanze — etwas in der Welt möglich sey? Der Verfasser dieses Aufsatzes zweifelt nicht bloss daran, sondern alle Verehrer Voltairs und der Franzosen, zumal diese edlen Athenienser selbst, werden es geradezu läugnen — habens ja auch schon gnug gethan, thuns und werdens thun, «über das geht nichts! das kann nicht übertroffen werden!» Und in den Gesichtspunkt des Übereinkommnisses gestellt, die Puppe aufs Brettergerüste gesetzt — haben sie recht, und müssens von Tag zu Tage je mehr man sich in das Gleissende vernarrt, und es nachäffet, in allen Ländern Europens mehr bekommen!

Bey alle dem ists aber doch ein drückendes unwiderstrebliches Gefühl «das ist keine griechische Tragödie! von Zweck, Würkung, Art, Wesen kein griechisches Drama!» und der partheyischte Verehrer der Franzosen kann, wenn er Griechen gefühlt hat, das nicht läugnen. Ich wills gar nicht Einmal untersuchen «ob sie auch ihren Aristoteles den Regeln nach so beobachten, wie sies vorgeben», [8]wo Lessing gegen die lautesten Anmaassungen neulich schreckliche Zweifel erregt hat. Das Alles aber auch zugegeben, Drama ist nicht dasselbe, warum? weil im Innern nichts von ihm Dasselbe mit Jenem ist, nicht Handlung, Sitten, Sprache, Zweck, nichts — und was hülfe also alles Äussere so genau erhaltne Einerley? Glaubt denn wohl jemand, dass Ein Held des grossen Corneille ein römischer oder französischer Held sey? Spanisch-Senekasche Helden! galante Helden, abentheurlich tapfere, grossmüthige, verliebte, grausame Helden, also dramatische Fiktionen, die ausser dem Theater Narren heissen würden, und wenigstens für Frankreich schon damals halb so fremde waren, als sies jetzt bey den meisten Stücken ganz sind — das sind sie. Racine spricht die Sprache der Empfindung — allerdings nach diesem Einen zugegebnen Übereinkommnisse ist nichts über ihn; aber ausser dem auch — wüste ich nicht, wo Eine Empfindung so spräche? Es sind Gemälde der Empfindung von dritter fremder Hand; nie aber oder selten die unmittelbaren, ersten, ungeschminkten Regungen, wie sie Worte suchen und endlich finden. Der schöne Voltärsche Vers, sein Zuschnitt, Inhalt, Bilderwirthschaft, Glanz, Witz, Philosophie — ist er nicht ein schöner Vers? Allerdings! der schönste, den man sich vielleicht denken kann, und wenn ich ein Franzose wäre, würde ich verzweifeln, hinter Voltär Einen Vers zu machen — aber schön oder nicht schön, kein Theatervers! für Handlung, Sprache, Sitten, Leidenschaften, Zweck eines (anders als Französischen) Drama, ewige Schulchrie, Lüge und Galimathias. Endlich Zweck des Allen? durchaus kein griechischer, kein tragischer Zweck! Ein schönes Stück, wenn es auch eine schöne Handlung wäre, auf die Bühne zu bringen! eine Reihe artiger, wohlgekleideter Herrn und Dames schöne Reden, auch die schönste und nützlichste Philosophie in schönen Versen vortragen zu lassen! sie allesamt auch in eine Geschichte dichten, die einen Wahn der Vorstellung giebt, und also die Aufmerksamkeit mit sich fortzieht! endlich das alles auch durch eine Anzahl wohlgeübter Herrn und Dames vorstellen lassen, die würklich viel auf Deklamation, Stelzengang der Sentenzen und Aussenwerke der Empfindung, Beyfall und Wohlgefallen anwenden — das Alles können vortrefliche und die besten Zwecke zu einer lebendigen Lecture, zur Übung im Ausdruck, Stellung und Wohlstande, zum Gemälde guter oder gar heroischer Sitten, und endlich gar eine völlige Akademie der Nationalweissheit und Decence im Leben und Sterben werden, (alle Nebenzwecke übergangen) schön! bildend! lehrreich! vortreflich! durchaus aber weder Hand noch Fuss vom Zweck des griechischen Theaters.

Und welches war der Zweck? [9]Aristoteles hats gesagt, und man hat gnug darüber gestritten — nichts mehr und minder, als eine gewisse Erschütterung des Herzens, die Erregung der Seele in gewissem Maass und von gewissen Seiten, kurz! eine Gattung Illusion, die wahrhaftig! noch kein französisches Stück zuwege gebracht hat, oder zuwege bringen wird. Und folglich (es heisse so herrlich und nützlich, wie es wolle) griechisches Drama ists nicht! Trauerspiel des Sophokles ists nicht. Als Puppe ihm noch so gleich; der Puppe fehlt Geist, Leben, Natur, Wahr-

heit — mithin alle Elemente der Rührung — mithin Zweck und Errei-
chung des Zwecks — ists also dasselbe Ding mehr?

Hiemit würde noch nichts über Werth und Unwerth entschieden, es
wäre nur blos von Verschiedenheit die Rede, die ich mit dem Vorigen
ganz ausser Zweifel gesetzt glaube. Und nun gebe ichs jedem anheim, es
selbst auszumachen, «ob eine Kopirung fremder Zeiten, Sitten und
Handlungen in Halbwahrheit, mit dem köstlichen Zwecke, sie der
zweystündigen Vorstellung auf einem Bretterngerüste fähig und ähnlich
zu machen, wohl einer Nachbildung gleich- oder übergeschätzt werden
könne, die in gewissem Betracht die höchste Nationalnatur war?» ob
eine Dichtung, deren Ganzes eigentlich (und da wird jeder Franzose
winden oder vorbey singen müssen) gar keinen Zweck hat — das Gute
ist nach dem Bekänntniss der besten Philosophen nur eine Nachlese im
Detail — ob die einer Landesanstalt gleichgeschätzt werden kann, wo
in jedem kleinen Umstande Würkung, höchste, schwerste Bildung lag?
Ob endlich nicht eine Zeit kommen müste, da man, wie die meisten und
künstlichsten Stücke Corneillens schon vergessen sind, [10]Krebillon und
Voltaire mit der Bewundrung ansehen wird, mit der man jetzt die
[11]Asträa des Hrn. von Urfe, und alle [12]Clelien und [13]Aspasien der Ritter-
zeit ansieht, «voll Kopf und Weisheit! voll Erfindung und Arbeit! es
wäre aus ihnen so viel! viel zu lernen — aber Schade! dass es in der
Asträa und Klelia ist.» Das Ganze ihrer Kunst ist ohne Natur! ist aben-
theuerlich! ist eckel! — Glücklich wenn wir im Geschmack der Wahrheit
schon an der Zeit wären! Das ganze französische Drama hätte sich in
eine Sammlung schöner Verse, Sentenzen, Sentimens verwandelt — aber
der grosse Sophokles stehet noch, wie er ist!

5

Lasset uns also ein Volk setzen, das aus Umständen, die wir nicht
untersuchen mögen, Lust hätte, sich statt nachzuäffen und mit der Wall-
nussschaale davon zu laufen, selbst lieber sein Drama zu erfinden: so ists,
dünkt mich, wieder erste Frage: wenn? wo? unter welchen Umständen?
woraus solls das thun? und es braucht keines Beweises, dass die Erfindung nichts als Resultat dieser Fragen seyn wird und seyn kann. Holt es
sein Drama nicht aus Chor, aus Dithyramb her: so kanns auch nichts
Chormässiges Dithyrambisches haben. Läge ihm keine solche Simplicität
von Faktis der Geschichte, Tradition, Häusslichen, und Staats- und
Religionsbeziehungen vor — natürlich kanns nichts von Alle dem haben. — Es wird sich, wo möglich, sein Drama nach seiner Geschichte,
nach Zeitgeist, Sitten, Meinungen, Sprache, Nationalvorurtheilen, Tradi-
tionen, und Liebhabereyen, wenn auch aus Fastnachts- und Marionetten-
spiel (eben, wie die edlen Griechen aus dem Chor) erfinden — und das
Erfundne wird Drama seyn, wenn es bey diesem Volk dramatischen
Zweck erreicht. Man sieht, wir sind bey den

[14]*toto divisis ab orbe Britannis*

und ihrem grossen Shakespear.

Dass da, und zu der und vor der Zeit kein Griechenland war, wird kein *pullulus Aristotelis* läugnen, und hier und da also griechisches Drama zu fodern, dass es natürlich (wir reden von keiner Nachäffung) entstehe, ist ärger, als dass ein Schaaf Löwen gebären solle. Es wird allein erste und letzte Frage: «wie ist der Boden? worauf ist er zubereitet? was ist in ihn gesäet? was sollte er tragen können?» — und Himmel! wie weit hier von Griechenland weg! Geschichte, Tradition, Sitten, Religion, Geist der Zeit, des Volks, der Rührung, der Sprache — wie weit von Griechenland weg! Der Leser kenne beyde Zeiten viel oder wenig, so wird er doch keinen Augenblick verwechseln, was nichts Ähnliches hat. Und wenn nun in dieser glücklich oder unglücklich veränderten Zeit es eben Ein Alter, Ein Genie gäbe, das aus seinem Stoff so natürlich, gross, und original eine dramatische Schöpfung zöge, als die Griechen aus dem Ihren — und diese Schöpfung eben auf den verschiedensten Wegen dieselbe Absicht erreichte, wenigstens an sich ein weit vielfach Einfältiger und Einfachvielfältiger — also (nach aller methaphysischen Definition) ein vollkommenes Ganzes wäre — was für ein Thor, der nun vergliche und gar verdammte, weil dies Zweyte nicht das Erste sey? Und alle sein Wesen, Tugend und Vollkommenheit beruht ja darauf, dass es nicht das Erste ist: dass aus dem Boden der Zeit eben die andre Pflanze erwuchs.

Shakespear fand vor und um sich nichts weniger als Simplicität von Vaterlandssitten, Thaten, Neigungen und Geschichtstraditionen, die das griechische Drama bildete, und da also nach dem Ersten metaphysischen Weisheitssatze aus Nichts Nichts wird, so wäre, Philosophen überlassen, nicht blos kein Griechisches, sondern wenns ausserdem Nichts giebt, auch gar kein Drama in der Welt mehr geworden, und hätte werden können. Da aber Genie bekanntermaassen mehr ist, als Philosophie, und Schöpfer ein ander Ding, als Zergliederer: so wars ein Sterblicher mit Götterkraft begabt, eben aus dem entgegen gesetztesten Stoff, und in der verschiedensten Bearbeitung dieselbe Würkung hervor zu rufen, Furcht und Mitleid! und beyde in einem Grade, wie jener Erste Stoff und Bearbeitung es kaum vormals hervorzubringen vermocht! — Glücklicher Göttersohn über sein Unternehmen! Eben das Neue, Erste, ganz Verschiedne zeigt die Urkraft seines Berufs.

Shakespear fand keinen Chor vor sich; aber wohl Staats- und Marionettenspiele — wohl! er bildete also aus diesen Staats- und Mationettenspielen, dem so schlechten Leim! das herrliche Geschöpf, das da vor uns steht und lebt! Er fand keinen so einfachen Volks- und Vaterlandscharakter, sondern ein Vielfaches von Ständen, Lebensarten, Gesinnungen, Völkern und Spracharten — der Gram um das Vorige wäre vergebens gewesen; er dichtete also Stände und Menschen, Völker und Spracharten, König und Narren, Narren und König zu dem herrlichen Ganzen! Er fand

keinen so einfachen Geist der Geschichte, der Fabel, der Handlung: er
nahm Geschichte, wie er sie fand, und setzte mit Schöpfergeist das
Verschiedenartigste Zeug zu einem Wunderganzen zusammen, was wir,
wenn nicht Handlung im griechischen Verstande, so Aktion im Sinne
der mittlern, oder in der Sprache der neuern Zeiten Begebenheit (*évène-
ment*), grosses Eräugniss nennen wollen — o Aristoteles, wenn du er-
schienest, wie würdest du den neuen Sophokles homerisiren! würdest
so eine eigne Theorie über ihn dichten, die jetzt seine Landsleute,
[15]Home und [16]Hurd, Pope und Johnson noch nicht gedichtet haben!
Würdest dich freuen, von Jedem Deiner Stücke, Handlung, Charakter,
Meinungen, Ausdruck, Bühne, wie aus zwey Punkten des Dreyecks
Linien ziehen zu können, die sich oben in Einem Punkte des Zwecks,
der Vollkommenheit begegnen! Würdest zu Sophokles sagen: mahle das
heilige Blatt dieses Altars! und du o nordischer Barde alle Seiten und
Wände dieses Tempels in dein unsterbliches Fresko!

Man lasse mich als Ausleger und Rhapsodisten fortfahren: denn ich
bin Shakespear näher als dem Griechen. Wenn bey diesem das Eine einer
Handlung herrscht: so arbeitet Jener auf das Ganze eines Eräugnisses,
einer Begebenheit. Wenn bey Jenem Ein Ton der Charaktere herrschet,
so bey diesem alle Charaktere, Stände und Lebensarten, so viel nur fähig
und nöthig sind, den Hauptklang seines Concerts zu bilden. Wenn in
Jenem Eine singende feine Sprache, wie in einem höhern Aether thönet,
so spricht dieser die Sprache aller Alter, Menschen und Menscharten, ist
Dollmetscher der Natur in all' ihren Zungen — und auf so verschiedenen
Wegen beyde Vertraute Einer Gottheit! — Und wenn jener Griechen
vorstellt und lehrt und rührt und bildet, so lehrt, rührt und bildet Shakespear nordische Menschen! Mir ist, wenn ich ihn lese, Theater, Akteur,
Koulisse verschwunden! Lauter einzelne im Sturm der Zeiten wehende
Blätter aus dem Buch der Begebenheiten, der Vorsehung, der Welt! —
einzelne Gepräge der Völker, Stände, Seelen! die alle die verschieden-
artigsten und abgetrenntest handelnden Maschinen, alle — was wir in
der Hand des Weltschöpfers sind — unwissende, blinde Werkzeuge zum
Ganzen Eines theatralischen Bildes, Einer Grösse habenden Begebenheit, die nur der Dichter überschauet. Wer kann sich einen grössern
Dichter der nordischen Menschheit und in dem Zeitalter! denken!

Wie vor einem Meere von Begebenheit, wo Wogen in Wogen rauschen,
so tritt vor seine Bühne. Die Auftritte der Natur rükken vor und ab;
würken in einander, so disparat sie scheinen; bringen sich hervor, und
zerstöhren sich, damit die Absicht des Schöpfers, der alle im Plane der
Trunkenheit und Unordnung gesellet zu haben schien, erfüllt werde —
dunkle kleine Symbole zum Sonnenriss einer Theodicee Gottes. Lear,
der rasche, warme, edelschwache Greis, wie er da vor seiner Landcharte
steht, und Kronen wegschenkt und Länder zerreisst, — in der Ersten
Scene der Erscheinung trägt schon allen Saamen seiner Schicksale zur

Ernte der dunkelsten Zukunft in sich. Siehe! der gutherzige Verschwen-
der, der rasche Unbarmherzige, der kindische Vater wird es bald seyn
auch in den Vorhöfen seiner Töchter — bittend, betend, bettelnd,
fluchend, schwärmend, segnend, — ach, Gott! und Wahnsinn ahndend.
Wirds seyn bald mit blossem Scheitel unter Donner und Blitz, zur unter-
sten Klasse von Menschen herabgestürzt, mit einem Narren und in der
Höle eines tollen Bettlers Wahnsinn gleichsam pochend vom Himmel
herab. — Und nun ist wie ers ist, in der ganzen leichten Majestät seines
Elends und Verlassens; und nun zu sich kommend, angeglänzt vom letzten Strahle Hoffnung, damit diese auf ewig, ewig erlösche! Gefangen, die
todte Wohlthäterin, Verzeiherin, Kind, Tochter auf seinen Armen! auf
ihrem Leichnam sterbend, der alte Knecht dem alten Könige nachster-
bend — Gott! welch ein Wechsel von Zeiten, Umständen, Stürmen,
Wetter, Zeitläuften! und alle nicht blos Eine Geschichte — Helden und
Staatsaktion, wenn du willt! von Einem Anfange zu Einem Ende, nach
der strengsten Regel deines Aristoteles; sondern tritt näher, und fühle
den Menschengeist, der auch jede Person und Alter und Charakter und
Nebending in das Gemälde ordnete. Zween alte Väter und alle ihre so
verschiedne Kinder! Des Einen Sohn gegen einen betrognen Vater
unglücklich dankbar, der andre gegen den gutherzigsten Vater scheuslich
undankbar und abscheulich glücklich. Der gegen seine Töchter! diese
gegen ihn! ihre Gemal, Freyer und alle Helfershelfer im Glück und
Unglück. Der blinde Gloster am Arm seines unerkannten Sohnes, und
der tolle Lear zu den Füssen seiner vertriebnen Tochter! und nun der
Augenblick der Wegscheide des Glücks, da Gloster unter seinem Baume
stirbt, und die Trompete rufet, alle Nebenumstände, Triebfedern, Cha-
ractere und Situationen dahin eingedichtet — Alles im Spiel! zu Einem
Ganzen sich fortwickelnd — zu einem Vater- und Kinder- Königs- und
Narren- und Bettler- und Elend-Ganzen zusammen geordnet, wo doch
überall bey den Disparatsten Scenen Seele der Begebenheit athmet, wo
Örter, Zeiten, Umstände, selbst möchte ich sagen, die heidnische Schick-
sals- und Sternenphilosophie, die durchweg herrschet, so zu diesem Ganzen gehören, [17]dass ich Nichts verändern, versetzen, aus andern Stücken
hieher oder hieraus in andre Stücke bringen könnte. Und das wäre kein
Drama? Shakespear kein dramatischer Dichter? Der hundert Auftritte
einer Weltbegebenheit mit dem Arm umfasst, mit dem Blick ordnet, mit
der Einen durchhauchenden, Alles belebenden Seele erfüllet, und nicht
Aufmerksamkeit, Herz, alle Leidenschaften, die ganze Seele von Anfang
bis zu Ende fortreisst — wenn nicht mehr, so soll Vater Aristoteles
zeugen, «die Grösse des lebendigen Geschöpfs darf nur mit Einem Blick
übersehen werden können» — und hier — Himmel! wie wird das Ganze
der Begebenheit mit tiefster Seele fortgefühlt und geendet! — Eine Welt
dramatischer Geschichte, so gross und tief wie die Natur; aber der
Schöpfer giebt uns Auge und Gesichtspunkt, so gross und tief zu sehen!

In Othello, dem Mohren, welche Welt! welch ein Ganzes! lebendige
Geschichte der Entstehung, Fortgangs, Ausbruchs, traurigen Endes der
Leidenschaft dieses Edlen Unglückseligen! und in welcher Fülle, und
Zusammenlauf der Räder zu Einem Werke! Wie dieser Jago, der Teufel
in Menschengestalt, die Welt ansehn, und mit allen, die um ihn sind,
spielen! und wie nun die Gruppe, ein Cassio und Rodrich, Othello und
Desdemone, in den Charakteren, mit dem Zunder von Empfänglich-
keiten seiner Höllenflamme, um ihn stehen muss, und jedes ihm in den
Wurf kommt, und er alles braucht, und Alles zum traurigen Ende
eilet. — Wenn ein Engel der Vorsehung menschliche Leidenschaften
gegen einander abwog, und Seelen und Charaktere gruppirte, und ihnen
Anlässe, wo Jedes im Wahn des Freyen handelt, zuführt, und er sie alle
mit diesem Wahne, als mit der Kette des Schicksals zu seiner Idee leitet
— so war der menschliche Geist, der hier entwarf, sann, zeichnete,
lenkte.

Dass Zeit und Ort wie Hülsen um den Kern immer mit gehen, sollte
nicht einmal erinnert werden dürfen, und doch ist hierüber eben das
helleste Geschrey. Fand Shakespear den Göttergriff Eine ganze Welt der
disparatesten Auftritte zu Einer Begebenheit zu erfassen; natürlich gehörte es eben zur Wahrheit seiner Begebenheiten, auch Ort und Zeit
jedesmal zu idealisiren, dass sie mit zur Täuschung beytrügen. Ist wohl
jemand in der Welt zu einer Kleinigkeit seines Lebens Ort und Zeit
gleichgültig? und sind sies insonderheit in den Dingen, wo die ganze
Seele geregt, gebildet, umgebildet wird? in der Jugend, in Scenen der
Leidenschaft, in allen Handlungen aufs Leben! Ists da nicht eben Ort
und Zeit und Fülle der äussern Umstände, die der ganzen Geschichte
Haltung, Dauer, Exsistenz geben muss, und wird ein Kind, ein Jüngling,
ein Verliebter, ein Mann im Felde der Thaten sich wohl Einen Umstand
des Lokals, des Wie? und Wo und Wann? wegschneiden lassen, ohne
dass die ganze Vorstellung seiner Seele litte? Da ist nun Shakespear der
gröste Meister, eben weil er nur und immer Diener der Natur ist. Wenn
er die Begebenheiten seines Drama dachte, im Kopf wälzte, wie wälzen
sich jedesmal Örter und Zeiten so mit umher! Aus Scenen und Zeitläuften
aller Welt findet sich, wie durch ein Gesetz der Fatalität, eben die hieher,
die dem Gefühl der Handlung die kräftigste, die idealste ist; wo die
sonderbarsten, kühnsten Umstände am meisten den Trug der Wahrheit
unterstützen, wo Zeit- und Ortwechsel, über die der Dichter schaltet,
am lautesten rufen: «hier ist kein Dichter! ist Schöpfer! ist Geschichte
der Welt!»

Als z. E. der Dichter den schrecklichen Königsmord, Trauerspiel
Macbeth genannt, als Faktum der Schöpfung in seiner Seele wälzte
— bist du, mein lieber Leser, so blöde gewesen, nun in keiner Scene,
Scene und Ort mit zu fühlen — wehe Shakespear, dem verwelkten Blatte
in deiner Hand. So hast du nichts von der Eröfnung durch die Zaube-

rinnen auf der Haide unter Blitz und Donner! nichts nun vom blutigen Manne mit Macbeths Thaten zur Bothschaft des Königes an ihn, nichts wider die Scene zu brechen, und den prophetischen Zaubergeist zu eröfnen, und die vorige Bothschaft nun mit diesem Grusse in seinem Haupt zu mischen — gefühlt! Nicht sein Weib mit jener Abschrift des Schicksalsbriefes in ihrem Schlosse wandern sehen, die hernach wie grauerlich anders wandern wird! Nicht mit dem stillen Könige noch zu guter letzt die Abendluft so sanft gewittert, rings um das Haus, wo zwar die Schwalbe so sicher nistet, aber du o König — das ist im unsichtbaren Werk! — dich deiner Mördergrube näherst. Das Haus in unruhiger, gastlicher Zubereitung, und Macbeth in Zubereitung zum Morde! Die bereitende Nachtscene Bankos mit Fackel und Schwerdt! Der Dolch! der schauerliche Dolch der Vision! Glocke — kaum ists geschehen und das Pochen an der Thür! — Die Entdekkung, Versammlung — man trabe alle Örter und Zeiten durch, wo das zu der Absicht, in der Schöpfung, anders als da und so geschehen könnte. Die Mordscene Bankos im Walde; das Nachtgastmahl und Bankos Geist — nun wieder die Hexenhaide (denn seine erschreckliche Schicksalsthat ist zu Ende!). Nun Zauberhöle, Beschwörung, Prophezeyung, Wuth und Verzweiflung! Der Tod der Kinder Macdufs unter den Flügeln ihrer einsamen Mutter! und jene zween Vertriebne unter dem Baum, und nun die grauerliche Nachtwanderin im Schlosse, und die wunderbare Erfüllung der Prophezeyung — der heranziehende Wald — Macbeths Tod durch das Schwerdt eines Ungebohrnen — ich müsste alle, alle Scenen ausschreiben, um das idealisirte Lokal des unnennbaren Ganzen, der Schicksals- Königsmords- und Zauberwelt zu nennen, die als Seele das Stück, bis auf den kleinsten Umstand von Zeit, Ort, selbst scheinbarer Zwischenverwirrung, belebt, Alles in der Seele zu Einem schauderhaften, unzertrennlichen Ganzen zu machen — und doch würde ich mit Allem nichts sagen.

Dies Individuelle jedes Stücks, jedes einzelnen Weltalls, geht mit Ort und Zeit und Schöpfung durch alle Stücke. [18]Lessing hat einige Umstände Hamlets in Vergleichung der Theaterkönigin Semiramis entwickelt — wie voll ist das ganze Drama dieses Lokalgeistes von Anfang zu Ende. Schlossplatz und bittre Kälte, ablösende Wache und Nachterzählungen, Unglaube und Glaube — der Stern — und nun erscheints! — Kann Jemand seyn, der nicht in jedem Wort und Umstande Bereitung und Natur ahnde! So weiter. Alles Kostume der Geister erschöpft! der Menschen zur Erscheinung erschöpft! Hahnkräh und Paukenschall, stummer Wink und der nahe Hügel, Wort und Unwort — welches Lokal! welches tiefe Eingraben der Wahrheit! Und wie der erschreckte König kniet, und Hamlet vorbeyirrt in seiner Mutter Kammer vor dem Bilde seines Vaters! und nun die andre Erscheinung! Er am Grabe seiner Ophelia! der rührende *good Fellow* in allen den Verbindungen mit Horaz, Ophelia, Laertes, Fortinbras! das Jugendspiel der Handlung, was durchs

Stück fortläuft und fast bis zu Ende keine Handlung wird — wer da Einen Augenblick Bretterngerüste fühlt und sucht, und Eine Reihe gebundner artiger Gespräche auf ihm sucht, für den hat Shakespear und Sophokles, kein wahrer Dichter der Welt gedichtet.

Hätte ich doch Worte dazu, um die einzelne Hauptempfindung, die also jedes Stück beherrscht, und wie eine Weltseele durchströmt, zu bemerken. Wie es doch in Othello würklich mit zu dem Stücke gehört, so selbst das Nachtsuchen wie die fabelhafte Wunderliebe, die Seefahrt, der Seesturm, wie die brausende Leidenschaft Othellos, die so sehr verspottete Todesart, das Entkleiden unter dem Sterbeliedchen und dem Windessausen, wie die Art der Sünde und Leidenschaft selbst — sein Eintritt, Rede ans Nachtlicht u. s. w. — wäre es möglich, doch das in Worte zu fassen, wie das Alles zu Einer Welt der Trauerbegebenheit lebendig und innig gehöre — aber es ist nicht möglich. Kein elendes Farbengemälde lässt sich durch Worte beschreiben oder herstellen, und wie die Empfindung Einer lebendigen Welt in allen Scenen, Umständen und Zaubereyen der Natur? Gehe, mein Leser, was du willt, Lear und die Richards, Cäsar und die Heinrichs, selbst Zauberstücke und Divertissements, insonderheit Romeo, das süsse Stück der Liebe, auch Roman in jedem Zeitumstande, und Ort und Traum und Dichtung — gehe es durch, versuche Etwas der Art wegzunehmen, zu tauschen, es gar auf ein französisches Bretterngerüste zu simplificiren — eine lebendige Welt mit allem Urkundlichen ihrer Wahrheit in dies Gerüste verwandelt — schöner Tausch! schöne Wandlung! Nimm dieser Pflanze ihren Boden, Saft und Kraft, und pflanze sie in die Luft: nimm diesem Menschen Ort, Zeit, individuelle Bestandheit — du hast ihm Othem und Seele genommen, und ist ein Bild vom Geschöpf.

[19]Eben da ist also Shakespear Sophokles Bruder, wo er ihm dem Anschein nach so unähnlich ist, um im Innern ganz wie Er zu seyn. Da alle Täuschung durch dies Urkundliche, Wahre, Schöpferische der Geschichte erreicht wird, und ohne sie nicht blos nicht erreicht würde, sondern kein Element mehr (oder ich hätte umsonst geschrieben) von Shakespears Drama und dramatischen Geist bliebe: so sieht man, die ganze Welt ist zu diesem grossen Geiste allein Körper: alle Auftritte der Natur an diesem Körper Glieder, wie alle Charaktere und Denkarten zu diesem Geiste Züge — und das Ganze mag jener Riesengott des Spinosa «Pan! Universum!» heissen. Sophokles blieb der Natur treu, da er Eine Handlung Eines Orts und Einer Zeit bearbeitete: Shakespear konnt ihr allein treu bleiben, wenn er seine Weltbegebenheit und Menschenschicksal durch alle die Örter und Zeiten wälzte, wo sie — nun, wo sie geschehen: und Gnade Gott [20]dem kurzweiligen Franzosen, der in Shakespears fünften Aufzug käme, um da die Rührung in der Quintessenz herunter zu schlucken. Bey manchen französischen Stükken mag dies wohl angehen, weil da Alles nur fürs Theater versificirt und in Scenen

Schaugetragen wird; aber hier geht er eben ganz leer aus. Da ist Weltbegebenheit schon vorbey: er sieht nur die letzte, schlechteste Folge
Menschen, wie Fliegen fallen: er geht hin und höhnt: [21]Shakespear ist
ihm Ärgerniss und sein Drama die dummeste Thorheit.

6

Überhaupt wäre der ganze Knäuel von Ort- und Zeitquästionen längst
aus seinem Gewirre gekommen, wenn ein philosophischer Kopf über
das Drama sich die Mühe hätte nehmen wollen, auch hier zu fragen:
«was denn Ort und Zeit sey?» Solls das Bretterngerüste, und der Zeitraum eines Divertissements *au theatre* seyn: so hat niemand in der Welt
Einheit des Orts, Maass der Zeit und der Scenen, als — die Franzosen.
Die Griechen — bey ihrer hohen Täuschung, von der wir fast keinen
Begriff haben — bey ihren Anstalten für das Öffentliche der Bühne, bey
ihrer rechten Tempelandacht vor derselben, haben an nichts weniger
als das je gedacht. Wie muss die Täuschung eines Menschen seyn, der
hinter jedem Auftritt nach seiner Uhr sehen will, ob auch So Was in So
viel Zeit habe geschehen können? und dem es sodann Hauptelement der
Herzensfreude würde, dass der Dichter ihn doch ja um keinen Augenblick betrogen, sondern auf dem Gerüste nur eben so viel gezeigt hat, als
er in der Zeit im Schneckengange seines Lebens sehen würde — welch
ein Geschöpf, dem das Hauptfreude wäre! und welch ein Dichter, der
darauf als Hauptzweck arbeitete, und sich denn mit dem Regelnkram
brüstete «wie artig habe ich nicht so viel und so viel schöne Spielewerke!
auf den engen gegebnen Raum dieser Brettergrube, *theatre François*
genannt, und in den gegebnen Zeitraum der Visite dahin eingeklemmt
und eingepasst! die Scenen filirt und enfilirt! alles genau geflickt und
geheftet» — elender Ceremonienmeister! Savoyarde des Theaters, nicht
Schöpfer! Dichter! dramatischer Gott! Als solchem schlägt dir keine
Uhr auf Thurm und Tempel, sondern du hast Raum und Zeitmasse
zu schaffen, und wenn du eine Welt hervorbringen kannst, und die
nicht anders, als in Raum und Zeit exsistiret, siehe, so ist da im Innern
dein Maass von Frist und Raum, dahin du alle Zuschauer zaubern, dass
du Allen aufdringen musst, oder du bist — was ich gesagt habe, nur
nichts weniger, als dramatischer Dichter.

Sollte es denn jemand in der Welt brauchen demonstrirt zu werden,
[22]dass Raum und Zeit eigentlich an sich nichts, dass sie die relativeste
Sache auf Daseyn, Handlung, Leidenschaft, Gedankenfolge und Maass
der Aufmerksamkeit in oder ausserhalb der Seele sind? Hast du denn,
gutherziger Uhrsteller des Drama, nie Zeiten in deinem Leben gehabt,
wo dir Stunden zu Augenblicken und Tage zu Stunden; Gegentheils
aber auch Stunden zu Tagen, und Nachtwachen zu Jahren geworden
sind? Hast du keine Situationen in deinem Leben gehabt, wo deine
Seele Einmal ganz ausser dir wohnte, hier in diesem romantischen Zimmer

deiner Geliebten, dort auf jener starren Leiche, hier in diesem Drücken-
den äusserer, beschämender Noth — jetzt wieder über Welt und Zeit
hinausflog, Räume und Weltgegenden überspringet, alles um sich vergass,
und im Himmel, in der Seele, im Herzen dessen bist, dessen Existenz du
nun empfindest? Und wenn das in deinem trägen, schläfrigen Wurm-
und Baumleben möglich ist, wo dich ja Wurzeln gnug am todten Boden
deiner Stelle festhalten, und jeder Kreis, den du schleppest, dir langsames
Moment gnug ist, deinen Wurmgang auszumessen — nun denke dich
Einen Augenblick in Eine andre, eine Dichterwelt, nur in einen Traum?
Hast du nie gefühlt, wie im Traum dir Ort und Zeit schwinden? was das
also für unwesentliche Dinge, für Schatten gegen das was Handlung,
Würkung der Seele ist, seyn müssen? wie es blos an dieser Seele liege,
sich Raum, Welt und Zeitmaass zu schaffen, wie und wo sie will? Und
hättest du das nur Einmal in deinem Leben gefühlt, wärest nach Einer
Viertheilstunde erwacht, und der dunkle Rest deiner Traumanhandlungen
hätte dich schwören gemacht, du habest Nächte hinweg geschlafen,
geträumt und gehandelt! — dürfte dir [23]Mahomeds Traum, als Traum,
noch Einen Augenblick ungereimt seyn! und wäre es nicht eben jedes
Genies, jedes Dichters, und des dramatischen Dichters insonderheit Erste
und Einzige Pflicht, dich in Einen solchen Traum zu setzen? Und nun
denke, welche Welten du verwirrest, wenn du dem Dichter deine
Taschenuhr, oder dein Visitenzimmer vorzeigest, dass er dahin und
darnach dich träumen lehre?

Im Gange seiner Begebenheit, im [24]*ordine succesivorum* und *simultaneorum*
seiner Welt, da liegt sein Raum und Zeit. Wie, und wo er dich hinreisse?
wenn er dich nur dahin reisst, da ist seine Welt. Wie schnell und langsam
er die Zeiten folgen lasse; er lässt sie folgen; er drückt dir diese Folge
ein: das ist sein Zeitmaass — und wie ist hier wieder Shakespear Meister!
langsam und schwerfällig fangen seine Begebenheiten an, in einer Natur
wie in der Natur: denn er giebt diese nur im verjüngten Maasse. Wie
mühevoll, ehe die Triebfedern in Gang kommen! je mehr aber, wie
laufen die Scenen! wie kürzer die Reden und geflügelter die Seelen, die
Leidenschaft, die Handlung! und wie mächtig sodann dieses Laufen,
das Hinstreuen gewisser Worte, da niemand mehr Zeit hat. Endlich
zuletzt, wenn er den Leser ganz getäuscht und im Abgrunde seiner Welt
und Leidenschaft verlohren sieht, wie wird er kühn, was lässt er auf
einander folgen! Lear stirbt nach Cordelia, und Kent nach Lear! es ist
gleichsam Ende seiner Welt, jüngster Tag da, da Alles auf einander rollet
und hinstürzt, der Himmel eingewickelt und die Berge fallen; das Maass
der Zeit ist hinweg — Freylich wieder nicht für den lustigen, muntren
[25]Kaklogallinier, der mit heiler frischer Haut in den fünften Akt käme
um an der Uhr zu messen, wie viel da in welcher Zeit sterben? aber Gott
wenn das Kritik, Theater, Illusion seyn soll — was wäre den Kritik?
Illusion? Theater? was bedeuteten alle die leeren Wörter.

Nun finge eben das Herz meiner Untersuchung an, «wie? auf welche Kunst und Schöpferweise Shakespear eine elende Romanze, Novelle und Fabelhistorie zu solch einem lebendigen Ganzen habe dichten können? Was für Gesetze unsrer historischen, philosophischen, dramatischen Kunst in Jedem seiner Schritte und Kunstgriffe liege?» Welche Untersuchung! wie viel für unsern Geschichtbau, Philosophie der Menschenseelen und Drama. — Aber ich bin kein Mitglied aller unsrer historischen, philosophischen und schönkünstlichen Akademien, in denen man freylich an jedes Andre eher, als an so etwas denkt! Selbst Shakespears Landsleute denken nicht daran. Was haben ihm oft seine Kommentatoren für historische Fehler gezeihet! der fette [26]Warburton z. E. welche historische Schönheiten Schuld gegeben! und noch [27]der letzte Verfasser des Versuchs über ihn hat er wohl die Lieblingsidee, die ich bey ihm suchte: «wie hat Shakespear aus Romanzen und Novellen Drama gedichtet?» erreicht? Sie ist ihm wie dem Aristoteles dieses Brittischen Sophokles, dem Lord Home, kaum eingefallen.

Also nur Einen Wink in die gewöhnlichen Klassificationen in seinen Stücken. Noch neuerlich hat [28]ein Schriftsteller, der gewiss seinen Shakespear ganz gefühlt hat, den Einfall gehabt, jenen ehrlichen [29]Fishmonger von Hofmann, mit grauem Bart und Runzelgesicht, triefenden Augen und seinem *plentiful lack of wit together with weak Hams*, das Kind Polonius zum Aristoteles des Dichters zu machen, und die Reihe von *Als* und *Cals*, die er in seinem Geschwätz wegsprudelt, zur ernsten Classification aller Stücke vorzuschlagen. Ich zweifle. Shakespear hat freylich die Tücke, leere *locos communes*, Moralen und Classificationen, die auf hundert Fälle angewandt, auf alle und keinen recht passen, am liebsten Kindern und Narren in den Mund zu legen; und eines neuen [30]*Stobaei* und *Florilegii*, oder *Cornu copiae* von Shakespears Weisheit, wie die Engländer theils schon haben und wir Deutsche Gottlob! neulich auch hätten haben sollen — deren würde sich solch ein Polonius, und Launcelot, Arlequin und Narr, blöder Richard, oder [31]aufgeblasner Ritterkönig am meisten zu erfreuen haben, weil jeder ganze, gesunde Mensch bey ihm nie mehr zu sprechen hat, als er aus Mund in Hand braucht, aber doch zweifle ich hier noch. [32]Polonius soll hier wahrscheinlich nur das alte Kind seyn, das Wolken für Kameele und Kameele für Bassgeigen ansieht, in seiner Jugend auch einmal den Julius Cäsar gespielt hat, und war ein guter Akteur, und ward von Brutus umgebracht, und wohl weiss

[33]why Day is Day, Night Night, and Time is Time,

also auch hier einen Kreisel theatralischer Worte dreht — wer wollte aber darauf bauen? oder was hätte man denn nun mit der Eintheilung? *Tragedy, Comedy, History, Pastoral, Tragical-Historical*, und *Historical-Pastoral*, und *Pastoral-Comical* und *Comical-Historical-Pastoral*, und wenn wir die *Cals* noch hundertmal mischen, was hätten wir endlich? kein Stück wäre doch griechische *Tragedy, Comedy* und *Pastoral*, und sollt es nicht seyn. Jedes Stück ist *History* im weitsten Verstande, die sich nun freylich bald in *Tragedy*, *Comedy*, u. s. w. mehr oder weniger nuancirt. — Die Farben aber schweben da so ins Unendliche hin, und am Ende bleibt doch jedes Stück und muss bleiben, — was es ist. Historie! Helden- und Staatsaktion zur Illusion mittlerer Zeiten! oder (wenige eigentliche *Plays* und *Divertissemens* ausgenommen) ein völliges Grösse habende Eräugniss einer Weltbegebenheit, eines menschlichen Schicksals.

Trauriger und wichtiger wird der Gedanke, dass auch dieser grosse Schöpfer von Geschichte und Weltseele immer mehr veralte! dass da Worte und Sitten und Gattungen der Zeitalter, wie ein Herbst von Blättern welken und absinken, wir schon jetzt aus diesen grossen Trümmern der Ritternatur so weit heraus sind, dass selbst [34]Garrik, der Wiedererwekker und Schutzengel auf seinem Grabe, so viel ändern, auslassen, verstümmeln muss, und bald vielleicht, da sich alles so sehr verwischt und anders wohin neigt, auch sein Drama der lebendigen Vorstellung ganz unfähig werden, und eine Trümmer von Kolossus, von Pyramide seyn wird, die Jeder anstaunet und keiner begreift. Glücklich, dass ich noch im Ablaufe der Zeit lebte, wo ich ihn begreifen konnte, und wo [35]du, mein Freund, der du dich bey diesem Lesen erkennest und fühlst, und den ich vor seinem heiligen Bilde mehr als Einmal umarmet, wo du noch den süssen und deiner würdigen Traum haben kannst, [36]sein Denkmal aus unsern Ritterzeiten in unsrer Sprache unserm so weit abgearteten Vaterlande herzustellen. Ich beneide dir den Traum, und dein edles deutsches Würken lass nicht nach, bis der Kranz dort oben hange. Und solltest du alsdenn auch später sehen, wie unter deinem Gebäude der Boden wankt, und der Pöbel umher still steht und gafft, oder höhnt, und die daurende Pyramide nicht alten ägyptischen Geist wieder aufzuwecken vermag. — Dein Werk wird bleiben, und ein treuer Nachkomme dein Grab suchen, und mit andächtiger Hand dir schreiben, was das Leben fast aller Würdigen der Welt gewesen:

voluit! quiescit!

COMMENTARY

This edition retains a good deal of eighteenth-century orthography and punctuation which gives a 'period flavour' especially appropriate to a modern experience of Herder's enthusiastic manner in the *Sturm und Drang* age.

Text: *Von deutscher Art und Kunst*, ed. E. Purdie (Oxford, 1924), 97–121.

1. *das absolvo*: verdict of acquittal.

2. *In Griechenland entstand das Drama* etc: this paragraph gives, through the example of the drama, the essence of Herder's case for the autonomy of national cultures, a case which he re-stated in a number of works, most extensively in the *Ideen zur Philosophie der Geschichte der Menschheit* (1784–91). He returns to this point later in the essay, when examining the relationship of Shakespeare to Sophocles ('Sophocles blieb der Natur treu...: p. 28).

3. *'das Künstliche ihrer Regeln war'* etc: another of Herder's cardinal principles, related to that noted above: the rules that may subsequently be claimed to have underlain a literary tradition were not arbitrarily imposed in the name of art but were a natural manifestation of the inner character of that tradition, an integral and inalienable part of its meaning; for: 'Alle diese Dinge lagen damals in der Natur'. *Mutatis mutandis* such 'rules' cannot be wrenched from their context and clamped upon the features of a totally different tradition.

4. *Oedipus in Thebe*: Sophocles' *Oedipus Rex*.

5. *Prometheus*: Aeschylus' tragedy.

6. *Thespis:* Greek poet of the sixth century B. C., traditionally credited with the invention of tragedy.

7. *den falschen, widersinnigen Gebrauch seiner Regeln:* a reproach already levelled at the French classical tragedians by Lessing in his *Hamburgische Dramaturgie*, cf. his criticism of Corneille: 'Er trägt sie [*sc*. the rules of Aristotle's *Poetics*] falsch und schielend genug vor; und weil er sie doch noch viel zu strenge findet, so sucht er bei einer nach der andern "quelque modération, quelque favorable interprétation"; entkräftet und verstümmelt, deutelt und vereitelt eine jede — und warum? "pour ne pas être obligé de condamner beaucoup de poèmes que nous avons vus réussir sur nos théâtres." Eine schöne Ursache!' (81. Stück). See also note 8.

8. *wo Lessing* etc: in addition to his scornful comments on Corneille, Lessing treats the subject of French misinterpretation of Aristotle in sections 38–9, 77–8 and 101–4 of the *Hamburgische Dramaturgie*, concluding in his attack on the 'Wahn von der Regelmäßigkeit der französischen Bühne': 'Gerade keine Nation hat die Regeln des alten Dramas mehr verkannt als die Franzosen' (101.–104. Stück).

9. *Aristoteles hats gesagt: Poetics*, chapter 6–Aristotle's definition of tragedy.

10. *Krebillon:* Prosper Jolyot de Crébillon (1674–1762), Voltaire's rival in the field of tragedy.

11. *Asträa: Astrée*, a pastoral romance by Honoré d'Urfé (1567–1625).

12. *Clelien: Clélie*, a 10-volume romance by Mademoiselle de Scudéry (1607–1701).

13. *Aspasien*: there were various eighteenth-century French novels called *Aspasie* but none had the fame of *Clélie* in the preceding century. Whether Herder had in mind the *Lettres d'Aspasie* of Méhégan (1756), an anonymous *Aspasie (roman) traduit de l'Anglais* (1787), Crébillon fils' *Lettres athéniennes* (1771), which contain some letters 'by' Aspasie, or any other particular work, we cannot tell. He may be thinking of the character Aspasie in Mlle de Scudéry's ten-volume *Astamène ou le Grand Cyrus*.

14. *toto divisis ab orbe Britannis*: 'the English who are cut off from all the rest of the world'; a quotation adapted from Virgil, *Eclogues* I, 66:

At nos hinc alii sitientes ibimus Afros
pars Scythiam et rapidum Cretae veniemus Oaxen
et penitus toto divisos orbe Britannos.

15. *Home*: Henry Home (Lord Kames, 1696–1782), literary critic.

16. *Hurd*: Richard Hurd (1720–1808), remembered for his *Letters on Chivalry and Romance* and for a commentary on Horace, to which latter he added a treatise on the drama, which Herder presumably has in mind here. Pope's edition of Shakespeare appeared in 1725, Dr. Johnson's in 1765.

17. *daß ich Nichts verändern ... könnte*: inviolability is a criterion of any masterpiece, and Herder repeats this sentiment in a collection of further thoughts on Shakespeare in his *Adrastea* II (1801): 'Und jedes deiner Stücke ist so neu und eigen, als wäre es eine eigne Welt! Nichts von Lear, Romeo, Othello usw. kann ich anderswohin tragen' (*Sämtliche Werke* ed. B. Suphan, XXIII, 373). This point derives particular validity from the fashionable eighteenth-century criticism that Shakespeare's plays were full of 'irregularities' which vitiated symmetrical form and could be omitted without the loss being noticed.

18. *Lessing hat einige Umstände Hamlets* etc: *Hamburgische Dramaturgie* 10.–12. Stück, where Lessing compares Voltaire's use of the ghost in his *Semiramis* with Shakespeare's in *Hamlet*.

19. *Eben da ist also Shakespear Sophokles Bruder*: cf. Edward Young, *Conjectures on Original Composition* (1759), where Shakespeare is compared with the Greeks in the same terms: 'Shakespeare gave us a Shakespeare, nor could the first in ancient fame have given us more. Shakespeare is not their Son, but Brother; their Equal, and that, in spite of all his faults' (facsimile ed. 1966, 78). Young's views on the nature of genius had a great influence in late eighteenth-century Germany, especially on the *Stürmer und Dränger*.

20. *dem kurzweiligen Franzosen*: Voltaire. His *Essai sur la poésie épique* (1728) and *Lettre sur les Anglais* (1734) contain criticisms of Shakespeare which both Lessing and the *Sturm und Drang* writers attacked.

21. *Shakespear ist ihm Ärgerniss* etc: cf. Paul's First Epistle to the Corinthians I, 23: '[Christus], den Juden ein Ärgernis und den Griechen eine Torheit'. Echoes of Biblical style are common in Herder.

22. *daß Raum und Zeit eigentlich an sich nichts ... sind*: this is precisely the point made by Lessing in various items of the *Hamburgische Dramaturgie* (cf. notes 7 and 8) as well as in the famous seventeenth *Literaturbrief*.

23. *Mahomeds Traum*: Mohammed's vision of the beauties of Paradise (Ibn Ishaq, *The Life of Muhammed* ed. M. Edwardes, 1964, 113).

24. *ordine successivorum* und *simultaneorum:* 'sequence of events in time and place'.

25. *Kaklogallinier: A Voyage to Cacklogallinia* (1727), by one Samuel Brunt, widely ascribed in the eighteenth century to Swift by virtue of the obvious analogy to *Gulliver's Travels*. The book is an allegorical parody of human conduct, the Cacklogallinians being talking fowls.

26. *Warburton:* William Warburton (1698–1779), Bishop of Gloucester, published, in addition to various legal and theological works, a defence of Pope and an edition of Shakespeare (1747), into which, as he put it, Pope's edition was melted down.

27. *der letzte Verfasser des Versuchs über ihn*: Mrs. Elizabeth Montagu (1720–

1800), founder of the Blue-Stocking Club, whose *Essay on the Writings and Genius of Shakespeare* was published in 1769 and translated into German by Eschenburg in 1771.

28. *ein Schriftsteller*: Gerstenberg, whose *Versuch über Shakespears Werke und Genie* appeared in the second volume of his *Briefe über Merkwürdigkeiten der Litteratur* (1766).

29. *Fishmonger von Hofmann*:
> *Polonius*: Do you know me, my lord?
> *Hamlet*: Excellent well; you are a fishmonger.
>
> (*Hamlet* Act II, Scene 2)

Herder's quotation two lines later comes from the same scene.

30. *Stobaei*: Johannes Stobaeus (fifth century A. D.) compiled various series of extracts from Greek authors, one series of which is known as 'Ανθολόγιον *(Florilegium* or *Sermones)*.

31. *aufgeblasener Ritterkönig*: Falstaff.

32. *Polonius* etc: *Hamlet* Act III, Scene 2.

33. *why Day is Day* etc; *Tragedy, Comedy* etc: from speeches by Polonius in *Hamlet* Act II, Scene 3.

34. *Garrik:* the actor David Garrick (1716–79).

35. *du, mein Freund*: i. e. Goethe, who had hoped to have Herder's essay in time for the Shakespeare celebrations of October 14, 1771, the occasion for which Goethe wrote his own *Rede zum Shakespeares-Tag*.

36. *sein Denkmal aus unsern Ritterzeiten*: Goethe's *Götz von Berlichingen*, the first version of which Goethe had sent to Herder at the end of 1771. Herder looks to Goethe to take up the challenge which the spirit of Shakespeare lays down at this turning-point in the development of German dramatic literature.

KANT (1724—1804)

Beantwortung der Frage: Was ist Aufklärung? (1784)

With a philosopher as important and as influential as Immanuel Kant it would be even more presumptuous and misleading than with lesser thinkers to try to reduce to tabloid generalities the motives, characteristics and effects of what was a complex and highly significant intervention in the course of German—and European—thought. His own view of what he was attempting and what he had achieved; the views of his contemporaries on his aims and achievements; his historical significance, national and supra-national; what influenced later generations and what they chose to exploit from his considerable volume of writings (see the discussion of Fichte p. 82 below): under each of these and other rubrics one could produce a series of studies, each drawing on its own selection of information and advancing its own conclusions.

Our concern, however, is with the particular realm of thought to which this essay belongs, and thus on the one hand with the ethos of the *Aufklärung* in the context of the German intellectual tradition, and on the other with the role of Kant within this context. The date of its publication—three years after the death of Lessing, the greatest figure of the German *Aufklärung*, three years after the publication of the first of Kant's three great critiques, the *Kritik der reinen Vernunft*, and the year in which the first part of Herder's supreme work, the *Ideen zur Philosophie der Geschichte der Menschheit*, appeared—also gives it an historical setting in which it can be seen as a personal statement on an intellectual movement that had virtually run its course.

The eighteenth century had been sustained by a belief in the rationality of man and the supremacy of human reason, the faculty by which alone man acquired what could properly be called knowledge. Moreover the exercise of reason, and not unquestioning adherence to religious dogma or any similar formal authority, was a basic duty of *homo ethicus* and would demonstrate, not only the nature of the True and the Good but also their coalescence, a coalescence which would also embrace the Beautiful: 'Rien n'est beau que le vrai', as Boileau, archpriest of Rationalist aesthetic theory, put it. Ideals were anthropocentric, humanistic, cosmopolitan,

glowing with an optimism and a confidence that issued from the awareness of individual moral freedom and responsibility. And paramount
among the truths to whose discovery reason would inevitably lead was
what Kant designated the Categorical Imperative, a moral concept
which exists *a priori*, whose purpose, like that of all moral concepts,
in his view, was entirely self-contained, and which embodied the extension
of the rationalist ethic from the realm of the individual to the corporate
life of the community at large through the precept 'Act only according
to principles which you would wish to see become general laws'.

The obligation on the individual to discover for himself the meaning
of this natural 'imperative' stands historically in the Lutheran tradition
of personal responsibility, a tradition carried into the eighteenth century
above all through Pietism. Kant himself was born into a Pietistic home,
and the influence of this upbringing, which was a wholly appropriate
counterpart to one fundamental aspect of his nature, is apparent throughout his work.

Against this noble moral background—and whatever flaws or limitations Kant's ethic may now appear to have, it rests on a profound
humanitarian conviction of the nobility and virtue of man—one must
see the claims which he makes in this essay for the necessity of achieving
a condition of 'enlightenment', in which one has 'emerged from one's
reprehensible state of intellectual bondage' and has 'had the courage to
rely on the power of one's own reason'. His challenge is blunt and un-
equivocal: either man seeks, and comes to live by, the rationality of his
being, or he condemns himself to permanent adolescence and stultifies the
intellectual and spiritual advancement which the human race is ordained
to pursue.

Was ist Aufklärung? appeared in 1784 in the December number of the
Berlinische Monatsschrift, one of the two leading philosophical journals
of the time—the other was the Jena *Philosophisches Journal*. By a strange
coincidence the *Berlinische Monatsschrift* had published three months
earlier an essay called *Was heißt Aufklärung?* by Moses Mendelssohn,
friend and inspirer of Lessing, and a leading figure of the German
Enlightenment. Although Kant came to hear of Mendelssohn's essay
just as he had finished writing his own, he had not yet seen it, and the
two works arose quite independently of each other (see p. 47 below).
Nevertheless, despite differences of emphasis, they use the same language
and issue the same intellectual challenge—and one cannot conceive that
it could have been otherwise.

Kant's argument for the assertion of the individual reason speaks for
itself and needs no interpretation. A special interest attaches, however,
to his distinction between the duty of the individual *qua* private person
to subject all propositions to rational scrutiny, and the obligation of the
individual *qua* member of society, or of a particular cadre within society,

to cultivate the virtues of loyalty and cohesion on which the existence of that society depends. Thus the priest, in response to the demands of his individual rational conscience, may privately—'as a scholar' is Kant's way of putting it—criticise the symbolism or the official formal exercises of his Church but as a public servant of this Church and the leader of his congregation, he has the duty to preach the established faith and is not at liberty to indulge his personal whims (see p. 42 below). The achievements of the 'enlightened' monarch, Frederick the Great, to whom, in a sense, the essay is dedicated, provided in Kant's eyes political conditions which made it possible to tolerate what might otherwise be a destructive dichotomy.

This is the distinction by which Kant seeks to reconcile the claims of reason with his belief in the retention of a central order in the community which will enable the proper functions of the state to be carried on. Eight years after writing this essay, he found himself facing a situation in which he needed to appeal to this very distinction which had been drawn at the time in purely academic terms. For when in 1792 the second book of his *Religion innerhalb der Grenzen der bloßen Vernunft* came before the censor appointed by the rigidly orthodox Frederick William II, it was rejected as controverting the teachings of the Bible.

On his view that one should not undermine the cohesiveness and proper authority of the State, one might feel that Kant was bound to accept this verdict, but he claimed to be speaking 'as a scholar' and thus to be free of public constraint. The censor would have none of this, and although Kant succeeded in receiving an imprimatur from the Faculty of Philosophy at the University of Jena, he was subsequently called to account by the King himself, to whom he gave a promise not to publish any further works on religion. If we are to apply Kant's criterion to his own writings on the philosophy of religion, we could certainly distinguish between the scholarly critical content of the *Religion innerhalb der Grenzen der bloßen Vernunft*, with its rational opposition to many contemporary religious beliefs and institutions, and the posthumously published *Vorlesungen über die philosophische Religionslehre*, a collection of his Königsberg university lectures, given in a direct, objective manner with the needs of students in mind, and with little that could be taken as critical of the views of the 'establishment'.

The last paragraph of *Was ist Aufklärung?* contains the phrases 'Beruf zum freien Denken', 'Freiheit zu handeln' und 'den Menschen ... seiner Würde gemäß zu behandeln'. Such are the values for which, through its noblest apostles, the German Enlightenment stood—values which find their way into the secular humanitarian idealism which through Kant, as through Lessing and Moses Mendelssohn before him, and Goethe, Schiller, Fichte and Hegel after him, becomes so positive a force in the cultural life of nineteenth-century Germany.

BIBLIOGRAPHY
(see also p. 50 below)

B. Bauch, *Kant* (Leipzig, 1923)
F. C. Copleston, *A History of Philosophy*, Vol. VI (London, 1964)
K. Fischer, *Kants Leben und die Grundlage seiner Lehre* (2 vols; Heidelberg, 1909)
M. Gottfried, *Immanuel Kant* (Cologne, 1951)
R. Kayser, *Kant* (Vienna, 1935)
H. A. Korff, *Geist der Goethe-Zeit* (Leipzig, 1923–57), Vol.II
S. Körner, *Kant* (London, 1955)
E. Kühnemann, *Kant* (2 vols; Munich, 1923–4)
H. Rickert, *Kant als Philosoph der modernen Kultur* (Tübingen, 1924)
T. D. Weldon, Introduction to Kant's *Critique of Pure Reason* (Oxford, 1945)

Beantwortung der Frage: Was ist Aufklärung?

Aufklärung ist der Ausgang des Menschen aus seiner selbst verschuldeten Unmündigkeit. Unmündigkeit ist das Unvermögen, sich seines Verstandes ohne Leitung eines anderen zu bedienen. Selbstverschuldet ist diese Unmündigkeit, wenn die Ursache derselben nicht am Mangel des Verstandes, sondern der Entschließung und des Mutes liegt, sich seiner ohne Leitung eines andern zu bedienen. [1]*Sapere aude!* Habe Mut, dich deines eigenen Verstandes zu bedienen! ist also der Wahlspruch der Aufklärung.

Faulheit und Feigheit sind die Ursachen, warum ein so großer Teil der Menschen, nachdem sie die Natur längst von fremder Leitung frei gesprochen (*naturaliter maiorennes*), dennoch gerne zeitlebens unmündig bleiben; und warum es anderen so leicht wird, sich zu deren Vormündern aufzuwerfen. Es ist so bequem, unmündig zu sein. Habe ich ein Buch, das für mich Verstand hat, einen Seelsorger, der für mich Gewissen hat, einen Arzt, der für mich die Diät beurteilt, u. s. w.: so brauche ich mich ja nicht selbst zu bemühen. Ich habe nicht nötig zu denken, wenn ich nur bezahlen kann; andere werden das verdrießliche Geschäft schon für mich übernehmen. Daß der bei weitem größte Teil der Menschen (darunter das ganze schöne Geschlecht) den Schritt zur Mündigkeit, außer dem daß er beschwerlich ist, auch für sehr gefährlich halte: dafür sorgen schon jene Vormünder, die die Oberaufsicht über sie gütigst auf sich genommen haben. Nachdem sie ihr Hausvieh zuerst dumm gemacht haben, und sorgfältig verhüteten, daß diese ruhigen Geschöpfe ja keinen Schritt außer dem Gängelwagen, darin sie sie einsperreten, wagen durften: so zeigen sie ihnen nachher die Gefahr, die ihnen drohet, wenn sie es versuchen, allein zu gehen. Nun ist diese Gefahr zwar eben so groß nicht, denn sie würden durch einigemal Fallen wohl endlich gehen lernen; allein ein Beispiel von der Art macht doch schüchtern, und schreckt gemeiniglich von allen ferneren Versuchen ab.

Es ist also für jeden einzelnen Menschen schwer, sich aus der ihm beinahe zur Natur gewordenen Unmündigkeit herauszuarbeiten. Er hat sie sogar lieb gewonnen, und ist vor der Hand wirklich unfähig, sich seines eigenen Verstandes zu bedienen, weil man ihn niemals den Versuch davon machen ließ. Satzungen und Formeln, diese mechanischen Werkzeuge eines vernünftigen Gebrauchs oder vielmehr Mißbrauchs seiner Naturgaben, sind die Fußschellen einer immerwährenden Unmündigkeit. Wer sie auch abwürfe, würde dennoch auch über den schmalesten Graben einen nur unsicheren Sprung tun, weil er zu dergleichen freier Bewegung nicht gewöhnt ist. Daher gibt es nur wenige, denen es gelungen ist, durch eigene Bearbeitung ihres Geistes sich aus der Unmündigkeit heraus zu wickeln, und dennoch einen sicheren Gang zu tun.

Daß aber ein Publikum sich selbst aufkläre, ist eher möglich; ja es ist, wenn man ihm nur Freiheit läßt, beinahe unausbleiblich. Denn da werden sich immer einige Selbstdenkende, sogar unter den eingesetzten Vormündern des großen Haufens, finden, welche, nachdem sie das Joch der Unmündigkeit selbst abgeworfen haben, den Geist einer vernünftigen Schätzung des eigenen Werts und des Berufs jedes Menschen, selbst zu denken, um sich verbreiten werden. Besonders ist hiebei: daß das Publikum, welches zuvor von ihnen unter dieses Joch gebracht worden, sie hernach selbst zwingt, darunter zu bleiben, wenn es von einigen seiner Vormünder, die selbst aller Auklärung unfähig sind, dazu aufgewiegelt worden; so schädlich ist es, Vorurteile zu pflanzen, weil sie sich zuletzt an denen selbst rächen, die, oder deren Vorgänger, ihre Urheber gewesen sind. Daher kann ein Publikum nur langsam zur Aufklärung gelangen. [3]Durch eine Revolution wird vielleicht wohl ein Abfall von persönlichem Despotism und gewinnsüchtiger oder herrschsüchtiger Bedrückung, aber niemals wahre Reform der Denkungsart zu Stande kommen; sondern neue Vorurteile werden, eben sowohl als die alten, zum Leitbande des gedankenlosen großen Haufens dienen.

Zu dieser Aufklärung aber wird nichts erfordert als Freiheit; und zwar die unschädlichste unter allem, was nur Freiheit heißen mag, nämlich die: von seiner Vernunft in allen Stücken öffentlichen Gebrauch zu machen. Nun höre ich aber von allen Seiten rufen: räsonniert nicht! Der Offizier sagt: räsonniert nicht, sondern exerziert! Der Finanzrat: räsonniert nicht, sondern bezahlt! Der Geistliche: räsonniert nicht, sondern glaubt! (Nur ein einziger Herr in der Welt sagt: räsonniert, so viel ihr wollt, und worüber ihr wollt; aber gehorcht!) Hier ist überall Einschränkung der Freiheit. Welche Einschränkung aber ist der Aufklärung hinderlich? welche nicht, sondern ihr wohl gar beförderlich? — Ich antworte: der öffentliche Gebrauch seiner Vernunft muß jederzeit frei sein, und der allein kann Aufklärung unter Menschen zu Stande bringen; der Privatgebrauch derselben aber darf öfters sehr enge eingeschränkt sein, ohne doch darum den Fortschritt der Aufklärung sonderlich zu hindern.

Ich verstehe aber unter dem öffentlichen Gebrauche seiner eigenen Vernunft denjenigen, den jemand als Gelehrter von ihr vor dem ganzen Publikum der Leserwelt macht. Den Privatgebrauch nenne ich denjenigen, den er in einem gewissen ihm anvertrauten bürgerlichen Posten, oder Amte, von seiner Vernunft machen darf. Nun ist zu manchen Geschäften, die in das Interesse des gemeinen Wesens laufen, ein gewisser Mechanism notwendig, vermittelst dessen einige Glieder des gemeinen Wesens sich bloß passiv verhalten müssen, um durch eine künstliche Einhelligkeit von der Regierung zu öffentlichen Zwecken gerichtet, oder wenigstens von der Zerstörung dieser Zwecke abgehalten zu werden. Hier ist es nun freilich nicht erlaubt, zu räsonnieren; sondern man muß gehorchen. So fern sich aber dieser Teil der Maschine zugleich als Glied eines ganzen gemeinen Wesens, ja sogar der Weltbürgergesellschaft ansieht, mithin in der Qualität eines Gelehrten, der sich an ein Publikum im eigentlichen Verstande durch Schriften wendet: kann er allerdings räsonnieren, ohne daß dadurch die Geschäfte leiden, zu denen er zum Teile als passives Glied angesetzt ist.

So würde es sehr verderblich sein, wenn ein Offizier, dem von seinen Oberen etwas anbefohlen wird, im Dienste über die Zweckmäßigkeit oder Nützlichkeit dieses Befehls laut vernünfteln wollte; er muß gehorchen. Es kann ihm aber billigermaßen nicht verwehrt werden, als Gelehrter, über die Fehler im Kriegesdienste Anmerkungen zu machen, und diese seinem Publikum zur Beurteilung vorzulegen. Der Bürger kann sich nicht weigern, die ihm auferlegten Abgaben zu leisten; sogar kann ein vorwitziger Tadel solcher Auflagen, wenn sie von ihm geleistet werden sollen, als ein Skandal (das allgemeine Widersetzlichkeiten veranlassen könnte) bestraft werden. Eben derselbe handelt demohngeachtet der Pflicht eines Bürgers nicht entgegen, wenn er, als Gelehrter, wider die Unschicklichkeit oder auch Ungerechtigkeit solcher Ausschreibungen öffentlich seine Gedanken äußert. Eben so ist ein Geistlicher verbunden, seinen Katechismusschülern und seiner Gemeine nach dem Symbol der Kirche, der er dient, seinen Vortrag zu tun; denn er ist auf diese Bedingung angenommen worden. Aber als Gelehrter hat er volle Freiheit, ja sogar den Beruf dazu, alle seine sorgfältig geprüften und wohlmeinenden Gedanken über das Fehlerhafte in jenem Symbol, und Vorschläge wegen besserer Einrichtung des Religions- und Kirchenwesens, dem Publikum mitzuteilen.

Es ist hiebei auch nichts, was dem Gewissen zur Last gelegt werden könnte. Denn, was er zu Folge seines Amts, als Geschäftträger der Kirche, lehrt, das stellt er als etwas vor, in Ansehung dessen er nicht freie Gewalt hat, nach eigenem Gutdünken zu lehren, sondern das er nach Vorschrift und im Namen eines andern vorzutragen angestellt ist. Er wird sagen: unsere Kirche lehrt dieses oder jenes; das sind die Beweisgründe, deren sie sich bedient. Er zieht alsdann allen praktischen Nutzen für seine Gemeine aus Satzungen, die er selbst nicht mit voller Überzeugung unterschreiben würde, zu deren Vortrag er sich gleichwohl anheischig machen kann, weil es doch nicht ganz unmöglich ist, daß darin Wahrheit verborgen läge, auf alle Fälle aber wenigstens doch nichts der innern Religion Widersprechendes darin angetroffen wird. Denn glaubte er das letztere darin zu finden, so würde er sein Amt mit Gewissen nicht verwalten können; er müßte es niederlegen. Der Gebrauch also, den ein angestellter Lehrer von seiner Vernunft vor seiner Gemeine macht, ist bloß ein Privatgebrauch; weil diese immer nur eine häusliche, obzwar noch so große, Versammlung ist; und in Ansehung dessen ist er, als Priester, nicht frei, und darf es auch nicht sein, weil er einen fremden Auftrag ausrichtet. Dagegen als Gelehrter, der durch Schriften zum eigentlichen Publikum, nämlich der Welt, spricht, mithin der Geistliche im öffentlichen Gebrauche seiner Vernunft, genießt einer uneingeschränkten Freiheit, sich seiner eigenen Vernunft zu bedienen und in seiner eigenen Person zu sprechen. Denn daß die Vormünder des Volks (in geistlichen Dingen) selbst wieder unmündig sein sollen, ist eine Ungereimtheit, die auf Verewigung der Ungereimtheiten hinausläuft.

Aber sollte nicht eine Gesellschaft von Geistlichen, etwa eine Kirchenversammlung, oder eine ehrwürdige [4]Classis (wie sie sich unter den Holländern selbst nennt) berechtigt sein, sich eidlich unter einander auf ein gewisses unveränderliches Symbol zu verpflichten, um so eine unaufhörliche Obervormundschaft über jedes ihrer Glieder und vermittelst ihrer über das Volk zu führen, und diese so gar zu verewigen? Ich sage: das ist ganz unmöglich. Ein solcher Kontrakt, der auf immer alle weitere Aufklärung vom Menschengeschlechte abzuhalten geschlossen würde, ist schlechterdings null und nichtig; und sollte er auch durch die oberste Gewalt, durch Reichstäge und die feierlichsten Friedensschlüsse bestätigt sein. Ein Zeitalter kann sich nicht verbünden und darauf verschwören, das folgende in einen Zustand zu setzen, darin es ihm unmöglich werden muß, seine (vornehmlich so sehr angelegentliche) Erkenntnisse zu erweitern, von Irrtümern zu reinigen, und überhaupt in der Aufklärung weiter zu schreiten. Das wäre ein Verbrechen wider die menschliche Natur, [5]deren urpsrüngliche Bestimmung gerade in diesem Fortschreiten besteht; und die Nachkommen sind also vollkommen dazu berechtigt, jene Beschlüsse, als unbefugter und frevelhafter Weise genommen, zu verwerfen.

Der Probierstein alles dessen, was über ein Volk als Gesetz beschlossen werden kann, liegt in der Frage: ob ein Volk sich selbst wohl ein solches Gesetz auferlegen könnte? Nun wäre dieses wohl, gleichsam in der Erwartung eines bessern, auf eine bestimmte kurze Zeit möglich, um eine gewisse Ordnung einzuführen; indem man es zugleich jedem der Bürger, vornehmlich dem Geistlichen, frei ließe, in der Qualität eines Gelehrten öffentlich, d. i. durch Schriften, über das Fehlerhafte der dermaligen Einrichtung seine Anmerkungen zu machen, indessen die eingeführte Ordnung noch immer fortdauerte, bis die Einsicht in die Beschaffenheit dieser Sachen öffentlich so weit gekommen und bewähret worden, daß sie durch Vereinigung ihrer Stimmen (wenn gleich nicht aller) einen Vorschlag vor den Thron bringen könnte, um diejenigen Gemeinden in Schutz zu nehmen, die sich etwa nach ihren Begriffen der besseren Einsicht zu einer veränderten Religionseinrichtung geeinigt hätten, ohne doch diejenigen zu hindern, die es beim Alten wollten bewenden lassen. Aber auf eine beharrliche, von niemanden öffentlich zu bezweifelnde Religionsverfassung, auch nur binnen der Lebensdauer eines Menschen, sich zu einigen, und dadurch einen Zeitraum in dem Fortgange der Menschheit zur Verbesserung gleichsam zu vernichten, und fruchtlos, dadurch aber wohl gar der Nachkommenschaft nachteilig, zu machen, ist schlechterdings unerlaubt. Ein Mensch kann zwar für seine Person, und auch alsdann nur auf einige Zeit, in dem, was ihm zu wissen obliegt, die Aufklärung aufschieben; aber auf sie Verzicht zu tun, es sei für seine Person, mehr aber noch für die Nachkommenschaft, heißt die heiligen Rechte der Menschheit verletzen und mit Füßen treten.

Was aber nicht einmal ein Volk über sich selbst beschließen darf, das darf noch weniger ein Monarch über das Volk beschließen; denn sein gesetzgebendes Ansehen beruht eben darauf, daß er den gesamten Volkswillen in dem seinigen vereinigt. Wenn er nur darauf sieht, daß alle wahre oder vermeinte Verbesserung mit der bürgerlichen Ordnung zusammen bestehe: so kann er seine Untertanen übrigens nur selbst machen lassen, was sie um ihres Seelenheils willen zu tun nötig finden; das geht ihn nichts an, wohl aber zu verhüten, daß nicht einer den andern gewalttätig hindere, an der Bestimmung und Beförderung desselben nach allem seinen Vermögen zu arbeiten. Es tut selbst seiner Majestät Abbruch, wenn er sich hierin mischt, indem er die Schriften, wodurch seine Untertanen ihre Einsichten ins reine zu bringen suchen, seiner Regierungsaufsicht würdigt, sowohl wenn er dieses aus eigener höchsten Einsicht tut, wo er sich dem Vorwurfe aussetzt: [6]*Caesar non est supra grammaticos*, als auch und noch weit mehr, wenn er seine oberste Gewalt so weit erniedrigt, den geistlichen Despotism einiger Tyrannen in seinem Staate gegen seine übrigen Untertanen zu unterstützen.

Wenn denn nun gefragt wird: Leben wir jetzt in einem aufgeklärten Zeitalter? so ist die Antwort: Nein, aber wohl in einem Zeitalter der Aufklärung. Daß die Menschen, wie die Sachen jetzt stehen, im ganzen genommen, schon im Stande wären, oder darin auch nur gesetzt werden könnten, in Religionsdingen sich ihres eigenen Verstandes ohne Leitung eines andern sicher und gut zu bedienen, daran fehlt noch sehr viel. Allein, daß jetzt ihnen doch das Feld geöffnet wird, sich dahin frei zu bearbeiten, und die Hindernisse der allgemeinen Aufklärung, oder des Ausganges aus ihrer selbst verschuldeten Unmündigkeit, allmählich weniger werden, davon haben wir doch deutliche Anzeigen. In diesem Betracht ist dieses Zeitalter das Zeitalter der Aufklärung, oder [7]das Jahrhundert Friederichs.

Ein Fürst, der es seiner nicht unwürdig findet, zu sagen: daß er es für Pflicht halte, in Religionsdingen den Menschen nichts vorzuschreiben, sondern ihnen darin volle Freiheit zu lassen, der also selbst den hochmütigen Namen der Toleranz von sich ablehnt: ist selbst aufgeklärt, und verdient von der dankbaren Welt und Nachwelt als derjenige gepriesen zu werden, der zuerst das menschliche Geschlecht der Unmündigkeit, wenigstens von Seiten der Regierung, entschlug, und jedem frei ließ, sich in allem, was Gewissensangelegenheit ist, seiner eigenen Vernunft zu bedienen. Unter ihm dürfen verehrungswürdige Geistliche, unbeschadet ihrer Amtspflicht, ihre vom angenommenen Symbol hier oder da abweichenden Urteile und Einsichten, in der Qualität der Gelehrten, frei und öffentlich der Welt zur Prüfung darlegen; noch mehr aber jeder andere, der durch keine Amtspflicht eingeschränkt ist.

Dieser Geist der Freiheit breitet sich auch außerhalb aus, selbst da, wo er mit äußeren Hindernissen einer sich selbst mißverstehenden Regierung zu ringen hat. Denn es leuchtet dieser doch ein Beispiel vor, daß bei Freiheit, für die öffentliche Ruhe und Einigkeit des gemeinen Wesens nicht das mindeste zu besorgen sei. Die Menschen arbeiten sich von selbst nach und nach aus der Rohigkeit heraus, wenn man nur nicht absichtlich künstelt, um sie darin zu erhalten.

Ich habe den Hauptpunkt der Aufklärung, die des Ausganges der Menschen aus ihrer selbst verschuldeten Unmündigkeit, vorzüglich in Religionssachen gesetzt: weil in Ansehung der Künste und Wissenschaften unsere Beherrscher kein Interesse haben, den Vormund über ihre Untertanen zu spielen; überdem auch jene Unmündigkeit, so wie die schädlichste, also auch die entehrendste unter allen ist. Aber die Denkungsart eines Staatsoberhaupts, der die erstere begünstigt, geht noch weiter, und sieht ein: daß selbst in Ansehung seiner Gesetzgebung es ohne Gefahr sei, seinen Untertanen zu erlauben, von ihrer eigenen Vernunft öffentlichen Gebrauch zu machen, und ihre Gedanken über eine bessere Abfassung derselben, sogar mit einer freimütigen Kritik der schon gegebenen, der Welt öffentlich vorzulegen; davon wir ein glänzendes Beispiel haben, wodurch noch kein Monarch demjenigen vorging, welchen wir verehren.

Aber auch nur derjenige, der, selbst aufgeklärt, sich nicht vor Schatten fürchtet, zugleich aber ein wohldiszipliniertes zahlreiches Heer zum Bürgen der öffentlichen Ruhe zur Hand hat, — kann das sagen, was ein Freistaat nicht wagen darf: räsonniert, so viel ihr wollt, und worüber ihr wollt; nur gehorcht! So zeigt sich hier ein befremdlicher nicht erwarteter Gang menschlicher Dinge; so wie auch sonst, wenn man ihn im großen betrachtet, darin fast alles paradox ist. Ein größerer Grad bürgerlicher Freiheit scheint der Freiheit des Geistes des Volks vorteilhaft, und setzt ihr doch unübersteigliche Schranken; ein Grad weniger von jener verschafft hingegen diesem Raum, sich nach allem seinen Vermögen auszubreiten. Wenn denn die Natur unter dieser harten Hülle den Keim, für den sie am zärtlichsten sorgt, nämlich den Hang und Beruf zum freien Denken, ausgewickelt hat: so wirkt dieser allmählich zurück auf die Sinnesart des Volks (wodurch dieses der Freiheit zu handeln nach und nach fähiger wird), und endlich auch sogar auf die Grundsätze der Regierung, die es ihr selbst zuträglich findet, den Menschen, der nun mehr als Maschine ist, seiner Würde gemäß zu behandeln.

COMMENTARY

Text: Immanuel Kant, *Werke in 12 Bänden* (Wiesbaden, 1960–4), Vol. XI, 53–61.

1. *Sapere aude!*: 'Dare to know'.

2. *naturaliter maiorennes*: 'having naturally become adult' (*i. e.* so large a proportion of mankind, as Kant puts it).

3. *Durch eine Revolution* etc.: Kant admired the liberating effects of Rousseau's works and welcomed the French Revolution as an application of rational principles to the conduct of human affairs, but war, in his view, stood condemned by reason, and the advent of the Terror disillusioned him of his optimism. In his political treatise *Zum ewigen Frieden* (1795: see *Kant's Political Writings*, ed. H. S. Reiss, 1970), written in the shadow of events in France, he describes democracy as of necessity despotic in character–an attitude prefigured by his scornful reference to 'der gedankenlose große Haufen' at the end of this paragraph in *Was ist Aufklärung?*. For the supremely 'enlightened' monarch, Frederick the Great, the Natural Law, on which rested the concept of the *Rechtsstaat*, involved the presence of an uneducated proletariat whom he could serve in accordance with his own view of what was in their best interests–the philosophy of power characterised as 'enlightened despotism'. Kant saw Germany as the most willingly governed of all civilised peoples–natural enemies of novelty and grateful adherents of the status quo.

4. *Classis*: 'an inferior judicatory consisting of the elders or pastors of the parishes or churches of a district.' *(OED)*

5. *deren ursprüngliche Bestimmung* etc: the inevitability of human progress under the aegis of reason is one of the cardinal assumptions of the Enlightenment. Moral principles no longer lay in the exclusive mandate of the Church, and the new anthropocentric ethic invalidated the medieval conception –still dominant in the Baroque seventeenth century–of the inherited evil in man which divine redemption alone can overcome; the world ceases to be a place of darkness and comes to hold promise of goodness and happiness, the ends to which man can now with confidence direct his life.

6. *Caesar non est supra grammaticos*: 'The Emperor does not stand above the grammarians.' The bold assertion in this paragraph of the rights of the individual conscience against external pressure, even from the monarch himself, received an ironical twist a few years later when, under the strict regime of Frederick William II, son of Frederick the Great, Kant's own *Religion innerhalb der Grenzen der bloßen Vernunft* became a victim of the censor's suppression of unorthodox views (see p. 38 above).

7. *das Jahrhundert Friedrichs*: Kant, himself one of Frederick the Great's subjects, was a great admirer of the philosopher-King, from whose reign can be traced, through Lessing, Moses Mendelssohn, Nicolai, Kant himself, Schleiermacher, Schelling, Fichte, Hegel and many lesser figures, the dominance of Prussia, i. e. Berlin, in German philosophy down through the nineteenth century. This dominance played an important part in preparing the ground for the acceptance of German national unification under Prussian leadership in 1871.

A postscript below his signature–'Königsberg in Preußen, den 30. September 1784. I. Kant'–mentions Moses Mendelssohn's essay on the same subject in that month's issue of the *Berlinische Monatsschrift:* had he known of this, says Kant, he would have held his own essay back in order to take account of Mendelssohn's views.

KANT (1724 — 1804)

Das Ende aller Dinge (1794)

The whole of Kant's work is, in the broadest sense of the word, religious. Although, by the terms of his own epistemology, God—the supreme *Ding an sich*—was unknowable, and although he opposed all forms of institutionalised religion and was in mature life a member of no Church, he had always believed in a God, and never doubted that human destiny lay in the hands of a wise Providence. Towards the end of his *Kritik der reinen Vernunft* (1781) he interposes a section demonstrating the impossibility of any purely intellectual proof of the existence of God, but by a chain of argument which involves the postulates of man's inner freedom (i. e. his power of reason) and predisposition to achieve holiness (to which the concept of the Categorical Imperative belongs), he reaches his own conclusion that man can achieve supreme goodness only if God exists. This ethical argument is most fully expanded in the *Grundlegung zur Metaphysik der Sitten* (1785) and the *Kritik der praktischen Vernunft* (1788), and is carried into the more specifically religious context in *Religion innerhalb der Grenzen der bloßen Vernunft* (1793), which is a kind of incipient fourth *Critique* to be ranged alongside the *Kritik der reinen Vernunft*, the *Kritik der praktischen Vernunft* and the *Kritik der Urteilskraft*.

The essay *Das Ende aller Dinge* is one of a number of shorter works on religion and theology that followed in the wake of the *Religion* and was published in the June, 1794 issue of the *Berlinische Monatsschrift*. Kant was now seventy, and a touching apprehension of the future speaks through the opening words of the letter with which he introduced his manuscript to J. E. Biester, editor of the *Monatsschrift:* 'Ich eile, hochgeschätzter Freund! Ihnen die versprochene Abhandlung zu überschikken, ehe noch das Ende Ihrer und meiner Schriftstellerey eintritt.'

Kant offers in his essay some observations on the concepts of the Last Judgement and eternal life, on the way in which these concepts can be made meaningful in the finite context of human life, and on the message of hope which Christianity brings to man's struggle with these problems. Since eternity must by definition transcend time, and life, as we understand it, exists only within the bounds of time, the conception of an existence in eternity can only be of a transcendental nature: it may take the form of a thought, or an attitude, or a moral quality, not subject to the limits of temporal life and unchanged in its passage from time to eternity. Such a quality would be proper to *homo noumenon*, 'whose abode is in heaven' (see p. 57 below). Thus here, in a specifically religious context, Kant continues to use the language of transcendental idealism in terms of which he had presented his theory of knowledge, with its dualism of phenomena, which man can perceive, and noumena, or *Dinge an sich*, from which phenomena proceed but which themselves lie beyond experience. It was in this transcendental concept of an ultimate reality beyond the reach of empirical knowledge that the Romantic thinking of the late eighteenth and early nineteenth centuries found the philosophical inspiration that established their indebtedness to Kant.

In these earlier sections of *Das Ende aller Dinge*, as in the discussion of Christianity with which it concludes, there is a noticeable softening of the confident rationalistic outlines of the central *Critiques*. Not only does he ruefully admit to doubts about the power of virtue (*Tugend* is second only to *Vernunft* in the hierarchy of Enlightenment vocabulary) to influence human minds (see p. 63, note 8) but he concedes a role to Christian love in support of that imperative respect for duty and the natural moral law which he would have liked to see as the exclusive motive of conduct. And since love cannot be forced but can only be the expression of free will, Kant is able to retain and reconcile with Christian love his tenets of the freedom of the individual will, the nobility of the rational human mind and the primacy of the moral law—the principles on which his essay *Was ist Aufklärung?* rests.

The Kantian dualism of noumena and phenomena has a parallel in his sharp distinction between faith and knowledge—the former being the source of man's moral intuitions, the latter the product of sense impressions and reason. In fact this distinction reflects Kant's committal to the scientific method in his philosophical analysis: moral judgements lacked, for him, the certainty that characterises propositions about the world of phenomena. Yet far from denying the peculiar cognitive significance of moral intuition, he has in his critical philosophy deliberately cleared an area which is to be occupied by the conception of the *ens realissimum*—the highest being, or God. Indeed, already in his early, so-called pre-critical period he had taken up this deistic stance: 'Es existiert etwas schlechterdings notwendig. Dieses ist einig in seinem Wesen, einfach in seiner Substanz, ein Geist nach seiner Natur, ewig in seiner Dauer, unveränderlich in seiner Beschaffenheit, allgenugsam in Ansehung alles Möglichen und Wirklichen.' (*Der einzig mögliche Beweisgrund zu einer Demonstration des Daseins Gottes*, 1763, 4. Betrachtung, 2). He never retreated from this position. Towards the end of his life, however, as the *Religion innerhalb der Grenzen der bloßen Vernunft* shows and *Das Ende aller Dinge* hints, he tended to interpret moral experience as the self-revelation of God to man. It is a use of the word that belongs to the sphere of religion.

To be sure, Kant's philosophy of religion has grave limitations, and none graver than his virtual reduction of religion to a code of morals. He regarded the Christian faith with favour—witness the final section of *Das Ende aller Dinge*—but he seems to have had no conception of a personal experience of, and relationship to, God, or of the vital significance of the divinity of Jesus Christ, or of what the Christian means by prayer and worship. His appeals to the 'divine commands' of morality are imagistic, not religious: his conception of the moral law is anthropocentric, not theocentric.

Yet he was, again in the broadest sense of the word, a deeply religious man, for whom 'morality leads ineluctably to religion', as he put it in the Preface to the first edition of his *Religion innerhalb der Grenzen der bloßen Vernunft*. Jachmann, Kant's pupil and amanuensis from 1784 to 1794, had witnessed this for himself: 'Kant was permeated by a conviction of the existence of a Higher Being and a moral World Order ... and was certain that the world was guided by the hand of a wise Providence. He was equally certain that the rational moral law was identical with the divine will of God ... Indeed, he was in the truest sense of the word a worshipper of God.' (*Immanuel Kant. Ein Lebensbild nach Darstellungen der Zeitgenossen Jachmann, Borowski und Wasianski*, ed. A. Hoffmann, 1902.)

BIBLIOGRAPHY

For general works on Kant see p. 39 above

Kant: Ethics and Religion.

K. Bayer, *Kants Vorlesungen über Religionslehre* (Halle, 1937)

F. E. England, *Kant's Conception of God* (London, 1929)

T. M. Greene and H. H. Hudson, *Religion within the Limits of Reason Alone* (Chicago, 1934; translation, with a substantial introduction, of *Religion innerhalb der Grenzen der blossen Vernunft*)

A. Messer, *Kommentar zu Kants ethischen und religionsphilosophischen Hauptschriften* (Leipzig, 1929)

H. J. Paton, *The Categorical Imperative–A Study in Kant's Moral Philosophy* (London, 1947)

W. Reinhard, *Über das Verhältnis von Sittlichkeit und Religion bei Kant* (Berne, 1927)

E. Teale, *Kantian Ethics* (Oxford, 1951)

(ed.) R. P. Wolff, *Kant: Foundations of the Metaphysics of Morals* (Indianapolis, 1969)

Das Ende aller Dinge

Es ist ein, vornehmlich in der frommen Sprache, üblicher Ausdruck, einen sterbenden Menschen sprechen zu lassen: er gehe aus der Zeit in die Ewigkeit.

Dieser Ausdruck würde in der Tat nichts sagen, wenn hier unter der Ewigkeit eine ins Unendliche fortgehende Zeit verstanden werden sollte; denn da käme ja der Mensch nie aus der Zeit heraus, sondern ginge nur immer aus einer in die andre fort. Also muß damit ein Ende aller Zeit, bei ununterbrochener Fortdauer des Menschen, diese Dauer aber (sein Dasein als Größe betrachtet) doch auch als eine mit der Zeit ganz unvergleichbare Größe (¹*duratio noumenon*) gemeint sein, von der wir uns freilich keinen (als bloß negativen) Begriff machen können.

Dieser Gedanke hat etwas Grausendes in sich: weil er gleichsam an den Rand eines Abgrunds führt, aus welchem für den der darin versinkt, keine Wiederkehr möglich ist («²Ihn aber hält am ernsten Orte, Der nichts zurücke läßt, Die Ewigkeit mit starken Armen fest.» Haller); und doch auch etwas Anziehendes: denn man kann nicht aufhören, sein zurückgeschrecktes Auge immer wiederum darauf zu wenden (*nequeunt expleri corda tuendo* ³Virgil). Er ist furchtbar-erhaben: zum Teil wegen seiner Dunkelheit, in der die Einbildungskraft mächtiger als beim hellen Licht zu wirken pflegt. Endlich muß er doch auch mit der allgemeinen Menschenvernunft auf wundersame Weise verwebt sein: weil er unter allen vernünftelnden Völkern, zu allen Zeiten, auf eine oder andre Art eingekleidet, angetroffen wird. — Indem wir nun den Übergang aus der Zeit in die Ewigkeit (diese Idee mag, theoretisch, als Erkenntnis-Erweiterung betrachtet, objektive Realität haben oder nicht), so wie ihn sich die Vernunft in moralischer Rücksicht selbst macht, verfolgen: stoßen wir auf das Ende aller Dinge, als Zeitwesen und als Gegenstände möglicher Erfahrung: welches Ende aber in der moralischen Ordnung der Zwecke zugleich der Anfang einer Fortdauer eben dieser als übersinnlicher, folglich nicht unter Zeitbedingungen stehender, Wesen ist, die also und deren Zustand keiner andern als moralischer Bestimmung ihrer Beschaffenheit fähig sein wird.

Tage sind gleichsam Kinder der Zeit, weil der folgende Tag, mit dem was er enthält, das Erzeugnis des vorigen ist. Wie nun das letzte Kind seiner Eltern jüngstes Kind genannt wird: so hat unsre Sprache beliebt, den letzten Tag (den Zeitpunkt, der alle Zeit beschließt) den jüngsten Tag zu nennen. Der jüngste Tag gehört also annoch zur Zeit; denn es geschieht an ihm noch irgend etwas (nicht zur Ewigkeit, wo nichts mehr geschieht, weil das Zeitfortsetzung sein würde, Gehöriges): nämlich

Ablegung der Rechnung der Menschen von ihrem Verhalten in ihrer ganzen Lebenszeit. Er ist ein Gerichtstag; das Begnadigungs- oder Verdammungs-Urteil des Weltrichters ist also das eigentliche Ende aller Dinge in der Zeit, und zugleich der Anfang der (seligen oder unseligen) Ewigkeit, in welcher das jedem zugefallne Los so bleibt, wie es in dem Augenblick des Ausspruchs (der Sentenz) ihm zu Teil ward. Also enthält der jüngste Tag auch das jüngste Gericht zugleich in sich. — Wenn nun zu den letzten Dingen noch das Ende der Welt, so wie sie in ihrer itzigen Gestalt erscheint, nämlich das Abfallen der Sterne vom Himmel als einem Gewölbe, der Einsturz dieses Himmels selbst (oder das Entweichen desselben als eines eingewickelten Buchs), das Verbrennen beider, die Schöpfung eines neuen Himmels und einer neuen Erde zum Sitz der Seligen, und der Hölle zu dem der Verdammten, gezählt werden sollten: so würde jener Gerichtstag freilich nicht der jüngste Tag sein; sondern es würden noch verschiedne andre auf ihn folgen. Allein, da die Idee eines Endes aller Dinge ihren Ursprung nicht von dem Vernünfteln über den physischen, sondern über den moralischen, Lauf der Dinge in der Welt hernimmt, und dadurch allein veranlaßt wird; der letztere auch allein auf das Übersinnliche (welches nur am Moralischen verständlich ist), dergleichen die Idee der Ewigkeit ist, bezogen werden kann: so muß die Vorstellung jener letzten Dinge, die nach dem jüngsten Tage kommen sollen, nur als eine Versinnlichung des letztern samt seinen moralischen, uns übrigens nicht theoretisch begreiflichen, Folgen angesehen werden.

Es ist aber anzumerken, daß es von den ältesten Zeiten her zwei, die künftige Ewigkeit betreffende, Systeme gegeben hat: eines das der Unitarier derselben, welche allen Menschen (durch mehr oder weniger lange Büßungen gereinigt) die ewige Seligkeit, das andre das der Dualisten*, welche einigen Auserwählten die Seligkeit, allen übrigen aber die ewige Verdammnis zusprechen. Denn ein System, wornach alle verdammt zu sein bestimmt wären, konnte wohl nicht Platz finden, weil sonst

---

* Ein solches System war in der altpersischen Religion (des Zoroaster) auf der Voraussetzung zweier im ewigen Kampf mit einander begriffenen Urwesen, dem Guten Prinzip, Ormuzd, und dem Bösen, Ahriman, gegründet. – Sonderbar ist es: daß die Sprache zweier weit von einander, noch weiter aber von dem itzigen Sitz der deutschen Sprache, entfernten Länder, in der Benennung dieser beiden Urwesen, deutsch ist. Ich erinnere mich bei ⁴Sonnerat gelesen zu haben, daß in Ava (dem Lande der Burachmanen) das gute Prinzip Godeman (welches Wort in dem Namen Darius Codomannus auch zu liegen scheint) genannt werde; und, da das Wort Ahriman mit dem arge Mann sehr gleich lautet, das itzige Persische auch eine Menge ursprünglich deutscher Wörter enthält: so mag es eine Aufgabe für den Altertumsforscher sein, auch an dem Leitfaden der Sprachverwandtschaft dem Ursprunge der itzigen Religionsbegriffe mancher Völker nachzugehn.

kein rechtfertigender Grund da wäre, warum sie überhaupt wären erschaffen worden; die Vernichtung aller aber eine verfehlte Weisheit anzeigen würde, die, mit ihrem eignem Werk unzufrieden, kein ander Mittel weiß, den Mängeln desselben abzuhelfen, als es zu zerstören. — Den Dualisten steht indes immer eben dieselbe Schwierigkeit, welche hinderte, sich eine ewige Verdammung aller zu denken, im Wege: denn wozu, könnte man fragen, waren auch die wenigen, warum auch nur ein einziger geschaffen, wenn er nur dasein sollte, um ewig verworfen zu werden? welches doch ärger ist als gar nicht sein.

Zwar, soweit wir es einsehn, soweit wir uns selbst erforschen können, hat das dualistische System (aber nur unter einem höchstguten Urwesen), in praktischer Absicht, für jeden Menschen wie er sich selbst zu richten hat (obgleich nicht wie er andre zu richten befugt ist), einen überwiegenden Grund in sich: denn, so viel er sich kennt, läßt ihm die Vernunft keine andre Aussicht in die Ewigkeit übrig, als die ihm aus seinem bisher geführten Lebenswandel sein eignes Gewissen am Ende des Lebens eröffnet.

Aber zum Dogma, mithin um einen an sich selbst (objektiv) gültigen theoretischen Satz daraus zu machen, dazu ist es, als bloßes Vernunfturteil, bei weitem nicht hinreichend. Denn welcher Mensch kennt sich selbst, wer kennt andre so durch und durch, um zu entscheiden: ob, wenn er von den Ursachen seines vermeintlich wohlgeführten Lebenswandels alles, was man Verdienst des Glücks nennt, als sein angebornes gutartiges Temperament, die natürliche größere Stärke seiner obern Kräfte (des Verstandes und der Vernunft, um seine Triebe zu zähmen), überdem auch noch die Gelegenheit, wo ihm der Zufall glücklicher weise viele Versuchungen ersparte, die einen andern trafen; wenn er dies alles von seinem wirklichen Charakter absonderte (wie er das denn, um diesen gehörig zu würdigen, notwendig abrechnen muß, weil er es, als Glücksgeschenk, seinem eignen Verdienst nicht zuschreiben kann): wer will dann entscheiden, sage ich, ob vor dem allsehenden Auge eines Weltrichters ein Mensch, seinem innern moralischen Werte nach, überall noch irgend einen Vorzug vor dem andern habe, und es so vielleicht nicht ein ungereimter Eigendünkel sein dürfte, bei dieser oberflächlichen Selbsterkenntnis, zu seinem Vorteil über den moralischen Wert (und das verdiente Schicksal) seiner selbst so wohl als anderer irgend ein Urteil zu sprechen.

Mithin scheint das System des Unitariers sowohl als des Dualisten, beides als Dogma betrachtet, das spekulative Vermögen der menschlichen Vernunft gänzlich zu übersteigen, und alles uns dahin zurückzuführen, jene Vernunftideen schlechterdings, nur auf die Bedingungen des praktischen Gebrauchs einzuschränken. Denn wir sehen doch nichts vor uns, das uns von unserm Schicksal in einer künftigen Welt itzt schon belehren könnte, als [5]das Urteil unsers eignen Gewissens, d. i. was unser gegenwärtiger moralischer Zustand, soweit wir ihn kennen, uns darüber vernünftiger weise urteilen läßt: daß nämlich, welche Prinzipien unsers Lebenswandels wir bis zu dessen Ende in uns herrschend gefunden haben (sie seien die des Guten oder des Bösen), auch nach dem Tode fortfahren werden, es zu sein; ohne daß wir eine Abänderung derselben in jener Zukunft anzunehmen den mindesten Grund haben. Mithin müßten wir uns auch der jenem Verdienst oder dieser Schuld angemessenen Folgen, unter der Herrschaft des guten oder des bösen Prinzips, für die Ewigkeit gewärtigen; in welcher Rücksicht es folglich weise ist, so zu handeln, als ob ein andres Leben, und der moralische Zustand, mit dem wir das gegenwärtige endigen, samt seinen Folgen, beim Eintritt in dasselbe unabänderlich sei. In praktischer Absicht wird also das anzunehmende System das dualistische sein müssen; ohne doch ausmachen zu wollen, welches von beiden, in theoretischer und bloß spekulativer, den Vorzug verdiene: zumal da das unitarische zu sehr in gleichgültige Sicherheit einzuwiegen scheint.

Warum erwarten aber die Menschen überhaupt ein Ende der Welt? und, wenn dieses ihnen auch eingeräumt wird, warum eben ein Ende mit Schrecken (für den größten Teil des menschlichen Geschlechts)? ... Der Grund des erstern scheint darin zu liegen, weil die Vernunft ihnen sagt, daß die Dauer der Welt nur sofern einen Wert hat, als die vernünftigen Wesen in ihr dem Endzweck ihres Daseins gemäß sind, wenn dieser aber nicht erreicht werden sollte, die Schöpfung selbst ihnen zwecklos zu sein scheint: wie ein Schauspiel, das gar keinen Ausgang hat, und keine vernünftige Absicht zu erkennen gibt. Das letztere gründet sich auf der Meinung von der verderbten Beschaffenheit des menschlichen Geschlechts,* die bis zur Hoffnungslosigkeit groß sei; welchem

---

* Zu allen Zeiten haben sich dünkende Weise (oder Philosophen), ohne die Anlage zum Guten in der menschlichen Natur einiger Aufmerksamkeit zu würdigen, sich in widrigen, zum Teil ekelhaften, Gleichnissen erschöpft, um unsre Erdenwelt, den Aufenthalt für Menschen, recht verächtlich vorzustellen. I) Als ein Wirtshaus (Karavanserai), wie jener Derwisch sie ansieht: wo jeder auf seiner Lebensreise Einkehrende gefaßt sein muß, von einem folgenden bald verdrängt zu werden. 2) Als ein Zuchthaus; welcher Meinung die brahmanischen, tibetanischen und andre Weisen des Orients (auch sogar Plato) zugetan sind: ein Ort der Züchtigung und Reinigung gefallner, aus dem Himmel verstoßner, Geister, itzt menschlicher oder Tier-Seelen. 3) Als ein Tollhaus: wo nicht allein jeder für sich seine eignen Absichten vernichtet, sondern einer dem andern alles erdenkliche Herzeleid zufügt, und obenein die Geschicklichkeit und Macht, das tun zu können, für die größte Ehre hält. Endlich 4) Als ein Kloak, wo aller Unrat aus andern Welten hingebannt worden. Der letztere Einfall ist auf gewisse Art originell, und einem persischen Witzling zu verdanken, der das Paradies, den Aufenthalt des ersten Menschenpaars, in den Himmel versetzte, in welchem Garten Bäume genug, mit herrlichen

ein Ende und zwar ein schreckliches Ende zu machen die einzige der höchsten Weisheit und Gerechtigkeit (dem größten Teil der Menschen nach) anständige Maßregel sei. — Daher sind auch die Vorzeichen des jüngsten Tages (denn wo läßt es eine durch große Erwartungen erregte Einbildungskraft wohl an Zeichen und Wundern fehlen?) alle von der schrecklichen Art. Einige sehen sie in der überhandnehmenden Ungerechtigkeit, Unterdrückung der Armen durch übermütige Schwelgerei der Reichen, und dem allgemeinen Verlust von Treu und Glauben; oder in den an allen Erdenden sich entzündenden blutigen Kriegen, u. s. w.: mit einem Worte, an dem moralischen Verfall und der schnellen Zunahme aller Laster, samt den sie begleitenden Übeln, dergleichen, wie sie wähnen, die vorige Zeit nie sah. Andre dagegen in ungewöhnlichen Naturveränderungen, an den Erdbeben, Stürmen und Überschwemmungen, oder Kometen und Luftzeichen.

In der Tat fühlen, nicht ohne Ursache, die Menschen die Last ihrer Existenz, ob sie gleich selbst die Ursache derselben sind. Der Grund davon scheint mir hierin zu liegen. — Natürlicherweise eilt, in den Fortschritten des menschlichen Geschlechts, die Kultur der Talente, der Geschicklichkeit und des Geschmacks (mit ihrer Folge, der Üppigkeit) der Entwicklung der Moralität vor; und dieser Zustand ist gerade der lästigste und gefährlichste für Sittlichkeit so wohl als physisches Wohl: weil die Bedürfnisse viel stärker anwachsen, als die Mittel, sie zu befriedigen. Aber die sittliche Anlage der Menschheit, die (wie [6]Horazens *poena, pede claudo*) ihr immer nachhinkt, wird sie, die in ihrem eilfertigen Lauf sich selbst verfängt und oft stolpert, (wie man unter einem weisen Weltregierer wohl hoffen darf) dereinst überholen; und so sollte man, selbst nach den Erfahrungsbeweisen des Vorzugs der Sittlichkeit in unserm Zeitalter, in Vergleichung mit allen vorigen, wohl die Hoffnung nähren können, daß der jüngste Tag eher mit einer [7]Eliasfahrt, als mit einer der Rotte Korah ähnlichen Höllenfahrt eintreten, und das Ende aller Dinge auf Erden herbeiführen dürfte. [8]Allein dieser heroische Glauben an die Tugend scheint doch, subjektiv, keinen so allgemeinkräftigen Einfluß auf die Gemüter zur Bekehrung zu haben, als der an

---

Früchten reichlich versehen, anzutreffen waren, deren Überschuß, nach ihrem Genuß, sich durch unmerkliche Ausdünstung verlor; einen einzigen Baum mitten im Garten ausgenommen, der zwar eine reizende aber solche Frucht trug, die sich nicht ausschwitzen ließ. Da unsre ersten Eltern sich nun gelüsten ließen, ungeachtet des Verbots, dennoch davon zu kosten: so war, damit sie den Himmel nicht beschmutzten, kein andrer Rat, als daß einer der Engel ihnen die Erde in weiter Ferne zeigte, mit den Worten: «Das ist der Abtritt für das ganze Universum», sie sodann dahinführte, um das Benötigte zu verrichten, und darauf mit Hinterlassung derselben zum Himmel zurückflog. Davon sei nun das menschliche Geschlecht auf Erden entsprungen.

einen mit Schrecken begleiteten Auftritt, der vor den letzten Dingen als vorhergehend gedacht wird.

Anmerkung. Da wir es hier bloß mit Ideen zu tun haben (oder damit spielen), die die Vernunft sich selbst schafft, wovon die Gegenstände (wenn sie deren haben) ganz über unsern Gesichtskreis hinausliegen, die indes, obzwar für das spekulative Erkenntnis überschwenglich, darum doch nicht in aller Beziehung für leer zu halten sind, sondern in praktischer Absicht uns von der gesetzgebenden Vernunft selbst an die Hand gegeben werden, nicht etwa um über ihre Gegenstände, was sie an sich und ihrer Natur nach sind, nachzugrübeln, sondern wie wir sie zum Behuf der moralischen, auf den Endzweck aller Dinge gerichteten, Grundsätze zu denken haben (wodurch sie, die sonst gänzlich leer wären, objektive praktische Realität bekommen): — so haben wir ein freies Feld vor uns, dieses Produkt unsrer eignen Vernunft: den allgemeinen Begriff von einem Ende aller Dinge, nach dem Verhältnis, das er zu unserm Erkenntnisvermögen hat, einzuteilen, und die unter ihm stehenden zu klassifizieren.

Diesem nach wird das Ganze 1) in das natürliche* Ende aller Dinge, nach der Ordnung moralischer Zwecke göttlicher Weisheit, welches wir also (in praktischer Absicht) wohl verstehen können, 2) in das mystische (übernatürliche) Ende derselben, in der Ordnung der wirkenden Ursachen, von welchen wir nichts verstehen, 3) in das widernatürliche (verkehrte) Ende aller Dinge, welches von uns selbst, dadurch daß wir den Endzweck mißverstehen, herbeigeführt wird, eingeteilt, und in drei Abteilungen vorgestellt werden: wovon die erste so eben abgehandelt worden, und nun die zwei noch übrigen folgen.

In der Apokalypse (X, 5, 6) «hebt ein Engel seine Hand auf den Himmel und schwört bei dem Lebendigen von Ewigkeit zu Ewigkeit, der den Himmel erschaffen hat u. s. w.: daß hinfort keine Zeit mehr sein soll»

Wenn man nicht annimmt, daß dieser Engel «mit seiner Stimme von sieben Donnern» (V. 3) habe Unsinn schreien wollen, so muß er damit gemeint haben, daß hinfort keine Veränderung sein soll; denn wäre in der Welt noch Veränderung, so wäre auch die Zeit da, weil jene nur in dieser Statt finden kann, und, ohne ihre Voraussetzung, gar nicht denkbar ist.

---

* Natürlich (formaliter) heißt, was nach Gesetzen einer gewissen Ordnung, welche es auch sei, mithin auch der moralischen (also nicht immer bloß der physischen), notwendig folgt. Ihm ist das Nichtnatürliche, welches entweder das Übernatürliche, oder das Widernatürliche sein kann, entgegengesetzt. Das Notwendige aus Naturursachen würde auch als materialiter-natürlich (physisch-notwendig) vorgestellt werden.

Hier wird nun ein Ende aller Dinge, als Gegenstände der Sinne, vorgestellt, wovon wir uns gar keinen Begriff machen können: weil wir uns selbst unvermeidlich in Widersprüche verfangen, wenn wir einen einzigen Schritt aus der Sinnenwelt in die intelligible tun wollen; welches hier dadurch geschieht, daß der Augenblick, der das Ende der erstern ausmacht, auch der Anfang der andern sein soll, mithin diese mit jener in eine und dieselbe Zeitreihe gebracht wird, welches sich widerspricht.

Aber wir sagen auch, daß wir uns eine Dauer als unendlich (als Ewigkeit) denken: nicht darum weil wir etwa von ihrer Größe irgend einen bestimmbaren Begriff haben — denn das ist unmöglich, da ihr die Zeit, als Maß derselben, gänzlich fehlt —; sondern jener Begriff ist, weil, wo es keine Zeit gibt, auch kein Ende Statt hat, bloß ein negativer von der ewigen Dauer, wodurch wir in unserm Erkenntnis nicht um einen Fußbreit weiter kommen, sondern nur gesagt werden will, daß der Vernunft, in (praktischer) Absicht auf den Endzweck, auf dem Wege beständiger Veränderungen nie Genüge getan werden kann: ob zwar auch, wenn sie es mit dem Prinzip des Stillstandes und der Unveränderlichkeit des Zustands der Weltwesen versucht, sie sich eben so wenig in Ansehung ihres theoretischen Gebrauchs genug tun, sondern vielmehr in gänzliche Gedankenlosigkeit geraten würde; da ihr dann nichts übrig bleibt, als sich eine ins Unendliche (in der Zeit) fortgehende Veränderung, im beständigen Fortschreiten zum Endzweck, zu denken, bei welchem die Gesinnung (welche nicht, wie jenes, ein Phänomen, sondern etwas Übersinnliches, mithin nicht in der Zeit veränderlich ist) bleibt und beharrlich dieselbe ist. Die Regel des praktischen Gebrauchs der Vernunft dieser Idee gemäß will also nichts weiter sagen, als: wir müssen unsre Maxime so nehmen, als ob, bei allen ins Unendliche gehenden Veränderungen vom Guten zum Bessern, unser moralischer Zustand, der Gesinnung nach, (der [9]*homo noumenon*, «dessen Wandel im Himmel ist») gar keinem Zeitwechsel unterworfen wäre.

Daß aber einmal ein Zeitpunkt eintreten wird, da alle Veränderung (und mit ihr die Zeit selbst) aufhört, ist eine die Einbildungskraft empörende Vorstellung. Alsdann wird nämlich die ganze Natur starr und gleichsam versteinert: der letzte Gedanken, das letzte Gefühl bleiben alsdann in dem denkenden Subjekt stehend und ohne Wechsel immer dieselben. Für ein Wesen, welches sich seines Daseins und der Größe desselben (als Dauer) nur in der Zeit bewußt werden kann, muß ein solches Leben, wenn es anders Leben heißen mag, der Vernichtung gleich scheinen: weil es, um sich in einen solchen Zustand hineinzudenken, doch überhaupt etwas denken muß; Denken aber ein Reflektieren enthält, welches selbst nur in der Zeit geschehen kann. — Die Bewohner der andern Welt werden daher so vorgestellt, wie sie, nach Verschiedenheit ihres Wohnorts (dem Himmel oder der Hölle), entweder immer dasselbe Lied, ihr Halleluja, oder ewig eben dieselben Jammertöne anstimmen

(XIX, 1–6; XX, 15): wodurch der gänzliche Mangel alles Wechsels in ihrem Zustande angezeigt werden soll.

Gleichwohl ist diese Idee, so sehr sie auch unsre Fassungskraft übersteigt, doch mit der Vernunft in praktischer Beziehung nahe verwandt. Wenn wir den moralisch-physischen Zustand des Menschen hier im Leben auch auf dem besten Fuß annehmen, nämlich eines beständigen Fortschreitens und Annäherns zum höchsten (ihm zum Ziel ausgesteckten) Gut: so kann er doch (selbst im Bewußtsein der Unveränderlichkeit seiner Gesinnung) mit der Aussicht in eine ewig dauernde Veränderung seines Zustandes (des sittlichen sowohl als physischen) die Zufriedenheit nicht verbinden. Denn der Zustand, in welchem er itzt ist, bleibt immer doch ein Übel vergleichungsweise gegen den bessern, in den zu treten er in Bereitschaft steht; und die Vorstellung eines unendlichen Fortschreitens zum Endzweck ist doch zugleich ein Prospekt in eine unendliche Reihe von Übeln, die, ob sie zwar von dem größern Guten überwogen werden, doch die Zufriedenheit nicht Statt finden lassen, die er sich nur dadurch, daß der Endzweck endlich einmal erreicht wird, denken kann.

Darüber gerät nun der nachgrübelnde Mensch in die Mystik (denn die Vernunft, weil sie sich nicht leicht mit ihrem immanenten, d. i. praktischen Gebrauch begnügt, sondern gern im Transzendenten etwas wagt, hat auch ihre Geheimnisse), wo seine Vernunft sich selbst, und was sie will, nicht versteht, sondern lieber schwärmt, als sich, wie es einem intellektuellen Bewohner einer Sinnenwelt geziemt, innerhalb den Grenzen dieser eingeschränkt zu halten. Daher kommt das Ungeheuer von System des [10]Laokiun von dem höchsten Gut, das im Nichts bestehen soll: d. i. im Bewußtsein, sich in den Abgrund der Gottheit, durch das Zusammenfließen mit derselben und also durch Vernichtung seiner Persönlichkeit, verschlugen zu fühlen; von welchem Zustande die Vorempfindung zu haben, sinesische Philosophen sich in dunkeln Zimmern, mit geschlossenen Augen, anstrengen, dieses ihr Nichts zu denken und zu empfinden. Daher der Pantheism (der Tibetaner und andrer östlichen Völker); und der aus der metaphysischen Sublimierung desselben in der Folge erzeugte Spinozism: welche beide mit dem uralten [11]Emanationssystem aller Menschenseelen aus der Gottheit (und ihrer endlichen Resorption in eben dieselbe) nahe verschwistert sind. Alles lediglich darum, damit die Menschen sich endlich doch einer ewigen Ruhe zu erfreuen haben möchten, welche denn ihr vermeintes seliges Ende aller Dinge ausmacht; eigentlich ein Begriff, mit dem ihnen zugleich der Verstand ausgeht und alles Denken selbst ein Ende hat.

Das Ende aller Dinge, die durch der Menschen Hände gehen, ist, selbst bei ihren guten Zwecken, Torheit: das ist, Gebrauch solcher Mittel zu ihren Zwecken, die diesen gerade zuwider sind. Weisheit, d. i. praktische Vernunft in der Angemessenheit ihrer dem Endzweck aller Dinge, dem höchsten Gut, völlig entsprechenden Maßregeln, wohnt allein bei Gott; und ihrer Idee nur nicht sichtbarlich entgegen zu handeln, ist das, was man etwa menschliche Weisheit nennen könnte. Diese Sicherung aber wider Torheit, die der Mensch nur durch Versuche und öftre Veränderung seiner Plane zu erlangen hoffen darf, ist mehr [12]«ein Kleinod, welchem auch der beste Mensch nur nachjagen kann, ob er es etwa ergreifen möchte»; wovon er aber niemal sich die eigenliebige Überredung darf anwandeln lassen, vielweniger darnach verfahren, als ob er es ergriffen habe. — Daher auch die von Zeit veränderten, oft widersinnigen, Entwürfe zu schicklichen Mitteln, um Religion in einem ganzen Volk lauter und zugleich kraftvoll zu machen; so, daß man wohl ausrufen kann: Arme Sterbliche, bei euch ist nichts beständig, als die Unbeständigkeit!

Wenn es indes mit diesen Versuchen doch endlich einmal soweit gediehen ist, daß das Gemeinwesen fähig und geneigt ist, nicht bloß den hergebrachten frommen Lehren, sondern auch der durch sie erleuchteten praktischen Vernunft (wie es zu einer Religion auch schlechterdings notwendig ist) Gehör zu geben; wenn die (auf menschliche Art) Weisen unter dem Volk nicht durch unter sich genommene Abreden (als ein Klerus), sondern als Mitbürger, Entwürfe machen und darin größtenteils übereinkommen, welche auf unverdächtige Art beweisen, daß ihnen um Wahrheit zu tun sei; und das Volk wohl auch im ganzen (wenn gleich noch nicht im kleinsten Detail), durch das allgemein gefühlte nicht auf Auktorität gegründete Bedürfnis der notwendigen Anbauung seiner moralischen Anlage, daran Interesse nimmt: so scheint nichts ratsamer zu sein, als jene nur machen und ihren Gang fortsetzen zu lassen, da sie einmal, was die Idee betrifft der sie nachgehn, auf gutem Wege sind: was aber den Erfolg aus den zum besten Endzweck gewählten Mitteln betrifft, da dieser, wie er nach dem Laufe der Natur ausfallen dürfte, immer ungewiß bleibt, ihn der Vorsehung zu überlassen. Denn, man mag so schwergläubig sein wie man will, so muß man doch, wo es schlechterdings unmöglich ist, den Erfolg aus gewissen nach aller menschlichen Weisheit (die, wenn sie ihren Namen verdienen soll, lediglich auf das Moralische gehen muß) genommenen Mitteln mit Gewißheit voraus zu sehn, eine Konkurrenz göttlicher Weisheit zum Laufe der Natur auf praktische Art glauben, wenn man seinen Endzweck nicht lieber gar aufgeben will.

Zwar wird man einwenden: Schon oft ist gesagt worden, der gegenwärtige Plan ist der beste; bei ihm muß es von nun an auf immer bleiben; das ist itzt ein Zustand für die Ewigkeit. «Wer (nach diesem Begriffe) gut ist, der ist immerhin gut, und wer (ihm zuwider) böse ist, ist immerhin böse» (Apokal. XXII, 11): gleich als ob die Ewigkeit, und mit ihr das Ende aller Dinge, schon itzt eingetreten sein könne; — und gleichwohl sind seitdem immer neue Plane, unter welchen der neueste oft nur die Wiederherstellung eines alten war, auf die Bahn gebracht worden, und es wird auch an mehr letzten Entwürfen fernerhin nicht fehlen.

Ich bin mir so sehr meines Unvermögens, hierin einen neuen und glücklichen Versuch zu machen, bewußt, daß ich, wozu freilich keine große Erfindungskraft gehört, lieber raten möchte: die Sachen so zu lassen, wie sie zuletzt standen, und beinahe ein Menschenalter hindurch sich als erträglich gut in ihren Folgen bewiesen hatten. Da das aber wohl nicht die Meinung der Männer von entweder großem oder doch unternehmendem Geiste sein möchte: so sei es mir erlaubt, nicht sowohl, was sie zu tun, sondern wogegen zu verstoßen sie sich ja in Acht zu nehmen hätten, weil sie sonst ihrer eignen Absicht (wenn sie auch die beste wäre) zuwider handeln würden, bescheidentlich anzumerken.

[13]Das Christentum hat, außer der größten Achtung, welche die Heiligkeit seiner Gesetze unwiderstehlich einflößt, noch etwas Liebenswürdiges in sich. (Ich meine hier nicht die Liebenswürdigkeit der Person, die es uns mit großen Aufopferungen erworben hat, sondern der Sache selbst: nämlich der sittlichen Verfassung, die Er stiftete; denn jene läßt sich nur aus dieser folgern.) Die Achtung ist ohne Zweifel das Erste, weil ohne sie auch keine wahre Liebe Statt findet; ob man gleich ohne Liebe doch große Achtung gegen jemand hegen kann. Aber wenn es nicht bloß auf Pflichtvorstellung sondern auch auf Pflichtbefolgung ankommt, wenn man nach dem subjektiven Grunde der Handlungen fragt, aus welchem, wenn man ihn voraussetzen darf, am ersten zu erwarten ist, was der Mensch tun werde, nicht bloß nach dem objektiven was er tun soll: so ist doch die Liebe, als freie Aufnahme des Willens eines andern unter seine Maximen, ein [14]unentbehrliches Ergänzungsstück der Unvollkommenheit der menschlichen Natur (zu dem, was die Vernunft durchs Gesetz vorschreibt, genötigt werden zu müssen): denn was einer nicht gern tut, das tut er so kärglich, auch wohl mit sophistischen Ausflüchten vom Gebot der Pflicht, daß auf diese, als Triebfeder, ohne den Beitritt jener, nicht sehr viel zu rechnen sein möchte.

Wenn man nun, um es recht gut zu machen, zum Christentum noch irgend eine Auktorität (wäre es auch die göttliche) hinzutut, die Absicht derselben mag auch noch so wohlmeinend und der Zweck auch wirklich noch so gut sein: so ist doch die Liebenswürdigkeit desselben verschwunden: denn es ist ein Widerspruch, jemanden zu gebieten, daß er etwas nicht allein tue, sondern es auch gern tun solle.

Das Christentum hat zur Absicht: Liebe, zu dem Geschäft der Beobachtung seiner Pflicht überhaupt, zu befördern, und bringt sie auch hervor; weil der Stifter desselben nicht in der Qualität eines Befehlshabers, der seinen Gehorsam-fordernden Willen, sondern in der eines Menschenfreundes redet, der seinen Mitmenschen ihren eignen wohlverstandnen Willen, d. i. wornach sie von selbst freiwillig handeln würden, wenn sie sich selbst gehörig prüften, ans Herz legt.

Es ist also die liberale Denkungsart — gleichweit entfernt vom Sklavensinn, und von Bandenlosigkeit — wovon das Christentum für seine Lehre Effekt erwartet, durch die es die Herzen der Menschen für sich zu gewinnen vermag, deren Verstand schon durch die Vorstellung des Gesetzes ihrer Pflicht erleuchtet ist. Das Gefühl der Freiheit in der Wahl des Endzwecks ist das, was ihnen die Gesetzgebung liebenswürdig macht. — Obgleich also der Lehrer desselben auch Strafen ankündigt, so ist das doch nicht so zu verstehen, wenigstens ist es der eigentümlichen Beschaffenheit des Christentums nicht angemessen, es so zu erklären, als sollten diese die Triebfedern werden, seinen Geboten Folge zu leisten: denn sofern würde es aufhören liebenswürdig zu sein. Sondern, man darf dies nur als liebreiche, aus dem Wohlwollen des Gesetzgebers entspringende, Warnung, sich vor dem Schaden zu hüten, welcher unvermeidlich aus der Übertretung des Gesetzes entspringen müßte (denn: *lex est res surda et inexorabilis.* [15]Livius), auslegen; weil nicht das Christentum, als freiwillig angenommene Lebensmaxime, sondern das Gesetz hier droht: welches, als unwandelbar in der Natur der Dinge liegende Ordnung, selbst nicht der Willkür des Schöpfers, die Folge derselben so oder anders zu entscheiden, überlassen ist.

Wenn das Christentum Belohnungen verheißt (z. B. [16]«Seid fröhlich und getrost, es wird euch im Himmel alles wohl vergolten werden»): so muß das nach der liberalen Denkungsart nicht so ausgelegt werden, als wäre es ein Angebot, um dadurch den Menschen zum guten Lebenswandel gleichsam zu dingen: denn da würde das Christentum wiederum für sich selbst nicht liebenswürdig sein. Nur ein Ansinnen solcher Handlungen, die aus uneigennützigen Beweggründen entspringen, kann gegen den, welcher das Ansinnen tut, dem Menschen Achtung einflößen; ohne Achtung aber gibt es keine wahre Liebe. Also muß man jener Verheißung nicht den Sinn beilegen, als sollten die Belohnungen für die Triebfedern der Handlungen genommen werden. Die Liebe, wodurch eine liberale Denkart an einen Wohltäter gefesselt wird, richtet sich nicht nach dem Guten, was der Bedürftige empfängt, sondern bloß nach der Gütigkeit des Willens dessen, der geneigt ist, es zu erteilen: sollte er auch etwa nicht dazu vermögend sein, oder durch andre Beweggründe, welche die Rücksicht auf das allgemeine Weltbeste mit sich bringt, an der Ausführung gehindert werden.

Das ist die moralische Liebenswürdigkeit, welche das Christentum bei sich führt, die durch manchen äußerlich ihm beigefügten Zwang, bei dem öftern Wechsel der Meinungen, immer noch durchgeschimmert, und es gegen die Abneigung erhalten hat, die es sonst hätte treffen müssen; und welche (was merkwürdig ist) zur Zeit der größten Aufklärung, die je unter Menschen war, sich immer in einem nur desto hellern Lichte zeigt.

Sollte es mit dem Christentum einmal dahin kommen, daß es aufhörte liebenswürdig zu sein (welches sich wohl zutragen könnte, wenn es, statt seines sanften Geistes, mit gebieterischer Auktorität bewaffnet würde): so müßte, weil in moralischen Dingen keine Neutralität (noch weniger Koalition entgegengesetzter Prinzipien) Statt findet, eine Abneigung und Widersetzlichkeit gegen dasselbe die herrschende Denkart der Menschen werden; und der Antichrist, der ohnehin für den Vorläufer des jüngsten Tages gehalten wird, würde sein (vermutlich auf Furcht und Eigennutz gegründetes) obzwar kurzes Regiment anfangen: alsdann aber, weil das Christentum allgemeine Weltreligion zu sein zwar bestimmt, aber es zu werden von dem Schicksal nicht begünstigt sein würde, das (verkehrte) Ende aller Dinge in moralischer Rücksicht eintreten.

COMMENTARY

Text: *ed. cit.* XI, 175–190.

1. *duratio noumenon:* 'time as an intellectual conception', free of phenomenal attributes.

2. *Ihn aber hält* etc: from an unfinished poem by the eighteenth-century Swiss poet Albrecht von Haller (see *Hallers Gedichte* ed. L. Hirzel, 1882, 151).

3. *Virgil*: *nequeunt expleri corda tuendo/terribilis oculos* (Aeneid VIII, 265–6): —'they cannot tear their terrified eyes away.'

4. *Sonnerat:* Pierre de Sonnerat (1749-1814), French explorer, who left an account of his travels in the Far East in *Voyage aux Indes Orientales* (1782), which was translated into German the following year. Herder, Georg Forster and Goethe, as well as Kant, read it with keen interest. Godeman was a god worshipped on Java—Kant's 'Ava (the land of the Brahmins)'—and Papua. Darius Codomannus was King of Persia 336–30 B. C. One can today only smile at Kant's philological fancies on the relationships between these names—though Persian and German are, of course, both Indo-European languages.

5. *das Urteil unsers eignen Gewissens:* 'In so far as morality is based upon the conception of man as a free agent, ... it needs neither the idea of a Superior Being for man to apprehend his duty, nor an incentive other than the law itself for him to perform his duty.' This is the opening sentence of Kant's preface to the first edition of his *Religion innerhalb der Grenzen der bloßen Vernunft*. Our apprehension of the moral law can therefore tell us nothing about a world to come, any more than can our apprehension of the empirical world in which we live. The gap between morality in this sense and the notion of a God over and above the world can only be bridged by an act of faith.

6. *Horazens poena* etc: *raro antecedentem scelestum*
  deseruit pede poena claudo. (Horace, *Odes* III, 1, 32–3)

–'Though it may limp along behind, punishment rarely fails to catch up with the criminal who has a start over it.'

7. *Eliasfahrt....Rotte Korah*: whereas Elijah was taken up by a whirlwind into Heaven (2 Kings II, 11), Korah and his band of rebels were swallowed up by the earth as a sign of God's displeasure (Numbers XVI).

8. *Allein dieser heroische Glauben* etc: a significant reservation about the persuasive power, in the last analysis, of the vital rationalist faith in human virtue.

9. *homo noumenon:* man free of phenomenal attributes; see p. 49 above.

10. *Laokiun:* Lao-tse, founder of Taoism.

11. *Emanationssystem:* emanation, as a philosophical and theological term, connotes a theory of existence according to which individual souls are 'outpourings' (*manare* = to flow) of the ultimate Divine Being. As a doctrine it is oriental in origin and appears in Indian philosophy as well as in Neoplatonism and Gnosticism–hence Kant's epithet 'uralt'.

12. *'ein Kleinod'* etc: a paraphrase of Philippians III, 12–14.

13. *Das Christentum* etc: Kant would not identify religion with Christianity, Judaism, Islam or any single religious faith but chose to call all such faiths simply individual creeds: the one single true religion stood above these creeds. The parable of the rings in Lessing's *Nathan der Weise* conveys the same thought. At the same time Kant's declared respect for Christianity is greater than that which he has for any other faith, and the remaining paragraphs of *Das Ende aller Dinge* have a symphathetic tone which is in marked contrast to the anti-religious attitudes prevalent in the so-called Age of Reason.

14. *unentbehrliches Ergänzungsstück*: see p. 49 above. Although patronisingly approving of the peripheral value of Christianity, Kant ensures, in this and the following paragraph, that we do not lose sight of the, to him, central principles of reason-controlled morality and the freedom of the will.

15. *Livius: leges rem surdam, inedorabilem esse, salubriorem melioremque inopi quam potenti* (Livy II, 34):–'laws are strict and intractable, of greater benefit and value to the weak than the strong.'

16. *'Seid fröhlich und getrost'* etc: St. Matthew V, 12.

SCHILLER (1759—1805)

Was kann eine gute stehende Schaubühne eigentlich wirken?
(Die Schaubühne als eine moralische Anstalt betrachtet) (1784)

In 1778 Kurfürst Karl Theodor von der Pfalz succeeded to the lands of
the Bavarian Wittelsbach dynasty and moved his court from Mannheim
to Munich. For Mannheim the eighteenth century had marked a cultural
apogee. The town boasted an art academy, an important collection of
sculpture, a magnificent library and an astronomical observatory. A famous orchestra, much admired by Mozart, played there under the
direction of Anton Stamitz, an important figure in the early history of
the symphony. There was opera, ballet and theatre, the last in the hands
of the Frenchman Marchand. And it had many outstanding contemporary
buildings, predominant among them the great Schloß, the largest Baroque
palace in Germany. Now the Elector's departure had put the town's
whole artistic future in jeopardy, in particular that of the theatre.

At this moment there appeared on the scene one Wolfgang Heribert
von Dalberg, a *Reichsfreiherr* determined that the theatre at least should
receive official approbation despite the Elector's absence. Dalberg urged
Karl Theodor to follow the example of Hamburg and establish a permanent theatre in Mannheim, and in 1779 the Nationaltheater was inaugurated with Dalberg as its director—‚zum allgemeinen Vergnügen',
ran the decree, 'sowohl als zur sittlichen Bildung des Publikums'. The
fame of the Mannheim theatre rose rapidly under Dalberg's regime, and
it was in this atmosphere of growing confidence and rising standards
that in 1783 he appointed to a post as resident *Dramaturg* a twenty-four-
year-old poet and dramatist called Johann Friedrich Schiller, whose first
play, *Die Räuber*, had had its premiere in Mannheim the previous year.

Die Räuber is Schiller's essay in the idiom of *Sturm und Drang*, but the
impetus of the *Sturm und Drang* movement had passed. Goethe's *Götz von
Berlichingen* had been written nine years earlier, *Werther* and Lenz's
Hofmeister the year after *Götz*, and Klinger's *Wirrwarr oder Sturm und
Drang* and *Zwillinge* two years after these, i.e. six years before the first
performance of *Die Räuber*. But the *Weltbild* of Schiller's *Sturm und Drang*
has a vital original characteristic which underlies his entire life and

work: an unshakeable conviction that the world is governed by a divine purpose through which all things, including man, receive their role and their meaning. This divine order must not be violated: the rule of law must prevail, and no offence against it, however noble the motives, can be tolerated. The villainous Franz Moor's crimes are obvious, but Karl Moor too offends against the order by trying to set himself above the law of God; for there is no right to unfettered human freedom, and the stability of human society must be preserved.

This is the message of *Die Räuber* and all Schiller's plays, and he saw in the drama the ideal medium for educating the public towards its acceptance. To justify his position is the purpose of *Was kann eine gute stehende Schaubühne eigentlich wirken?*, an address given before the 'Kurpfälzische Deutsche Gesellschaft'in Mannheim on June 26, 1784 and later printed (1802), without the introductory paragraphs, under the more pointed title *Die Schaubühne als eine moralische Anstalt betrachtet.*

In historical terms Schiller's claims in this essay for the moral power of drama, and his plea for the establishment of a national German theatre— 'wenn wir es erlebten, eine Nationalbühne zu haben, so würden wir auch eine Nation' (see p. 77 below)—show him pleading the same causes as Lessing in his *Hamburgische Dramaturgie*. He employs the moral arguments and the terminology of the Enlightenment to state his case, sensing the power of the theatre to mediate between religion and the State, and to represent moral stability in a society threatened with dissolution. There was nothing new in seeing the theatre as a 'moral institution': the medieval moralities had preached their message by example, the *Fastnachtsspiele* of Hans Sachs had blended entertainment with forthright moral exhortation, and in the eighteenth century itself the reinterpretation of Aristotle, from Gottsched to Lessing, had focused attention on the cathartic power of tragedy. But Schiller made little impression on his audience. Two months later his one-year contract with the Mannheim Nationaltheater expired, and Dalberg made no effort to retain him.

The following ten years of Schiller's career, during which the ideals and values emerged that range him with the poets of German Classicism, saw a lessening of his involvement with the direct moral influence of the theatre and a recession of the specifically national element of the vision depicted in his *Schaubühne* essay, but his concern with the moral education of man and the ideals of Classical *Humanität* became all the more absorbing, finally taking the form of his assertion of the power of art and beauty to promote personal, social and political goodness. Truth and Goodness would be seen to be one with Beauty, and giving his conviction a philosophical justification in terms derived from Kant, he wrote his *Briefe über die ästhetische Erziehung des Menschen* (1793/4) to show the role of beauty in man's *Bildung* trough true self-understanding and self-liberation. 'Der moralisch gebildete Mensch, und nur dieser, ist ganz

6*

frei', he wrote in his essay *Über das Erhabene* (*Sämtliche Werke*, 5 vols, Munich 1958 ff; Vol. V, 794)—the coincidence of inclination and duty which also finds expression in the concept of the 'schöne Seele' in Goethe's *Wilhelm Meister* and Schiller's *Über Anmut und Würde*.

Human freedom in its manifold forms is Schiller's abiding concern: in his dramas, from *Die Räuber* and *Fiesco* through *Don Carlos* to his late historical plays; in his historical works, for history is the chronicle of man's quest for freedom and thus for true manhood; and in his occasional writings on art, philosophy and politics. So the theatre, too, as he says at the end of the *Schaubühne* essay, like all other creative manifestations of the human spirit, serves man's supreme aspiration: 'ein *Mensch* zu sein'.

On his first enthusiastic encounter with Shakespeare Goethe wrote: 'Seine Stücke drehen sich alle um den geheimen Punkt, den noch kein Philosoph gesehen und bestimmt hat, in dem das Eigentümliche unseres Ichs, die prätendierte Freiheit unsres Willens, mit dem notwendigen Gang des Ganzen zusammenstößt' (*Zum Shakespearestag*, 1771). This bitter knowledge 'daß es eine objektive Macht gibt, die unserer Freiheit Vernichtung droht', as Schelling put it in his *Philosophische Briefe über Dogmatismus und Skeptizismus* (*Sämtliche Werke* 1856, I, 336), underlies the tragedies of Kleist, of Büchner, of Grillparzer, of Hebbel.

Schiller, on the other hand—in a tradition that passes to early Hauptmann, to the expressionists (Paul Kornfeld: 'So ist die Kunst ... Werkzeug der Ethik ... Der Künstler aber sei das Gewissen der Menschheit' (*Der beseelte und der psychologische Mensch*, 1918; in K. Otten, *Schrei und Bekenntnis*, 1959, 13–14)) and to Brecht—was concerned with the effects that he could achieve by means of his chosen dramatic subjects. He writes as a dramatist not utterly given over to the sequence of dramatic events but calculating the purposes that they can be made to serve, didactically referring them to specific human and situational realities in the world outside. Like Brecht, he advances from a prepared moral position towards a stated moral objective and assumes that man has the power, though not always the will, to reach it. For Schiller it is the goal of *Humanität*, the fullness of human dignity, the nobility of soul which man in his freely personal, communal and national aspects needs. It is above all on his devotion to this ideal—let us put on one side the limitations of his personality and the scorn which Nietzsche and others have lavished on him—that his unique appeal to nineteenth-century Germany rests.

In his own words from *Über das Erhabene:* 'Alle andere Dinge müssen; der Mensch ist das Wesen, welches will. Eben deswegen ist des Menschen nichts so unwürdig, als Gewalt zu erleiden, denn Gewalt hebt ihn auf.

Wer sie uns antut, macht uns nichts Geringeres als die Menschheit streitig; wer sie feigerweise erleidet, wirft seine Menschheit hinweg' *(ed.cit.* V, 792).

BIBLIOGRAPHY

F. Burschell, *Schiller* (Hamburg, 1968)

W. Dilthey, *Schiller* (in: *Von deutscher Dichtung und Musik*, Leipzig/Berlin, 1933)

H. B. Garland, *Schiller: The Dramatic Writer* (Oxford, 1969)

H. Kössler, *Freiheit und Ohnmacht. Die autonome Moral und Schillers Idealismus der Freiheit* (Göttingen, 1962)

H. Lutz, *Schillers Anschauung von Kunst und Natur* (Berlin, 1928)

W. F. Mainland, *Schiller and the Changing Past* (London, 1957)

Th. Mann, *Versuch über Schiller* (Berlin/Frankfurt, 1955)

J. Petersen, *Schiller und die Bühne* (Berlin, 1904)

D. Regin, *Freedom and Dignity. The Historical and Philosophical Thought of Schiller* (The Hague, 1965)

E. L. Stahl, *Friedrich Schiller's Drama. Theory and Practice* (Oxford, 1954)

E. Staiger, *Friedrich Schiller* (Zürich, 1967)

G. Storz, *Der Dichter Friedrich Schiller* (Stuttgart, 1959)

B. von Wiese, *Friedrich Schiller* (Stuttgart, 1959)

W. Witte, *Schiller* (Oxford, 1949)

Was kann eine gute stehende Schaubühne eigentlich wirken?

Wenn uns der natürliche Stolz — so nenne ich die erlaubte Schätzung unsers eigentümlichen Werts — in keinem Verhältnis des bürgerlichen Lebens verlassen soll, so ist wohl das erste *dieses*, daß wir uns selbst zuvor die Frage beantworten, ob das Geschäft, dem wir jetzt den besten Teil unsrer Geisteskraft hingeben, mit der Würde unsers Geists sich vertrage, und die gerechten Ansprüche des Ganzen auf unsern Beitrag erfülle. Nicht immer bloß die höchste Spannung der Kräfte — nur ihre edelste Anwendung kann Größe gewähren. Je erhabner das Ziel ist, nach welchem wir streben, je weiter, je mehr umfassend der Kreis, worin wir uns üben, desto höher steigt unser Mut, desto reiner wird unser Selbstvertrauen, desto unabhängiger von der Meinung der Welt. Dann nur, wenn wir bei uns selbst erst entschieden haben, was wir sind, und was wir nicht sind, nur dann sind wir der Gefahr entgangen, von fremdem Urteil zu leiden — durch Bewunderung aufgeblasen oder durch Geringschätzung feig zu werden.

Woher kommt es denn aber — diese Bemerkung hat sich mir aufgedrungen, [1]seitdem ich Menschen beobachte — woher kommt es, daß der Amtsstolz so gern im entgegengesetzten Verhältnis mit dem wahren Verdienste steht? Daß die meisten ihre Anfoderungen an die Achtung der Gesellschaft in eben dem Grade verdoppeln, in welchem sich ihr Einfluß auf dieselbe vermindert? — Wie bescheiden erscheint nicht oft der Minister, der das Steuerruder des Landes führt und das große System der Regierung mit Riesenkraft wälzt, neben dem kleinen Histrionen, der seine Verordnungen zu Papier bringt — wie bescheiden der große Gelehrte, der die Grenzen des menschlichen Denkens erweiterte und die Fackel der Aufklärung über Weltteilen schimmern ließ, neben dem dumpfen Pedanten, der seine Quartbände hütet? — Man verurteilt den jungen Mann, der, gedrungen von innrer Kraft, aus dem engen Kerker einer Brotwissenschaft heraustritt und dem Rufe des Gottes folgt, der in ihm ist? — Ist das die Rache der kleinen Geister an dem Genie, dem sie nachzuklimmen verzagen? Rechnen sie vielleicht ihre Arbeit darum so hoch an, weil sie ihnen so sauer wurde? — Trockenheit, Ameisenfleiß und gelehrte Taglöhnerei werden unter den ehrwürdigen Namen Gründlichkeit, Ernst und Tiefsinn geschätzt, bezahlt und bewundert. Nichts ist bekannter und nichts gereicht zugleich der gesunden Vernunft mehr zur Schande, als der unversöhnliche Haß, die stolze Verachtung, womit Fakultäten auf freie Künste heruntersehen — und diese Verhältnisse werden forterben, bis sich Gelehrsamkeit und Geschmack, Wahrheit und Schönheit, als zwo versöhnte Geschwister umarmen.

Es ist leicht einzusehen, inwiefern diese Bemerkung mit der Frage zusammenhängt: «*Was wirkt die Bühne?*» — Die höchste und letzte Foderung, welche der Philosoph und Gesetzgeber einer öffentlichen Anstalt nur machen können, ist Beförderung allgemeiner Glückseligkeit. Was die Dauer des physischen Lebens erhält, wird immer sein erstes Augenmerk sein; was die Menschheit innerhalb ihres Wesens veredelt, sein höchstes. *Bedürfnis* des *Tiermenschen* ist älter und drängender — *Bedürfnis* des *Geistes* vorzüglicher, unerschöpflicher. Wer also unwidersprechlich beweisen kann, daß die Schaubühne Menschen- und Volksbildung wirkte, hat ihren Rang neben den ersten Anstalten des Staats entschieden.

Die dramatische Kunst setzt mehr voraus als jede andre von ihren Schwestern. Das höchste Produkt dieser Gattung ist *vielleicht* auch das höchste des menschlichen Geistes. Das System der körperlichen Anziehung und Shakespeares «Julius Cäsar» — es steht dahin, ob die Zunge der Waage, worin höhere Geister die menschlichen wägen, um einen mathematischen Punkt überschlagen wird. Wenn dies entschieden ist — und entschied nicht der unbestechlichste Richter, die Nachwelt? — warum sollte man nicht vor allen Dingen dahin beflissen sein, die Würde einer Kunst außer Zweifel zu setzen, deren Ausübung alle Kräfte der Seele, des Geistes und des Herzens beschäftigt? — Es ist Verbrechen gegen sich selbst, Mord der Talente, wenn das nämliche Maß von Fähigkeit, welches dem höchsten Interesse der Menschheit würde gewuchert haben, an einem minder wichtigen Gegenstand undankbar verschwendet wird. Ist es wirklich noch zweifelhaft, ob du vom Himmel herabstammst, sind alle deine geprahlten Einflüsse wirklich nur schöne Schimären deiner Bewunderer, ist die Menschheit nicht deine Schuldnerin — o so zerreiße deinen unsterblichen Lorbeer, Thalia, laß deine Posaune von ihr schweigen, ewige Fama! — Jene bewunderte [2]Iphigenia war nichts als ein schwacher Augenblick ihres Schöpfers, der seiner Würde vergaß — der gepriesene Hamlet nichts als eine Majestätsverletzung des Dichters gegen den himmlischen Genius.

Über keine Kunst ist — soviel ich weiß — mehr gesagt und geschrieben worden, als über diese; über keine weniger entschieden. Die Welt hat sich hier, mehr als irgendwo, in Vergötterung und Verdammung geteilt, und die Wahrheit ging verloren durch Übertreibung. [3]Der härteste Angriff, den sie erleiden mußte, geschah von einer Seite, wo er nicht zu erwarten war. — Der Leichtsinn, die Frechheit, auch selbst die Abscheulichkeit derer, die sie ausüben, kann der Kunst selbst nicht zur Last fallen. Die meisten eurer dramatischen Schilderungen, und selbst die am meisten gepriesenen, was sind sie anders, spricht man, als feine versteckte Giftmischerei, künstlich aufgeputzte Laster, weichliche oder großsprechende Tugenden? — Eure Repräsentanten der Menschheit, eure Künstler und Künstlerinnen, wie oft Brandmark des Namens, den sie tragen, Parodien ihres geweihten Amtes, wie oft

Auswurf der Menschheit? Eure gerühmte Schule der Sitten, wie oft nur die letzte Zuflucht des gesättigten Luxus? ein Hinterhalt des Mutwillens und der Satire? Wie oft diese hohe göttliche Thalia eine Spaßmacherin des Pöbels oder Staubleckerin an sehr kleinen Thronen?– Alle diese Ausrufungen sind unwiderleglich wahr, doch trifft keine einzige die Bühne. Christus' Religion war das Feldgeschrei, als man Amerika entvölkerte — Christus' Religion zu verherrlichen mordeten [4]Damiens und Ravaillac, und schoß Karl der Neunte auf die fliehenden Hugenotten zu Paris. — Wem aber wird es einfallen, die sanftmütigste der Religionen einer Schandtat zu bezüchtigen, von der auch die rohe Tierheit sich feierlich lossagen würde?

Ebensowenig darf die Kunst es entgelten, daß sie in Europa nicht ist, was sie in Asien war, im achtzehnten Jahrhundert nicht ist, was unter [5]Aspasia und Perikles. Genug für sie, daß sie es *damals* gewesen und daß die Nation, bei welcher sie blühte, noch jetzt unser Muster ist — Aber ich schreite zur Untersuchung selbst.

Ein allgemeiner unwiderstehlicher Hang nach dem Neuen und Außerordentlichen, ein Verlangen, sich in einem leidenschaftlichen Zustande zu fühlen, hat, [6]nach Sulzers Ausdruck, die Bühne hervorgebracht. Erschöpft von den höhern Anstrengungen des Geistes, ermattet von den einförmigen, oft niederdrückenden Geschäften des Berufs, und von Sinnlichkeit gesättigt, mußte der Mensch eine Leerheit in seinem Wesen fühlen, die dem ewigen Trieb nach Tätigkeit zuwider war. Unsre Natur, gleich unfähig, länger im Zustand des Tiers fortzudauern, als die feinern Arbeiten des Verstands fortzusetzen, verlangte einen mittleren Zustand, der beide widersprechenden Enden vereinigte, die harte Spannung zu sanfter Harmonie herabstimmte, und den wechselsweisen Übergang eines Zustands in den andern erleichterte. Diesen Nutzen leistet überhaupt nun [7]der ästhetische Sinn, oder das Gefühl für das Schöne. Da aber eines weisen Gesetzgebers erstes Augenmerk sein muß, unter zwo Wirkungen die höchste herauszulesen, so wird er sich nicht begnügen, die Neigungen seines Volks nur entwaffnet zu haben; er wird sie auch, wenn es irgend nur möglich ist, als Werkzeuge höherer Plane gebrauchen und in Quellen von Glückseligkeit zu verwandeln bemüht sein, und darum wählte er vor allen andern die Bühne, die dem nach Tätigkeit dürstenden Geist einen unendlichen Kreis eröffnet, jeder Seelenkraft Nahrung gibt, ohne eine einzige zu überspannen, und die Bildung des Verstands und des Herzens mit der edelsten Unterhaltung vereinigt.

Derjenige, welcher zuerst die Bemerkung machte, daß eines Staats festeste Säule *Religion* sei — daß ohne sie die Gesetze selbst ihre Kraft verlieren, hat vielleicht, ohne es zu wollen oder zu wissen, die Schaubühne von ihrer edelsten Seite verteidigt. Eben diese Unzulänglichkeit, diese schwankende Eigenschaft der politischen Gesetze, welche **dem** Staat die Religion unentbehrlich macht, bestimmt auch den ganzen Einfluß der Bühne. Gesetze, wollte er sagen, drehen sich nur um verneinende Pflichten — Religion dehnt ihre Foderungen auf wirkliches Handeln aus. Gesetze hemmen nur Wirkungen, die den Zusammenhang der Gesellschaft auflösen — Religion befiehlt solche, die ihn inniger machen. Jene herrschen nur über die offenbaren Äußerungen des Willens, nur Taten sind ihnen untertan — diese setzt ihre Gerichtsbarkeit bis in die verborgensten Winkel des Herzens fort und verfolgt den Gedanken bis an die innerste Quelle. Gesetze sind glatt und geschmeidig, wandelbar wie Laune und Leidenschaft — Religion bindet streng und ewig. Wenn wir nun aber auch voraussetzen wollten, was nimmermehr ist — wenn wir der Religion diese große Gewalt über jedes Menschenherz einräumen, wird sie oder kann sie die ganze Bildung vollenden? — Religion (ich trenne hier ihre politische Seite von ihrer göttlichen), Religion wirkt im ganzen mehr auf den sinnlichen Teil des Volks — sie wirkt vielleicht durch das Sinnliche allein so unfehlbar. Ihre Kraft ist dahin, wenn wir ihr dieses nehmen — und wodurch wirkt die Bühne? Religion ist dem größern Teile der Menschen nichts mehr, wenn wir ihre Bilder, ihre Probleme vertilgen, wenn wir ihre Gemälde von Himmel und Hölle zernichten — und doch sind es nur Gemälde der Phantasie, Rätsel ohne Auflösung, Schreckbilder und Lockungen aus der Ferne. Welche Verstärkung für Religion und Gesetze, wenn sie mit der Schaubühne in Bund treten, wo Anschauung und lebendige Gegenwart ist, wo Laster und Tugend, Glückseligkeit und Elend, Torheit und Weisheit in tausend Gemälden faßlich und wahr an dem Menschen vorübergehen, wo die Vorsehung ihre Rätsel auflöst, ihren Knoten vor seinen Augen entwickelt, wo das menschliche Herz auf den Foltern der Leidenschaft seine leisesten Regungen beichtet, alle Larven fallen, alle Schminke verfliegt und die Wahrheit unbestechlich wie [8]Rhadamanthus Gericht hält.

[9]Die Gerichtsbarkeit der Bühne fängt an, wo das Gebiet der weltlichen Gesetze sich endigt. Wenn die Gerechtigkeit für Gold verblindet und im Solde der Laster schwelgt, wenn die Frevel der Mächtigen ihrer Ohnmacht spotten und Menschenfurcht den Arm der Obrigkeit bindet, übernimmt die Schaubühne Schwert und Waage und reißt die Laster vor einen schrecklichen Richterstuhl. Das ganze Reich der Phantasie und Geschichte, Vergangenheit und Zukunft stehen ihrem Wink zu Gebot. Kühne Verbrecher, die längst schon im Staub vermodern, werden durch den allmächtigen Ruf der Dichtkunst jetzt vorgeladen und wiederholen zum schauervollen Unterricht der Nachwelt ein schändliches Leben. Ohnmächtig, gleich den Schatten in einem Hohlspiegel, wandeln die Schrecken ihres Jahrhunderts vor unsern Augen vorbei, und mit wollüstigem Entsetzen verfluchen wir ihr Gedächtnis. Wenn

keine Moral mehr gelehrt wird, keine Religion mehr Glauben findet, wenn kein Gesetz mehr vorhanden ist, wird uns [10]Medea noch anschauern, wenn sie die Treppen des Palastes herunterwankt und der Kindermord jetzt geschehen ist. Heilsame Schauer werden die Menschheit ergreifen, und in der Stille wird jeder sein gutes Gewissen preisen, wenn [11]Lady Macbeth, eine schreckliche Nachtwandlerin, ihre Hände wäscht und alle Wohlgerüche Arabiens herbeiruft, den häßlichen Mordgeruch zu vertilgen. Wer von uns sah ohne Beben zu, wen durchdrang nicht lebendige Glut zur Tugend, brennender Haß des Lasters, als, aufgeschröckt aus Träumen der Ewigkeit, von den Schrecknissen des *nahen* Gerichts umgeben, [12]Franz von Moor aus dem Schlummer sprang, als er, die Donner des erwachten Gewissens zu übertäuben, Gott aus der Schöpfung leugnete und seine gepreßte Brust, zum letzten Gebete vertrocknet, in frechen Flüchen sich Luft machte? — —

Es ist nicht Übertreibung, wenn man behauptet, daß diese auf der Schaubühne aufgestellten Gemälde mit der Moral des gemeinen Manns endlich in eins zusammenfließen, und in einzelnen Fällen seine Empfindung bestimmen. Ich selbst bin mehr als einmal ein Zeuge gewesen, als man seinen ganzen Abscheu vor schlechten Taten in dem Scheltwort zusammenhäufte: Der Mensch ist ein Franz Moor. Diese Eindrücke sind unauslöschlich, und bei der leisesten Berührung steht das ganze abschröckende Kunstgemälde im Herzen des Menschen wie aus dem Grabe auf. So gewiß sichtbare Darstellung mächtiger wirkt als toter Buchstabe und kalte Erzählung, so gewiß wirkt die Schaubühne tiefer und daurender als Moral und Gesetze.

Aber hier *unterstützt* sie die weltliche Gerechtigkeit nur — ihr ist noch ein weiteres Feld geöffnet. Tausend Laster, die jene ungestraft duldet, straft sie; tausend Tugenden, wovon jene schweigt, werden von der Bühne empfohlen. Hier begleitet sie die Weisheit und die Religion. Aus dieser reinen Quelle schöpft sie ihre Lehren und Muster und kleidet die strenge Pflicht in ein reizendes, lockendes Gewand. Mit welch herrlichen Empfindungen, Entschlüssen, Leidenschaften schwellt sie unsere Seele, welche göttliche Ideale stellt sie uns zur Nacheiferung aus! — Wenn der gütige August dem Verräter [13]Cinna, der schon den tödlichen Spruch auf seinen Lippen zu lesen meint, groß wie seine Götter, die Hand reicht: «Laß uns Freunde sein, Cinna!» — Wer unter der Menge wird in *dem* Augenblick nicht gern seinem Todfeind die Hand drücken wollen, dem göttlichen Römer zu gleichen? — Wenn [14]Franz von Sickingen, auf dem Wege, einen Fürsten zu züchtigen und für fremde Rechte zu kämpfen, unversehens hinter sich schaut und den Rauch aufsteigen sieht von seiner Veste, wo Weib und Kind hilflos zurückblieben, und *er* — weiterzieht, Wort zu halten — wie groß wird mir da der Mensch, wie klein und verächtlich das gefürchtete unüberwindliche Schicksal!

Ebenso häßlich, als liebenswürdig die Tugend, malen sich die Laster in ihrem furchtbaren Spiegel ab. Wenn [15]der hilflose kindische Lear in Nacht und Ungewitter vergebens an das Haus seiner Töchter pocht, wenn er sein weißes Haar in die Lüfte streut und den tobenden Elementen erzählt, wie unnatürlich seine Regan gewesen, wenn sein wütender Schmerz zuletzt in den schrecklichen Worten von ihm strömt: «Ich gab euch alles!» — Wie abscheulich zeigt sich uns da der Undank? wie feierlich geloben wir Ehrfurcht und kindliche Liebe! —

Unsre Schaubühne hat noch eine große Eroberung ausstehen, von deren Wichtigkeit erst der Erfolg sprechen wird. Shakespeares «Timon von Athen» ist, soweit ich mich besinnen kann, noch auf keiner deutschen Bühne erschienen und, so gewiß ich den Menschen vor allem andern zuerst im Shakespeare aufsuche, so gewiß weiß ich im ganzen Shakespeare kein Stück, wo er wahrhaftiger vor mir stünde, wo er lauter und beredter zu meinem Herzen spräche, wo ich mehr Lebensweisheit lernte, als im «Timon von Athen». Es ist wahres Verdienst um die Kunst, dieser Goldader nachzugraben.

Aber der Wirkungskreis der Bühne dehnt sich noch weiter aus. Auch da, wo Religion und Gesetze es unter ihrer Würde achten, Menschenempfindungen zu begleiten, ist *sie* für unsere Bildung noch geschäftig. Das Glück der Gesellschaft wird ebensosehr durch Torheit als durch Verbrechen und Laster gestört. Eine Erfahrung lehrt es, die so alt ist als die Welt, daß im Gewebe menschlicher Dinge oft die größten Gewichte an den kleinsten und zärtesten Fäden hangen und, wenn wir Handlungen zu ihrer Quelle zurückbegleiten, wir zehenmal lächeln müssen, ehe wir uns einmal entsetzen. Mein Verzeichnis von Bösewichtern wird mit jedem Tage, den ich älter werde, kürzer, und mein Register von Toren vollzähliger und länger. Wenn die ganze moralische Verschuldung des einen Geschlechtes aus einer und eben der Quelle hervorspringt, wenn alle die ungeheuren Extreme von Laster, die es jemals gebrandmarkt haben, nur veränderte Formen, nur höhere Grade einer Eigenschaft sind, die wir zuletzt alle einstimmig belächeln und lieben, warum sollte die Natur bei dem andern Geschlechte nicht die nämliche Wege gegangen sein? Ich kenne nur *ein* Geheimnis, den Menschen vor Verschlimmerung zu bewahren, und dieses ist — sein Herz gegen Schwächen zu schützen.

Einen großen Teil dieser Wirkung können wir von der Schaubühne erwarten. Sie ist es, die der großen Klasse von Toren den Spiegel vorhält und die tausendfachen Formen derselben mit heilsamem Spott beschämt. Was sie oben durch Rührung und Schrecken wirkte, leistet sie hier (schneller vielleicht und unfehlbarer) durch Scherz und Satire. Wenn wir es unternehmen wollten, Lustspiel und Trauerspiel nach dem Maß der erreichten Wirkung zu schätzen, so würde vielleicht die Erfahrung dem ersten den Vorrang geben. Spott und Verachtung verwunden den Stolz des Menschen empfindlicher, als Verabscheuung sein Gewissen foltert. Vor dem Schrecklichen verkriecht sich unsre Feigheit, aber eben diese Feigheit überliefert uns dem Stachel der Satire. Gesetz und Gewissen schützen uns *oft* vor Verbrechen und Lastern — Lächerlichkeiten verlangen einen eigenen feinern Sinn, den wir nirgends mehr als vor dem Schauplatze üben. Vielleicht, daß wir einen Freund bevollmächtigen, unsre Sitten und unser Herz anzugreifen, aber es kostet uns Mühe, ihm ein einziges Lachen zu vergeben. Unsre Vergehungen ertragen einen Aufseher und Richter, unsre Unarten kaum einen Zeugen — Die Schaubühne allein kann unsre Schwächen belachen, weil sie unsrer Empfindlichkeit schont und den schuldigen Toren nicht wissen will — Ohne rot zu werden sehen wir unsre Larve aus ihrem Spiegel fallen und danken insgeheim für die sanfte Ermahnung.

Aber ihr großer Wirkungskreis ist noch lange nicht geendigt. Die Schaubühne ist mehr als jede andere öffentliche Anstalt des Staats eine Schule der praktischen Weisheit, ein Wegweiser durch das bürgerliche Leben, ein unfehlbarer Schlüssel zu den geheimsten Zugängen der menschlichen Seele. Ich gebe zu, daß Eigenliebe und Abhärtung des Gewissens nicht selten ihre beste Wirkung vernichten, daß sich noch tausend Laster mit frecher Stirne vor ihrem Spiegel behaupten, tausend gute Gefühle vom kalten Herzen des Zuschauers fruchtlos zurückfallen — ich selbst bin der Meinung, daß vielleicht [16]Molières Harpagon noch keinen Wucherer besserte, daß [17]der Selbstmörder Beverley noch wenige seiner Brüder von der abscheulichen Spielsucht zurückzog, daß Karl Moors unglückliche Räubergeschichte die Landstraßen nicht viel sicherer machen wird — aber wenn wir auch diese große Wirkung der Schaubühne einschränken, wenn wir so ungerecht sein wollen, sie gar aufzuheben — wie unendlich viel bleibt noch von ihrem Einfluß zurück? Wenn sie die Summe der Laster weder tilgt noch vermindert, hat sie uns nicht mit denselben bekannt gemacht? — Mit diesen Lasterhaften, diesen Toren müssen wir leben. Wir müssen ihnen ausweichen oder begegnen; wir müssen sie untergraben oder ihnen unterliegen. Jetzt aber überraschen sie uns nicht mehr. Wir sind auf ihre Anschläge vorbereitet. Die Schaubühne hat uns das Geheimnis verraten, sie ausfindig und unschädlich zu machen. *Sie* zog dem Heuchler die künstliche Maske ab und entdeckte das Netz, womit uns List und Kabale umstrickten. Betrug und Falschheit riß sie aus krummen Labyrinthen hervor und zeigte ihr schreckliches Angesicht dem Tag. Vielleicht, daß [18]die sterbende Sara nicht *einen* Wollüstling schröckt, daß alle Gemälde gestrafter Verführung seine Glut nicht erkälten, und daß selbst die verschlagene Spielerin diese Wirkung ernstlich zu verhüten bedacht ist — glücklich genug, daß die arglose Unschuld jetzt seine Schlingen kennt, daß die Bühne sie lehrte seinen Schwüren mißtrauen und vor seiner Anbetung zittern.

Nicht bloß auf Menschen und Menschencharakter, auch auf Schicksale macht uns die Schaubühne aufmerksam und lehrt uns die große Kunst, sie zu ertragen. Im Gewebe unsers Lebens spielen *Zufall* und *Plan* eine gleich große Rolle; den letztern lenken *wir*, dem erstern müssen wir uns blind unterwerfen. Gewinn genug, wenn unausbleibliche Verhängnisse uns nicht ganz ohne Fassung finden, wenn unser Mut, unsre Klugheit sich einst schon in ähnlichen übten und unser Herz zu dem Schlag sich gehärtet hat. Die Schaubühne führt uns eine mannigfaltige Szene menschlicher Leiden vor. Sie zieht uns künstlich in fremde Bedrängnisse und belohnt uns das augenblickliche Leiden mit wollüstigen Tränen und einem herrlichen Zuwachs an Mut und Erfahrung. Mit ihr folgen wir [19]der verlassenen Ariadne durch das widerhallende Naxos, steigen mit ihr in den Hungerturm [20]Ugolinos hinunter, betreten mit ihr das entsetzliche Blutgerüste und behorchen mit ihr die feierliche Stunde des Todes. Hier hören wir, was unsre Seele in leisen Ahndungen fühlte, die überraschte Natur laut und unwidersprechlich bekräftigen. [21]Im Gewölbe des Towers verläßt den betrogenen Liebling die Gunst seiner Königin. — Jetzt, da er sterben soll, entfliegt dem geängstigten Moor seine treulose sophistische Weisheit. Die Ewigkeit entläßt einen Toten, Geheimnisse zu offenbaren, die kein Lebendiger wissen kann, und der sichere Bösewicht verliert seinen letzten gräßlichen Hinterhalt, weil auch Gräber noch ausplaudern.

Aber nicht genug, daß uns die Bühne mit Schicksalen der Menschheit bekannt macht, sie lehrt uns auch gerechter gegen den Unglücklichen sein und nachsichtsvoller über ihn richten. Dann nur, wenn wir die Tiefe seiner Bedrängnisse ausmessen, dürfen wir das Urteil über ihn aussprechen. Kein Verbrechen ist schändender als das Verbrechen des Diebs — aber mischen wir nicht alle eine Träne des Mitleids in unsern Verdammungsspruch, wenn wir uns in den schrecklichen Drang verlieren, worin [22]Eduard Ruhberg die Tat vollbringt? — Selbstmord wird allgemein als Frevel verabscheut; wenn aber, bestürmt von den Drohungen eines wütenden Vaters, bestürmt von Liebe, von der Vorstellung schrecklicher Klostermauren, [23]Mariane den Gift trinkt, wer von uns will der erste sein, der über dem beweinenswürdigen Schlachtopfer einer verruchten Maxime den Stab bricht? — Menschlichkeit und Duldung fangen an, der herrschende Geist unsrer Zeit zu werden; ihre Strahlen sind bis in die Gerichtssäle und noch weiter — in das Herz unsrer Fürsten gedrungen. Wieviel Anteil an diesem göttlichen Werk gehört unsern Bühnen? [24]Sind sie es nicht, die den Menschen mit dem Menschen bekannt machten und das geheime Räderwerk aufdeckten, nach welchem er handelt?

Eine merkwürdige Klasse von Menschen hat Ursache, dankbarer als alle übrigen gegen die Bühne zu sein. Hier nur hören die Großen der Welt, was sie nie oder selten hören — Wahrheit; was sie nie oder selten sehen, sehen sie hier — den Menschen.

So groß und vielfach ist das Verdienst der bessern Bühne um die sittliche Bildung; kein geringeres gebührt ihr um die ganze Aufklärung des Verstandes. Eben hier in dieser höhern Sphäre weiß der große Kopf, der feurige Patriot sie erst ganz zu gebrauchen.

Er wirft einen Blick durch das Menschengeschlecht, vergleicht Völker mit Völkern, Jahrhunderte mit Jahrhunderten und findet, wie sklavisch die größere Masse des Volks an Ketten des Vorurteils und der Meinung gefangenliegt, die seiner Glückseligkeit ewig entgegen arbeiten — daß die reinern Strahlen der Wahrheit nur wenige *einzelne* Köpfe beleuchten, welche den kleinen Gewinn vielleicht mit dem Aufwand eines ganzen Lebens erkauften. Wodurch kann der weise Gesetzgeber die Nation derselben teilhaftig machen?

Die Schaubühne ist der gemeinschaftliche Kanal, in welchen von dem denkenden bessern Teile des Volks das Licht der Weisheit herunterströmt und von da aus in milderen Strahlen durch den ganzen Staat sich verbreitet. Richtigere Begriffe, geläuterte Grundsätze, reinere Gefühle fließen von hier durch alle Adern des Volks; der Nebel der Barbarei, des finstern Aberglaubens verschwindet, die Nacht weicht dem siegenden Licht. Unter so vielen herrlichen Früchten der bessern Bühne will ich nur zwo auszeichnen. Wie allgemein ist nur seit wenigen Jahre die Duldung der Religionen und Sekten geworden? — Noch ehe uns [25]Nathan der Jude und Saladin der Sarazene beschämten und die göttliche Lehre uns predigten, daß Ergebenheit in Gott von unserm Wähnen über Gott so gar nicht abhängig sei — ehe noch [26]Joseph der Zweite die fürchterliche Hyder des frommen Hasses bekämpfte, pflanzte die Schaubühne Menschlichkeit und Sanftmut in unser Herz, die abscheulichen Gemälde heidnischer Pfaffenwut lehrten uns Religionshaß vermeiden — in diesem schrecklichen Spiegel wusch das Christentum seine Flecken ab. Mit ebenso glücklichem Erfolge würden sich von der Schaubühne Irrtümer der *Erziehung* bekämpfen lassen; das Stück ist noch zu hoffen, wo dieses merkwürdige Thema behandelt wird. Keine Angelegenheit ist dem Staat durch ihre Folgen so wichtig als diese, und doch ist keine so preisgegeben, keine dem Wahne, dem Leichtsinn des Bürgers so uneingeschränkt anvertraut, wie es diese ist. Nur die Schaubühne könnte die unglücklichen Schlachtopfer vernachlässigter Erziehung in rührenden, erschütternden Gemälden an ihm vorüberführen; hier könnten unsre Väter eigensinnigen Maximen entsagen, unsre Mütter vernünftiger lieben lernen. Falsche Begriffe führen das beste Herz des Erziehers irre; desto schlimmer wenn sie sich noch mit *Methode* brüsten und den zarten Schößling [27]in Philanthropinen und Gewächshäusern systematisch zugrund richten. Der gegenwärtig herrschende Kitzel, mit Gottes Geschöpfen Christmarkt zu spielen, diese berühmte Raserei, Menschen zu drechseln und es [28]Deukalion gleichzutun (mit dem Unterschied freilich, daß man aus Menschen nunmehr Steine macht, wie jener aus

Steinen Menschen), verdiente es mehr als jede andere Ausschweifung der Vernunft, den Geißel der Satire zu fühlen.

Nicht weniger ließen sich — verstünden es die Oberhäupter und Vormünder des Staats — von der Schaubühne aus die Meinungen der Nation über Regierung und Regenten zurechtweisen. Die gesetzgebende Macht spräche hier durch fremde Symbolen zu dem Untertan, verantwortete sich gegen seine Klagen, noch ehe sie laut werden, und bestäche seine Zweifelsucht, ohne es zu scheinen. Sogar Industrie und Erfindungsgeist könnten und würden vor dem Schauplatze Feuer fangen, wenn die Dichter es der Mühe wert hielten, Patrioten zu sein, und der Staat sich herablassen wollte, sie zu hören.

Unmöglich kann ich hier den großen Einfluß übergehen, den eine gute stehende Bühne auf den Geist der Nation haben würde. Nationalgeist eines Volks nenne ich die Ähnlichkeit und Übereinstimmung seiner Meinungen und Neigungen bei Gegenständen, worüber eine andere Nation anders meint und empfindet. Nur der Schaubühne ist es möglich, diese Übereinstimmung in einem hohen Grad zu bewirken, weil sie das ganze Gebiet des menschlichen Wissens durchwandert, alle Situationen des Lebens erschöpft und in alle Winkel des Herzens hinunterleuchtet; weil sie alle Stände und Klassen in sich vereinigt und den gebahntesten Weg zum Verstand und zum Herzen hat. Wenn in allen unsern Stücken *ein* Hauptzug herrschte, wenn unsre Dichter unter sich einig werden und einen festen Bund zu diesem Endzweck errichten wollten — wenn strenge Auswahl ihre Arbeiten leitete, ihr Pinsel nur Volksgegenständen sich weihte — mit einem Wort, [29]wenn wir es erlebten, eine Nationalbühne zu haben, so würden wir auch eine Nation. Was kettete Griechenland so fest aneinander? Was zog das Volk so unwiderstehlich nach seiner Bühne? — Nichts anders als der vaterländische Inhalt der Stücke, der griechische Geist, das große überwältigende Interesse des Staats, der besseren Menschheit, das in denselbigen atmete.

Noch ein Verdienst hat die Bühne — ein Verdienst, das ich jetzt um so lieber in Anschlag bringe, weil ich vermute, daß ihr Rechtshandel mit ihren Verfolgern ohnehin schon gewonnen sein wird. Was bis hieher zu beweisen unternommen worden, daß sie auf Sitten und Aufklärung wesentlich wirke, war zweifelhaft — daß sie unter allen Erfindungen des Luxus und allen Anstalten zur gesellschaftlichen Ergötzlichkeit den Vorzug verdiene, haben selbst ihre Feinde gestanden. Aber was sie hier leistet, ist wichtiger, als man gewohnt ist zu glauben.

Die menschliche Natur erträgt es nicht, ununterbrochen und ewig auf der Folter der Geschäfte zu liegen, die Reize der Sinne sterben mit ihrer Befriedigung. Der Mensch, überladen von tierischem Genuß, der langen Anstrengung müde, vom ewigen Triebe nach Tätigkeit gequält, dürstet nach bessern, auserlesnern Vergnügungen, oder stürzt zügellos in wilde Zerstreuungen, die seinen Hinfall beschleunigen und die Ruhe der

Gesellschaft zerstören. Bacchantische Freuden, verderbliches Spiel, tausend Rasereien, die der Müßiggang ausheckt, sind unvermeidlich, wenn der Gesetzgeber diesen Hang des Volks nicht zu lenken weiß. Der Mann von Geschäften ist in Gefahr, ein Leben, das er dem Staat so großmütig hinopferte, mit dem unseligen Spleen abzubüßen — der Gelehrte, zum dumpfen Pedanten herabzusinken — der Pöbel zum Tier. Die Schaubühne ist die Stiftung, wo sich Vergnügen mit Unterricht, Ruhe mit Anstrengung, Kurzweil mit Bildung gattet, [30]wo keine Kraft der Seele zum Nachteil der andern gespannt, kein Vergnügen auf Unkosten des Ganzen genossen wird. Wenn Gram an dem Herzen nagt, wenn trübe Laune unsre einsame Stunden vergiftet, wenn uns Welt und Geschäfte anekeln, wenn tausend Lasten unsre Seele drücken und unsre Reizbarkeit unter Arbeiten des Berufs zu ersticken droht, so empfängt uns die Bühne — in dieser künstlichen Welt träumen wir die wirkliche hinweg, wir werden uns selbst wiedergegeben, unsre Empfindung erwacht, heilsame Leidenschaften erschüttern unsre schlummernde Natur und treiben das Blut in frischeren Wallungen. [31]Der Unglückliche weint hier mit fremdem Kummer seinen eigenen aus — der Glückliche wird nüchtern und der Sichere besorgt. Der empfindsame Weichling härtet sich zum Manne, der rohe Unmensch fängt hier zum erstenmal zu empfinden an. Und dann endlich — welch ein Triumph für dich, Natur — so oft zu Boden getretene, so oft wieder auferstehende Natur — wenn Menschen aus allen Kreisen und Zonen und Ständen, abgeworfen jede Fessel der Künstelei und der Mode, herausgerissen aus jedem Drange des Schicksals, durch *eine* allwebende Sympathie verbrüdert, in *ein* Geschlecht wieder aufgelöst, ihrer selbst und der Welt vergessen und ihrem himmlischen Ursprung sich nähern. Jeder einzelne genießt die Entzückungen aller, die verstärkt und verschönert aus hundert Augen auf ihn zurückfallen, und seine Brust gibt jetzt nur *einer* Empfindung Raum — es ist diese: [32]ein *Mensch* zu sein.

COMMENTARY

Text: Friedrich Schiller, *Sämtliche Werke* (5 vols, ed. G. Fricke and H. G. Göpfert, Munich, 1958 ff.), V, 818–31.
The text given here is that of Schiller's original address before the 'Kurpfälzische Deutsche Gesellschaft' in Mannheim in 1784 and published the following year in the first issue of Schiller's journal *Die Rheinische Thalia*. For its publication in his *Kleinere prosaische Schriften* in 1802 Schiller changed the title to *Die Schaubühne als eine moralische Anstalt betrachtet* and omitted the introductory paragraphs (i. e. pp. 68–70 above).

1. *Seitdem ich Menschen beobachte:* a phrase characteristic of Schiller, who always showed an historian's analytical approach to human conduct.
2. *Iphigenia:* Schiller made a translation of Euripides' *Iphigenie in Aulis* in 1788.
3. *Der härteste Angriff* etc.: a reference to Rousseau's *Lettre à d'Alembert contre les spectacles* (1758), which condemns the popular theatrical entertainments of the day. The enthusiasm of Schiller's encounter with Rousseau's inflammatory anti-social radicalism finds immediate expression in *Die Räuber.*
4. *Damiens und Ravaillac. . . . Karl der Neunte*: Robert François Damiens, known as Robert le Diable, stabbed Louis XV of France in 1757, apparently thinking that the internal ecclesiastical disputes of the time could be solved by the King's assassination. François Ravaillac murdered King Henry IV of France in 1610, after it had been rumoured that the King was planning war on the Pope. Kin'g Charles IX of France instigated the savage attack on the Huguenots in 1572 which came to be known as the Massacre of St. Bartholomew.
5. *Aspasia:* an Athenian courtesan of the fifth century B. C. who became Pericles' mistress. One recalls here the very same point made by Herder in his Shakespeare essay (p. 17 above and p. 33, note 2).
6. *nach Sulzers Ausdruck*: the article 'Schauspiel' in Johann Georg Sulzer's (1720–79) *Allgemeine Theorie der schönen Künste.*
7. *der ästhetische Sinn:* the mediating power of art and beauty is a thought that was to receive its fullest formulation in Schiller's *Briefe über die ästhetische Erziehung des Menschen.*
8. *Rhadamanthus*: son of Zeus and Europa, one of the three judges, with Minos and Acacus, of the lower world.
9. *Die Gerichtsbarkeit der Bühne fängt an* etc.: the claims made for the theatre in this and the following important paragraphs recall, always in spirit and often also in word, the poetic *Prolog* and *Epilog* by J. J. Dusch spoken at the formal opening of the Hamburg theatre and quoted by Lessing in his *Hamburgische Dramaturgie*, 6. Stück. The whole image of a framework of law, for instance, is found here:

> Gesetze stärken zwar der Staaten Sicherheit
> Als Ketten an der Hand der Ungerechtigkeit....
> ....Weh dem gedrückten Staat,
> Der statt der Tugend nichts als ein Gesetzbuch hat!
> *(Prolog* 1. 25–30)

And when laws fail, it is

> Die unerschrockne Kunst, die allen Mißgestalten
> Strafloser Thorheit wagt den Spiegel vorzuhalten
> *(ibid.* 1. 47–8)

10. *Medea:* the eponymous heroine of Euripides' tragedy.
11. *Lady Macbeth*: *Macbeth*, Act V, Scene 1.
12. *Franz von Moor*: *Die Räuber*, Act V, Scene 1.
13. *Cinna:* Corneille's *Cinna*, Act V, Scene 3.
14. *Franz von Sickingen*: the author of this play is unknown. Schiller mentions it in a letter to Dalberg but does not appear to have sent the review of it for which Dalberg had asked.

7

15. *der hilflose kindische Lear* etc.: *King Lear*, Act III, Scene 2; Act II, Scene 4 ('I gave you all —')

16. *Molières Harpagon*: the hero of Molière's *L'Avare*. This passage is taken directly from the *Hamburgische Dramaturgie*, 29. Stück: 'Zugegeben, daß der «Geizige» des Molière nie einen Geizigen, der «Spieler» des Regnard nie einen Spieler gebessert habe'. Schiller, who never wrote a comedy, enlarges on the subject of satire and comedy in *Über naive und sentimentalische Dichtung*.

17. *der Selbstmörder Beverley*: *Beverley oder der englische Spieler*, a play by the great eighteenth-century actor Friedrich Ludwig Schröder.

18. *die sterbende Sara:* heroine of Lessing's *Miss Sara Sampson*.

19. *der verlassenen Ariadne*: Johann Christian Brandes' (1735–99) *Ariadne auf Naxos* (1774).

20. *Ugolinos:* Gerstenberg's *Ugolino* (1768), one of the best-known *Sturm und Drang* dramas.

21. *Im Gewölbe des Towers* etc.: a reference to Elizabeth and Essex, a popular subject among English and French dramatists in the seventeenth century; Lessing refers to some of them in his *Hamburgische Dramaturgie*, 22. Stück and 54. Stück.

22. *Eduard Ruhberg*: the hero of Iffland's *Verbrecher aus Ehrsucht* (1784).

23. *Mariane:* the heroine of Friedrich Wilhelm Gotter's play of that name (1776), one of his many adaptations of French tragedies.

24. *Sind sie es nicht* etc.: this rhetorical question introduces the paragraphs in which Schiller reaches the climax of his claim for the moral power of drama, in practical terms, for the inculcation of humane values. His attitudes and his language–'die ganze Aufklärung des Verstandes' through which to break the 'Ketten des Vorurteils und der Meinung'–are those of the Enlightenment.

25. *Nathan der Jude und Saladin der Sarazene* ..... *predigten, daß Ergebenheit in Gott etc.*: cf. Recha to Daja in Lessing's *Nathan der Weise*, Act III, Scene 1:
>Doch soviel tröstender
>War mir die Lehre, daß Ergebenheit
>In Gott von unserm Wähnen über Gott
>So ganz und gar nicht abhängt.

26. *Joseph der Zweite:* the Emperor Joseph II of Austria (1741–90) was concerned to spread religious tolerance, which he did to a large extent by reducing the secular power of the Catholic Church and furthering political, social and educational policies based on rationalist premises. Few of these policies were in fact carried out, and shortly before his death he withdrew his reforms in a mood of disillusionment.

27. *in Philanthropinen und Gewächshäusern*: the so-called 'Philanthropin' founded by Basedow in Dessau was the best-known of the pedagogical institutes devoted to the Enlightenment's ideals of education. The name 'Gewächshäuser', on which Schiller also vents his scorn, recalls the Karlsschule near Stuttgart, which Schiller attended from 1773 to 1780 and which was originally called the 'Militär-Pflanzschule'.

28. *Deukalion:* son of Prometheus; he survived the deluge with his wife Pyrrha and became the founder of the new human race.

29. *wenn wir es erlebten, eine Nationalbühne zu haben, so würden wir auch eine Nation*:
the climax of the social import of Schiller's essay and a reply to Lessing's
exclamation: 'Über den gutherzigen Einfall, den Deutschen ein Nationaltheater zu verschaffen, da wir Deutsche noch keine Nation sind!' *(Hamburgische Dramaturgie*, 101.–104. Stück). The 'national' concern of both
men, however, was spiritual rather than political. Lessing makes this quite
explicit: — 'Ich rede nicht von der politischen Verfassung, sondern bloß
von dem sittlichen Charakter' *(ibid.)*. Likewise the 'national' spirit of
Minna von Barnhelm is basically the statement of an ethical ideal through
which the peoples of the numerous German-speaking states in the eighteenth century could establish a common identity. Pan-German patriotism
of an idealistic political inspiration, on the other hand, he called 'eine
heldenhafte Schwäche'.

30. *wo keine Kraft der Seele* etc.: a phrase expressive of the whole Humanitäts-
ideal of German Classicism. See also p. 69 above.

31. *Der Unglückliche weint* etc.: cf. Lessing's discussion of 'catharsis' in his
Hamburgische Dramaturgie § 78.

32. *ein* Mensch *zu sein*: these final sentences point forward to Schiller's extended
discussion, in his *Briefe über die ästhetische Erziehung des Menschen* (1795), of
the achievement of the ideal of *Humanität* through art. This is also the
subject of his long didactic poem *Die Künstler* (1789).

FICHTE (1762—1814)

Über den Grund unseres Glaubens an eine göttliche Weltregierung (1798)

Of the German philosophers whose intellectual lineage descends from Kant, none pursued more single-mindedly the idealist, transcendental quality of the Kantian *Critiques* than Johann Gottlieb Fichte. The dualism of the Kantian system left a realm of *Dinge-an-sich* on the other side of the frontiers of human experience, a realm about whose nature it is idle to speculate. The Romantic philosophers, however, foremost among them Fichte, abandoned the postulate of 'things in themselves'—which had served *inter alia* to retain the distinction between the subjective and a region beyond the subjective—and turned what Kant had used as an epistemological demarcation into an assertion of absolute subjective freedom. The primacy of the subject was established, and knowledge of the self became equated with knowledge *per se*.

This principle, in one form or another, dominates the work of all the Romantic philosophers and is central to the German tradition of transcendental idealism. Moreover it transfers the emphasis from man as a rational being, as the eighteenth century chose to see him, to man as a creature of irrational, uncontrollable forces as real as, and in many ways more vital than, those amenable to empirical explanation and rational understanding. Not for nothing did George Santayana give his polemical survey of German thought from Leibnitz to Nietzsche the title 'Egotism in German Philosophy'.

Fichte's role in this context has, however, been subjected to a degree of popularisation which at times has come close to parody. There were those among the nineteenth-century Romantics who chose to see it as a solipsist apologia for the absolute freedom of the individual ego, and those among Fichte's detractors who attacked it as such. But the substance of Fichte's *Ich-Prinzip* does not lie in the bland assertion of the metaphysical and behavioural autonomy of each individual ego: rather it derives from the concept of a summation of all individual egos, a totality of subjective reality, which by virtue of its very completeness achieves its own objective status.

This *Ich-Prinzip* is thus not a substance but a function, and life is not Being but Becoming. 'Das tätige, freie, absolute Ich', as Fichte calls it, has as its basic task its own self-objectivisation, i. e. the envisagement, or virtual 'creation', of the objective world by the exercise of the freedom of the absolute Moral Principle in man. The world comes thereby to consist of an infinite succession of relationships between the ego and the non-ego, i. e. the external world. The true nature of the ego resides in a freedom of infinite creation and a simultaneous transcendence of the finite limitations of the products of this creativity. Fichte calls this transcendental concept *Bewußtsein*—a usage close, though not identical, to that of Kant—while from the assumption of the self-sufficiency of philosophical activity is derived the idealism aside from which the act of transcendence has no meaning.

Fichte defined the agent of this activity as 'produktive Einbildungs-kraft'. He himself saw this quality as an unconscious function of the ego, with an objectivity derived from its universal presence, but the Romantic writers of the early nineteenth century seized on it, as on the concept of the *Ich-Prinzip* itself, to justify the exercise of the subjective, arbitrary will and the irresponsible freedom of imagination and fancy. That these concepts should have been exploited in this way is both revelatory and natural in the context of the age, but the core of Fichte's *Wissenschaftslehre* is an ethical, ultimately religious concern, and he viewed with displeasure the adulteration of his message by those who wished to make a take-over bid for life on behalf of art and the trustees of aesthetic subjectivity.

The work with which Fichte's name is probably most frequently asso-ciated is the *Reden an die deutsche Nation*, a collection of patriotic political addresses given in Berlin in 1807–8 during the French occupation of the city. Their nationalistic character is, understandably, what attracts most attention, but again, to see them in the true context of Fichte's philosophy as a whole, one must avoid a 'modern' interpretation which would impute to him a jingoistic totalitarianism of the kind that reached its climax in the Third Reich. The patriotic side of his activity should more properly be seen as the transference of his idealistic *Ich-Princip* from the realm of the person to the realm of history and politics: the ego becomes identified with the German nation, which Fichte, like Hegel after him, believed to have been called by the will of providence to demonstrate to the world the virtues of moral regeneration and self-sacrifice to the achievement of national ideals. This conception of a German destiny was of lasting influence throughout the struggle towards national unity in the nineteenth century, and since it represented an extension of philosophical principles derived from propositions about the nature of individual human beings, the entire *corpus* of Fichtean idealist thought came to acquire a prescriptive, almost prophetic im-portance.

As the *Wissenschaftslehre* and the *Reden an die deutsche Nation* have their roots in ethics, so the whole of Fichte's philosophical activity is sustained by a religious strength—religious in the conviction of a divine presence behind the universe and of the goodness, the ultimate happiness and the compulsive moral nature of man. These convictions underlie the essay *Über den Grund unseres Glaubens an eine göttliche Weltregierung*, which was published in 1798 in the Jena *Philosophisches Journal*, of which Fichte himself was at the time co-editor.

Its basic proposition is the equation of God with the moral order of the universe, and its basic tenet is that obedience to this moral order reveals the workings of natural justice and leads to the rule of law. This assertion immediately provoked an accusation of atheism, the suppression of his *Philosophisches Journal* in all German states except Prussia, and a demand for his resignation from the chair of philosophy at the University of Jena. In 1799 he left Saxony for Berlin, where he spent most of the rest of his life and where he died fifteen years later.

Fichte's first substantial published work, *Versuch einer Kritik aller Offenbarung* (1792), had identified divine will with the ultimate moral purpose of the world and equated our consciousness of this divine will with God's self-relevation. This pantheistic view was already calculated to offend orthodox opinion, and the so-called *Atheismusstreit* that came to a head in 1798 was hardly unexpected. Fichte's tone always tended to be irascible and pugnacious, and his virtual expulsion from Jena after the publication of *Über den Grund unseres Glaubens an eine göttliche Weltregierung* (strictly speaking, he resigned his chair, but this is a technicality) only aggravated his acerbity.

But his views were not frivolous or destructive. 'The basis of all certainty is faith', he writes in this essay, and like Kant, he came increasingly to emphasise the links between philosophy and religion. The *Anweisung zum seligen Leben* (1806) and the *Sittenlehre* (1812) show particularly clearly this development vis-à-vis his earlier and in some ways more influential work. His thought gave a powerful stimulus to the ego-centred aesthetics of Romantic poets and thinkers and to the political energies of nineteenth-century German patriots, but it is in the moral-philosophical realm that its most vital meaning lies.

BIBLIOGRAPHY

H. Engelbrecht, *Johann Gottlieb Fichte* (New York, 1933)

A. Gehlen, *Deutschtum und Christentum bei Fichte* (Berlin, 1935)

N. Hartmann, *Die Philosophie des deutschen Idealismus*[2] (Berlin, 1960)

H. Heimsoeth, *Fichte* (München, 1923)

G. Santayana, *Egotism in German Philosophy* (London and Toronto, 1916)

K. Winter, *Fichtes Leben, Werke und Lehre* (Heidelberg, 1915)

The new *Fichte-Bibliographie* by H. M. Baumgartner and W. G. Jacobs (Stuttgart/Bad Canstatt, 1968) lists editions, reviews, translations etc. of all Fichte's works individually.

Über den Grund unseres Glaubens an eine göttliche Weltregierung

Der Verfasser dieses Aufsatzes erkannte es schon längst für seine Pflicht, die Resultate seines Philosophirens über den oben angezeigten Gegenstand, welche er bisher [1]in seinem Hörsaale vortrug, auch dem grösseren philosophischen Publicum zur Prüfung und gemeinschaftlichen Berathung vorzulegen. Er wollte dies mit derjenigen Bestimmtheit und Genauigkeit thun, zu welcher die Heiligkeit der Materie für so viele ehrwürdige Gemüther jeden Schriftsteller verbindet; indessen war seine Zeit durch andere Arbeiten ausgefüllt, und die Ausführung seines Entschlusses verzog sich von einer Zeit zur anderen.

Indem er gegenwärtig, als Mitherausgeber dieses Journals, [2]den folgenden Aufsatz eines trefflichen philosophischen Schriftstellers mit vor das Publicum zu bringen hat, findet er von der einen Seite eine Erleichterung; da dieser Aufsatz in vielen Rücksichten mit seiner eigenen Ueberzeugung übereinkommt, er auf ihn sich berufen, und dem Verfasser desselben es überlassen kann, auch mit in seinem Namen zu reden; von einer anderen Seite aber eine dringende Aufforderung sich zu erklären, indem derselbe Aufsatz in manchen anderen Rücksichten seiner Ueberzeugung nicht sowohl entgegen ist, als nur dieselbe nicht erreicht; und es ihm doch wichtig scheint, dass die Denkart über diese Materie, welche aus seiner Ansicht der Philosophie hervorgeht, gleich anfangs vollständig vor das Publicum gebracht werde. Er muss sich jedoch vor jetzt begnügen, nur den Grundriss seiner Gedankenfolge anzugeben, [3]und behält sich die weitere Ausführung auf eine andere Zeit vor.

Was den Gesichtspunct bisher fast allgemein verrückt hat, und vielleicht noch lange fortfahren wird, ihn zu verrücken, ist dies: dass man den sogenannten moralischen, oder irgend einen philosophischen Beweis einer göttlichen Weltregierung für einen eigentlichen *Beweis* gehalten; dass man anzunehmen geschienen, durch jene Demonstrationen solle der Glaube an Gott erst in die Menschheit hineingebracht, und ihr andemonstrirt werden. Arme Philosophie! Wenn es nicht schon im Menschen ist, so möchte ich wenigstens nur das wissen, woher denn deine Repräsentanten, die doch wohl auch nur Menschen sind, selbst nehmen, was sie durch die Kraft ihrer Beweise uns geben wollen; oder, wenn diese Repräsentanten in der That Wesen von einer höheren Natur sind, wie sie darauf rechnen können, Eingang bei uns anderen zu finden, und uns verständlich zu werden, ohne etwas ihrem Glauben analoges in uns vorauszusetzen? — So ist es nicht. Die Philosophie kann nur Facta *erklären*, keinesweges selbst welche hervorbringen, ausser dass sie sich

selbst, als Thatsache, hervorbringt. So wenig es dem Philosophen einfallen wird, die Menschen zu bereden, dass sie doch hinführo die Ob-
jecte ordentlich als Materie im Raume, und die Veränderungen derselben
ordentlich als in der Zeit aufeinanderfolgend denken möchten; so wenig
lasse er sich einfallen, sie dazu bereden zu wollen, dass sie doch an eine
göttliche Weltregierung glauben. Beides geschieht wohl ohne sein
Zuthun; er setzt es als Thatsache voraus; und Er ist lediglich dazu da,
diese Thatsachen, als solche, aus dem nothwendigen Verfahren jedes
vernünftigen Wesens abzuleiten. Also — wir wollen unser Räsonnement
keinesweges für eine Ueberführung des Ungläubigen, sondern für eine
Ableitung der Ueberzeugung des Gläubigen gehalten wissen. Wir haben
nichts zu thun, als die Causalfrage zu beantworten: wie kommt der
Mensch zu jenem Glauben?

Der entscheidende Punct, auf den es bei dieser Beantwortung ankommt, ist der, dass jener Glaube durch dieselbe nicht etwa vorgestellt
werde als eine willkürliche Annahme, die der Mensch machen könne
oder auch nicht, nachdem es ihm beliebe, als ein freier Entschluss, für
wahr zu halten, was das Herz wünscht, weil es dasselbe wünscht, als
eine Ergänzung oder Ersetzung der [4]unzureichenden Ueberzeugungs-
gründe durch die Hoffnung. Was in der Vernunft gegründet ist, ist
schlechtbin nothwendig; und was nicht nothwendig ist, ist ebendarum
vernunftwidrig. Das Fürwahrhalten desselben ist Wahn und Traum, so
fromm auch etwa geträumt werden möge.

Wo wird nun der Philosoph, der jenen Glauben voraussetzt, den
nothwendigen Grund desselben, den er zu Tage fördern soll, aufsuchen?
Etwa in einer vermeinten Nothwendigkeit, von der Existenz oder der
Beschaffenheit der Sinnenwelt auf einen vernünftigen Urheber derselben
zu schliessen? Keinesweges; denn er weiss zu gut, dass zwar eine verirrte
Philosophie, in der Verlegenheit etwas erklären zu wollen, dessen Daseyn
sie nicht läugnen kann, dessen wahrer Grund ihr aber verborgen ist,
nimmermehr aber der unter der Vormundschaft der Vernunft und unter
der Leitung ihres Mechanismus stehende ursprüngliche Verstand, eines
solchen Schlusses fähig ist. Entweder erblickt man die Sinnenwelt aus
dem Standpuncte des gemeinen Bewusstseyns, den man auch den der
Naturwissenschaft nennen kann, oder vom transscendentalen Gesichtspuncte aus. Im ersten Falle ist die Vernunft genöthigt, bei dem Seyn der
Welt, als einem Absoluten, stehen zu bleiben; die Welt ist, schlechthin
weil sie ist, und sie ist so, schlechthin weil sie so ist. Auf diesem Standpuncte wird von einem absoluten Seyn ausgegangen; und dieses absolute
Seyn ist eben die Welt; beide Begriffe sind identisch. Die Welt wird ein
sich selbst begründendes, in sich selbst vollendetes, und eben darum ein
organisirtes und organisirendes Ganzes, das den Grund aller in ihm
vorkommenden Phänomen in sich selbst, und in seinen immanenten
Gesetzen enthält. Eine Erklärung der Welt und ihrer Formen aus Zwek-

ken einer Intelligenz, ist, inwiefern nur wirklich die *Welt und ihre For-men* erklärt werden sollen, und wir uns sonach auf dem Gebiete der reinen — ich sage der *reinen* Naturwissenschaft befinden, totaler Unsinn. Ueberdies hilft uns der Satz: eine Intelligenz ist Urheber der Sinnenwelt, nicht das geringste, und bringt uns um keine Linie weiter; denn er hat nicht die mindeste Verständlichkeit, und giebt uns ein paar leere Worte, statt einer Antwort auf die Frage, die wir nicht hätten aufwerfen sollen. Die Bestimmungen einer Intelligenz sind doch ohne Zweifel Begriffe; wie nun diese entweder in Materie sich verwandeln mögen, in dem ungeheuren Systeme einer Schöpfung aus nichts, oder die schon vor-handene Materie modificiren mögen, in dem nicht viel vernünftigeren Systeme der blossen Bearbeitung einer selbstständigen ewigen Materie, — darüber ist noch immer das erste verständliche Wort vorzubringen.

Erblickt man die Sinnenwelt vom transscendentalen Gesichtspuncte aus, so verschwinden freilich alle diese Schwierigkeiten; es ist dann keine für sich bestehende Welt: [5]in allem, was wir erblicken, erblicken wir bloss den Wiederschein unserer eigenen inneren Thätigkeit. Aber was nicht ist, nach dessen Grunde kann nicht gefragt werden; es kann nichts ausser ihm angenommen werden, um dasselbe zu erklären.*

* Man müsste denn nach dem Grunde des Ich selbst fragen. Unter den allerdings originellen Fragen, welche an die Wissenschaftslehre er-gingen, blieb jedoch diese [6]dem neuesten Göttingischen Metaphysiker allein vorbehalten, welcher sie in seiner Rec. der W. L. in den Göttingi-schen gelehrten Anzeigen wirklich erhebt. Mit was für Leuten man nicht zu thun bekommt, wenn man sich in unserem philosophischen Jahr-hunderte mit Philosophiren beschäftigt! Kann denn das Ich sich selbst erklären, sich selbst erklären auch nur wollen, ohne aus sich herauszuge-hen, und aufzuhören, Ich zu seyn? Wobei nach einer Erklärung auch nur gefragt werden kann, das ist sicher nicht das reine (absolut freie, und selbstständige) Ich; denn *alle Erklärung macht abhängig.*

Von derselben Art ist, und aus demselben Geiste geht hervor der Vor-wurf desselben Rec.: die W. L. habe ihren *Grundsatz* — sprich ihren Grundsatz — nicht — *erwiesen.* — Wenn der Satz, von welchem sie aus-geht, bewiesen werden könnte, so wäre er ebendarum nicht Grundsatz; sondern der höchste Satz, aus dem er bewiesen würde, wäre es, und von diesem sonach würde ausgegangen. Aller Beweis setzt etwas schlechthin Unbeweisbares voraus. — Dasjenige, wovon die W. L. ausgeht, lässt sich nicht begreifen, noch durch Begriffe mittheilen, sondern nur unmittelbar anschauen. Wer diese Anschauung nicht hat, für den bleibt die W. L. nothwendig grundlos und lediglich formal; und mit ihm kann dieses System schlechterdings nichts anfangen. Dieses freimüthige Geständniss wird hier nicht zum erstenmale abgelegt, aber es ist nun einmal Sitte, dass, nachdem man eine Erinnerung im Allgemeinen vorgebracht, man

Von der Sinnenwelt aus giebt es sonach keinen möglichen Weg, um zur Annahme einer moralischen Weltordnung aufzusteigen; wenn man nur die Sinnenwelt rein denkt, und nicht etwa, wie dies durch jene Philosophen geschah, eine moralische Ordnung derselben unvermerkt schon voraussetzt.

Durch unseren Begriff einer übersinnlichen Welt sonach müsste jener Glaube begründet werden.

Es giebt einen solchen Begriff. Ich finde mich frei von allem Einflusse der Sinnenwelt, absolut thätig in mir selbst, und durch mich selbst; sonach, als eine über alles Sinnliche erhabene Macht. Diese Freiheit aber ist nicht unbestimmt; sie hat ihren Zweck: nur erhält sie denselben nicht von aussen her, sondern sie setzt sich ihn durch sich selbst. Ich selbst und mein nothwendiger Zweck sind das Uebersinnliche.

An dieser Freiheit und dieser Bestimmung derselben kann ich nicht zweifeln, ohne mich selbst aufzugeben.

Ich kann nicht zweifeln, sage ich, kann auch nicht einmal die Möglichkeit, dass es nicht so sey, dass jene innere Stimme täusche, dass sie erst anderwärtsher autorisirt und begründet werden müsse, mir denken; ich kann sonach hierüber gar nicht weiter vernünfteln, deuteln und erklären. Jener Ausdruck ist das absolut Positive und Kategorische.

Ich kann nicht weiter, wenn ich nicht mein Inneres zerstören will; ich kann nur darum nicht weiter gehen, weil ich weiter gehen nicht *wollen* kann. Hier liegt dasjenige, was dem sonst ungezähmten Fluge des Räsonnements seine Grenze setzt, was den Geist bindet, weil es das Herz bindet; hier der Punct, der Denken und Wollen in Eins vereiniget, und Harmonie in mein Wesen bringt. Ich könnte an und für sich wohl weiter, wenn ich mich in Widerspruch mit mir selbst versetzen wollte; denn es giebt für das Räsonnement keine immanente Grenze in ihm selbst, es geht frei hinaus ins Unendliche, und muss es können; denn ich

---

sie noch jedem neuen einzelnen Gegner insbesondere mittheilen muss, und dass man darüber nicht im mindesten verdrüsslich werden soll: und ich will hierdurch mit aller Freundlichkeit dieser meiner Pflicht gegen jenen Gegner mich erledigt haben. Das ⁷πρῶτον ψεῦδος desselben ist dies: dass ihm noch nicht gehörig klar geworden, dass, wenn überhaupt Wahrheit, und insbesondere mittelbare (durch Folgerung vermittelte) Wahrheit sey, es ein *unmittelbar* Wahres geben müsse. Sobald er dies eingesehen haben wird, suche er nach diesem Unmittelbaren so lange, bis er es findet. Dann erst wird er fähig seyn, das System der W. L. zu beurtheilen; denn erst dann wird er es verstehen, welches bis jetzt, unerachtet seiner mehrmaligen Versicherungen, der Fall nicht ist; wie dies nun beim kalten Erwägen der obigen Erinnerungen vielleicht ihm selbst wahrscheinlich werden wird.

bin frei in allen meinen Aeusserungen, und nur ich selbst kann mir eine Grenze setzen durch den Willen. Die Ueberzeugung von unserer moralischen Bestimmung geht sonach selbst schon aus moralischer Stimmung hervor, und ist *Glaube;* und man sagt insofern ganz richtig: das Element aller Gewissheit ist Glaube. — So musste es seyn; denn die Moralität, so gewiss sie das ist, kann schlechterdings nur durch sich selbst, keinesweges etwa durch einen logischen Denkzwang constituirt werden.

Ich könnte weiter, wenn ich auch selbst in bloss theoretischer Hinsicht mich in das unbegrenzte Bodenlose stürzen, absolut Verzicht leisten wollte auf irgend einen festen Standpunct, mich bescheiden wollte, selbst diejenige Gewissheit, welche alles mein Denken begleitet, und ohne deren tiefes Gefühl ich nicht einmal auf das Speculiren ausgehen könnte, schlechterdings, unerklärbar zu finden. Denn es giebt keinen festen Standpunct, als den angezeigten, nicht durch die Logik, — sondern durch die moralische Stimmung begründeten; und wenn unser Räsonnement bis zu diesem entweder nicht fortgeht, oder über ihn hinausgeht, so ist es ein grenzenloser Ocean, in welchem jede Woge durch eine andere fortgetrieben wird.

Indem ich jenen mir durch mein eignes Wesen gesetzten Zweck ergreife, und ihn zu dem meines wirklichen Handelns mache, setze ich zugleich die Ausführung desselben durch wirkliches Handeln als möglich. Beide Sätze sind identisch; denn, «ich setze mir etwas als Zweck vor» heisst: «ich setze es in irgend einer zukünftigen Zeit als wirklich;» in der Wirklichkeit aber wird die Möglichkeit nothwendig mit gesetzt. Ich muss, wenn ich nicht mein eignes Wesen verläugnen will, das erste, die Ausführung jenes Zwecks mir vorsetzen; ich muss sonach auch das zweite, seine Ausführbarkeit annehmen: ja es ist hier nicht eigentlich ein erstes und ein zweites, sondern es ist absolut Eins; beides sind in der That nicht zwei Acte, sondern ein und ebenderselbe untheilbare Act des Gemüths.

Man bemerke hierbei theils die absolute Nothwendigkeit des Vermittelten; wenn man mir noch einen Augenblick erlauben will, die Ausführbarkeit des sittlichen Endzwecks als ein Vermitteltes zu betrachten. Es ist hier nicht ein Wunsch, eine Hoffnung, eine Ueberlegung und Erwägung von Gründen für und wider, ein freier Entschluss, etwas anzunehmen, dessen Gegentheil man wohl auch für möglich hält. Jene Annahme ist unter Voraussetzung des Entschlusses, dem Gesetze in seinem Innern zu gehorchen, schlechthin nothwendig; sie ist unmittelbar in diesem Entschlusse enthalten, sie selbst ist dieser Entschluss.

Dann bemerke man die Ordnung des Gedankenganges. Nicht von der Möglichkeit wird auf die Wirklichkeit fortgeschlossen, sondern umgekehrt. Es heisst nicht: ich soll, denn ich kann; sondern: ich kann, denn ich soll. Dass ich soll, und was ich soll, ist das erste, unmittelbarste. Dies bedarf keiner weiteren Erklärung, Rechtfertigung, Autorisation; es ist für sich bekannt, und für sich wahr. Es wird durch keine andere Wahrheit begründet und bestimmt; sondern alle andere Wahrheit wird vielmehr durch diese bestimmt. — Diese Folge der Gedanken ist sehr häufig übersehen worden. Wer da sagt: ich muss doch erst wissen, ob ich kann, ehe ich beurtheilen kann, ob ich soll, der hebt entweder den Primat des Sittengesetztes, und dadurch das Sittengesetz selbst auf, wenn er praktisch, oder er verkennt gänzlich den ursprünglichen Gang der Vernunft, wenn er speculirend so urtheilt.

Ich muss schlechthin den Zweck der Moralität mir vorsetzen, seine Ausführung ist möglich, sie ist durch mich möglich, heisst, zufolge der blossen Analyse: jede der Handlungen die ich vollbringen soll, und meine Zustände, die jene Handlungen bedingen, verhalten sich, wie Mittel zu dem mir vorgesetzten Zwecke. Meine ganze Existenz, die Existenz aller moralischen Wesen, die Sinnenwelt, als unser gemeinschaftlicher Schauplatz, erhalten nun eine Beziehung auf Moralität; und es tritt eine ganz neue Ordnung ein, von welcher die Sinnenwelt, mit allen ihren immanenten Gesetzen, nur die ruhende Grundlage ist. Jene Welt geht ihren Gang ruhig fort, nach ihren ewigen Gesetzen, um der Freiheit eine Sphäre zu bilden; aber sie hat nicht den mindesten Einfluss auf Sittlichkeit oder Unsittlichkeit, nicht die geringste Gewalt über das freie Wesen. Selbstständig und unabhängig schwebt dieses über aller Natur. Dass der Vernunftzweck wirklich werde, kann nur durch das Wirken des freien Wesens erreicht werden; aber es wird dadurch auch ganz sicher erreicht, zufolge eines höheren Gesetzes. Rechtthun ist möglich, und jede Lage ist durch jenes höhere Gesetz darauf berechnet; die sittliche That gelingt, zufolge derselben Einrichtung, unfehlbar, und die unsittliche mislingt unfehlbar. Die ganze Welt hat für uns eine völlig veränderte Ansicht erhalten.

Diese Veränderung der Ansicht wird noch deutlicher erhellen, wenn wir uns in den transscendentalen Gesichtspunct erheben. Die Welt ist nichts weiter, als die nach begreiflichen Vernunftgesetzen versinnlichte Ansicht unsers eigenen inneren Handelns, als blosser Intelligenz, innerhalb unbegreiflicher Schranken, in die wir nun einmal eingeschlossen sind, — sagt die transscendentale Theorie; und es ist dem Menschen nicht zu verargen, wenn ihm bei dieser gänzlichen Verschwindung des Bodens unter ihm unheimlich wird. Jene Schranken sind ihrer Entstehung nach allerdings unbegreiflich; aber was verschlägt dir auch dies? — sagt die praktische Philosophie; die *Bedeutung* derselben ist das klarste und gewisseste, was es giebt, sie sind deine bestimmte Stelle in der moralische Ordnung der Dinge. Was du zufolge ihrer wahrnimmst, hat Realität, die einzige, die dich angeht, und die es für dich giebt; es ist die fortwährende Deutung des Pflichtgebots, der lebendige Ausdruck dessen, *was* du sollst, da du ja sollst. Unsere Welt ist das versinnlichte Materiale unserer Pflicht; dies ist das eigentliche Reelle in den Dingen, der wahre Grundstoff aller Erscheinung. Der Zwang, mit welchem der Glaube an die Realität derselben sich uns aufdringt, ist ein moralischer Zwang; der einzige, welcher für das freie Wesen möglich ist. Niemand kann ohne Vernichtung seine moralische Bestimmung so weit aufgeben, dass sie ihn nicht wenigstens noch in diesen Schranken für die künftige höhere Veredlung aufbewahre. — So, als das Resultat einer moralischen Weltordnung angesehen, kann man das Princip dieses Glaubens an die Realität der Sinnenwelt gar wohl Offenbarung nennen. Unsere Pflicht ists, die in ihr sich offenbart.

Dies ist der wahre Glaube; diese moralische Ordnung ist das *Göttliche*, das wir annehmen. Er wird construirt durch das Rechtthun. Dieses ist das einzig mögliche Glaubensbekenntnis: fröhlich und unbefangen vollbringen, was jedesmal die Pflicht gebeut, ohne Zweifeln und Klügeln über die Folgen. Dadurch wird dieses Göttliche uns lebendig und wirklich; jede unserer Handlungen wird in der Voraussetzung desselben vollzogen, und alle Folgen derselben werden nur in ihm aufbehalten.

Der wahre Atheismus, der eigentliche Unglaube und Gottlosigkeit besteht darin, dass man über die Folgen seiner Handlungen klügelt, der Stimme seines Gewissens nicht eher gehorchen will, bis man den guten Erfolg vorherzusehen glaubt, so seinen eigenen Rath über den Rath Gottes erhebt, und sich selbst zum Gotte macht. Wer Böses thun will, damit Gutes daraus komme, ist ein Gottloser. In einer moralischen Weltregierung kann aus dem Bösen nie Gutes folgen, und so gewiss du an die erstere glaubst, ist es dir unmöglich, das letztere zu denken. — Du darfst nicht lügen, und wenn die Welt darüber in Trümmer zerfallen sollte. Aber dies ist nur eine Redensart; wenn du im Ernste glauben dürftest, dass sie zerfallen würde, so wäre wenigstens dein Wesen schlechthin widersprechend und sich selbst vernichtend. Aber dies glaubst du eben nicht, noch kannst, noch darfst du es glauben; du weisst, dass in dem Plane ihrer Erhaltung sicherlich nicht auf eine Lüge gerechnet ist.

Der eben abgeleitete Glaube ist aber auch der Glaube ganz und vollständig. Jene lebendige und wirkende moralische Ordnung ist selbst Gott; wir bedürfen keines anderen Gottes, und können keinen anderen fassen. Es liegt kein Grund in der Vernunft, aus jener moralischen Weltordnung herauszugehen, und vermittelst eines Schlusses vom Begründeten auf den Grund noch ein besonderes Wesen, als die Ursache desselben, anzunehmen; der ursprüngliche Verstand macht sonach diesen Schluss sicher nicht, und kennt kein solches besonderes Wesen; nur eine sich selbst misverstehende Philosophie macht ihn. Ist denn jene Ordnung ein Zufälliges, welches seyn könnte, oder auch nicht, *so* seyn könnte, wie es ist, oder auch anders; dass ihr ihre Existenz und Beschaffenheit erst aus einem Grunde erklären, erst vermittelst Aufzeigung dieses Grundes den Glauben an dieselbe legitimiren müsstet? Wenn ihr nicht mehr auf die Forderungen eines nichtigen Systems hören, sondern euer eigenes Inneres befragen werdet, werdet ihr finden, dass jene Weltordnung das absolut Erste aller objectiven Erkenntniss ist, gleichwie eure Freiheit und moralische Bestimmung das absolut erste aller subjectiven; dass alle übrige objective Erkenntniss durch sie begründet und bestimmt werden muss, sie aber schlechthin durch kein anderes bestimmt werden kann, weil es über sie hinaus nichts giebt. Ihr könnt jene Erklärung gar nicht versuchen, ohne in euch selbst dem Range jener Annahme Abbruch zu thun, und sie wankend zu machen. Ihr Rang ist der, dass sie absolut durch sich gewiss ist, und keine Klügelei duldet. Ihr macht sie abhängig von Klügelei.

Und dieses Klügeln, wie gelingt es euch denn? Nachdem ihr die unmittelbare Ueberzeugung wankend gemacht habt, wodurch befestigt ihr sie denn? O, es steht mislich um eurn Glauben, wenn ihr ihn nur mit der Behauptung jenes Grundes, den ihr aufstellt, zugleich behaupten könnt, und mit dem Hinfallen desselben hinfallen lassen müsst.

Denn wenn man euch nun auch erlauben wollte, jenen Schluss zu machen, und vermittelst desselben ein besonderes Wesen, als die Ursache jener moralischen Weltordnung anzunehmen, was habt ihr denn nun eigentlich angenommen? Dieses Wesen soll von euch und der Welt unterschieden seyn, es soll in der letzteren nach Begriffen wirken, es soll sonach der Begriffe fähig seyn, Persönlichkeit haben und Bewusstseyn. Was nennt ihr denn nun Persönlichkeit und Bewusstseyn? doch wohl dasjenige, was ihr in euch selbst gefunden, an euch selbst kennen gelernt, und mit diesem Namen bezeichnet habt? Dass ihr aber dieses ohne Beschränkung und Endlichkeit schlechterdings nicht denkt, noch denken könnt, kann euch die geringste Aufmerksamkeit auf eure Construction dieses Begriffs lehren. Ihr macht sonach dieses Wesen durch die Beilegung jenes Prädicats zu einem endlichen, zu einem Wesen eures Gleichen, und ihr habt nicht, wie ihr wolltet, Gott gedacht, sondern nur euch selbst im Denken vervielfältigt. Ihr könnt aus diesem Wesen die moralische Weltordnung ebensowenig erklären, als ihr sie aus euch selbst erklären könnt; sie bleibt unerklärt und absolut wie zuvor; und ihr habt in der That, indem ihr dergleichen Worte vorbringt, gar nicht gedacht, sondern bloss mit einem leeren Schalle die Luft erschüttert. Dass es euch so ergehen werde, konntet ihr ohne Mühe voraussehen. Ihr seyd endlich; und wie könnte das Endliche die Unendlichkeit umfassen und begreifen?

So bleibt der Glaube bei dem unmittelbar Gegebenen, und steht unerschütterlich fest; wird er abhängig gemacht vom Begriffe, so wird er wankend, denn der Begriff ist unmöglich, und voller Widersprüche.

Es ist daher ein Misverständniss, zu sagen: es sey zweifelhaft, ob ein Gott sey, oder nicht. Es ist gar nicht zweifelhaft, [8]sondern das Gewisseste, was es giebt, ja der Grund aller anderen Gewissheit, das einzige absolut gültige Objective, dass es eine moralische Weltordnung giebt, dass jedem vernünftigen Individuum seine bestimmte Stelle in dieser Ordnung angewiesen, und auf seine Arbeit gerechnet ist; dass jedes seiner Schicksale, inwiefern es nicht etwa durch sein eigenes Betragen verursacht ist, Resultat ist von diesem Plane; dass ohne ihn kein Haar fällt von seinem Haupte, und in seiner Wirkungssphäre kein Sperling vom Dache; dass jede wahrhaft gute Handlung gelingt, jede böse sicher mislingt, und dass denen, die nur das Gute recht lieben, alle Dinge zum Besten dienen müssen. Es kann ebensowenig von der anderen Seite dem, der nur einen Augenblick nachdenken, und das Resultat dieses Nachdenkens sich redlich gestehen will, zweifelhaft bleiben, dass der Begriff von Gott, als einer besondern Substanz, unmöglich und widersprechend ist: und es ist erlaubt, dies aufrichtig zu sagen, und das Schulgeschwätz niederzuschlagen, damit die wahre Religion des freudigen Rechtthuns sich erhebe.

[9]Zwei vortreffliche Dichter haben dieses Glaubensbekenntniss des verständigen und guten Menschen unnachahmlich schön ausgedrückt. «Wer darf sagen, lässt der eine eine seiner Personen reden,

> wer darf sagen,
> Ich glaub' an Gott?
> Wer darf ihn *nennen* (Begriff und Wort für ihn suchen)
> Und *bekennen*,
> Ich glaub' ihn?
> Wer empfinden,
> Und sich unterwinden
> Zu sagen, ich glaub' ihn nicht?
> Der Allumfasser, (nachdem man ihn nemlich erst durch moralischen
>   Sinn, nicht etwa durch theoretische Speculation er-
>   griffen hat, und die Welt schon als den Schauplatz mo-
>   ralischer Wesen betrachtet.)
> Der Allerhalter,
> Fasst und erhält er nicht
> Dich, mich, sich selbst?
> Wölbt sich der Himmel nicht da droben?
> Liegt die Erde nicht hier unten fest?
> Und steigen freundlich blickend
> Ewige Sterne nicht hier auf?
> Schau ich nicht Aug' in Auge dir,
> Und dringt nicht alles
> Nach Haupt und Herzen dir,
> Und webt in ewigem Geheimniss
> Unsichtbar sichtbar neben dir?
> Erfüll' davon dein Herz, so gross es ist,
> Und wenn du ganz in dem Gefühle selig bist,
> Nenn es dann, wie du willst,
> Nenns Glück! Herz! Liebe! Gott!
> Ich habe keinen Namen

Dafür. Gefühl ist alles,
Name ist Schall und Rauch,
Umnebelnd Himmelsgluth.»
Und der zweite singt:
«ein heiliger *Wille* lebt,
Wie auch der menschliche wanke;
Hoch über der Zeit und dem Raume webt
Lebendig der höchste *Gedanke;*
Und ob alles in ewigem Wechsel kreist,
Es beharret im Wechsel ein ruhiger Geist.»

COMMENTARY

Text: J. G. Fichte, *Sämtliche Werke* V (1965: reprint of the Berlin, 1845 edition), 177–89.

1. *in seinem Hörsaale*: at the University of Jena. The nineteenth century saw the increasing use of university lectures for disseminating new ideas, and Fichte, Schelling, Hegel, August Wilhelm and Friedrich Schlegel are among the many who used their academic position to great effect in this context. Fichte himself was the first professor of philosophy at the newly-founded University of Berlin (1810) and became its first elected Rector.

2. *den folgenden Aufsatz eines trefflichen philosophischen Schriftstellers:* a reference to *Entwicklung des Begriffs der Religion* by Friedrich Karl Forberg, a pupil of Fichte's. Forberg had submitted his essay to the *Philosophisches Journal*, but its strong anti-Christian tone would, as Fichte saw, arouse antagonism, and although publishing it in the *Journal*, he prefaced it with his own *Über den Grund*... in an attempt to lessen the shock of its impact. Ironically, it was this attempt that brought down the wrath of Saxon orthodoxy on his own head.

3. *und behält sich die weitere Ausführung* etc.: cf. *Die Bestimmung des Menschen* (1800), *Anweisung zum seligen Leben* (1806) and the two sets of lectures *Tatsachen des Bewußtseins* (1810–11; 1813).

4. *unzureichenden*: the printed text has 'zureichenden', which must be an error.

5. *in allem, was wir erblicken* etc.: a characteristic formulation of Fichte's subjective philosophical position, with its emphasis on the creativity of the ego.

6. *dem neuesten Göttingischen Metaphysiker*: Fichte's *Begriff der Wissenschaftslehre* and *Grundlage der gesamten Wissenschaftslehre* were anonymously reviewed in the *Göttingische Anzeigen von gelehrten Sachen* in 1798.

7. πρωτον ψευδος: 'basic error'.

8. *sondern das Gewisseste, was es giebt:* the deistic position that Fichte here declares, and the language in which he defines it, show how close his outlook is to

Kant's (see p. 49 above).

9. *zwei vortreffliche Dichter*: the first passage is from Goethe's *Faust* (Part One, line 3432 ff) — though at the time of writing, Fichte can only have known the *Faust-Fragment* of 1790: the complete *Faust I* was not published until 1808.

The second passage is the fourth stanza of Schiller's poem 'Die Worte des Glaubens'.

SCHELLING (1775–1854)

Über den wahren Begriff der Naturphilosophie (1801)

In the last decade of the eighteenth century Jena, at that time a town of a mere five thousand inhabitants, enjoyed a brief but brilliant role as the intellectual metropolis of Germany. Reinhold, Schiller, August Wilhelm Schlegel, Fichte, Schelling, Hegel—all were professors at the university in the course of these ten years, while Friedrich Schlegel, Schleiermacher, Tieck, Novalis, Steffens and the others, men and women, who formed the first circle of 'official' Romantic poets and thinkers, came here at the end of the century and found sympathetic minds among the philosophical luminaries on the university faculty.

Most of the friendships generated in this agitated atmosphere of re-orientation were marriages of convenience, most of the intellectual alliances short-lived. In no way did these highly important figures form a school: they were a group of brilliant, often erratic individualists who made extreme claims for their own egos and secreted boundless reserves of suspicion and antipathy towards their fellows. Their characteristic manner was dictatorial, their tone aggressive, and most of them made more enemies than friends.

Friedrich Wilhelm Joseph Schelling arrived in Jena to take up his part in this scene in 1798 as professor of philosophy at the university. Two early essays, *Ideen zur Philosophie der Natur* (1797) and *Von der Weltseele* (1798), had attracted Goethe's attention in Weimar, and it was to Goethe's influence, together with that of Fichte, who had held a chair of philosophy at Jena since 1793, that Schelling owed this opportunity. The Kantian influence was strong in Jena; all the greater, therefore, is the irony of Fichte's ignominious dismissal from his post, a mere term after Schelling's arrival, as a consequence of the 'Atheismusstreit' with the Saxon authorities.

The five years that Schelling spent at Jena were the most productive of his career, and from them stem most of his vital relationships with the *literati* of the Romantic circle. 1798–9 saw the publication of the *Erster Entwurf eines Systems der Naturphilosophie*, the first formal presentation of an original pattern of ideas intended as an extension and a corrective of Fichte's system; his *System des transzendentalen Idealismus* appeared in 1800, his *Darstellung meines Systems der Philosophie* in 1801, and his *Über die Methode des akademischen Studiums* in 1803. All these works, like those in which Fichte, and later Hegel, presented their central philosophies, originated as courses of lectures. The spoken rather than the written word had become the medium for communicating new ideas —an incidental fact which seems to have contributed both to the forth-right, often aggressive tone in which these and other academic thinkers expressed their views, and to the acerbity of the quarrels that rapidly developed among them.

Although he retained certain constant attitudes throughout his career, Schelling left no single philosophical 'system' as did Hegel. Rather he moved from one point of emphasis to another within a broad field of related concerns, re-examining his initial assumptions—unlike Fichte, and later Schopenhauer, who proceeded from a single concept which they never revised—and seeking to absorb into his interpretations as wide a range of historical stimuli as possible, from Plato and Classical mythology to Christian mysticism, Spinoza and Leibnitz.

The *Naturphilosophie*, with which the essay here reproduced is specifi-cally concerned, represents, in company with the so-called *Identitäts-philosophie* of a few years later, the historically most important aspect of Schelling's role in the context of German idealism and, more especially, in the German Romantic tradition. His starting-point is Fichte's assertion of the extreme subjective position in the *Wissenschaftslehre*, by which the external world is seen as the product of the creative ego (see p. 83 above). While acknowledging Fichte's *Wissenschaftslehre* as an advance on Kant and on the reason-dominated attitudes of the Age of Enlighten-ment, Schelling objected to its debasement of nature. He thereupon postulated an independent existence of nature alongside the existence of human consciousness: nature embodied the workings of an unconscious intelligence — a *Tätigkeitsprinzip*, the equivalent of that which Fichte believed indigenous to the Ego — which showed itself in the presence of a rising sequence of natural phenomena, culminating in the conscious mind of man. In this way he retained the concept of 'real' nature without relinquishing the principle of idealism. As he expressed it in *Über den wahren Begriff der Naturphilosophie*: 'My *Naturphilosophie* never loses sight of the identity of the real and the ideal' (p. 106 below). Or in the famous statement from his early *Ideen zu einer Philosophie der Natur*: 'Nature becomes invisible spirit; spirit becomes invisible nature' (*Schriften 1794–1798*, 1967, 380). Or in the *Untersuchungen über das Wesen der menschlichen Freiheit* (1809): 'Idealism is the soul of philosophy, realism is its body. Only when the two are united is there a true living entity' (*Sämtliche Werke*, Stuttgart/Augsburg, 1856 ff., VII, 356).

This incursion into the supremacy of Fichte's moral idealism both set the course of German philosophy towards the summit that was to be attained by Hegel, and was responsible for the implacable enmity that immediately flared up between Schelling and Fichte. A few years later the publication of Hegel's *Phänomenologie des Geistes* (1807) — Hegel had come to Jena in 1801 — was to arouse in Schelling the same resentment at seeing his own ideas superseded as he in his turn had invoked in Fichte.

Schelling claimed to have given in his *Naturphilosophie* the 'first scientific exposition of the living entity of philosophy'. Men of science, however, not unnaturally greeted his claim with scorn, seeing his would-be 'scientific exposition'—of the kind found in parts of *Über den wahren Begriff der Naturphilosophie*—as the merest dilettantism: a necessary detachment of observation was lacking; facts and their interpretation coalesced. His concept of a rising order of values in nature, reminiscent of Leibnitz's monadology, is a poetic image rather than a scientific principle, and his notion of an unconscious mind in nature, working towards the reconciliation of the apparent mechanistic causality of the individual parts and the teleological purpose of the whole, is a speculative assumption. Expressed in this way, his view appears as a form of pantheism, but he distinguished between God and His creatures: this is not the *deus sive natura* of Spinoza but God as the *spirit* of creation, for God is naturally more than the sum of His creatures.

Whatever scientific scorn might have been brought to bear on Schelling's *Naturphilosophie*, however, its character as a unifying philosophy, as a system which restored the identity, i. e. the equality, of mind and nature, world within and world without, had a message to which men of science as well as men of letters responded. The demonstrability of individual 'laws' of nature does not invalidate a conception of nature *in toto* as an entity with its own central meaning and momentum, and Schelling refused to see the world as a conglomerate of disparate, mechanically-propelled parts. Natural laws may define, but they do not determine.

Thus the philosophy of medicine enunciated by the Scottish physician John Brown in the late eighteenth century; the startling psychological discoveries of Anton Mesmer in the field of hypnotism and thought-transference; the 'Romantic medicine' of Carl Gustav Carus and of Théophile de Bordeu and the vitalists, with its emphasis on the role of the nervous system and the individual will in the treatment of physical maladies: such scientific activities presuppose an organic view of nature basically the same as Schelling's. Herder's view of the natural autonomy of national cultures is born of the same conviction, as is Goethe's insistence on the principle of organic growth in the physical, psychological and cultural realms of human development, both individual and corporate.

The most highly-developed form of Schelling's *Naturphilosophie*, and that which brings it closest to the world of Romantic literature, is reached with the *Darstellung meines Systems der Philosophie* of 1801. Here is proclaimed the *Identitätsphilosophie*—identity of mind and nature, of idealism and realism, of subject and object, of thought and existence—which both overcomes the Kantian dualism and accommodates the concept of an active, independent nature which Fichte's ego-centric idealism had excluded. 'Everything that exists is absolute identity, for by definition absolute identity can never be destroyed and is therefore everything that exists' (*Darstellung meines Systems der Philosophie; ed. cit.* IV, 119). The inspirations of nature were restored to the poets with an added validity, for the life of the individual soul had now become a microcosm of the course of the world itself. 'All philosophical activity', wrote Schelling in 1800, 'consists in recalling our former state, when we were at one with nature' (*Allgemeine Deduktion des dynamischen Prozesses: ed. cit.* II, 815). Thus Schelling also has his place in the history of the perennial myth of the Golden Age which man has left behind and to which he is destined to return.

The union of the real and the ideal within a monistic view of nature led Schelling, by a natural path, to art. Here lay the creative fulfilment of the metaphysical system he visualised. Art, whose language is of symbols, not of facts, expresses the deepest realities: it is a reflection of the Divine Idea itself—an anticipation of Schopenhauer, this—and takes us beyond the world of appearances. In *Über den wahren Begriff der Naturphilosophie* he calls it 'the supreme, most highly-articulated power' in the world (p. 108 below).

Schellings's later concerns, such as that with the exercise of the individual free will in a God-centred universe, and hence with questions of ethics in general, show him turning increasingly towards religious matters (Kant and Fichte, interestingly, share this characteristic). The *Philosophische Untersuchungen über das Wesen der menschlichen Freiheit* (1809) show that he has left the metaphysical problems of *Naturphilosophie* and *Identitätsphilosophie* for practical, i. e. ethical, questions in the context of the philosophy of religion. The lectures he prepared on these questions aroused great expectations, but the response to them was something of a disappointment, and they were not published until after his death. He died an embittered and almost forgotten man.

In *Die Romantische Schule* Heine portrays the fifty-year-old Schelling as a dejected, self-pitying creature uttering an obsessive lamentation that Hegel had 'stolen his ideas', that the whole Hegelian system rested on what he, Schelling, had been the first to propound, and so on in the same vein. 'Nothing is more ridiculous', remarks Heine, 'than to claim proprietary rights on ideas. True, Hegel did use a great number of Schelling's ideas in evolving his own philosophy. But Herr Schelling himself could never have done anything with these ideas. He only philosophised;

he never produced a philosophy' (*Sämtliche Werke*, Hamburg, 1876, III, 180–1).

The most important line of development in German idealist philosophy from Kant certainly leads, not to Fichte, nor to Schelling, nor to any of the Romantic poets and thinkers in Jena or Berlin at the turn of the century, but to Hegel. Yet perhaps just because of what may seem its wilfulness, its impressionistic, less-than-professional quality, Schelling's thought, with its restoration of a divinely-guided nature, its reconciliation of the aesthetic and the ethical impulses, and above all its vision of life as an indivisible entity, holds a central position both in nineteenth-century German intellectual history in general and within the Romantic tradition in particular. Modern existentialist thinkers have re-discovered his relevance, and whatever reservations one may have about his conclusions, there is much to be learned from the man whom Jaspers called 'perhaps the first philosopher of our modern, intellectually-flawed world'.

BIBLIOGRAPHY

R. Habluetzel, *Dialektik und Einbildungskraft* (Basel, 1954)

N. Hartmann, *Die Philosophie des deutschen Idealismus*[2] (Berlin, 1960)

K. Jaspers, *Schelling, Größe und Verhängnis* (Munich, 1955)

O. Kein, *Schellings Kategorienlehre* (Berlin, 1939)

F. Meier, *Die Idee der Transzendentalphilosophie beim jungen Schelling* (Winterthur, 1961)

H. J. Sandkühler, *Schelling* (Stuttgart, 1970)

W. Schulz, *Die Vollendung des deutschen Idealismus in der Spätphilosophi Sechellings* (Stuttgart, 1955)

H. Zeltner, *Schelling* (Stuttgart, 1954)

Über den wahren Begriff der Naturphilosophie

Welchen Begriff ich mir von der Wissenschaft mache, die ich Naturphilosophie nenne, habe ich [1]in dem zweiten Heft des ersten Bandes
in mehreren Stellen ziemlich deutlich erklärt, und welches Verhältniß
zur Transscendentalphilosophie ich ihr geben zu können glaube, wird
jeder, der mit Philosophie, so wie sie jetzt ist, etwas genauer bekannt ist,
aus jenen Aeußerungen von selbst herausfinden.

Allein schon in der [2]Einleitung zu meinem Entwurf eines Systems der
Naturphilosophie steht folgende Stelle:

«Der Verfasser würde sich hierüber, nämlich über die Art, wie er die
Idee einer speculativen Physik realisiren zu können glaubt, geradezu
auf den Entwurf berufen, wenn er nicht Ursache hätte zu erwarten, daß
viele selbst von denen, welche diesen ihrer Aufmerksamkeit werth
achten können, zum voraus mit gewissen Ideen daran kommen werden,
welche er eben nicht vorausgesetzt hat noch vorausgesetzt wissen will»
— und als solche Voraussetzungen werden angeführt:

1) Daß mancher, durch das Wort Naturphilosophie verleitet, glauben
werde, transscendentale Ableitungen von Naturphänomenen, dergleichen
in verschiedenen Bruchstücken anderwärts existiren, erwarten zu dürfen,
da doch mir Naturphilosophie eine ganz für sich bestehende und von
der Transscendentalphilosophie völlig verschiedene Wissenschaft sey.

2) Daß viele in meinem Entwurf ihre Begriffe von dynamischer Physik
suchen werden, wovon ich namentlich die anführe, alle specifischen
Veränderungen und Verschiedenheiten der Materie als bloße Veränderungen oder Verschiedenheiten der Dichtigkeitsgrade anzusehen, welches
doch wiederum nicht meine Meinung sey.

Eben diese Punkte sind es, über welche [3]Herr Eschenmayer in der
voranstehenden Kritik meines Entwurfs der Naturphilosophie mit mir
uneins ist. Je wichtiger mir das Urtheil dieses scharfsinnigen Philosophen
über meine Arbeiten seyn muß, da er um die Begründung einer dynamischen Physik die frühesten Verdienste nach Kant sich erworben hat,
desto mehr hätte ich wünschen können, daß es ihm gefallen hätte, jene
Einleitung, die er mehreren Spuren nach zu urtheilen bei der Abfassung
seiner Kritik nicht gekannt hat, um so weniger ungelesen zu lassen, als
ich in der Vorrede zum Entwurfe wegen des Begriffs dieser Wissenschaft,
den ich in dem letztern überall nur vorausgesetzt hatte, ausdrücklich auf
sie verwies. Sonst würde Herr Eschenmayer ersehen haben, daß mir
seine Einwendungen unmöglich unerwartet seyn können, er würde nicht
nur Gründe gegen meine Behandlung dieser Wissenschaft angeführt,
sondern auch auf die Gründe, die er für dieselbe bei mir voraussetzen

konnte, wieder zu antworten gesucht haben, — und so wären wir gleich um einen Schritt weiter gewesen, als wir jetzt sind.

Nachdem Herr Eschenmayer einmal in seiner guten Erwartung von meinem Entwurf, darin — ich weiß nicht, ob Transscendentalphilosophie oder einen Theil derselben, zu finden sich getäuscht sah, so waren nur zwei Hypothesen möglich: entweder daß ich diejenige Ansicht, welche Herr Eschenmayer für die wahre hält, die idealistische, gar nicht gekannt habe, was freilich schwer glaublich war, da diese Ansicht vielmehr nur, anstatt, wie sich gebührte, in den Anfang des Werks gezogen zu werden, in die Mitte desselben versteckt und ohne Zweifel absichtlich dahin verbannt ist, indem der Verfasser an einer Stelle deutlich genug sagt, Naturphilosophie sey ihm zufolge unbedingter Empirismus (welches Wort statt Realismus gebraucht, wie man aus der Einleitung etwa schließen konnte, doch ein sehr ungeschickter Ausdruck wäre); oder daß sich der Verfasser vor der großen, durch den Hebel des Idealismus in Bewegung zu setzenden Masse, und vielleicht noch mehr vor gewissen verfänglichen Fragen gefürchtet habe, die durch die Collision des Idealismus mit der Erfahrung entstehen, z. B.: «Sollte das Kind, das eben geboren wurde und zuerst seine Mutter erblickt, auch diese Mutter zusammt der Sonnenscheibe, die ihm jetzt eben das erstemal ins Auge leuchtet, aus sich projicirt haben?» und andere ähnliche, wie sie sich in eine [4]*Clavis Fichtiana seu Leibgeberiana* schicken, und wovon ich hier noch einige als Probe hersetzen will.

Z. B. «Der Mensch, dem ich jezt begegne, meinte aus freiem Entschluß aus dem Hause zu gehen; wie ist es nun möglich, daß er zugleich vermöge meines nothwendigen Producirens auf der Straße sich befindet?» Oder: «Hier ist ein Baum, den jemand vor fünfzig Jahren für die Nachkommenschaft gepflanzt hat; wie geht es nun zu, daß ich ihn eben jetzt, wie er ist, durch produktive Anschauung hervorbringe?» Oder: «Wie glücklich ist der Idealist, daß er die göttlichen Werke des Plato, Sophokles und aller andern großen Geister als die seinigen betrachten kann?» bei welcher Frage der Frager nur nicht vergessen muß, wie sehr dieses Glück durch andere (z. E. seine) Werke gemäßigt wird.

Dieß nur als Beispiel, wie sehr allerdings solche Fragen in Verlegenheit setzen können; indeß ist dieß doch bei mir nicht der Fall gewesen, auch habe ich vor und nach der Erscheinung meines Entwurfs einige Proben abgelegt, aus denen man schließen kann, daß mir eine idealistische Ansicht der Natur eben nicht fremd ist. Ohne Zweifel hatte es also einen in der Sache liegenden Grund, daß ich Naturphilosophie und Transscendentalphilosophie einander entgegengesetzt, und die letztere nach einer ganz andern Richtung hervorzubringen gesucht habe als die erstere. Wenn dieser von der Sache selbst hergenommene Grund bisher in dieser Zeitschrift nicht weitläufiger auseinandergesetzt worden ist, so geschah es bloß, weil dieselbe einstweilen mehr für die innere Kultur dieser Wissenschaft als für Untersuchungen und Beweise ihrer Möglichkeit (deren ich für mich gewiß bin) bestimmt ist, um so mehr, da diese Beweise doch nur in einer allgemeinen Darstellung der Philosophie mit Erfolg geführt werden können. [5]Das nächste Heft dieser Zeitschrift indeß wird ganz der neuen Bearbeitung und Entwicklung meines Systems von seinen ersten Gründen aus gewidmet seyn, ich werde daher auch bei dieser Gelegenheit mich darüber ganz kurz fassen und nur Folgendes bemerken.

Wenn es freilich um idealistische Erklärungs- oder vielmehr Construktionsart zu thun war, so ist diese in der Naturphilosophie, wie ich sie aufgestellt habe, nicht zu finden. — Aber war es denn darum zu thun? — Ich habe ausdrücklich das Gegentheil erklärt. — Soll also die idealistische Construktion der Natur, so wie ich sie aufstelle, beurtheilt werden, so muß mein System des transscendentalen Idealismus beurtheilt werden, nicht aber mein Entwurf der Naturphilosophie.

Aber warum denn soll diese nicht idealistisch seyn? Und gibt es denn (auch nach dem Verfasser) überhaupt eine andere Art zu philosophiren als die idealistische? Ich wünsche vor allem, daß dieser Ausdruck bestimmter werde, als er bisher gewesen ist. [6]Es gibt einen Idealismus der Natur, und einen Idealismus des Ichs. Jener ist mir der ursprüngliche, dieser der abgeleitete.

Ich wünsche, daß man vor allen Dingen die Philosophie über das Philosophiren von der Philosophie selbst unterscheide. Ich muß, um philosophiren zu können, schon philosophirt haben, denn woher weiß ich sonst, was philosophiren ist? Wenn ich nun aber erst darauf ausgehe, zu finden, was philosophiren selbst sey, so sehe ich mich freilich ganz bloß an mich selbst gewiesen — und ich komme bei dieser ganzen Untersuchung nie aus mir selbst heraus. — Es ist keine Frage, daß diese Philosophie über das Philosophiren subjektiv (in Bezug auf das philosophirende Subjekt) das Erste ist, ebensowenig ist es zweifelhaft, daß ich in der Frage: wie ist Philosophie möglich, mich schon in der höchsten Potenz aufnehme, und also die Frage auch nur für diese Potenz beantworte. — Diese Potenz selbst wieder abzuleiten, kann von der Beantwortung nicht gefordert werden, denn die Frage selbst setzt sie schon voraus. Solange ich im Philosophiren mich in dieser Potenz erhalte, kann ich auch kein Objektives anders als im Moment seines Eintretens ins Bewußtseyn (denn das letztere eben ist die höchste Potenz, auf welche ich mein Objekt ein für allemal durch Freiheit gehoben habe), nimmermehr aber in seinem ursprünglichen Entstehen im Moment seines ersten Hervortretens (in der bewußtlosen Thätigkeit) erblicken — es hat, indem es in meine Hände kommt, bereits alle die Metamorphosen durchlaufen, welche nöthig sind, um es ins Bewußtseyn zu erheben. — Das Objektive in seinem ersten Entstehen zu sehen, ist nur möglich dadurch, daß man das Objekt alles Philosophirens, das in der höchsten Potzen =

Ich ist, depotenzirt, und mit diesem auf die erste Potenz reducirten Objekt von vorne an construirt.

Dieß ist nur durch eine sogleich näher zu bestimmende Abstraktion möglich, und mit dieser Abstraktion versetzt man sich aus dem Gebiet der Wissenschaftslehre in das der rein-theoretischen Philosophie. [7]Die Wissenschaftslehre ist nicht die Philosophie selbst, sondern Philosophie über Philosophie. In derselben wird die durch das Bewußtseyn gesetzte Gleichheit zwischen dem Objekt, über welches philosophirt wird, und welches im Philosophiren das Producirende, Handelnde ist, und dem Subjekt, welches philosophirt, und welches in demselben Akt das Reflektirende, Zuschauende ist, niemals aufgehoben, und darf nie aufgehoben werden, wenn jenes Objekt = Ich seyn soll. Denn das Bewußtseyn, wo es einmal erreicht ist, besteht ja eben in der fortwährenden Identität des Handelnden und des dieses Handeln Anschauenden; das Handelnde ist auch nicht an sich = Ich, es ist = Ich nur in dieser Identität des Handelnden und des auf dieses Handelnde Reflektirenden; und da die Wissenschaftslehre ihr Objekt gleich in der Potenz aufnimmt, wo es bereits zur Identität mit dem Reflektirenden gehoben, also = Ich ist, so kann sie auch niemals über diese Identität, also im Grunde auch nie aus dem Kreis des Bewußtseyns hinaus, mithin auch alles nur so, wie es unmittelbar in das Bewußtseyn tritt, also alles nur in der höchsten Potenz construiren.

Die Wissenschaftslehre, obgleich sie das Bewußtseyn erst ableiten will, bedient sich doch nach einem unvermeidlichen Cirkel aller Mittel, die ihr das (im philosophirenden Subjekt) schon fertige Bewußtseyn darbietet, um alles gleich in der Potenz darzustellen, in die es doch erst mit dem Bewußtseyn gehoben wird. Sie nimmt also ihr Objekt (das Handelnde, Producirende) auch schon als Ich auf, obgleich es erst = Ich wird, indem das Reflektirende es als identisch mit sich setzt, welches aber erst im freien und bewußten Handeln geschieht; das Handelnde im freien Handeln ist noch dasselbe Objektive, was in der bewußtlosen Anschauung gehandelt hat; es ist frei handelnd nur dadurch, daß es als identisch mit dem Anschauenden gesetzt wird.

Abstrahire ich nun davon, was in das Objekt des Philosophen erst durch das freie Handeln — gesetzt wird, so bleibt es als ein rein Objektives zurück; durch dieselbe Abstraktion versetze ich mich auf den Standpunkt des rein theoretischen (von aller subjektiven und praktischen Einmischung befreiten) Philosophirens: dieses rein-theoretische Philosophiren gibt zum Produkt die Naturphilosophie; denn durch jene Abstraktion gelange ich zum Begriff des reinen Subjekt-Objekts (= Natur), von welchem ich mich zum Subjekt-Objekt des Bewußtseyns (= Ich) erst erhebe; dieses wird Princip des idealistischen oder, was mir gleichbedeutend ist, praktischen Theils der Philosophie, jenes ist Princip des rein-theoretischen Theils, beide in ihrer Vereinigung geben das System des objektiv gewordenen Ideal-Realismus (⁸das System der Kunst), mit welchem die Philosophie, die in der Wissenschaftslehre von einem bloß subjektiven (im Bewußtseyn des Philosophen enthaltenen) Ideal-Realismus ausgehen mußte, sich aus sich selbst gleichsam herausbringt, und so vollendet.

Dadurch, daß das reine Subjekt-Objekt allmählich ganz objektiv wird, erhebt sich die im Princip unbegrenzbare ideelle (anschauende) Thätigkeit von selbst zum Ich, d. h. zum Subjekt, für welches jenes Subjekt-Objekt (jenes Ideal-Reale) selbst Objekt ist. Auf dem Standpunkt des Bewußtseyns erscheint mir daher die Natur als das Objektive, das Ich dagegen als das Subjektive; von diesem Standpunkt aus kann ich daher das Problem der Naturphilosophie nicht anders ausdrücken, als so, wie es auch noch in der Einleitung zu meinem System des Idealismus ausgedrückt ist, nämlich: aus dem Objektiven das Subjektive entstehen zu lassen. In der höhern philosophischen Sprache ausgedrückt heißt dieß so viel als: aus dem reinen Subjekt-Objekt das Subjekt-Objekt des Bewußtseyns entstehen zu lassen.

Mehrere philosophische Schriftsteller, unter ihnen neuerdings einer, der sich vornimmt, über etwas auf den Idealismus Gegründetes, durch ihn erst möglich Gewordenes zu urtheilen, obwohl er überzeugt seyn darf, sich von jenem bei weitem noch nicht hinreichende Kenntniß verschafft zu haben, scheinen dieses Objektive, von welchem die Naturphilosophie ausgehen sollte — ich weiß nicht genau wofür — aber auf jeden Fall für irgend etwas Objektives an sich gehalten zu haben, und es ist kein Wunder, wenn die Verwirrung ihrer Vorstellungen dadurch noch um ein Beträchtliches vermehrt worden ist. Ich setzte voraus, mit solchen zu reden, denen bekannt wäre, was die Philosophie unter dem Objektiven versteht.

Jenen ist objektiv mit real gleichbedeutend. — Mir ist, wie sie aus dem System des Idealismus ersehen konnten, das Objektive selbst ein zugleich Ideelles und Reelles; beides ist nie getrennt, sondern ursprünglich (auch in der Natur) beisammen; dieses Ideal-Reale wird zum Objektiven nur durch das entstehende Bewußtseyn, in welchem das Subjektive sich zur höchsten (theoretischen) Potenz erhebt.

Ich komme mit der Naturphilosophie nie aus jener Identität des Ideal-Realen heraus, ich erhalte beide fortwährend in dieser ursprünglichen Verknüpfung, und das reine Subjekt-Objekt, von dem ich ausgehe, ist eben jenes zugleich Ideelle und Reelle in der Potenz 0. Aus demselben entsteht mir erst das Ideal-Reale der höheren Potenz, das Ich, in Bezug auf welches jenes reine Subjekt-Objekt bereits objektiv ist.

Der Grund, daß auch solche, die den Idealismus wohl gefaßt haben, die Naturphilosophie nicht begreifen, ist, weil es ihnen schwer oder unmöglich ist, sich von dem Subjektiven der intellektuellen Anschauung loszumachen. — Ich fordere zum Behuf der Naturphilosophie die intellektuelle Anschauung, wie sie in der Wissenschaftslehre gefordert wird; ich fordere aber außerdem noch die Abstraktion von dem Anschauenden in dieser Anschauung, eine Abstraktion, welche mir das rein Objektive dieses Akts zurückläßt, welches an sich bloß Subjekt-Objekt, keineswegs aber = Ich ist, aus dem mehrmals angezeigten Grunde.

Selbst in dem System des Idealismus mußte ich, um einen theoretischen Theil zu Stande zu bringen, das Ich aus seiner eignen Anschauung herausnehmen, von dem Subjektiven in der intellektuellen Anschauung abstrahiren — mit Einem Wort es als Bewußtloses setzen. — Aber das Ich, insofern es bewußtlos ist, ist nicht = Ich; denn Ich ist nur das Subjekt-Objekt, insofern es sich selbst als solches erkennt. Die Akte, welche dort als Akte des Ichs, also auch gleich in der höchsten Potenz aufgestellt wurden, sind eigentlich Akte des reinen Subjekt-Objekts, und sind als solche noch nicht Empfindung, Anschauung u. s. w., welches sie nur durch die Erhebung in das Bewußtseyn werden.

Ich muthe niemand zu, daß er mich in dieser Allgemeinheit verstehe. Es geschieht wider meinen Willen, daß ich hier von dem rede, was ich beabsichtige; denn was man will, spricht man am besten dadurch aus, daß man es thut. Immerhin könnten auch die, welche über das Princip sich nicht mit mir verstehen, doch an den Untersuchungen theilnehmen, da es ihnen freisteht, sich alle Sätze, wenn es zu ihrem Verstehen nothwendig ist, in die idealistische Potenz zu übersetzen. Für das Innere der Wissenschaft ist es vorerst ziemlich gleichgültig, auf welchem Wege die Natur construirt wird, wenn sie nur construirt wird. Es ist nicht zunächst um Naturwissenschaft, es ist um eine veränderte Ansicht der ganzen Philosophie und des Idealismus selbst zu thun, die dieser früher oder später anzunehmen genöthigt seyn wird.

Der Idealismus wird bleiben; er wird nur weiter zurück und in seinen ersten Anfängen aus der Natur selbst, welche bisher der lauteste Widerspruch gegen ihn zu seyn schien, abgeleitet. Auch bleibt, wie ich schon oben bemerkt habe, die Wissenschaftslehre völlig aus dem Spiel. — Alles Philosophiren, also auch das rein theoretische, durch welches Naturphilosophie entsteht, setzt, um subjektiv möglich zu seyn, die Wissenschaftslehre voraus und beruft sich auf sie. — Diese, eben weil sie Wissenslehre ist, kann alles nur in der höchsten Potenz nehmen, und darf diese nicht verlassen. Es ist aber nicht über Wissenschaftslehre (eine geschlossene und vollendete Wissenschaft), sondern über das System des Wissens selbst die Frage.

Dieses System kann nur durch Abstraktionen von der Wissenschaftslehre entstehen und, wenn diese Idealrealismus ist, nur zwei Haupttheile haben, einen rein theoretischen oder realistischen, und einen praktischen oder idealistischen; durch die Vereinigung dieser beiden kann nicht wieder Idealrealismus, sondern es muß vielmehr Real-Idealismus entstehen (was ich oben den objektivgewordenen Idealrealismus nannte, und) worunter nichts anderes als das System der Kunst verstanden wird. Nur daß man sich nicht vorstelle, als ob jene Theile im System selbst ebenso gesondert seyen, als ich sie hier vorstelle. — In jenem ist absolute Continuität, es ist Eine ununterbrochene Reihe, die vom Einfachsten in der Natur an bis zum Höchsten und Zusammengesetztesten, dem Kunstwerk, herauf geht. — Ist es zu gewagt, das erste, wahrhaft universelle System aufstellen zu wollen, das die entgegengesetztesten Enden des Wissens aneinander knüpft?

Derjenige, der das System des Idealismus eingesehen und den naturphilosophischen Untersuchungen mit einigem Interesse gefolgt ist, wird es wenigstens nicht für absolut unmöglich halten. Er wird gesehen haben, wie allmählich von allen Seiten her alles sich annähert zu dem Einen, wie schon sehr entlegene Erscheinungen, die man in ganz verschiedenen Welten gesucht hat, sich die Hand reichen, und gleichsam ungeduldig auf das letzte bindende Wort harren, das über sie gesprochen wird. Wenn es gelingt, den ersten Grundriß wenigstens aufzuführen, so wird man alsdann begreiflich finden und sogar billigen, daß die Anlage dazu von ganz verschiedenen Seiten her gemacht worden ist, und daß man erst die einzelnen Untersuchungen zu berichtigen suchte, ehe man sie als Theile eines und desselben Ganzen vereinigte. — Man wird es daher auch natürlich finden, wenn ich alles, was jetzt geschehen kann, als bloßes Mittel zum Zweck betrachte; wenn ich mich über das Erste mit andern nicht eher zu verständigen suche, als bis wir seiner nöthig haben und es brauchen können, in welchem Fall es sich von selbst und ohne allen Widerspruch einfinden wird. Es soll daher auch durch das Vorhergehende für jeden, dem es nicht deutlich geworden ist, weiter nichts gesagt seyn, als daß ich nicht ohne Grund auf diesem Weg gehe, von dem ich weiß, daß er zum Ziele führt, und auf welchem ich ungestört fortgehen werde, ohne auf Einwürfe Rücksicht zu nehmen, die gegen ihn gemacht werden, und die sich bei dem künftigen Erfolg von selbst beantworten werden.

Gleich zuerst, als ich die Naturphilosophie vorzutragen anfing, wurde mir häufig der Einwurf gemacht, daß ich die Natur doch voraussetze, ohne mir die kritische Frage beigehen zu lassen, wie wir denn dazu kommen eine Natur anzunehmen. Etwas der Art mag auch Herrn Eschenmayer vorgeschwebt haben. Ich antwortete, daß wer sich durch Abstraktion zu dem reinen Begriff der Natur erhebe, einsehen werde, wie ich zur Construktion nichts voraussetze, als was der Transscendental-Philosoph gleichfalls voraussetzt. Denn was ich Natur nenne, ist mir eben nichts anderes als das rein-Objektive der intellektuellen Anschauung, das reine Subjekt-Objekt, was jener = Ich setzt, weil er die Abstraktion von dem Anschauenden nicht macht, die doch nothwendig ist, wenn eine rein-objektive, d. h. wirklich theoretische Philosophie zu Stande kommen soll. — Jenes reine Subjekt-Objekt ist durch seine

Natur schon (den Widerspruch, der in ihr liegt) [9]zur Thätigkeit, und zwar zu bestimmter Thätigkeit, determinirt. Diese bestimmte Thätigkeit gibt, durch alle ihre Potenzen hindurch verfolgt, eine Reihe bestimmter Produkte, während sie mit dem, was in ihr unbegrenzbar ist (dem Ideellen) gleichförmig mit jenen sich selbst potenzirt; — ob jene Produkte die in der Erfahrung vorkommenden sind oder nicht, kümmert mich vorerst nicht; ich sehe bloß auf die Selbstconstruktion des Subjekt-Objekts; entstehen durch dieselbe Produkte und Potenzen der ideellen Thätigkeit, wie sie in der Natur aufgezeigt werden können, so sehe ich freilich, daß mein Geschäft eigentlich ein Deduciren der Natur, d. h. Naturphilosophie, war; ich habe also was ihr euch unter Natur denkt nicht vorausgesetzt, sondern vielmehr abgeleitet (obgleich ihr mir, nachdem ich für mich das Experiment angestellt habe, verstatten werdet, meine Philosophie zum voraus als Naturphilosophie anzukündigen), überhaupt habe ich nichts vorausgesetzt, als was sich unmittelbar aus den Bedingungen des Wissens selbst als erstes Princip einsehen läßt, ein ursprünglich zugleich Sub- und Objektives, durch dessen Handeln zugleich mit der objektiven Welt, als solcher, auch schon ein Bewußtes, dem sie Objekt wird, und umgekehrt, gesetzt wird — und mit dessen Begriff wir noch weiter zurückgehen, als selbst Spinoza mit dem der [10]*natura naturans* und *natura naturata*, welche sich bloß relativ entgegengesetzt, und beide nur das von verschiedenen Gesichtspunkten angesehene Subjekt-Objekt sind.

Die Naturphilosophie hat vor dem Idealismus voraus, daß sie ihre Sätze rein-theoretisch beweist und keine besonderen, praktischen Anforderungen zu machen hat, wie jener, der eben deßwegen auch keine rein theoretische Realität hat, wie ich bereits in der Vorrede zum System des Idealismus bemerkt habe.

Dadurch, daß ich von der anschauenden Thätigkeit in der intellektuellen Anschauung abstrahire, nehme ich das Subjekt-Objekt nur aus seiner eignen Anschauung (ich mache es bewußtlos), nicht aus der meinigen. Es bleibt als meine Construktion auch fortwährend in meiner Anschauung begriffen, und ich weiß, daß ich durchgängig nur mit meiner eignen Construktion zu thun habe. Die Aufgabe ist: das Subjekt-Objekt so objektiv zu machen und bis zu dem Punkte aus sich selbst herauszubringen, wo es mit der Natur (als Produkt) in Eines zusammenfällt; der Punkt, wo es Natur wird, ist auch der, wo das Unbegrenzbare in ihm sich zum Ich erhebt, und wo der Gegensatz zwischen Ich und Natur, der im gemeinen Bewußtseyn gemacht wird, völlig verschwindet, die Natur = Ich, das Ich = Natur ist. Von diesem Punkt an, wo alles, was an der Natur noch Thätigkeit (nicht Produkt) ist, in das Ich übergegangen ist, dauert und lebt die Natur nur in diesem fort, das Ich ist jetzt Eins und alles, und in ihm ist alles beschlossen. Aber eben von diesem Punkt beginnt auch der Idealismus.

Was also in dem System des Idealismus unter dem Namen der theoretischen und praktischen Philosophie aufgestellt worden ist, ist schon als der idealistische Theil des gesammten Systems der Philosophie anzusehen; die Akte, welche in dem theoretischen Theil des Idealismus abgeleitet sind, sind Akte, deren einfache Potenzen in der Natur existiren und in der Naturphilosophie aufgestellt werden. — Das Entstehen dieser höheren Potenzen fällt in den Uebergang aus dem realistischen Theil in den idealistischen; indem das Bewußtseyn entsteht, erheben sich alle früheren Akte von selbst zur Empfindung, zur Anschauung u. s. w. — Mehrere haben, weil von Natur- und Transscendental-Philosophie als entgegengesetzten gleich möglichen Richtungen der Philosophie die Rede war, gefragt, welcher von beiden denn die Priorität zukomme. — Ohne Zweifel der Naturphilosophie, weil diese den Standpunkt des Idealismus selbst erst entstehen läßt und ihm dadurch eine sichere, rein theoretische Grundlage verschafft. Indeß ist der Gegensatz zwischen Naturphilosophie und Idealismus dem, welcher bisher zwischen theoretischer und praktischer Philosophie gemacht wurde, gleich zu schätzen. — Die Philosophie kehrt also zu der alten (griechischen) Eintheilung in Physik und Ethik zurück, welche beide wieder durch einen dritten Theil (Pöetik oder Philosophie der Kunst) vereinigt sind.

Hr. Eschenmayer findet zwar, daß es überhaupt noch nicht Zeit sey, von einem System der Naturphilosophie zu sprechen. Ich wäre begierig zu wissen, wie lange dieses Noch noch dauern soll, und woran man künftig erkennen wird, daß die Zeit dieser Wissenschaft gekommen sey. — Etwa daran, daß die Erfahrung noch weiter vorgeschritten ist? — Allein wie weit wir eigentlich mit der Erfahrung seyen, — dieß kann eben nur aus der Naturphilosophie beurtheilt werden. Die Erfahrung ist blind, und muß ihren eignen Reichthum oder Mangel erst durch die Wissenschaft einsehen lernen. Auch kann eine Wissenschaft, die ganz a *priori* besteht, nicht von zufälligen Bedingungen, wie die der Erfahrungsfortschritte, abhängig seyn; vielmehr müssen umgekehrt diese durch jene beschleunigt werden, indem sie Ideen darbietet, die zur Erfindung führen. Von einer Wissenschaft, die durch sich selbst besteht, kann man überhaupt nie sagen: es sey noch nicht Zeit sie zu erfinden, denn eine solche zu erfinden ist es immer Zeit. — Man wird also immer nur sagen können: diesem bestimmten Versuch, die Wissenschaft aufzustellen, ist es noch nicht gelungen. — Daß das, was ich in meinem Entwurf der Naturphilosophie aufgestellt habe, von mir selbst nicht für das System selbst gehalten werde, habe ich durch den Titel des Werks schon, ganz bestimmt aber in der Vorrede erklärt, wo es heißt: «Der Verf. hat zu hohe Begriffe von der Größe eines solchen Unternehmens, um in der gegenwärtigen Schrift, weit entfernt das System selbst aufstellen zu wollen, auch nur mehr als den ersten Entwurf desselben anzukündigen». –Ich habe noch überdieß erklärt, daß diese Schrift zunächst gar nicht für das größere Publikum, sondern unmittelbar [11]für meine Zuhörer bestimmt sey. Der akademische Lehrer, der eine ganz neue Wissenschaft vorzutragen hat, kann ohne einen Leitfaden nicht hoffen, sich hinlänglich verständlich zu machen; und wofern er die Zeit nicht mit Diktiren verschwenden will, bleibt ihm nichts anderes übrig als der Weg der Presse. Es ist unbillig, von einem Werke, das für einen solchen besonderen, ausdrücklich erklärten Zweck bogenweise, wie es die Umstände fordern, erscheint, dieselbe Vollendung zu fordern, wie von einem für allgemeinere Zwecke und mit der nöthigen Muße ausgearbeiteten Werk.

Aber auch diese zufälligen Bedingungen hinweggedacht, war es unmöglich an ein System der Naturphilosophie zu denken, solange man noch nicht einmal den Standpunkt für dieselbe voraussetzen konnte. Es blieb nichts übrig, als die Wissenschaft nur überhaupt bis zu dem Punkt zu führen, von welchem aus sie anfangen konnte System zu werden. Dieß ist durch jene Schrift auch wirklich geleistet worden. Die Keime des Systems, wie ich es künftig aufstellen werde, liegen alle darin zerstreut, und die Theorie des dynamischen Processes, welche die Grundlage der ganzen speculativen Physik, und selbst der organischen Naturlehre ist, ist im Entwurf und der Einleitung ganz bestimmt ausgesprochen. — In einer solchen Darstellung mußten nothwendig alle möglichen Reflexionspunkte, auf welchen die Naturphilosophie stehen kann, durchlaufen und bezeichnet werden, und der höchste, der alle andere unter sich begreift, und der in einem wirklichen System das Princip seyn mußte, konnte hier vielmehr nur das Resultat seyn.

Unter diesen Reflexionspunkten ist nun ohne Zweifel der der [12]Atomistik der erste; es war daher natürlich, ihn zu gebrauchen, um mittelst desselben den Eingang in das System zu finden. Daß ich aber die gewöhnliche Atomistik nicht für eine solche Ansicht halte, die in einer wahren Naturphilosophie auch nur als ein untergeordneter Reflexionspunkt aufgeführt werden könnte, ist dadurch deutlich angezeigt worden, daß ich die Atomen der Physik zu etwas ganz anderem umgeschaffen habe. — Ich gebe aber diese ganze atomistische Ansicht Herrn Eschenmayer und jedem willig Preis, der sich an ihr üben will. Durch die nachfolgende, allmählich eingeleitete und begründete Konstruktion heben sich alle jene von Hrn. E. angegriffenen Sätze zusammt dem System, aus dem sie entsprungen sind, von selbst auf; z. B. nehme man den Hrn. E. so anstößigen Satz: Jede Qualität ist Aktion von bestimmtem Grad, für welchen man kein Maß hat als ihr Produkt. — Wer spricht denn hier? — Der Atomistiker. Woher soll nun diesem das Maß eines Grades kommen?

Kein Grad ist möglich als durch ein umgekehrtes Verhältniß entgegengesetzter Faktoren, wie z. B. ein bestimmter Grad von Geschwindigkeit durch das umgekehrte Verhältniß des Raums, welcher durchlaufen, und der Zeit, welche dazu angewendet wird. Aber dem Atomistiker eben fehlt es an einem solchen Maß, da ihm die Aktion nicht ein bestimmtes Verhältniß entgegengesetzter Kräfte, sondern etwas absolut Einfaches bezeichnet. Nicht in diesen Sätzen liegt die Verschiedenheit meiner Ansicht von der des Herrn E., sondern darin, daß er in dem Verhältniß der ursprünglichen Kräfte zueinander eine bloße quantitative, durch das relative Mehr oder Weniger der einen oder der andern Kraft bestimmbare Verschiedenheit für möglich gehalten hat, und wie aus dem ersten Theil seiner Abhandlung erhellt, noch jetzt hält, und daß er mit diesen verschiedenen quantitativen Verhältnissen und den Formeln, durch welche sie ausgedrückt werden, die ganze specifische Differenz der Materie abgeleitet zu haben glaubt, obgleich sie ihm in alle Ewigkeit nichts anderes als verschiedene specifische Dichtigkeitsgrade geben, durch welche eine Menge anderer Bestimmungen derselbe völlig unbestimmt bleiben.

Ich versuche die qualitativen Bestimmungen der Materie aus einem andern Verhältniß der beiden Kräfte zueinander zu construiren, als demjenigen, durch welchen die specifische Schwere determinirt wird; Hr. E., indem er jene durch dieses bestimmt glaubt, auf das sie doch nimmermehr reducibel sind, läßt sie eben deßwegen als specifische Eigenschaften zurück. Denn was hat man von jeher unter dem Specifischen verstanden als das Inconstruktible, oder vielmehr das, was man nicht zu construiren wußte?

Da für Herrn E. an der Materie nichts ist, außer demjenigen Verhältniß der Kräfte, welches den Grad ihrer Raumerfüllung bestimmt, so kann ihm auch durch Veränderung dieses Grades nicht etwa etwas anderes Positives gesetzt werden, was den Grund anderer Bestimmungen enthielte. Die Eingenschaften der Körper müssen ihm daher mit den Graden ihrer Raumerfüllung immer in einem direkten Verhältniß stehen. — Nun möchte ich wissen, in welchem direkten Verhältniß zur specifischen Schwere des Eisens z. B. die beträchtliche Cohärenz dieses Metalls, oder in welchem direkten Verhältniß zur specifischen Schwere des Quecksilbers die geringe Cohäsion dieses Metalls stehen könnte? — Durch Veränderung der specifischen Schwere wird ihm, da er an der Materie nichts als eben diese kennt, ins Unendliche auch nichts als eben die specifische Schwere verändert.

Nun verlangte ich zu wissen, wie mit der Veränderung der specifischen Gewichte auch andere Bestimmungen der Materie hervortreten können, die mit jenen offenbar in keinem geraden Verhältniß stehen. — Hr. E. selbst hat schon längst zugegeben, daß die Reihen der qualitativen Bestimmungen der Materie den Reihen der specifischen Gewichte gar nicht parallel gehen, und gibt es jetzt wieder zu. — Und wie beantwortet er diese Schwierigkeit? Durch die Frage: ob denn die Erfahrung Schiedsrichterin seyn könne zwischen dem Produkt, welches construirt werden soll, und der Vernunft, welche construirt. — Das Produkt, welches zu construiren man sich aufgibt, kennt man, ehe diese Aufgabe gelöst ist, eben auch nur durch Erfahrung. Mithin heißt die Frage soviel: ob denn die Erfahrung Schiedsrichterin zwischen der Erfahrung und der construirenden Vernunft seyn soll. — So ausgedrückt leuchtet das Widersinnische der Bejahung sogleich ein. — Allein ich frage dagegen: sollte denn nicht die Coincidenz des in der Erfahrung vorkommenden Produkts mit dem, welches construirt worden ist, die sicherste Rechenprobe über die Richtigkeit der Construktion seyn? — Es ist gar nicht davon die Rede, daß überhaupt construirt werden soll (dieß versteht sich von selbst), es ist davon die Rede, daß richtig construirt werde. — Daß nun dieß geschehen sey — kann doch wohl nicht mit der allgemeinen Redensart: der menschliche Geist ist Gesetzgeber der Natur, bewiesen werden.

Diese Redensart ist recht gut: es ist gar kein Zweifel, daß die Vernunft der Natur Gesetze gibt, auch daß die Vernunft immer richtig construirt — die Frage ist aber im einzelnen Fall eben die: ob denn wirklich die Vernunft construirt hat. — Daraus, daß die Vernunft der Erfahrung Gesetze gibt, folgt doch wohl nicht, daß sie der Erfahrung widersprechen darf; vielmehr, eben weil sie ihre Gesetzgeberin ist, muß diese aufs vollkommenste mit ihr übereinstimmen, und wo dieß nicht der Fall ist, wird mit Recht geschlossen, daß nicht die gesetzgebende, sondern irgend eine empirische Vernunft construirt habe. — Ich sage in der Naturphilosophie: die Natur sey ihre eigne Gesetzgeberin. Hr. E. kann nicht begreifen, wie man, dieß vorausgesetzt, nur noch die Mühe sich geben könne, die Natur zu construiren. — Hätte Hr. E. denselben Begriff von Natur mit mir, so würde ihn jener Satz so wenig befremden können, als der, welchen er als Grundsatz des Rationalismus jenem entgegensetzt, der menschliche Geist sey sein eigner Gesetzgeber. Wenn dieß ist, könnte man sagen, wie mag sich der Philosoph nur noch die undankbare Mühe geben, das Ich mit allen seinen Bestimmungen zu construiren? — Der menschliche Geist wird ja wohl human genug seyn, diese Mühe schon selbst zu übernehmen, oder sie vielmehr bereits übernommen haben. –

Ich betrachte in der Naturphilosophie jenes Subjekt-Objekt, das ich Natur nenne, allerdings in seiner Selbstconstruktion. Man muß sich zur intellektuellen Anschauung der Natur erhoben haben, um dieß zu begreifen. — Der Empiriker erhebt sich dahin nicht; und eben deßwegen ist er eigentlich immer das Construirende, in allen seinen Erklärungen. Es ist daher nicht zu verwundern, daß das Construirte und das, was construirt werden sollte, so selten übereintrifft. — Der Naturphilosoph kann eben darum, weil er die Natur zur Selbständigkeit erhebt und sich selbst construiren läßt, nie in die Nothwendigkeit kommen, die construirte Natur (d. h. die Erfahrung) jener entgegenzusetzen, jene nach ihr zu corrigiren; die construirende kann nicht irren; und der Naturphilosoph bedarf nur einer sichern Methode, um sie nicht durch seine Einmischung irre zu machen; eine solche Methode ist möglich, und soll nächstens ausführlich bekannt gemacht werden. Daß er aber auch diese Methode, welche an sich unfehlbar seyn muß, richtig angewendet habe, davon kann der Philosoph zuletzt nur durch den Erfolg sich überzeugen, daß nämlich die vor seinen Augen sich selbst construirende Natur mit der construirten zusammenfällt; die Erfahrung ist also für ihn freilich nicht Princip, wohl aber Aufgabe, [13]nicht *terminus a quo*, wohl aber *terminus ad quem* der Construktion. — Wo dieser *terminus ad quem* nicht erreicht wird, kann man mit Recht schließen, daß entweder die richtige Methode überhaupt nicht, oder daß die richtige unrichtig oder unvollständig angewendet worden sey.

Ich kehre zu der Frage über den Grund der specifischen Eigenschaften der Materie zurück. — Hr. E. selbst hat in der voranstehenden Abhandlung die Untersuchung hierüber weiter zu führen gesucht; er nimmt jetzt in seine Construktion Beziehungen auf, die er sonst nicht in Betrachtung zog, nämlich die Beziehungen der Körper auf die verschiedenen Sinne, deren Verschiedenheit er wiederum als eine bloß graduale darzustellen sucht; ich finde das Ganze sehr scharfsinnig, einzelne Behauptungen von überzeugender Wahrheit — aber noch immer bleibt unbeantwortet die Hauptfrage, um deren willen dieser ganze Apparat gemacht ist, nämlich, wie denn nun durch bloße Verschiedenheit der Dichtigkeitsgrade auch diese verschiedenen Verhältnisse der Körper zu den verschiedenen Sinnesarten gesetzt seyen. — Der Verfasser knüpft das, auf ganz anderem Wege und wie durch eine Anticipation gefundene, Resultat nicht wieder an an seinen Hauptsatz: der gemeinschaftliche Ausdruck eines Objekts sey seine specifische Dichtigkeit — es ist also durch die ganze Untersuchung, wie er auch selbst gesteht, über die Hauptsache noch immer nichts entschieden. Es scheint vielmehr, daß der Verfasser auf diesem neuen Wege sich nur in neue Schwierigkeiten verwickelt habe; da er nun auch die jetzt ins Spiel gezogenen Sinnesarten als bloß gradual verschieden angeben muß, obgleich billiger Weise zuvor bestimmt seyn sollte, was denn eigentlich in den Sinnesarten in verschiedene Grade erhoben wird. Es kann doch nicht wieder dasselbe seyn, was der Gradation der Materie (des die Sinnen Afficirenden) zu Grunde liegt; unbeantwortet sind die Fragen, welche Gradation der Materie dann erforderlich sey, daß sie z. B. durch Geruch, welche andere, daß sie durch Lichtentwicklung gerade in die dem Geruchs- und Gesichtssinne entsprechende Gradation der Sinnlichkeit falle, und wie denn wiederum diese Gradationen der Materie, wodurch sie zu bestimmten Sinnesarten ein bestimmtes Verhältniß erlangt, sich zu denen verhalte, wodurch sie ein bestimmtes Verhältniß zum elektrischen oder chemischen Proceß erhält. — Ohne Zweifel entspricht jeder bestimmten Gradation der letzteren Art ein bestimmtes Verhältniß der Körper zu gewissen Sinnen, und umgekehrt — aber es fehlt hier durchaus der bindende Begriff und es bleibt eine gänzlich unaufgelöste Antithesis zurück.

Allein ich will jetzt nicht von den Lücken der von Hr. E. entworfenen

Theorie (die er ja durch künftige Untersuchungen ausfüllen könnte) reden, sondern mich nur an den ersten Satz halten, daß nämlich die Verschiedenheit aller Sinnesarten eine bloß graduale sey, welchen er, soviel ich begreife, weder bewiesen noch auch nur einigermaßen begreiflich gemacht hat. Das Ganze scheint mir auf folgende Hauptsätze zurück zu kommen:

1) Es gibt verschiedene Sinnesarten (welches er vorerst postulirt).

2) Jeder dieser Sinnesarten sind gewisse Empfindungen eigen (welches wiederum indeß postulirt wird).

3) Zwischen den verschiedenen Empfindungen einer und derselben Sinnesart ist ein bloß gradualer Unterschied, z. B. den verschiedenen Tönen, welche ein und derselbe tongebende Körper von sich gibt.

4) Innerhalb der allgemeinen Sphäre jeder Sinnesempfindung und selbst, wo die durch 3. bestimmte graduale Verschiedenheit nicht eintritt, sind wieder Verschiedenheiten, welche specifisch erscheinen (z. B. der specifische Ton einer Violine, einer Flöte bei gleicher Höhe oder Tiefe des Tons von beiden).

5) In 3. und 4. zeigen sich also verschiedene Gradationen; jene gründet sich auf ein arithmetisches, diese auf ein geometrisches Verhältniß. — «Hier ist also erklärt, wie der Ton außer seinem (innern) gradualen Verhältniß noch ein anderes (äußeres) annehmen könne. Die specifisch verschiedenen Töne sind bloß verschiedene Intensitäten, wobei immer das Maximum einer Tonreihe in das Minimum einer andern übergeht». Dasselbe ist anwendbar auf alle andern Sinne, nur daß die Analysis bei ihnen noch nicht tief genug gedrungen ist. Specifisch verschiedene Geruchsempfindungen z. B. sind nur verschiedene Intensitäten eines und desselben (geometrischen?) Grundverhältnisses, indeß jede specifische Geruchsart in sich wieder ihre arithmetische Reihe hat.

6) Aber eben ein solches Verhältniß als zwischen den specifisch verschiedenen Empfindungen einer und derselben Sinnesart (4.) ist auch wieder zwischen den verschiedenen Sinnesarten selbst, so daß auch hier wieder das Minimum der einen (z. B. der Lichtempfindung) unmittelbar in das Maximum der andern (z. B. der Schallempfindung?) übergeht.

Wir enthalten uns über diese, sinnreich ausgedachte, Theorie aller Anmerkungen — theils weil sie sich von selbst machen, theils weil wir damit immer verziehen können, bis der Verfasser seine Theorie durch fortgesetzte Construktion von seinem ersten Satz an, über den wir nicht übereinstimmen, abgeleitet hat.

Die Hauptsätze davon sind bloß in der Absicht herausgehoben, um die Vergleichung mit unserer Ansicht derselben Sache zu erleichtern.

Es scheint uns nämlich, daß wir uns von Hrn. E. weniger weit entfernen, seitdem er ein anderes als das bloß arithmetische Verhältniß der Kräfte (durch welches bloß die specifische Schwere bestimmt ist) gelten läßt. Er wird, nachdem er einmal ein geometrisches Verhältniß — doch wohl der Kräfte? — zugibt, auch zugeben, daß auf ihren verschiedenen Verhältnissen zueinander im Raume die Möglichkeit der verschiedenen Dimensionen der Materie beruht (die sich aus dem bloß arithmetischen nimmermehr einsehen läßt), daß also, so wie es nur drei Dimensionen der Materie gibt, auch nur drei verschiedene Verhältnisse der Kräfte zueinander in Bezug auf den Raum möglich sind.

Wir werden uns darüber verstehen, daß in der ersten Construktion schlechthin nur die dritte Dimension (über welche die Schwere allein Gewalt hat, und in der, wo sie in ihrer Vollkommenheit producirt ist, die beiden ersten sich auslöschen) entstehe, daß also mit der ersten Construktion freilich auch nichts als ein arithmetisches Verhältniß der beiden Kräfte zueinander gegeben ist, daß sonach Herstellung der verschiedenen Dimensionen als solcher nur durch eine Reconstruktion des Produkts möglich ist. Wir werden damit das Produkt über die erste Potenz, für welche es Kant z. B. allein construirt hat, hinaus und in eine zweite führen, wo die Construktion nicht mehr auf dem einfachen Gegensatz der beiden Kräfte, sondern auf dem Gegensatz zwischen der ideellen Thätigkeit der höheren Potenz (Licht) und der construirenden der ersten beruht; wo das Produkt auf verschiedenen Stufen der Reconstruktion zurückgehalten auch zuerst Qualitäten annimmt, welche eben nichts anderes als verschiedene Verhältnisse der Körper zu den verschiedenen Momenten der Reconstruktion bezeichnen, und die, weit entfernt von der specifischen Schwere abhängig zu seyn, vielmehr durch die Tendenz der ideellen Naturthätigkeit, diese aufzuheben, in die Materie gesetzt werden. Wir werden das Produkt, nachdem wir es einmal der ersten Construktion entrissen, für immer belebt und aller höheren Potenzen fähig gemacht haben. Wir werden finden, daß die einförmige, sich immer, nur in höheren Potenzen, wiederholende Natur auch im Organismus, und zwar hier in der einen Funktion der Sensibilität, alle Funktionen der vorgergehenden Potenz wiederholt; es wird zugegeben werden müssen, daß die Differenz der verschiedenen Sinnesarten, so wenig als die der beiden Kräfte, oder die der beiden Pole eines Magnets, eine bloß graduale ist, daß der Gesichtssinn z. B. uns den idealistischen, der Gefühlssinn den realistischen Pol repräsentirt (woraus sich nachher erklären wird, warum jener, weil nämlich seine äußere Bedingung eine ideelle, in die Ferne wirkende Thätigkeit ist, gar nicht durch Raumbedingungen eingeschränkt wird wie dieser). Wir werden in den drei übrigen Sinnesarten abermals nur eine in der höheren Potenz geschehende Wiederholung der drei Momente der Reconstruktion, des Magnetismus, der Elektricität und des chemischen Processes, erblicken (woraus sich wiederum von selbst erklären wird, warum für die erste eben vorzüglich eine Anlage von starren Körpern gemacht worden ist, während das Organ der zweiten flächenartig sich ausbreitet, und die dritte endlich an ein halbflüssiges Organ gebunden erscheint). Die Natur wird uns dann nicht mehr ein todtes, bloß raumerfüllendes, sondern vielmehr ein belebtes, für den in ihr verkörperten Geist mehr und mehr durchsichtiges, endlich durch die höchste Vergeistigung in sich selbst zurückkehrendes und sich schließendes Ganzes seyn.

Beruht endlich die Differenz, die zwischen Hrn. E. und mir in Ansehung der ganzen Behandlung der Natur obwaltet, bloß darauf, daß er bei dem im Bewußtseyn vorkommenden Gegensatz zwischen Geist und Natur stehen bleibt, und als den Einen Faktor zur Construktion der letzteren des ersteren bedarf, während mir in der Transscendentalphilosophie auch das, was er noch der Natur zugibt, im Ich — in der Naturphilosophie auch das, was er noch dem Ich zugibt, in der Natur selbst ist. Auf eine solche Grundverschiedenheit unserer Ansicht muß ich aus Aeußerungen schließen, wie die folgenden sind: «es ist ein absolutes Quantum von Thätigkeit an zwei entgegengesetzte Potenzen (Geist und Natur) vertheilt, so viel Thätigkeit in mir, so viel Negation in der Natur, und umgekehrt» (welches auf einem niederen Reflektionspunkte wahr, auf dem höheren aber falsch ist). «Das Urprincip, das nach [14]Baader den Aushauch von oben in die todte Bildsäule des Prometheus weht, die erste Welle im Puls der Natur (das Wechselspiel ihres Dualismus) rege macht — sey die Spontaneität», welche er in den Geist setzt, während mir das, was dieß alles thut, noch in der Natur selbst — die wirkliche Seele der Natur — ist, da ich überhaupt nicht zwei verschiedene Welten, sondern durchaus nur die Eine selbige zugebe, in welcher alles, und auch das begriffen ist, was im gemeinen Bewußtseyn als Natur und Geist sich entgegengesetzt wird.

Möchte es Herrn Eschenmayer gefallen, sich über diesen Punkt zu erklären; die Wissenschaft könnte nicht anders als dadurch gewinnen.

Es kommt nachgerade zum Vorschein, daß auch der Idealismus seinen Geist und Buchstaben — und verschiedene Arten verstanden zu werden hat. Ich denke in dem folgenden Heft, der neuen Darstellung meines Systems, eine Aufzählung dieser verschiedenen Arten vorauszuschicken, und darzuthun, wie man am Ende genöthigt ist, diejenige für die allein wahre zu halten, die ich so eben charakterisirt habe, nämlich die, durch welche aller Dualismus auf immer vernichtet ist, und alles absolut Eins wird. Da ich hoffen darf, daß Hr. E. mit dieser Ansicht sowohl durch mein System des Idealismus, als durch das hier (in dieser Zeitschrift) Verhandelte eine genauere Bekanntschaft gemacht hat, als ihm durch die bloße Lektüre des Entwurfs möglich gewesen ist, so würden wir uns sehr kurz über unsere Ansicht verständigen und erfahren können, ob wir beide wirklich oder nur scheinbar von denselben Principien ausgehen.

Nachdem ich bis jetzt fast nur von den Punkten gesprochen habe, über welche zwischen Hrn. Eschenmayer und mir, wenigstens scheinbare, Uneinigkeit ist, so wünschte ich gerne und lieber von denen zu sprechen, in welchen wir uns begegnet sind, oder über welche ich ganz seinen geistreichen Aeußerungen beitreten muß. Allein der Raum verstattet dieß jetzt nicht. Ich bitte Hrn. E. schließlich nur, das, was er über das vierte Princip, die Spontaneität, als in uns wohnend sagt, mit dem zu vergleichen, was er aus seiner Dissertation anführt: [15]*Causam, quae tellurem nostram a nanciscendo absoluto aequilibrio arcet, sol ministrare videtur* — um sich auch über den zuletzt noch zweifelhaft gelassenen Punkt mit mir überein-stimmend zu finden. Jener Impuls der Spontaneität fällt noch in die Sphäre der Natur selbst; es ist das Licht, der Sinn der Natur, mit welchem sie in ihr begrenztes Inneres sieht, und der die im Produkt gefesselte ideelle Thätigkeit der construirenden zu entreißen sucht. Wie jene der Tag, so ist diese (die construirende) die Nacht, jene das Ich, diese das Nicht-Ich der Natur selbst. Und so wie jene an sich einfache und reine Thätigkeit durch den Conflikt mit dieser empirisch (Farbe) wird, so wird diese im Conflikt mit jener genöthigt, mit dem Produkt ideell zu werden, es zu reconstruiren und unter verschiedenen Formen — jetzt durch Magnetismus, wo die beiden Faktoren der Indifferenz noch in ihm selbst sind, jetzt durch Elektricität, wo sie den einen Faktor der Indifferenz außer ihm, in einem andern Produkte, suchen muß, jetzt als chemische Kraft, wo sie zur Erlangung des einen oder beider Faktoren der Indiffe-renz eines dritten bedarf — unter ihre Herrschaft zurückzubringen, bis endlich jene unsterbliche, in ihrem Princip unbegrenzbare Thätigkeit, rein und als ideelle Thätigkeit sich dem Produkt vermählt, und den Grund des Lebens in der Natur legt, das durch eine noch höhere Potenzirung wiederum sich bis zur höchsten Indifferenz von Stufe zu Stufe erhebt.

COMMENTARY

Text: Friedrich Wilhelm Joseph von Schelling, *Sämtliche Werke* (14 vols; Stuttgart/Augsburg, 1856 ff) IV, 79–103.

1. *in dem zweiten Heft des ersten Bandes*: the present essay was published in the Jena *Zeitschrift für speculative Physik*, Band II, Heft 1 (1801); the preceding number of this journal, to which Schelling here refers, carried his *Ein-leitung zum Entwurf* (see note 2).

2. *Einleitung zu meinem Entwurf eines Systems der Naturphilosophie*: the *Entwurf* appeared in 1798/9, the *Einleitung zum Entwurf* in 1799; the latter gives what is probably the most concise account of *Naturphilosophie*.

3. *Herr Eschenmayer*: this same issue of the *Zeitschrift für speculative Physik* contained a critique of Schelling's views by C. A. Eschenmayer, professor of philosophy and medicine at Tübingen, under the title 'Spontaneität = Weltseele, oder über das höchste Prinzip der Naturphilosophie'.

4. *Clavis Fichtiana seu Leibgeberiana*: title of an essay by Jean Paul in his *Komischer Anhang zum Titan*. In it Jean Paul attacks the subjective idealism of Fichte's *Wissenschaftslehre*, which he sees as leading to solipsism and eventually to madness. He ascribes the authorship of the essay to one Leibgeber, a character from his novel *Siebenkäs*. One may add, ironically, that, in his life as in his works, Jean Paul was himself a thoroughly Fichtean character.

5. *Das nächste Heft dieser Zeitschrift* etc.: a reference to the *Darstellung meines Systems der Philosophie* (1801), the so-called *Identitätsphilosophie*. This thorough revision of his system 'von seinen ersten Gründen aus' is characteristic of Schelling's constant return to his starting-points.

6. *Es gibt einen Idealismus der Natur* etc.: this is as clear a statement as one could desire for illustrating the basic difference of assumption between Schelling and Fichte.

7. *Die Wissenschaftslehre*: Fichte's *Wissenschaftslehre*, first enunciated in his general *Grundlage der gesamten Wissenschaftslehre* of 1794–5 and subsequently applied to specific practical and metaphysical questions in later works, was Schelling's immediate point of departure for his own theories: these are summarised in the following paragraphs.

8. *das System der Kunst*: the union of the ideal and the real, the rational and the irrational, to form a higher, truer objectivity was in Schelling's eyes pre-eminently the role of art (cf. p. 100, above), and the profoundest truths were to be expressed, not in facts and concepts but in symbols.

9. *zur Thätigkeit .... determiniert*: cf. the centrality of activity, i.e. creativity, to Fichte's *Ich-Prinzip*.

10. *natura naturans ... natura naturata*: 'creative nature ... created nature'. Spinoza used these terms from medieval scholasticism to distinguish between pure substance and the pattern of dependent realities which follows from it. Schelling is concerned to overcome this distinction by means of his unified *Subjekt-Objekt*.

11. *für meine Zuhörer*: the *Erster Entwurf* originally took the form of a series of lectures given by Schelling in the University of Jena; hence his reference a few lines later to its having been produced in fascicles ('bogenweise').

12. *Atomistik*: a view which reduced the world to a collection of independent, self-generating and self-justifying material elements, devoid of any central controlling intelligence, naturally held no attractions for Schelling. See his 'Allgemeine Anmerkung über die Atomistik' in the *Ideen zu einer Philosophie der Natur* (*ed. cit.* II, 212–3).

13. *nicht terminus a quo, wohl aber terminus ad quem*: 'not the point of departure, but rather the goal'.

14. *Baader*: the philosopher and theologian Franz Xaver von Baader (1765–1841) came to know Schelling's work in the course of the 1790s, and there was a fruitful contact between the two men — whose outlooks had much in common — until Baader's famous denunciation of modern philosophy in 1822.

15. *Causam, quae tellurem nostram* etc.: 'It appears to be the sun that prevents our earth from attaining a perfect equipoise'.

GOETHE (1749—1832)

Shakespeare und kein Ende (1813-16)

From the end of the sixteenth century onwards, when the 'englische Komödianten' first invaded Germany with their free adaptations of English tragedies and comedies, Shakespeare has been a powerful influence in the German literary tradition. Moreover, as at the time of the 'englische Komödianten' themselves, it has tended to be an influence of a general inspirational kind rather than a specific concern with Shakespeare the individual poet and dramatist. It did not occur to the 'Komödianten' to think of his plays as personal utterances, and their performances, whether of Shakespeare or any other playwright, never quoted the author's name. Throughout the seventeenth century, plays—Shakespeare's most popular work at this time seems to have been *Titus Andronicus*—continued to be announced only by title, and in the eighteenth century the name of Shakespeare was still invoked more for what he was held to represent than for what critics could isolate as the sources of his individual greatness.

Whereas during the seventeenth century and the first half of the eighteenth it was above all Shakespeare's subject-matter that had gripped the imagination, with Wieland and Lessing it was an occupation with form, already present in the work of Bodmer and Breitinger, that came to predominate. Lessing's crusade against Gottsched and the domination of German literature by French classical values found its most powerful ally in Shakespeare, whose formal excellencies Lessing sought to demonstrate in terms of Aristotelian theory, while Wieland, also in a literary-pedagogical spirit, offered prose translations of twenty-two of Shakespeare's dramas (1762–6). With Herder the emphasis moves from form to spirit, from outer justification to inner rationale, a synthesis of the universal values on which Shakespeare's meaning rests (see p. 23 above), and it is in this atmosphere that the enthusiasm of the young Goethe was kindled.

The story of Goethe's relationship to Shakespeare is the same as that of his relationship to all the other forces and figures to whose influence he exposed himself during the sixty years of his literary career: the story of how he absorbed from the world around him that stimulus which the particular moment demanded for the development of his mind and the furtherance of his art. In his early twenties he needed the inspiration of the concept of all-consuming genius, with Herder's thoughts on the national context from which all genius emerges, to liberate him from contemporary, French-dominated convention. Turning away, after a few years, from these *Sturm und Drang* excesses, he found an ideal of poise and harmony in the world of Classical antiquity. Then, lest this ideal, which dominates the years of his maturity, should become inflexible and confining, he sought the new experience of the hedonistic world of the Persian poet Hafis. The kaleidoscope of his personal emotional involvements throughout his life is the reflection of the same constantly changing need for new stimuli and new objects of affection. Moreover what was at one moment an inspiration could at another moment be an empty, even destructive, encounter. 'Was fruchtbar ist, allein ist wahr'—as he puts it in the poem *Vermächtnis*, written in his eightieth year—is the abiding philosophy of Goethe the creator as of Goethe the man. Or, reflective of that same philosophy:

> Und solang' du das nicht hast,
> Dieses: Stirb und werde!
> Bist du nur ein trüber Gast
> Auf der dunklen Erde.
>
> *(Selige Sehnsucht)*

Thus the most characteristic, most original expression of his Shakespeare-enthusiasm of the early 1770s is not the effusive *Rede zum Shakespeares-Tag* (1771), which echoes the thoughts of Herder in his Shakespeare essay for *Von deutscher Art und Kunst* (p. 16ff. above), but *Götz von Berlichingen* (1771–3), the epic drama which is his creative response to the new power that Shakespeare had released in him. The un-Shakespearean ethos of *Götz* as a whole, as of the Shakespeare-dominated characters of Schiller's early plays and the tragedies of the minor *Stürmer und Dränger*, is easily conceded. The deeper reality is that of the contact between mind and mind, expressed here not in analytical but in original creative terms.

The *Rede zum Shakespeares-Tag* makes some of the aspects of this deeper reality explicit. 'Die erste Seite, die ich in ihm las, machte mich auf zeitlebens ihm eigen, und wie ich mit dem ersten Stücke fertig war, stand ich wie ein Blindgeborener, dem eine Wunderhand das Gesicht in einem Augenblicke schenkt' (Hamburger Ausgabe XII, 224). For Goethe it is not a matter of expounding, like Herder, objective qualities worthy of admiration, or even imitation, but a subjective declaration of spiritual affinity, an autobiographical statement about like minds: 'Von Verdiensten, die wir zu schätzen wissen, haben wir den Keim in uns' *(ibid)*. And this 'seed' is the sense of the irresistible, self-assertive genius whom

Goethe sees as vieing with Prometheus in the creation of human beings 'in kolossalischer Größe'. 'Und ich rufe: Natur! Natur! nichts so Natur als Shakespeares Menschen!' (*ed. cit.* 226).

Nature, individual and national greatness, personal and national freedom, creative self-expression: these were the values—in reality aspects of a single value—which dominated Goethe's life and work in these Strassburg days and which he found triumphantly vindicated in Prometheus, in Socrates, in Caesar, in Mohammed, in Götz von Berlichingen, in Faust—and in Shakespeare.

But as Goethe's *Sturm und Drang* mood passed, as his pattern of values re-arranged itself, and as he opened himself to new stimuli of diverse kinds, so the role and importance of Shakespeare in his life changed. The desire to see himself as a spiritual descendant of Shakespeare, and thus to relate what he found in Shakespeare's dramas to the immediate needs of his own creative personality, gave way to attempts at an objective evaluation, both in terms of Shakespeare's position in the European literary tradition and in the more specific context of drama as a genre. The famous interpretation of *Hamlet* in *Wilhelm Meisters Lehrjahre* marks a change of emphasis from Shakespeare the representative of 'Natur'— 'Seine Menschen scheinen natürliche Menschen zu sein, und sie sind es doch nicht' (Sophienausgabe 1, XXI, 310)—to Shakespeare the student of human nature, Shakespeare the conscious artist and craftsman.

In *Shakespeare und kein Ende*—the first two parts of which were written in the restless year 1813, shortly before Goethe fled from Weimar as the Prussians and the French fought for possession of the town, and the third part written in Weimar three years later—the same atmosphere of critical evaluation prevails. Shakespeare's universal significance remains categorical: '[Er] gesellt sich zum Weltgeist; er durchdringt die Welt wie jener.' At the same time he occupies a particular historical place in the literary continuum, and Goethe is concerned to characterise this historical position vis-à-vis the Ancients on one hand and the Moderns on the other. Shakespeare, he concludes, combines the *Sollen* of Classical tragedy with the *Wollen* of modern drama and thus has the appeal of 'ein entschieden moderner Dichter', but the source of his unique greatness lies in his conversion of the implacable, inhibiting, inhuman *Sollen* of Greek drama into an *ethical* necessity with its roots in human consciousness and its challenge to human nobility: 'denn indem er das Notwendige sittlich macht, so verknüpft er die alte und neue Welt zu unserm freudigen Erstaunen' (p. 129 below). So crushing is Shakespeare's achievement, remarked Goethe many years later, that any latter-day English dramatist could not but realise 'daß Shakespeare die ganze Menschennatur nach allen Richtungen hin und in allen Tiefen und Höhen bereits erschöpft habe, und daß im Grunde für ihn, den Nachkömmling, nichts mehr zu tun übrigbleibe' (to Eckermann, January 2, 1824).

The critical tone sharpens in the third part of the essay, in which Goethe turns to the stagecraft of Shakespeare's dramas and to the relationship of Shakespeare the dramatist to Shakespeare the poet. Goethe had firm ideas about what constituted theatrical acceptability and effectiveness, and often took considerable liberties with the plays produced in Weimar under his aegis, as did all theatrical producers of the time (Schröder's condensation of the two parts of Shakespeare's *Henry the Fourth* into a single evening's entertainment is a well-known example). This section of Goethe's essay is in a sense an apologia for his policies. Later, however, he became stricter in his attitudes, praising Tieck for his efforts on behalf of 'die Einheit, Unteilbarkeit, Unantastbarkeit Shakespeares' and supporting the policy of producing Shakespeare's works 'ohne Redaktion und Modifikation von Anfang bis zu Ende' (*Ludwig Tiecks Dramaturgische Blätter*, 1826: Sophienausgabe XL, 179). One recalls Wilhelm Meister's retort to Serlo, who had suggested that one might combine Rosencrantz and Guildenstern into a single character for a stage-translation of *Hamlet:* 'Gott bewahre mich vor solchen Verkürzungen, die zugleich Sinn und Wirkung aufheben!' (*Wilhelm Meisters Lehrjahre*, V. 5).

It was also Tieck who unwittingly stimulated Goethe towards the end of his life to make what is perhaps the most appropriate autobiographical statement on his relationship to Shakespeare. Tieck, says Goethe, has considerable talent, but it is far inferior to his own: 'Ich kann dieses gerade heraussagen, denn was geht es mich an, ich habe mich nicht gemacht. Es wäre ebenso, wenn ich mich mit Shakespeare vergleichen wollte, der sich auch nicht gemacht hat, und der doch ein Wesen höherer Art ist, zu dem ich hinaufblicke und das ich zu verehren habe' (to Eckermann, March 30, 1824).

BIBLIOGRAPHY

A. Cohn, *Shakespeare in Germany in the Sixteenth and Seventeenth Centuries* (1865, repr. 1967)
F. Gundolf, *Shakespeare und der deutsche Geist* (Berlin, 1914)
H. Oppel, *Das Shakespeare-Bild Goethes* (Mainz, 1949)
R. A. Schröder, *Goethe und Shakespeare* (Bochum, 1949)
H. Sudheimer, *Der Geniebegriff des jungen Goethe* (Berlin, 1935)
F. Strich, *Goethe und die Weltliteratur* (Bern, 1945)
B. von Wiese, *Die deutsche Tragödie von Lessing bis Hebbel*[2] (Hamburg, 1952)

Shakespeare und kein Ende

Es ist über Shakespeare schon so viel gesagt, daß es scheinen möchte, als wäre nichts mehr zu sagen übrig, und doch ist das die Eigenschaft des Geistes, daß er den Geist ewig anregt. Diesmal will ich Shakespeare von mehr als einer Seite betrachten, und zwar erstlich als Dichter überhaupt, sodann verglichen mit den Alten und den Neusten und zuletzt als eigentlichen Theaterdichter. Ich werde zu entwickeln suchen, was die Nachahmung seiner Art auf uns gewirkt und was sie überhaupt wirken kann. Ich werde meine Beistimmung zu dem, was schon gesagt ist, dadurch geben, daß ich es allenfalls wiederhole, meine Abstimmung aber kurz und positiv ausdrücken, ohne mich in Streit und Widerspruch zu verwickeln. Hier sei also von jenem ersten Punkt zuvörderst die Rede.

1
Shakespeare als Dichter überhaupt

Das Höchste, wozu der Mensch gelangen kann, ist das Bewußtsein eigner Gesinnungen und Gedanken, das Erkennen seiner selbst, welches ihm die Einleitung gibt, auch fremde Gemütsarten innig zu erkennen. Nun gibt es Menschen, die mit einer natürlichen Anlage hiezu geboren sind und solche durch Erfahrung zu praktischen Zwecken ausbilden. Hieraus entsteht die Fähigkeit, der Welt und den Geschäften im höheren Sinn etwas abzugewinnen. Mit jener Anlage nun wird auch der Dichter geboren, nur daß er sie nicht zu unmittelbaren, irdischen Zwecken, sondern zu einem höhern, geistigen, allgemeinen Zweck ausbildet. Nennen wir nun Shakespeare einen der größten Dichter, so gestehen wir zugleich, daß nicht leicht jemand die Welt so gewahrte wie er, daß nicht leicht jemand, der sein inneres Anschauen aussprach, den Leser in höherm Grade mit in das Bewußtsein der Welt versetzt. Sie wird für uns völlig durchsichtig; wir finden uns auf einmal als Vertraute der Tugend und des Lasters, der Größe, der Kleinheit, des Adels, der Verworfenheit, und dieses alles, ja noch mehr, durch die einfachsten Mittel. Fragen wir aber nach diesen Mitteln, so scheint es, als arbeite er für unsre Augen; aber wir sind getäuscht: Shakespeares Werke sind nicht für die Augen des Leibes. Ich will mich zu erklären suchen.

Das Auge mag wohl der klarste Sinn genannt werden, durch den die leichteste Überlieferung möglich ist. Aber der innere Sinn ist noch klarer, und zu ihm gelangt die höchste und schnellste Überlieferung durchs

Wort; denn dieses ist eigentlich fruchtbringend, wenn das, was wir durchs Auge auffassen, an und für sich fremd und keineswegs so tief-wirkend vor uns steht. Shakespeare nun spricht durchaus an unsern innern Sinn; durch diesen belebt sich zugleich die Bilderwelt der Ein-bildungskraft, und so entspringt eine vollständige Wirkung, von der wir uns keine Rechenschaft zu geben wissen; denn hier liegt eben der Grund von jener Täuschung, als begebe sich alles vor unsern Augen. Betrachtet man aber die Shakespeareschen Stücke genau, so enthalten sie viel weni-ger sinnliche Tat als geistiges Wort. Er läßt geschehen, was sich leicht imaginieren läßt, ja was besser imaginiert als gesehen wird. Hamlets Geist, Macbeths Hexen, manche Grausamkeiten erhalten ihren Wert erst durch die Einbildungskraft, und die vielfältigen kleinen Zwischen-szenen sind bloß auf sie berechnet. Alle solche Dinge gehen beim Lesen leicht und gehörig an uns vorbei, da sie bei der Vorstellung lasten und störend, ja widerlich erscheinen.

Durchs lebendige Wort wirkt Shakespeare, [1]und dies läßt sich beim Vorlesen am besten überliefern; der Hörer wird nicht zerstreut, weder durch schickliche noch unschickliche Darstellung. Es gibt keinen höhern Genuß und keinen reinern, als sich mit geschloßnen Augen durch eine natürlich richtige Stimme ein Shakespearesches Stück nicht deklamieren, sondern rezitieren zu lassen. Man folgt dem schlichten Faden, an dem er die Ereignisse abspinnt. Nach der Bezeichnung der Charaktere bilden wir uns zwar gewisse Gestalten, aber eigentlich sollen wir durch eine Folge von Worten und Reden erfahren, was im Innern vorgeht, und hier scheinen alle Mitspielenden sich verabredet zu haben, uns über nichts im Dunkeln, im Zweifel zu lassen. Dazu konspirieren Helden und Kriegsknechte, Herren und Sklaven, Könige und Boten, ja die unter-geordneten Figuren wirken hier oft tätiger als die Hauptgestalten. Alles, was bei einer großen Weltbegebenheit heimlich durch die Lüfte säuselt, was in Momenten ungeheurer Ereignisse sich in dem Herzen der Men-schen verbirgt, wird ausgesprochen; was ein Gemüt ängstlich verschließt und versteckt, wird hier frei und flüssig an den Tag befördert; wir erfahren die Wahrheit des Lebens und wissen nicht wie.

Shakespeare gesellt sich zum Weltgeist; er durchdringt die Welt wie jener; beiden ist nichts verborgen; aber wenn des Weltgeists Geschäft ist, Geheimnisse vor, ja oft nach der Tat zu bewahren, [2]so ist es der Sinn des Dichters, das Geheimnis zu verschwätzen und uns vor oder doch gewiß in der Tat zu Vertrauten zu machen. Der lasterhafte Mächtige, der wohldenkende Beschränkte, der leidenschaftlich Hingerissene, der ruhig Betrachtende, alle tragen ihr Herz in der Hand, oft gegen alle Wahrscheinlichkeit; jederman ist redsam und redselig. Genug, das Ge-heimnis muß heraus, und sollten es die Steine verkünden. Selbst das Unbelebte drängt sich hinzu, alles Untergeordnete spricht mit, die Elemente, Himmel-, Erd- und Meerphänomene, Donner und Blitz, wilde

Tiere erheben ihre Stimme, oft scheinbar als Gleichnis, aber ein wie das andre Mal mithandelnd.

Aber auch die zivilisierte Welt muß ihre Schätze hergeben; Künste und Wissenschaften, Handwerke und Gewerbe, alles reicht seine Gaben dar. [3]Shakespeares Dichtungen sind ein großer, belebter Jahrmarkt, und diesen Reichtum hat er seinem Vaterlande zu danken.

Überall ist England — das meerumflossne, von Nebel und Wolken umzogene, nach allen Weltgegenden tätige. Der Dichter lebt zur würdigen und wichtigen Zeit und stellt ihre Bildung, ja Verbildung mit großer Heiterkeit uns dar, ja er würde nicht so sehr auf uns wirken, wenn er sich nicht seiner lebendigen Zeit gleichgestellt hätte. Niemand hat das materielle Kostüm mehr verachtet als er; er kennt recht gut das innere Menschenkostüm, und hier gleichen sich alle. Man sagt, er habe die Römer vortrefflich dargestellt; ich finde es nicht; es sind lauter eingefleischte Engländer, aber freilich Menschen sind es, Menschen von Grund aus, und denen paßt wohl auch die römische Toga. Hat man sich einmal hierauf eingerichtet, so findet man seine Anachronismen höchst lobenswürdig, und gerade daß er gegen das äußere Kostüm verstößt, das ist es, was seine Werke so lebendig macht.

Und so sei es genug an diesen wenigen Worten, wodurch Shakespeares Verdienst keineswegs erschöpft ist. Seine Freunde und Verehrer werden noch manches hinzuzusetzen haben. Doch stehe noch eine Bemerkung hier: schwerlich wird man einen Dichter finden, dessen einzelnen Werken jedesmal ein andrer Begriff zu Grunde liegt und im Ganzen wirksam ist, wie an den seinigen sich nachweisen läßt.

So geht durch den ganzen «Coriolan» der Ärger durch, daß die Volksmasse den Vorzug der Bessern nicht anerkennen will. Im «Cäsar» bezieht sich alles auf den Begriff, daß die Bessern den obersten Platz nicht wollen eingenommen sehen, weil sie irrig wähnen, in Gesamtheit wirken zu können. «Antonius und Kleopatra» spricht mit tausend Zungen, daß Genuß und Tat unverträglich sei. Und so würde man bei weiterer Untersuchung ihn noch öfter zu bewundern haben.

2

Shakespeare, verglichen mit den Alten und Neusten

Das Interesse, welches Shakespeares großen Geist belebt, liegt innerhalb der Welt: denn wenn auch Wahrsagung und Wahnsinn, Träume, Ahnungen, Wunderzeichen, Feen und Gnomen, Gespenster, Unholde und Zauberer ein magisches Element bilden, das zur rechten Zeit seine Dichtungen durchschwebt, so sind doch jene Truggestalten keineswegs Hauptingredienzien seiner Werke, [4]sondern die Wahrheit und Tüchtigkeit seines Lebens ist die große Base, worauf sie ruhen; deshalb uns alles, was sich von ihm herschreibt, so echt und kernhaft erscheint. Man hat daher schon eingesehen, daß er nicht sowohl zu den Dichtern der neuern Welt, welche man die romantischen genannt hat, sondern vielmehr zu jenen der naiven Gattung gehöre, da sein Wert eigentlich auf der Gegenwart ruht und er kaum von der zartesten Seite, ja nur mit der äußersten Spitze an die Sehnsucht grenzt.

Desungeachtet aber ist er, näher betrachtet, ein entschieden moderner Dichter, von den Alten durch eine ungeheure Kluft getrennt, nicht etwa der äußern Form nach, welche hier ganz zu beseitigen ist, sondern dem innersten, tiefsten Sinne nach.

Zuvörderst aber verwahre ich mich und sage, daß keineswegs meine Absicht sei, nachfolgende Terminologie als erschöpfend und abschließend zu gebrauchen; vielmehr soll es nur ein Versuch sein, zu andern, uns schon bekannten Gegensätzen nicht sowohl einen neuen hinzuzufügen, als, daß er schon in jenen enthalten sei, anzudeuten. Diese Gegensätze sind:

Antik,	Modern.
Naiv,	Sentimental.
Heidnisch,	Christlich.
Heldenhaft,	Romantisch.
Real,	Ideal.
Notwendigkeit,	Freiheit.
Sollen,	Wollen.

Die größten Qualen, so wie die meisten, welchen der Mensch ausgesetzt sein kann, entspringen aus den einem jeden inwohnenden Mißverhältnissen zwischen Sollen und Wollen, sodann aber zwischen Sollen und Vollbringen, Wollen und Vollbringen, und diese sind es, die ihn auf seinem Lebensgange so oft in Verlegenheit setzen. Die geringste Verlegenheit, die aus einem leichten Irrtum, der unerwartet und schadlos gelöst werden kann, entspringt, gibt die Anlage zu lächerlichen Situationen. Die höchste Verlegenheit hingegen, unauflöslich oder unaufgelöst, bringt uns die tragischen Momente dar.

Vorherrschend in den alten Dichtungen ist das Unverhältnis zwischen Sollen und Vollbringen, in den neuern zwischen Wollen und Vollbringen. Man nehme diesen durchgreifenden Unterschied unter die übrigen Gegensätze einstweilen auf und versuche, ob sich damit etwas leisten lasse. Vorherrschend, sagte ich, sind in beiden Epochen bald diese, bald jene Seite; weil aber Sollen und Wollen im Menschen nicht radikal getrennt werden kann, so müssen überall beide Ansichten zugleich, wenn schon die eine vorwaltend und die andre untergeordnet, gefunden werden. Das Sollen wird dem Menschen auferlegt, das Muß ist eine harte Nuß; das Wollen legt der Mensch sich selbst auf, des Menschen Wille ist sein Himmelreich. Ein beharrendes Sollen ist lästig, Unvermögen des

Vollbringens fürchterlich, ein beharrliches Wollen erfreulich, und bei einem festen Willen kann man sich sogar über das Unvermögen des Vollbringens getröstet sehen.

Betrachte man als eine Art Dichtung die Kartenspiele; auch diese bestehen aus jenen beiden Elementen. Die Form des Spiels, verbunden mit dem Zufalle, vertritt hier die Stelle des Sollens, gerade wie es die Alten unter der Form des Schicksals kannten; das Wollen, verbunden mit der Fähigkeit des Spielers, wirkt ihm entgegen. In diesem Sinn möchte ich das Whistspiel antik nennen. Die Form dieses Spiels beschränkt den Zufall, ja das Wollen selbst. Ich muß bei gegebenen Mit- und Gegenspielern mit den Karten, die mir in die Hand kommen, eine lange Reihe von Zufällen lenken, ohne ihnen ausweichen zu können; beim ⁵L'hombre und ähnlichen Spielen findet das Gegenteil statt. Hier sind meinem Wollen und Wagen gar viele Türen gelassen; ich kann die Karten, die mir zufallen, verleugnen, in verschiedenem Sinne gelten lassen, halb oder ganz verwerfen, vom Glück Hilfe rufen, ja durch ein umgekehrtes Verfahren aus den schlechtesten Blättern den größten Vorteil ziehen, und so gleichen diese Art Spiele vollkommen der modernen Denk- und Dichtart.

Die alte Tragödie beruht auf einem unausweichlichen Sollen, das durch ein entgegenwirkendes Wollen nur geschärft und beschleunigt wird. Hier ist der Sitz alles Furchtbaren der Orakel, die Region, in welcher «Ödipus» über alle thront. Zarter erscheint uns das Sollen als Pflicht in der «Antigone», und in wie viele Formen verwandelt tritt es nicht auf! Aber alles Sollen ist despotisch. Es gehöre der Vernunft an, wie das Sitten- und Stadtgesetz, oder der Natur, wie die Gesetze des Werdens, Wachsens und Vergehens, des Lebens und Todes. Vor allem diesem schaudern wir, ohne zu bedenken, daß das Wohl des Ganzen dadurch bezielt sei. Das Wollen hingegen ist frei, scheint frei und begünstigt den einzelnen. Daher ist das Wollen schmeichlerisch und mußte sich der Menschen bemächtigen, sobald sie es kennen lernten. Es ist der Gott der neuern Zeit; ihm hingegeben, fürchten wir uns vor dem Entgegengesetzten, und hier liegt der Grund, warum unsre Kunst sowie unsre Sinnesart von der antiken ewig getrennt bleibt. Durch das Sollen wird die Tragödie groß und stark, durch das Wollen schwach und klein. Auf dem letzten Wege ist das sogenannte Drama entstanden, indem man das ungeheure Sollen durch ein Wollen auflöste; aber eben weil dieses unsrer Schwachheit zu Hilfe kommt, so fühlen wir uns gerührt, wenn wir nach peinlicher Erwartung zuletzt noch kümmerlich getröstet werden.

Wende ich mich nun nach diesen Vorbetrachtungen zu Shakespeare, so muß der Wunsch entspringen, daß meine Leser selbst Vergleichung und Anwendung übernehmen möchten. Hier tritt Shakespeare einzig hervor, indem er das Alte und Neue auf eine überschwengliche Weise verbindet. [6]Wollen und Sollen suchen sich durchaus in seinen Stücken ins Gleichgewicht zu setzen; beide bekämpfen sich mit Gewalt, doch immer so, daß das Wollen im Nachteil ebleibt.

Niemand hat vielleicht herrlicher als er die erste große Verknüpfung des Wollens und Sollens im individuellen Charakter dargestellt. Die Person, von der Seite des Charakters betrachtet, soll: sie ist beschränkt, zu einem Besondern bestimmt; als Mensch aber will sie: sie ist unbegrenzt und fordert das Allgemeine. Hier entspringt schon ein innerer Konflikt, und diesen läßt Shakespeare vor allen andern hervortreten. Nur aber kommt ein äußerer hinzu, und der erhitzt sich öfters dadurch, daß ein unzulängliches Wollen durch Veranlassungen zum unerläßlichen Sollen erhöht wird. [7]Diese Maxime habe ich früher an «Hamlet» nachgewiesen; sie wiederholt sich aber bei Shakespeare; denn wie Hamlet durch den Geist, so kommt Macbeth durch Hexen, Hekate und die Überhexe, sein Weib, Brutus durch die Freunde in eine Klemme, der sie nicht gewachsen sind; ja sogar im «Coriolan» läßt sich das Ähnliche finden; genug, ein Wollen, das über die Kräfte eines Individuums hinausgeht, ist modern. Daß es aber Shakespeare nicht von innen entspringen, sondern durch äußere Veranlassung aufregen läßt, dadurch wird es zu einer Art von Sollen und nähert sich dem Antiken. Denn alle Helden des dichterischen Altertums wollen nur das, was Menschen möglich ist, und daher entspringt das schöne Gleichgewicht zwischen Wollen, Sollen und Vollbringen; doch steht ihr Sollen immer zu schroff da, als daß es uns, wenn wir es auch bewundern, anmuten könnte. Eine Notwendigkeit, die mehr oder weniger oder völlig alle Freiheit ausschließt, verträgt sich nicht mehr mit unsern Gesinnungen; diesen hat jedoch Shakespeare auf seinem Wege sich genähert: denn indem er das Notwendige sittlich macht, so verknüpft er die alte und neue Welt zu unserm freudigen Erstaunen. Ließe sich etwas von ihm lernen, so wäre hier der Punkt, den wir in seiner Schule studieren müßten. Anstatt unsre Romantik, die nicht zu schelten noch zu verwerfen sein mag, über die Gebühr ausschließlich zu erheben und ihr einseitig nachzuhängen, wodurch ihre starke, derbe, tüchtige Seite verkannt und verderbt wird, sollten wir suchen, jenen großen, unvereinbar scheinenden Gegensatz um so mehr in uns zu vereinigen, als ein großer und einziger Meister, den wir so höchlich schätzen und oft, ohne zu wissen warum, über alles präkonisieren, das Wunder wirklich schon geleistet hat. Freilich hatte er den Vorteil, daß er zur rechten Erntezeit kam, daß er in einem lebensreichen protestantischen Lande wirken durfte, wo der bigotte Wahn eine Zeitlang schwieg, so daß einem wahren Naturfrommen wie Shakespeare die Freiheit blieb, sein reines Innere ohne Bezug auf irgend eine bestimmte Religion religios zu entwickeln.

Vorstehendes ward im Sommer 1813 geschrieben, und man will daran nicht markten noch mäkeln, sondern nur an das oben Gesagte erinnern: daß Gegenwärtiges gleichfalls ein einzelner Versuch sei, um zu zeigen, wie die verschiedenen poetischen Geister jenen ungeheuern und unter so viel Gestalten hervortretenden Gegensatz auf ihre Weise zu vereinigen und aufzulösen gesucht. Mehreres zu sagen, wäre um so überflüssiger, als man seit gedachter Zeit auf diese Frage von allen Seiten aufmerksam gemacht worden und wir darüber vortreffliche Erklärungen erhalten haben. Vor allen gedenke ich [8]Blümners höchst schätzbare Abhandlung «Über die Idee des Schicksals in den Tragödien des Äschylus« und deren vortreffliche Rezension in den Ergänzungsblättern der «Jenaischen Literaturzeitung». Worauf ich mich denn ohne weiteres zu dem dritten Punkt wende, welcher sich unmittelbar auf das deutsche Theater bezieht und auf jenen Vorsatz, welchen Schiller gefaßt, dasselbe auch für die Zukunft zu begründen.

3
Shakespeare als Theaterdichter

Wenn Kunstliebhaber und -freunde irgend ein Werk freudig genießen wollen, so ergötzen sie sich am Ganzen und durchdringen sich von der Einheit, die ihm der Künstler geben können. Wer hingegen theoretisch über solche Arbeiten sprechen, etwas von ihnen behaupten und also lehren und belehren will, dem wird Sondern zur Pflicht. Diese glaubten wir zu erfüllen, indem wir Shakespeare erst als Dichter überhaupt betrachteten und sodann mit den Alten und den Neusten verglichen. Nun aber gedenken wir unsern Vorsatz dadurch abzuschließen, daß wir ihn als Theaterdichter betrachten.

Shakespeares Name und Verdienst gehören in die Geschichte der Poesie; aber es ist eine Ungerechtigkeit gegen alle Theaterdichter früherer und späterer Zeiten, sein ganzes Verdienst in der Geschichte des Theaters aufzuführen.

Ein allgemein anerkanntes Talent kann von seinen Fähigkeiten einen Gebrauch machen, der problematisch ist. Nicht alles, was der Vortreffliche tut, geschieht auf die vortrefflichste Weise. So gehört Shakespeare notwendig in die Geschichte der Poesie; in der Geschichte des Theaters tritt er nur zufällig auf. Weil man ihn dort unbedingt verehren kann, so muß man hier die Bedingungen erwägen, in die er sich fügte, und diese Bedingungen nicht als Tugenden oder als Muster anpreisen.

Wir unterscheiden nahverwandte Dichtungsarten, die aber bei lebendiger Behandlung oft zusammenfließen: [9]Epos, Dialog, Drama, Theaterstück lassen sich sondern. Epos fordert mündliche Überlieferungen an die Menge durch einen einzelnen; Dialog Gespräch in geschlossener Gesellschaft, wo die Menge allenfalls zuhören mag; Drama Gespräch in Handlungen, wenn es auch nur vor der Einbildungskraft geführt würde; Theaterstück alles dreies zusammen, insofern es den Sinn des Auges mit beschäftigt und unter gewissen Bedingungen örtlicher und persönlicher Gegenwart faßlich werden kann.

Shakespeares Werke sind in diesem Sinne am meisten dramatisch; durch seine Behandlungsart, das innerste Leben hervorzukehren, gewinnt er den Leser; die theatralischen Forderungen erscheinen ihm nichtig, und so macht er sich's bequem, und man läßt sich's, geistig genommen, mit ihm bequem werden. Wir springen mit ihm von Lokalität zu Lokalität, unsere Einbildungskraft ersetzt alle Zwischenhandlungen, die er ausläßt, ja, wir wissen ihm Dank, daß er unsere Geisteskräfte auf eine so würdige Weise anregt. Dadurch, daß er alles unter der Theaterform vorbringt, erleichtert er der Einbildungskraft die Operation; denn mit den [10]«Brettern, die die Welt bedeuten», sind wir bekannter als mit der Welt selbst, und wir mögen das Wunderlichste lesen und hören, so meinen wir, das könne auch da droben einmal vor unsern Augen vorgehen; daher die so oft mißlungene Bearbeitung von beliebten Romanen in Schauspielen.

Genau aber genommen, so ist nichts theatralisch, als was für die Augen zugleich symbolisch ist: eine wichtige Handlung, die auf eine noch wichtigere deutet. Daß Shakespeare auch diesen Gipfel zu erfassen gewußt, bezeugt [11]jener Augenblick, wo dem todkranken schlummernden König der Sohn und Nachfolger die Krone von seiner Seite wegnimmt, sie aufsetzt und damit fortstolziert. Dieses sind aber nur Momente, ausgesäte Juwelen, die durch viel Untheatralisches auseinander gehalten werden. Shakespeares ganze Verfahrungsart findet an der eigentlichen Bühne etwas Widerstrebendes; sein großes Talent ist das eines Epitomators, und da der Dichter überhaupt als Epitomator der Natur erscheint, so müssen wir auch hier Shakespeares großes Verdienst anerkennen, nur leugnen wir dabei, und zwar zu seinen Ehren, daß die Bühne ein würdiger Raum für sein Genie gewesen. Indessen veranlaßt ihn gerade diese Bühnenenge zu eigner Begrenzung. Hier aber nicht, wie andere Dichter, wählt er sich zu einzelnen Arbeiten besondere Stoffe, sondern er legt einen Begriff in den Mittelpunkt und bezieht auf diesen die Welt und das Universum. Wie er alte und neue Geschichte in die Enge zieht, kann er den Stoff von jeder Chronik brauchen, an die er sich oft sogar wörtlich hält. Nicht so gewissenhaft verfährt er mit den Novellen, wie uns [12]«Hamlet» bezeugt. «Romeo und Julie» bleibt der Überlieferung getreuer, doch zerstört er den tragischen Gehalt derselben beinahe ganz durch die zwei komischen Figuren Mercutio und die Amme, wahrscheinlich von zwei beliebten Schauspielern, die Amme wohl auch von einer Mannsperson gespielt. Betrachtet man die Ökonomie des Stücks recht genau, so bemerkt man, daß diese beiden Figuren und was an sie grenzt nur als possenhafte Intermezzisten auftreten, die uns bei unserer folgerechten, Übereinstimmung liebenden Denkart auf der Bühne unerträglich sein müssen.

Am merkwürdigsten erscheint jedoch Shakespeare, wenn er schon vorhandene Stücke redigiert und zusammenschneidet. Bei «König Johann» und «Lear» können wir diese Vergleichung anstellen, denn die ältern Stücke sind noch übrig. Aber auch in diesen Fällen ist er wieder mehr Dichter überhaupt als Theaterdichter.

Lasset uns denn aber zum Schluß zur Auflösung des Rätsels schreiten. Die Unvollkommenheit der englischen Bretterbühne ist uns durch kenntnisreiche Männer vor Augen gestellt. Es ist keine Spur von der Natürlichkeitsforderung, in die wir nach und nach durch Verbesserung der Maschinerie und der perspektivischen Kunst und der Garderobe hineingewachsen sind und von wo man uns wohl schwerlich in jene Kindheit der Anfänge wieder zurückführen dürfte: vor ein Gerüste, wo man wenig sah, wo alles nur bedeutete, wo sich das Publikum gefallen ließ, hinter einem grünen Vorhang das Zimmer des Königs anzunehmen, den Trompeter, der an einer gewissen Stelle immer trompetete, und was dergleichen mehr ist. Wer will sich nun gegenwärtig so etwas zumuten lassen? Unter solchen Umständen waren Shakespeares Stücke höchst interessante Märchen, nur von mehreren Personen erzählt, die sich, um etwas mehr Eindruck zu machen, charakteristisch maskiert hatten, sich, wie es not tat, hin und her bewegten, kamen und gingen, dem Zuschauer jedoch überließen, sich auf der öden Bühne nach Belieben Paradies und Paläste zu imaginieren.

COMMENTARY

Text: *Goethes Werke* (Hamburger Ausgabe, 1953 ff), XII, 287–98.

1. *und dies läßt sich beim Vorlesen am besten überliefern:* cf. Goethe's *Maximen und Reflexionen* No. 927–8: 'Auf der Rezitation ruht alle Deklamation und Mimik. Da nun beim Vorlesen jene ganz allein zu beachten und zu üben ist, so bleibt offenbar, daß Vorlesungen die Schule des Wahren und Natürlichen bleiben müssen, wenn Männer, die ein solches Geschäft übernehmen, von dem Wert, von der Würde ihres Berufs durchdrungen sind. Shakespeare und Calderon haben solchen Vorlesungen einen glänzenden Eingang gewährt.'

2. *so ist es der Sinn des Dichters, das Geheimnis zu verschwätzen:* cf. Tasso: Und wenn der Mensch in seiner Qual verstummt,/ Gab mir ein Gott, zu sagen, was ich leide. (*Torquato Tasso*, 3432–3)

3. *Shakespeares Dichtungen sind ein großer, belebter Jahrmarkt*: a phrase reminiscent of Goethe's words in *Zum Shakespeares-Tag*: 'Shakespeares Theater ist ein schöner Raritätenkasten'. The following phrase 'und diesen Reichtum hat er seinem Vaterlande zu verdanken' recalls the national *Volk*-context which Herder regarded as surrounding the work of all geniuses; cf., from his Shakespeare essay in *Von deutscher Art und Kunst*: 'Man sieht, wir sind bei den *toto divisis ab orbe Britannis* und ihrem großen Shakespeare ... Shakespeare fand vor und um sich nichts weniger als Simplicität von Vaterlandssitten ...' (see pp. 22–3 above).

4. *sondern die Wahrheit und Tüchtigkeit seines Lebens*: this moral foundation is a far cry from the 'Natur! Natur! nichts so Natur als Shakespeares Menschen!' of *Zum Shakespeares-Tag* and from Herder's 'Da ist nun Shakespeare der größte Meister, eben weil er nur und immer Diener der Natur ist' (p. 26 above).

5. *L'hombre:* an old Spanish card-game.

6. *Wollen und Sollen suchen sich .... ins Gleichgewicht zu setzen:* cf. *Zum Shakespeares-Tag:* 'Seine Stücke drehen sich alle um den geheimen Punkt, ... in dem das Eigentümliche unsres Ichs, die prätendierte Freiheit unsres Wollens, mit dem notwendigen Gang des Ganzen zusammenstößt' (Hamburger Ausgabe XII, 226).

7. *Diese Maxime* etc.: a reference to Goethe's account of *Hamlet* in *Wilhelm Meisters Lehrjahre* Book IV, Chapter 3.

8. *Blümners höchst schätzbare Abhandlung*: Heinrich Blümner (1765–1839), Oberhofgerichtsrat in Leipzig, published an essay on Aeschylus in 1814.

9. *Epos, Dialog, Drama* etc.: cf. Goethe's and Schiller's *Über epische und dramatische Dichtung* (1797).

10. *Bretter, die die Welt bedeuten*: All the world's a stage/ And all the men and women merely players .... *(As You Like It*, Act II, Scene 7).

11. *jener Augenblick* etc.: *Henry the Fourth, Part Two*, Act IV, Scene 4.

12. *'Hamlet' .... 'Romeo und Julie' .... 'König Johann' .... 'Lear'*: the ultimate source of the Hamlet story is in Scandinavian legends preserved in the *Gesta Danorum* of Saxo Grammaticus (d. ca. 1206); a play of *Hamlet* is known to have been performed in London in 1594, and this may have formed the basis of Shakespeare's tragedy. The immediate source of *Romeo and Juliet* was the narrative poem *Romeus and Juliet* (1562) by Arthur Brooke. *King John* is based on an anonymous play, published in 1591, called *The Troublesome Reign of King John*, while the immediate source of *King Lear* (the subject was also available to Shakespeare in Holinshed) seems to have been *The True Chronicle History of King Leir*, an anonymous drama published in 1605. Goethe's knowledge of these earlier works derived from Tieck's *Altenglisches Theater* (1811).

HÖLDERLIN (1770—1843)

Der Abschied (Second Version)
Die Wanderung

The modern chronicle of the German infatuation with Classical Greece starts with Winckelmann. This remarkable scholarly idealist, author of *Gedanken über die Nachahmung der griechischen Werke in der Malerei und Bildhauerkunst* (1754) and the great *Geschichte der Kunst des Altertums* (1764), led a fascinating life and met a mysterious, melodramatic death. He struck that tone of aesthetic adoration, and projected that particular vision of Classical poise and grandeur, which determined, either through its acceptance or through reaction from it, the history of the Greek ideal in Germany throughout the nineteenth century and beyond. The moral, the political and the religious instincts merged for Winckelmann in Art, i. e. the pursuit of beauty, producing that identity of reality and ideality which he found exemplified in Antiquity and which he sought to demonstrate to his own age through a kind of inspired empathy. 'Man *lernt* nichts, wenn man ihn liest,' said Goethe to Eckermann, 'aber man *wird* etwas' (February 16, 1827).

Winckelmann's famous exposition of the 'edle Einfalt und stille Größe' of Greek art is the fountain-head of German Graecophilia. Lessing, though taking issue with him over the question of restraint in tragedy, added in his *Laokoon* an insistence on the modernity of Homer and Sophocles which, as the eighteenth century progressed, combined with Winckelmann's revelations to make the vision of Greece even more vital and alluring. Indeed, Lessing's whole argument rests on the equation of the art and literature of the Greeks with the art and literature of his own day, and this in itself, quite apart from the details of his closely-argued rationalist position and the challenging forthrightness of his manner, assured him of an attentive audience.

The position of Herder in this context is more equivocal. On the question of the nature of tragedy—in which he was really not too interested—he held to Winckelmann rather than to Lessing, and Winckelmann's portrayal of the organic growth, flowering and decay of Greek art matched his own conception of the organic evolution of cultures in response to unique, in-dwelling forces. But where Winckelmann saw the Greek ethos as consummated in art, Herder saw art—all art—as the servant of a moral purpose, as a means towards the achievement of *Humanität*. There was an aesthetic power in Greek mythology, and its heroes could be pressed as symbolic figures into the service of humanitarian ideals, but as a devout Christian, Herder could not tolerate the prospect of a return to paganism, however enlightened. His philosophy of art, moreover, posited the emergence of poetry from national myths, which in turn were expressive of the deepest values of the culture to which they belonged, but he could not contemplate reducing ethical and cultural values to sets of poetic symbols.

The apparent artistic harmony of Antiquity which was Winckelmann's guiding principle first reached Goethe through Herder, and the power of its appeal to a great mind in an age of social, political and spiritual disunity is easy to imagine. But it never won complete control of Goethe. Right from the Strassburg days Homer had to assert himself against Ossian, Aeschylus against Shakespeare, Helen and Iphigenia against Faust. The urge to knowledge thrust itself upon the urge to beauty, the dramatic upon the lyric, the *vita activa* upon the *vita contemplativa*, a passion for experienced reality upon a pride in a noble ideal. Winckelmann's cold, white gods became creatures of flesh and blood, the passionate warmth of Christiane Vulpius and Lili Schönemann enters the forms of Fortuna and Fama, the Homeric manner becomes the progenitor of the 'bürgerliches Epos', *Hermann und Dorothea*, and the epic poem *Achilleis*—which racked Goethe's mind through the same years (1797–9) as he was writing the demonic Pact Scene in *Faust* and fluently publishing the results of his scientific investigations into natural phenomena—remained a torso. Far from being an inspiration for the conduct of contemporary life, Antiquity became for the mature Goethe a mere moment of historical glory. In his essay on Winckelmann he quotes from a long letter he had received in 1804 from that keen thinker Wilhelm von Humboldt, emphasising thereby his own position: 'Aber es ist auch nur eine Täuschung, wenn wir selbst Bewohner Athens und Roms zu sein wünschten. Nur aus der Ferne, nur von allem Gemeinen getrennt, nur als vergangen muß das Altertum uns erscheinen' (August 23, 1804: *Briefe an Goethe* I, Hamburg 1965, 419; reproduced word for word—though other parts of the letter are modified—in Goethe's *Winckelmann*, Hamburger Ausgabe XII, 109).

It was through Goethe, and above all through Goethe's *Iphigenie auf Tauris*, that Schiller learned of Greece. Indeed, it was virtually *against* Goethe, whose genius he felt but of whose powers he was jealous, that he fought his way into the company of the Greeks. Once there, he measured them against the moral and aesthetic principles which he had laboriously developed in his struggles with the philosophy of Kant, concluding that their sublimity derives from the achievement of harmony between natural man and spiritual man, between 'Anmut' and 'Würde'. This harmony, truth to nature and instructive simplicity make up, in their turn, the 'naive' world of Antiquity which stands against a 'sentimental' modern world—a world which, except in a few rare moments, does not know this instinctive unity and must proceed by recollection, reflection and ratiocination. *Demetrius*, Schiller's last and boldest attempt to set himself beside the Greeks, remained a fragment—like Goethe's *Achilleis*. But one side of Goethe's nature did correspond to, and desire, the 'noble simplicity and serene grandeur' of Winckelmann's ideal, whereas the intellectually restless, questing Schiller, rationalising his urges and his sense of inferiority in Goethe's presence, was never part of this world.

Schiller was instrumental in arranging for the twenty-three-year-old Hölderlin to be offered the position of private tutor in the family of Charlotte von Kalb, and the spirit of Schiller dominated Hölderlin's early poetic career. But while Schiller looked to an ideal future, not to a romantic return to an ideal past, Hölderlin's mind was in the grip of Classical ideals themselves and their meaning for contemporary Germany: 'From my early youth I was happier on the shores of Ionia and Attica and the beautiful isles of the Archipelagus than anywhere else, and it was one of my most precious dreams to go there in reality one day and visit the sacred shrine of youthful humanity. Greece was my first love, and shall I say that she will be my last?' (from a preface, later suppressed, to *Hyperion;* see E. M. Butler, *The Tyranny of Greece over Germany*, 1935, 215). It was a love that ultimately destroyed him.

The vision of re-establishing the Golden Age of Greece—Winckelmann's Greece—occupies the central scene of Hölderlin's novel *Hyperion* and the relationship of the gods of Antiquity to the modern world dominates his greatest poems:

Drum an den Isthmos komm! dorthin, wo das offene Meer rauscht
Am Parnass und der Schnee delphische Felsen umglänzt,
Dort ins Land des Olymps, dort auf die Höhe Cithärons,
Unter die Fichten dort, unter die Trauben, von wo
Thebe drunten und Ismenos rauscht im Lande des Kadmos,
Dorther kommt und zurück deutet der kommende Gott.

(*Brod und Wein* III)

But are the gods still there? Do they still care about the fate of mortals?

Aber Freund! wir kommen zu spät. Zwar leben die Götter,
Aber über dem Haupt droben in anderer Welt.

Endlos wirken sie da und scheinens wenig zu achten,
Ob wir leben, so sehr schonen die Himmlischen uns.

(Brod und Wein VII)

Hölderlin's life and work lie between the poles of an irresistible idealised hope and an insistent corrosive despair. He saw himself as a John the Baptist, preparing the way for the gods' return, as the hero of his drama *Der Tod des Empedokles* envisioned his death as the guarantee of their return. But Hölderlin himself was not permitted the consolation to die for his cause: from his mid-thirties until his death almost forty years later he was insane, torn apart by the frustration of his dream, his fragile life of the spirit—the only life he knew—shattered beyond restoration.

The last poems of his sanity, from the immediate years before 1806, show him wrestling with the conflict between Greece and Christianity. The end of *Brod und Wein* brings Christ and Dionysos together as one —Christ seen, that is, as one god among many—and in the fragments of *Der Einzige* he calls Christ Dionysos' brother. By the time of *Patmos*—

Nah ist
Und schwer zu fassen der Gott.
Wo aber Gefahr ist, wächst
Das Rettende auch

—Christ fills Hölderlin's mind and the gods of Greece have receded. At moments during his madness they returned; at others, merely to mention Greece in his presence would provoke an incoherent outburst. There is no demarcation line to be drawn, no budget to be balanced. Hölderlin, unlike Goethe, refused to believe that the ideal of Greece was not realisable, that the world could not be delivered to the joint rule of Christ and Dionysos. He also paid the price of his refusal.

Winckelmann, Lessing, Herder, Goethe, Schiller, Hölderlin. The line is direct—and closed. For the hedonist Heine *these* gods, presiding over a world of 'noble simplicity and serene grandeur', were dead—'auch die Götter regieren nicht ewig', he cuttingly observes—and he was glad to see them go.

Ich hab' euch niemals geliebt, ihr Götter!
Denn widerwärtig sind mir die Griechen,
Und gar die Römer sind mir verhaßt.

(Die Götter Griechenlands)

For Apollo, said Heine, read Dionysos. Nietzsche did, and it is in Heine, in poems like *Die Götter im Exil,* that the roots of Nietzsche's view of Hellenism—and his anti-Christianity—lie. *Die Geburt der Tragödie* is Nietzsche's answer to the Winckelmannian vision of Greece: tragedy as the progeny of the momentary reconciliation of Apollo and Dionysos, born of music, that most un-Hellenistic, un-simple, un-serene of the arts.

A return to a peculiarly Greek ideal of beauty, and to the associated power of homosexuality, is made by Stefan George; to him and his circle, moreover, is due the rediscovery of Hölderlin after almost a century of oblivion.

And so one could go on, looking here at Carl Spitteler's Classical epic, there at the Greek mythological subjects of Hofmannsthal's operatic libretti. The real story of what has been called the 'tyranny of Greece over Germany' belongs to the eighteenth and nineteenth centuries. Since Nietzsche we have been reading a series of appendices. The last has certainly not yet been written.

BIBLIOGRAPHY

F. Beißner, *Hölderlin. Reden und Aufsätze* (Weimar, 1961)

W. Binder, *Hölderlin-Aufsätze* (Frankfurt, 1970)

P. Böckmann, *Hölderlin und seine Götter* (Munich, 1935)

E. M. Butler, *The Tyranny of Greece over Germany* (Cambridge, 1935)

H. Hatfield, *Aesthetic Paganism in German Literature* (Cambridge, Mass., 1964)

E. Lehmann, *Hölderlins Lyrik* (Berlin, 1922)

M. Montgomery, *Friedrich Hölderlin and the German Neo-Hellenic Movement* (Oxford, 1923)

R. Peacock, *Hölderlin* (London, 1938)

A. Pellegrini, *Hölderlin, sein Bild in der Forschung* (Berlin, 1965)

L. J. Ryan, *Hölderlin* (Stuttgart, 1962)

L. S. Salzberger, *Hölderlin* (Cambridge, 1952)

H. Trevelyan, *The Popular Background to Goethe's Hellenism* (London, 1934)

— *Goethe and the Greeks* (Cambridge, 1941)

Der Abschied

Trennen wollten wir uns? wähnten es gut und klug?
  Da wirs thaten, warum schrökte, wie Mord, die That:
    Ach! wir kennen uns wenig,
      Denn es waltet ein Gott in uns.

Den verrathen? ach ihn, welcher uns alles erst
  Sinn und Leben erschuff, ihn, den beseelenden
    Schuzgott unserer Liebe,
      Diss, diss Eine vermag ich nicht.

Aber andern Fehl denket der Weltsinn sich
  Andern ehernen Dienst übt er und anders Recht
    Und es listet die Seele
      Tag für Tag der Gebrauch uns ab.

Wohl ich wusst' es zuvor, seit die gewurzelte
  Ungestalte die Furcht Götter und Menschen trennt,
    Muss, mit Blut sie zu sühnen,
      Muss der Liebenden Herz vergehn.

Lass mich schweigen! o lass nimmer von nun an mich
  Dieses Tödtliche sehn, dass ich im Frieden doch
    Hin ins Einsame ziehe,
      Und noch unser der Abschied sei!

Reich die Schaale mir selbst, dass ich des rettenden
  Heilgen Giftes genug, dass ich [1]des Lethetranks
    Mit dir trinke, dass alles
      Hass und Liebe vergessen sei!

Hingehn will ich. Vieleicht seh' ich in langer Zeit,
  [2]Diotima! dich hier. Aber verblutet ist
    Dann das Wünschen und friedlich
      Gleich den Seeligen, fremde gehn

Wir umher, ein Gespräch führet uns ab und auf,
  Sinnend, zögernd, doch izt mahnt die Vergessenen
    Hier die Stelle des Abschieds,
      Es erwarmet ein Herz in uns,

Staunend seh ich dich an, Stimmen und süssen Sang
Wie aus voriger Zeit, hör' ich und Saitenspiel,
    Und die Lilie duftet
    Golden über dem Bach uns auf.

COMMENTARY

Text: Friedrich Hölderlin, *Sämtliche Werke. Große Stuttgarter Ausgabe*, ed.
F. Beißner and A. Beck (Stuttgart, 1946 ff.), II, 1, 24–5. Both versions of the
poem were written between 1800 and 1803.

The metre is Asclepiadean, like that of *An die Deutschen, Sokrates und Alkibiades*
and others of Hölderlin's poems. It is also that of *Der Zürcher See* and other
odes by Klopstock, from whom in metre, prosody and other technical matters,
as well as through the concept of *poeta vates*, the poet as seer and philosopher
with a message for mankind, Hölderlin received great stimulus.

1. *des Lethetranks*: Lethe was a river in Hades, whose water caused forgetfulness
   of the past in those who drank it.

2. *Diotima*: in 1795 Hölderlin became tutor to the household of a Frankfurt
   banker called Jakob Friedrich Gontard, with whose wife Susette he fell in
   love. Embodied in the figure of Diotima, an idealised figure of a beautiful
   Greek woman in an alien civilisation, Susette Gontard inspired Hölderlin's
   love poetry as well as the reconciliation of joy and suffering portrayed in
   his novel *Hyperion*.

Die Wanderung

Glükseelig [1]Suevien, meine Mutter,
Auch du, der glänzenderen, der Schwester
[2]Lombarda drüben gleich,
Von hundert Bächen durchflossen!
Und Bäume genug, weissblühend und röthlich,
Und dunklern, wild, tiefgrünenden Laubs voll,
Und das Alpengebirg der Schweiz auch überschattet,
Benachbartes dich; denn nahe dem Heerde des Hausses
Wohnst du, und hörst, wie drinnen
Aus silbernen Opferschaalen
Der Quell rauscht, ausgeschüttet
Von reinen Händen, wenn berührt

Von warmen Stralen
Krystallenes Eis und umgestürzt
Vom leichtanregenden Lichte
Der schneeige Gipfel übergiesst die Erde
Mit reinestem Wasser. Darum ist
Dir angeboren die Treue. Schwer verlässt,
Was nahe dem Ursprung wohnet, den Ort.
Und deine Kinder, die Städte,
Am weithindämmernden See,
An Nekars Weiden, am Rheine,
Sie alle meinen, es wäre
Sonst nirgend besser zu wohnen.

Ich aber will dem [3]Kaukasos zu!
Denn sagen hört ich
Noch heut in den Lüften:
Frei sei'n, wie Schwalben, die Dichter.
Auch hat mir ohnediss
In jüngeren Tagen Eines vertraut,
Es seien vor alter Zeit
Die Eltern einst, das deutsche Geschlecht,
Still fortgezogen von Wellen der Donau,
[4]Dort mit der Sonne Kindern
An strengstem Tage, staunenden Geistes, da diese
Sich Schatten suchten zusammen
Am schwarzen Meere gekommen;

Und nicht umsonst sei diss
[5]Das gastfreundliche genennet.

Denn, als sie erst sich angesehen,
Da nahten die Andern zuerst; dann sazten auch
Die Unseren sich neugierig unter den Ölbaum.
Doch, als nun sich ihre Gewande berührt,
Und keiner vernehmen konnte
Die eigene Rede des andern, wäre wohl
Entstanden ein Zwist, wenn nicht aus Zweigen herunter
Gekommen wäre die Kühlung,
Die Lächeln über das Angesicht
Der Streitendes öfters bereitet; und eine Weile
Sahn still sie auf, dann reichten sie sich
Die Hände liebend einander. Und bald

Vertauschten sie Waffen und all
Die lieben Güter des Hausses,
Vertauschten das Wort auch. Und es wünschten
Die freundlichen Väter umsonst nichts
Beim Hochzeitjubel den Kindern.
Denn aus den heiligvermählten
Wuchs schöner, denn Alles,
Was vor und nach
Von Menschen sich nannt', ein Geschlecht auf. Wo,
Wo aber wohnt ihr, liebe Verwandten,
Dass wir das Bündniss wiederbegehn,
Und der theuern Ahnen gedenken?

Dort an den Ufern, unter den Bäumen
[6]Ionias, in Ebenen des Kaysters, an den Grotten der See,
Wo Kraniche, des Äthers froh,
Umschlossen sind von fernhindämmernden Bergen,
Dort wart auch ihr, ihr Schönsten! oder pflegtet
Der Inseln, die mit Wein bekränzt
Voll tönten von Gesang; noch andere wohnten
Am [7]Tayget, am vielgepriesnen Himettos,
Und diese blühten zulezt; doch von
[8]Parnassos Quell bis zu des Tmolos
Goldglänzenden Bächen erklang
Ein ewig Lied; so rauschten damals
Die heiligen Wälder und all
Die Saitenspiele zusamt
Von himmlischer Milde gerühret.

O Land des Homer!
Am purpurnen Kirschbaum, oder wenn
Von dir gesandt, im Weinberg mir
Die jungen Pfirsiche grünen,
Und die Schwalbe fernher kommt und vieleserzählend
An meinen Wänden ihr Haus baut, in
Den Tagen des Mais, auch unter den Sternen
Gedenk ich, o Ionia, dein! Doch Menschen
Ist Gegenwärtiges lieb. Drum bin ich
Gekommen euch, ihr Inseln, zu sehn, und euch,
Ihr Mündungen der Ströme, o ihr Hallen der [9]Thetis,
Ihr Wälder, euch, und euch, ihr Wolken des [10]Ida!

Doch nicht zu bleiben gedenk ich.
Unbiegsam ist, und schwer zu gewinnen,
Die Verschlossene, der ich entkommen, die Mutter.
Von ihren Söhnen einer, der Rhein,
Mit Gewalt wollt er ans Herz ihr stürzen und schwand
Der Zurükgestossene, niemand weiss, wohin, in die Ferne.
Doch so nicht wünscht' ich gegangen zu seyn
Von ihr und nur, euch einzuladen
Bin ich zu euch, ihr Gratien Griechenlands,
Ihr Himmelstöchter, gegangen,
Dass, wenn die Reise zu fern nicht ist,
Zu uns ihr kommet, ihr Holden!

Wenn milder athmen die Lüfte,
Und liebende Pfeile der Morgen
Und Allzugedultigen schikt,
Und leichte Gewölke blühn
Uns über den schüchternen Augen,
Dann werden wir sagen, wie kommt
[11]Ihr Charitinnen zu Wilden?
Die Dienerinnen des Himmels
Sind aber wunderbar,
Wie alles Göttlichgeborne.
Zum Traume wirds ihm, will es Einer
Beschleichen und straft den, der
Ihm gleichen will mit Gewalt.
Oft überrascht es den,
Der eben kaum es gedacht hat.

COMMENTARY

Text: *ed. cit.* II, 1, 138-41.

One of the free-verse hymns, including *Germanien, Am Quell der Donau* and *Der Rhein*, written between 1801 and 1804. The construction of the 9 strophes is symmetrically triadic: 12, 12, 15; 12, 12, 15; 12, 12, 15.

1. *Suevien*: Like Schiller, Schelling and Hegel—the last two were friends of his youth—Hölderlin was a Swabian, and greatly attached to his homeland: 'Sie alle meinen [*sc.* the towns of Swabia], es wäre/Sonst nirgend besser zu wohnen.' Cf. also his reference in the penultimate verse to it as 'die Mutter' to whom he must return and whom he has only left in order to invite the Graces to come to Germany (cf. Strophe 8). This sets *Die Wanderung* alongside *Germanien, Der Rhein*, and *Am Quell der Donau* as a 'Vaterlandsode'. Hölderlin himself never visited Greece—nor did Winckelmann, Lessing, Herder, Goethe or Schiller.

2. *Lombarda*: the Lombardy Plain, with the River Po corresponding to Hölderlin's Danube.

3. *Kaukasos*: Caucasia as the meeting-place of European, Asiatic and North African races, and the threshold of the mysterious realm of the 'Mother Asia' Hölderlin apostrophises in *Am Quell der Donau*. In the latter poem the valleys of the Caucasus are called 'Paradiese' (1.78).

4. *Dort mit der Sonne Kindern*: not a specific reference but a vision of a symbolic encounter between the Germans and the children of the sun where the Danube flows into the Black Sea.

5. *das gastfreundliche genennet*: Ovid calls the Black Sea 'mare Euxinum' (=Greek Εὔξεινος, 'hospitable').

6. *Ionias .... Kayster*: Ionia is an ancient region on the west coast of Asia Minor and the adjacent islands, colonised by the Greeks; the Cayster is an Ionian river that rises on Mount Tmolos (see 8 lines below), and the cranes that fly there are referred to in the Iliad II, line 460.

7. *Tayget .... Himettos*: the Taygetus are a Peloponnesian mountain range at whose foot lies Sparta; Hymettus is a mountain near Athens, famed for its honey and its marble.

8. *Parnassos Quell:* the Castalian spring in Delphi, sacred to Apollo and the Muses.

9. *Thetis*: chief of the Nereids (sea nymphs).

10. *Ida:* a mountain peak in Asia Minor, overlooking the site of the ancient city of Troy.

11. *Ihr Charitinnen*: the Three Graces (Aglaia, Euphrosyne and Thalia) who presided over beauty in nature and humanity.

There is an extended reference to two other poems by Hölderlin in Heidegger's essay *Was heißt Denken?* below (p. 315 ff).

FRIEDRICH SCHLEGEL (1772–1829)

Rede über die Mythologie (1799)

All cultures have their religions, and all religions their mythologies. A mythology embodies in artistic form the principles and assumptions of a culture, and every myth has both its general, symbolic meaning within that culture and its particular, tangible relevance at any given moment in that culture's history. A mythology, be it of primitive nature-worship, of reincarnation—as with the Hindus—, of heroic humanism—as with the Greeks —, or of emotional transcendentalism—as in Christianity, expresses the values which a civilisation holds most dear and most requires to preserve, and as long as men and women apply the message of a myth to the conduct of their own lives, so the power of the myth to move, to influence and, above all, to preserve social and cultural cohesion, will remain.

At the turn of the eighteenth century a number of German writers and thinkers of the early Romantic movement, chief among them Schelling, Novalis and Friedrich Schlegel, conscious of the absence of an authentic unifying mythological pattern to which the confused experiences of the present could meaningfully be related, called for a new, contemporary mythology which should express the union of all intellectual activities. Science would join with art, philosophy with poetry, the world of the spirit would merge with the world of nature, the antitheses of Real and Ideal, Objective and Subjective would be resolved and the rule of transcendental unity restored. This new unity, which was to have the character and power of a religion, would be expressed in a new mythology which, like all mythologies, would have an ultimately sacred, because absolute, meaning.

The absoluteness which this mythology was to embody is that of the composite ideal of Art–Philosophy–Religion which lies at the heart of German philosophical Romanticism in general and of Friedrich Schlegel's concept of 'romantische Poesie' in particular. 'Die romantische Poesie ist eine progressive Universalpoesie', runs his famous definition of 1798 in the journal *Athenaeum,* and the concept of an unending search for an ideal whose attainment would mean the denial of man's questing nature, is central to his philosophy. 'Die romantische Dichtart ist noch im Werden; ja das ist ihr eigentliches Wesen, daß sie ewig nur werden, nie vollendet sein kann' (*Friedrich Schlegel. Kritische Ausgabe seiner Werke*, ed. E. Behler, J.-J. Anstett and H. Eichner, 1958 ff., II. 183).

The supremacy of the artist in this context of Romantic totality—one recalls Novalis' *Totalwissenschaft* and Coleridge's 'Universal Science'—rests on the realisation that the profoundest truths, whether of art or of life—the two are in any case one and the same to the Romantic mind—lie beyond the reach of any circumscribing or analytical verbal formulation by scientist, philosopher or theologian. 'Alle Schönheit ist Allegorie. Das Höchste kann man, eben weil es unaussprechlich ist, nur allegorisch sagen' (*Gespräch über die Poesie; ed. cit.* II, 324). And allegory leads back to myth.

The elements of the universality which Schlegel sought are strikingly manifested in his own life. Like Hölderlin, Tieck, Wackenroder, Schelling, Novalis, Kleist and a host of lesser writers, he was born into a world dominated by the values of the Aufklärung, and his intellectual development, like theirs, was carried along in the wake of the philosophy of Kant. In his earliest writings, before the launching of the *Athenaeum*, he saw the solution of the problems of contemporary literature in terms of a return to the values of Classical Antiquity. Merging these values in the universalism of 'progressive Universalpoesie', he then turned to seek a new unifying principle in the heuristic experience of his own ego and rested upon this principle the faith in unrestrained self-expression which is one of the cardinal tenets of Romantic doctrine. This led him to a preoccupation with the East, above all India, as the source of the pristine unity of nature and spirit, individual self-fulfilment and communal well-being, that was the essence of 'das höchste Romantische'. Finally, in the very year that saw the culmination of his Oriental studies with the publication of *Über die Sprache und Weisheit der Indier* (1808), he found his answer in the doctrine of Roman Catholicism, devoting most of the remainder of his life to probing the mysteries of religion.

This restless pattern of impulses reflects the reactions of one highly sensitive, highly perceptive mind to the spiritual, intellectual and political disunity of Germany at the turn of the century. This disunity, and the accompanying sense of the lack of a cohesive national tradition to which to appeal, already underlay Herder's rhapsodic claims for the virtues of Hindu civilisation, in which he affected to find the magnanimity of spirit, the nobility of mind, and the unity of the religious, personal and aesthetic dimensions which a culture required for its efflorescence. And —even more inspiring—Hindu art revealed a mythology woven into the fabric of human life, expressing that unity of the material and the supernatural which Herder, like the Romantic writers who were so deeply indebted to him, took to be an unassailable reality.

But Friedrich Schlegel, like his Romantic fellows in Jena, was no other-worldly visionary preaching a gospel of aesthetic utopianism. He may have had little original creative talent—his novel *Lucinde*, though a date in literary history, has scant artistic merit and his pseudo-Classical dramas lie in peaceful oblivion—but his keen critical mind, informed by wide-ranging historical knowledge, forced him to produce analytical justification for his presentiments and theories, so that Eichendorff, in his *Zur Geschichte der neuern romantischen Poesie in Deutschland*, was able to maintain that Schlegel had achieved the true synthesis of art and religion to which Wackenroder and Novalis had aspired in vain. Schlegel himself, however, remained conscious of the paradox between the necessity and the impossibility of rendering a complete account of reality, between relative and absolute, interest and disinterest, and this is the source of the so-called 'Romantic irony' with which his name is linked. 'Ironie ist also die einzig mögliche Haltung für das Genie, dem die Anschauung des Ganzen gegeben ist, den Einzeldingen gegenüber... Ironie ist die Form des Paradoxen; paradox ist alles, was zugleich gut und groß ist' (*ed. cit.* II, 153).

His 'Rede über die Mythologie' is one of four studies written in 1799 and 1800 and collected in symposium form under the title *Gespräch über die Poesie*. By setting these studies in the context of an imaginary series of discussions between a group of literary friends, he gave himself the opportunity both to approach the topics under discussion from different angles and to portray the circle of Romantic friends—himself, his wife Dorothea, his elder brother August Wilhelm and his wife Caroline, Tieck, Schelling, Schleiermacher, Novalis and others—which provided the real-life model for the symposium.

The 'Rede über die Mythologie' is put into the mouth of Ludovico, a character who may be intended to represent Schelling. As early as 1796, indeed, Schelling had looked for a new mythology: 'Wir müßten eine neue Mythologie haben, diese Mythologie aber muß im Dienste der Ideen stehen, sie muß eine Mythologie der Vernunft werden' (from a *Systemprogramm* of Schelling's found by Franz Rosenzweig in a manuscript of Hegel's and published in 1917). The symbolic values of this mythology would stand as what Schleiermacher called 'Abbreviaturen des Universums': their role in the advancement of 'romantische Poesie' would be crucial, and their modern relevance unconditional. This is the spirit in which Schlegel's 'Rede' is written.

BIBLIOGRAPHY

E. Behler, 'Friedrich Schlegels Theorie der Universalpoesie' (*Jahrbuch der deutschen Schillergesellschaft* I, 1957, 211 ff)

H. Eichner, 'Friedrich Schlegel's Theory of Romantic Poetry' (*PMLA* LXXI, 1956, 1018–41)

H. Eichner (ed.), *Friedrich Schlegel, Gespräch über die Poesie* (Stuttgart, 1968)

K. Enders, *Friedrich Schlegel, die Quellen seines Wesens und Werdens* (Leipzig, 1913)

F. Gundolf, 'Friedrich Schlegel' in *Romantiker* (Berlin, 1930)

K. A. Horst, *Ich und Gnade* (Freiburg, 1951)

H. Horwitz, *Das Ich-Problem der Romantik: die historische Stellung Friedrich Schlegels innerhalb der modernen Geistesgeschichte* (Munich/Leipzig, 1916)

B. Piert, *Friedrich Schlegels ästhetische Anschauungen* (1910)

K. K. Polheim, *Die Arabeske. Ansichten und Ideen aus Friedrich Schlegels Poetik* (Munich/Paderborn/Vienna, 1966)

Rede über die Mythologie

Bei dem Ernst, mit dem ihr die Kunst verehrt, meine Freunde, will ich euch auffordern, euch selbst zu fragen: Soll die Kraft der Begeisterung auch in der Poesie sich immerfort einzeln versplittern, und wenn sie sich müde gekämpft hat gegen das widrige Element, endlich einsam verstummen? Soll das höchste Heilige immer namenlos und formlos bleiben, im Dunkel dem Zufall überlassen? Ist die Liebe wirklich unüberwindlich, und gibt es wohl eine Kunst, die den Namen verdiente, wenn diese nicht die Gewalt hat, den Geist der Liebe durch ihr Zauberwort zu fesseln, daß er ihr folge und auf ihr Geheiß und nach ihrer notwendigen Willkür die schönen Bildungen beseelen muß?

Ihr vor allen müßt wissen, was ich meine. Ihr habt selbst gedichtet, und ihr müßt es oft im Dichten gefühlt haben, daß es euch an einem festen Halt für euer Wirken gebrach, an einem mütterlichen Boden, einem Himmel, einer lebendigen Luft.

Aus dem Innern herausarbeiten, das alles muß der moderne Dichter, und viele haben es herrlich getan, aber bis jetzt nur jeder allein, jedes Werk wie eine neue Schöpfung von vorn an aus Nichts.

Ich gehe gleich zum Ziel. Es fehlt, behaupte ich, unserer Poesie an einem Mittelpunkt, wie es die Mythologie für die der Alten war, und alles Wesentliche, worin die moderne Dichtkunst der antiken nachsteht, läßt sich in die Worte zusammenfassen: Wir haben keine Mythologie. Aber, setze ich hinzu, wir sind nahe daran, eine zu erhalten, oder vielmehr es wird Zeit, daß wir ernsthaft dazu mitwirken sollen, eine hervorzubringen.

Denn auf dem ganz entgegengesetzten Wege wird sie uns kommen wie die alte ehemalige, überall die erste Blüte der jugendlichen Phantasie, sich unmittelbar anschließend und anbildend an das Nächste, Lebendigste der sinnlichen Welt. Die neue Mythologie muß im Gegenteil aus der tiefsten Tiefe des Geistes herausgebildet werden; es muß das künstlichste aller Kunstwerke sein, denn es soll alle andern umfassen, ein neues Bette und Gefäß für den alten ewigen Urquell der Poesie und selbst das unendliche Gedicht, welches die Keime aller andern Gedichte verhüllt.

Ihr mögt wohl lächeln über dieses mystische Gedicht und über die Unordnung, die etwa aus dem Gedränge und der Fülle von Dichtungen entstehen dürfte. Aber die höchste Schönheit, ja die höchste Ordnung ist denn doch nur die des Chaos, nämlich eines solchen, welches nur auf die Berührung der Liebe wartet, um sich zu einer harmonischen Welt zu entfalten, eines solchen wie es auch die alte Mythologie und Poesie war. Denn Mythologie und Poesie, beide sind eins und unzertrennlich.

Alle Gedichte des Altertums schließen sich eines an das andere, bis sich aus immer größeren Maßen und Gliedern das Ganze bildet; alles greift ineinander, und überall ist ein und derselbe Geist nur anders ausgedrückt. Und so ist es wahrlich kein leeres Bild zu sagen: die alte Poesie sei ein einziges, unteilbares, vollendetes Gedicht. Warum sollte nicht wieder von neuem werden, was schon gewesen ist? Auf eine andere Weise versteht sich. Und warum nicht auf eine schönere, größere?

Ich bitte euch, nur dem Unglauben an die Möglichkeit einer neuen Mythologie nicht Raum zu geben. Die Zweifel von allen Seiten und nach allen Richtungen sollen mir willkommen sein, damit die Untersuchung desto freier und reicher werde. Und nun schenkt meinen Vermutungen ein aufmerksames Gehör! Mehr als Vermutungen kann ich euch nach der Lage der Sache nicht geben wollen. Aber ich hoffe, diese Vermutungen sollen durch euch selbst zu Wahrheiten werden. Denn es sind, wenn ihr sie dazu machen wollt, gewissermaßen Vorschläge zu Versuchen.

Kann eine neue Mythologie sich nur aus der innersten Tiefe des Geistes wie durch sich selbst herausarbeiten, so finden wir einen sehr bedeutenden Wink und eine merkwürdige Betätigung für das, was wir suchen in dem großen Phänomen des Zeitalters, im Idealismus! Dieser ist auf eben die Weise gleichsam wie aus Nichts entstanden, und es ist nun auch in der Geisterwelt ein fester Punkt konstituiert, von wo aus die Kraft des Menschen sich nach allen Seiten mit steigender Entwicklung ausbreiten kann, sicher, sich selbst und die Rückkehr nie zu verlieren. Alle Wissenschaften und alle Künste wird die große Revolution ergreifen. Schon seht ihr sie [1] in der Physik wirken, in welcher der Idealismus eigentlich schon früher für sich ausbrach, ehe sie noch vom Zauberstabe der Philosophie berührt war. Und dieses wunderbare große Faktum kann euch zugleich ein Wink sein über den geheimen Zusammenhang und die innere Einheit des Zeitalters. Der Idealismus, in praktischer Ansicht nichts anderes als der Geist jener Revolution, die großen Maximen derselben, die wir aus eigener Kraft und Freiheit ausüben und ausbreiten sollen, ist in theoretischer Ansicht, so groß er sich auch hier zeigt, doch nur ein Teil, ein Zweig, eine Äußerungsart von dem Phänomen aller Phänomene, daß die Menschheit aus allen Kräften ringt, ihr Zentrum zu finden. Sie muß, wie die Sachen stehen, untergehen oder sich verjüngen. Was ist wahrscheinlicher, und was läßt sich nicht von einem solchen Zeitalter der Verjüngung hoffen? — Das graue Altertum wird wieder lebendig werden, und die fernste Zukunft der Bildung sich schon in Vorbedeutungen melden.

Doch das ist nicht das, worauf es mir zunächst hier ankommt: denn ich möchte gern nichts überspringen und euch Schritt vor Schritt bis zur Gewißheit der allerheiligsten Mysterien führen. Wie es das Wesen des Geistes ist, sich selbst zu bestimmen und im ewigen Wechsel aus

sich herauszugehen und in sich zurückzukehren, wie jeder Gedanke
nichts anderes ist, als das Resultat einer solchen Tätigkeit: so ist derselbe
Prozeß auch im ganzen und großen jeder Form des Idealismus sichtbar,
der ja selbst nur die Anerkennung jenes Selbstgesetzes ist, und das neue,
durch die Anerkennung verdoppelte Leben, welches die geheime Kraft
desselben durch die unbeschränkte Fülle neuer Erfindung, durch die
allgemeine Mitteilbarkeit und durch die lebendige Wirksamkeit aufs herr-
lichste offenbart. Natürlich nimmt das Phänomen in jedem Individuum
eine andere Gestalt an, wo denn oft der Erfolg hinter unserer Erwartung
zurückbleiben muß. Aber was notwendige Gesetze für den Gang des
Ganzen erwarten lassen, darin kann unsere Erwartung nicht getäuscht
werden. Der Idealismus in jeder Form muß auf eine oder die andere
Art aus sich herausgehen, um in sich zurückkehren zu können und zu
bleiben, was er ist. Deswegen muß und wird sich aus seinem Schoße
ein neuer, ebenso grenzenloser Realismus erheben, und der Idealismus
also nicht bloß in seiner Entstehungsart ein Beispiel für die neue Mythologie, sondern selbst auf indirekte Art Quelle derselben werden. Die
Spuren einer ähnlichen Tendenz könnt ihr schon jetzt fast überall wahrnehmen; besonders in der Physik, der es an nichts mehr zu fehlen scheint,
als an einer mythologischen Ansicht der Natur.

Auch ich trage schon lange das Ideal eines solchen Realismus in mir,
und wenn es bisher nicht zur Mitteilung gekommen ist, so war es nur,
weil ich das Organ dazu noch suche. Doch weiß ich, daß ichs nur in
der Poesie finden kann, denn in Gestalt der Philosophie oder gar eines
Systems wird der Realismus nie wieder auftreten können. Und selbst
nach einer allgemeinen Tradition ist es zu erwarten, daß dieser neue
Realismus, weil er doch idealischen Ursprungs sein und gleichsam auf
idealischem Grund und Boden schweben muß, als Poesie erscheinen
wird, die ja auf der Harmonie des Ideellen und Reellen beruhen soll.

²Spinoza, scheint mirs, hat ein gleiches Schicksal wie der gute alte
Saturn der Fabel. Die neuen Götter haben den Herrlichen vom hohen
Thron der Wissenschaft herabgestürzt. In das heilige Dunkel der Phan-
tasie ist er zurückgewichen, da lebt und haust er nun mit den anderen
Titanen in ehrwürdiger Verbannung. Haltet ihn hier! Im Gesang der
Musen verschmelze seine Erinnerung an die alte Herrschaft in eine leise
Sehnsucht. Er entkleide sich vom kriegerischen Schmuck des Systems
und teile dann die Wohnung im Tempel der neuen Poesie mit Homer
und Dante und geselle sich zu den Laren und Hausfreunden jedes gott-
begeisterten Dichters.

In der Tat, ich begreife kaum, wie man ein Dichter sein kann, ohne
den Spinoza zu verehren, zu lieben und ganz der seinige zu werden.
In Erfindung des einzelnen ist eure eigene Phantasie reich genug; sie
anzuregen, zur Tätigkeit zu reizen und ihr Nahrung zu geben, nichts
geschickter als die Dichtungen anderer Künstler. Im Spinoza aber findet

ihr den Anfang und das Ende aller Phantasie, den allgemeinen Grund und Boden, auf dem euer Einzelnes ruht und eben diese Absonderung des Ursprünglichen, Ewigen der Phantasie von allem Einzelnen und Besonderen muß euch sehr willkommen sein. Ergreift die Gelegenheit und schaut hin! Es wird euch ein tiefer Blick in die innerste Werkstätte der Poesie gegönnt. Von der Art wie die Phantasie des Spinoza, so ist auch sein Gefühl. Nicht Reizbarkeit für dieses und jenes, nicht Leidenschaft, die schwillt und wieder sinket; aber ein klarer Duft schwebt unsichtbar sichtbar über dem Ganzen, überall findet die ewige Sehnsucht einen Anklang aus den Tiefen des einfachen Werks, welches in stiller Größe den Geist der ursprünglichen Liebe atmet.

Und ist nicht dieser milde Widerschein der Gottheit im Menschen die eigentliche Seele, der zündende Funken aller Poesie? — Das bloße Darstellen von Menschen, von Leidenschaften und Handlungen macht es wahrlich nicht aus, so wenig wie die künstlichen Formen; und wenn ihr den alten Kram auch millionenmal durcheinander würfelt und übereinander wälzt, — das ist nur der sichtbare äußere Leib, und wenn die Seele erloschen ist, gar nur der tote Leichnam der Poesie. Wenn aber jener Funken des Enthusiasmus in Werke ausbricht, so steht eine neue Erscheinung vor uns, lebendig und in schöner Glorie von Licht und Liebe.

Und was ist jede schöne Mythologie anders als ein hieroglyphischer Ausdruck der umgebenden Natur in dieser Verklärung von Phantasie und Liebe?

Einen großen Vorzug hat die Mythologie. Was sonst das Bewußtsein ewig flieht, ist hier dennoch sinnlich geistig zu schauen und festgehalten, wie die Seele in dem umgebenden Leibe, durch den sie in unser Auge schimmert, zu unserm Ohre spricht.

Das ist der eigentliche Punkt, daß wir uns wegen des Höchsten nicht so ganz allein auf unser Gemüt verlassen. Freilich, wem es da trocken ist, dem wird es nirgends quillen; und das ist eine bekannte Wahrheit, gegen die ich am wenigsten gesonnen bin, mich aufzulehnen. Aber wir sollen uns überall an das Gebildete anschließen und auch das Höchste durch die Berührung des Gleichartigen, Ähnlichen oder bei gleicher Würde Feindlichen entwickeln, entzünden, nähren, mit einem Worte: bilden. Ist das Höchste aber wirklich keiner absichtlichen Bildung fähig, so laßt uns nur gleich jeden Anspruch auf irgendeine freie Ideenkunst aufgeben, die alsdann ein leerer Name sein würde.

Die Mythologie ist ein solches Kunstwerk der Natur. In ihrem Gewebe ist das Höchste wirklich gebildet; alles ist Beziehung und Verwandlung, angebildet und umgebildet, und dieses Anbilden und Umbilden eben ihr eigentümliches Verfahren, ihr inneres Leben, ihre Methode, wenn ich so sagen darf.

Da finde ich nun eine große Ähnlichkeit mit jenem großen Witz der romantischen Poesie, der nicht in einzelnen Einfällen, sondern in der

Konstruktion des Ganzen sich zeigt, und den unser Freund uns schon so oft an den Werken des Cervantes und des Shakespeare entwickelt hat. Ja, diese künstlich geordnete Verwirrung, diese reizende Symmetrie von Widersprüchen, dieser wunderbare ewige Wechsel von Enthusiasmus und Ironie, der selbst in den kleinsten Gliedern des Ganzen lebt, scheinen mir schon selbst eine indirekte Mythologie zu sein. Die Organisation ist dieselbe, und gewiß ist ³die Arabeske die älteste und ursprünglichste Form der menschlichen Phantasie. Weder dieser Witz noch eine Mythologie können bestehen ohne ein erstes Ursprüngliches und Unnachahmliches, was schlechthin unauflöslich ist, was nach allen Umbildungen noch die alte Natur und Kraft durchschimmern läßt, wo der naive Tiefsinn den Schein des Verkehrten und Verrückten oder des Einfältigen und Dummen durchschimmern läßt. Denn das ist der Anfang aller Poesie, den Gang und die Gesetze der vernünftig denkenden Vernunft aufzuheben und uns wieder in die schöne Verwirrung der Phantasie, in das ursprüngliche Chaos der menschlichen Natur zu versetzen, für das ich kein schöneres Symbol bis jetzt kenne, als das bunte Gewimmel der alten Götter.

Warum wollt ihr euch nicht erheben, diese herrlichen Gestalten des großen Altertums neu zu beleben? — Versucht es nur einmal, die alte Mythologie voll vom Spinoza und von jenen Ansichten, welche die jetzige Physik in jedem Nachdenkenden erregen muß, zu betrachten, wie euch alles in neuem Glanz und Leben erscheinen wird.

Aber auch die andern Mythologien müssen wieder erweckt werden nach dem Maße ihres Tiefsinns, ihrer Schönheit und ihrer Bildung, um die Entstehung der neuen Mythologie zu beschleunigen. Wären uns nur ⁴die Schätze des Orients so zugänglich, wie die des Altertums! Welche neue Quelle von Poesie könnte uns aus Indien fließen, wenn einige deutsche Künstler mit der Universalität und Tiefe des Sinns, mit dem Genie der Übersetzung, das ihnen eigen ist, die Gelegenheit besäßen, welche eine Nation, die immer stumpfer und brutaler wird, wenig zu brauchen versteht. Im Orient müssen wir das höchste Romantische suchen, und wenn wir erst aus der Quelle schöpfen können, so wird uns vielleicht der Anschein von südlicher Glut, der uns jetzt in der spanischen Poesie so reizend ist, wieder nur abendländisch und sparsam erscheinen.

Überhaupt muß man auf mehr als einem Wege zum Ziel dringen können. Jeder gehe ganz den seinigen, mit froher Zuversicht, auf die individuellste Weise, denn nirgends gelten die Rechte der Individualität — wenn sie nur das ist, was das Wort bezeichnet: unteilbare Einheit, innerer lebendiger Zusammenhang — mehr als hier, wo vom Höchsten die Rede ist; ein Standpunkt, auf welchem ich nicht anstehen würde zu sagen, der eigentliche Wert, ja die Tugend des Menschen sei seine Originalität.

Und wenn ich einen so großen Akzent auf den Spinoza lege, so geschieht es wahrlich nicht aus einer subjektiven Vorliebe (deren Gegenstände ich vielmehr ausdrücklich entfernt gehalten habe) oder um ihn als Meister einer neuen Alleinherrschaft zu erheben; sondern weil ich an diesem Beispiel am auffallendsten und einleuchtendsten meine Gedanken vom Wert und der Würde der Mystik und ihrem Verhältnis zur Poesie zeigen konnte. Ich wählte ihn wegen seiner Objektivität in dieser Rücksicht als Repräsentanten aller übrigen. Ich denke darüber so: Wie die [5]Wissenschaftslehre nach der Ansicht derer, welche die Unendlichkeit und die unvergängliche Fülle des Idealismus nicht bemerkt haben, wenigstens eine vollendete Form bleibt, ein allgemeines Schema für alle Wissenschaft, so ist auch Spinoza auf ähnliche Weise der allgemeine Grund und Halt für jede individuelle Art von Mystizismus; und dieses, denke ich, werden auch die bereitwillig anerkennen, die weder vom Mystizismus noch vom Spinoza sonderlich viel verstehen.

Ich kann nicht schließen, ohne noch einmal zum Studium der Physik aufzufordern, aus deren dynamischen Paradoxien jetzt die heiligsten Offenbarungen der Natur von allen Seiten ausbrechen.

Und so laßt uns denn, beim Licht und Leben! nicht länger zögern, sondern jeder nach seinem Sinn die große Entwicklung beschleunigen, zu der wir berufen sind. Seid der Größe des Zeitalters würdig, und der Nebel wird von euren Augen sinken; es wird helle vor euch werden. Alles Denken ist ein Divinieren, aber der Mensch fängt erst eben an, sich seiner divinatorischen Kraft bewußt zu werden. Welche unermeßliche Erweiterungen wird sie noch erfahren; und eben jetzt. Mich deucht, wer das Zeitalter, das heißt jenen großen Prozeß allgemeiner Verjüngung, jene Prinzipien der ewigen Revolution verstünde, dem müßte es gelingen können, die Pole der Menschheit zu ergreifen und das Tun der ersten Menschen, wie den Charakter der goldnen Zeit, die noch kommen wird, zu erkennen und zu wissen. Dann würde das Geschwätz aufhören und der Mensch inne werden, was er ist, und würde die Erde verstehen und die Sonne.

Dieses ist, was ich mit der neuen Mythologie meine.

COMMENTARY

Text: Friedrich Schlegel, *Kritische Ausgabe seiner Werke* hrsg. von Ernst Behler unter Mitwirkung von Jean-Jacques Anstett und Hans Eichner, Vol. II (1967), 311–22.

1. *in der Physik*: an important element in the synthesis of knowledge which the Romantics called *Totalwissenschaft* was that of the natural sciences. There was great interest at the time in mineralogy, magnetism and all discoveries in the realms of physics, medicine and psychology. Schelling's *Naturphilosophie* represents the most perfect Romantic fusion of the humanistic and the scientific.

2. *Spinoza . . . . der gute alte Saturn*: to the Romans Saturn was the king who had introduced civilisation into Italy; he later became identified with the Titan Cronus, father of the gods, who was said to have fled to Italy after being dethroned by Zeus and to have reigned there during the Golden Age. As to Spinoza, Friedrich Schlegel, like Lessing and Goethe, ranked him among the greatest of philosophers.

3. *die Arabeske*: the primacy of the arabesque among the free products of the creative imagination is a subject to which Schlegel returns in his 'Brief über den Roman', which follows the 'Rede über die Mythologie' in the *Gespräch über die Poesie*.

4. *die Schätze des Orients*: the recently uncovered works of Sanskrit literature, above all those translated into English by Charles Wilkins and William Jones in the 1780s and 1790s, inspired Schlegel, as they had inspired Herder before him, to praise what he saw as the noble virtues of Hindu civilisation, virtues which, in his mind, the Germany of 1800 would do well to emulate. But it was not until three years later that he went to Paris to embark on the Sanskrit studies that were to culminate in the publication of *Über die Sprache und Weisheit der Indier* in 1808, and at the time of the *Gespräch über die Poesie* his raptures over 'the treasures of the East' had as fragile a foundation as did the enthusiasm of his Romantic contemporaries.

5. *die Wissenschaftslehre*: Fichte's *Wissenschaftslehre* (1794) was one of the seminal works of German Romanticism. In the *Athenaeum* of 1798 Friedrich Schlegel wrote: 'Die Französische Revolution, Fichtes *Wissenschaftslehre* und Goethes *Wilhelm Meister* sind die größten Tendenzen des Zeitalters' (*ed. cit.* II, 198).

E. T. A. HOFFMANN (1776–1822)

Beethovens Instrumentalmusik (1813)

It is a commonplace of cultural history that Romanticism, as a vital new force in the arts of Europe during the second half of the eighteenth century and throughout the nineteenth, is intimately associated with —is even, some have claimed, most purely and perfectly embodied in— the art of music. And as the summit of European music, like that of European Romanticism, is reached in the nineteenth century, so also is this *the* century of German music. In these historical terms alone the spiritual kinship between music and Romanticism is apparent, and there is far more than a biographical issue at stake when Nietzsche writes in a letter to Georg Brandes: 'I fear I am too much of a musician not to be a Romantic' (March 27, 1888).

The central importance of music to the Romantic impulse, and the predisposition to view both the world and the creative processes of the artistic mind in terms proper to music, were recognised by the early German Romantic writers themselves. Wackenroder wrote of the worlds that opened up before him as he listened to music, and in his *Herzenser-gießungen eines kunstliebenden Klosterbruders* he created the figure of the musician Joseph Berglinger to convey the modes of thought and feeling of the Romantic artist. Novalis and Tieck, each in his different way, sought a poetic use of language through which, not to transmit an argument but to induce a mood and a set of values proper to the experience of music.

Music is the most abstract of all the arts, i. e. it is not representational, in its essence, of objects or ideas but creates, and lives in, a world of its own 'unreality', a world conditioned by its non-representationalism yet with its own inner logic. And because it is free of the pressures of physical association, it possesses a unique immediacy as a medium of human understanding and offers an experience of timeless, spaceless reality which the representational arts, bound by the finitude of human sense-perception, can never offer. From this it is but a step to the claim that the world is ultimately to be understood in aesthetic terms, and that music is at the heart of this metaphysic.

The climax of the Romantic philosophy of music, and of its absolute role in the cosmic pattern of things, is reached with Schopenhauer: 'In that it by-passes ideas, Music is independent of the physical world—in fact, it is completely ignorant of the physical world and could, in a sense, exist even if there were no world. This cannot be said of the other arts. Music is as direct an objectification of the entire Will as is the World itself and as are the ideas whose various manifestations make up the world of individual objects. Thus far from being, like the other arts, a reflection of those ideas, Music is a reflection of the Will itself, with the same objectivity as that possessed by ideas. This is the reason why Music has so much more powerful and penetrating an effect than the other arts. For while these latter deal only with the shadow, Music deals with the substance' (*Die Welt als Wille und Vorstellung*, Großherzog Wilhelm Ernst Ausgabe, I, 346; cf. also p. 189 below).

This is the context, the context of 'absolute' music, of the musicalisation of life and art, of pervasive Romantic values, which surrounds the work of E. T. A. Hoffmann. Hoffmann the teller of tales, the master of the bizarre and the macabre, has his niche in German literary history as the embodiment of *Schauerromantik*, and the stimulus he gave to writers as different as Baudelaire and Gogol, Edgar Allan Poe and Chekhov has long been recognised. Equally revealing, both in the particular terms of the development of Romanticism and within the broader framework of speculation on the nature of art—the latter an abiding concern of German intellectuals over the past four hundred years—are Hoffmann's uncanny insights, scattered over his works of fiction and his analytical essays alike, into the power and appeal of music. Brought together under one head, these scattered moments would almost amount to a summary of a musical aesthetic, and their perceptiveness is nowhere better illustrated than in the essay *Beethovens Instrumentalmusik*, taken from the first cycle of stories, sketches and reflections collected under the title of *Kreisleriana*.

Beethovens Instrumentalmusik grew out of a review of Beethoven's Fifth Symphony which Hoffmann wrote for the *Allgemeine Musikalische Zeitung* in 1810. At that time he still cherished the vision that it would be as a musician, above all as a composer, that he would make his mark in the world. He had already composed six operas and a considerable amount of orchestral, choral and instrumental music, and his one literary work —the story *Ritter Gluck*—is itself a fantasy born of a musical impulse.

Indeed, not until 1813, by which time he had abandoned his thoughts of a career in music and become a judge in the Prussian Civil Service, are any of his writings concerned with a sphere other than music, or do we meet the first of the long line of mysterious, spine-chilling tales which most readily come to mind at the mention of his name.

Hoffmann's originality as a writer on music lies in his revelation of how music strikes at the deepest level of man's consciousness, and how the music of Beethoven—for him the greatest of all composers, and thus, by his definition, the greatest of all Romantic artists—transmits an experience of ultimate reality unparalleled in its intensity. For as he puts it in his opening paragraph, the one and only theme of music is Eternity. 'Keine Kunst, glaube ich, geht so ganz und gar aus der inneren Vergeistigung des Menschen hervor, keine Kunst bedarf nur einzig rein geistiger ätherischer Mittel, als die Musik. Die Ahnung des Höchsten und Heiligsten, der geistigen Macht, die den Lebensfunken in der ganzen Natur entzündet, spricht sich hörbar aus im Ton und so wird Musik, Gesang, der Ausdruck der höchsten Fülle des Daseins' (*Über alte und neue Kirchenmusik; Sämtliche Werke*, ed. E. Grisebach, 1900, VII, 153).

In such utterances, as in those of Wackenroder, Schelling, Schopenhauer and the other protagonists of the Romantic philosophy of music, the talk is of music *per se*, as a mystical vision of a single, indivisible truth, with no concern for criteria to distinguish good music from bad, great music from trivial. To be sure, Hoffmann's thoughts are of the great masters—Beethoven, Mozart, Bach, Handel—as he makes his apocalyptic claims, but whether it is an identical vision that is evoked by such different kinds of music, and why inferior music should, as we know, also have the occasional power to stimulate profound emotion, are matters which he does not pursue. The undifferentiated aesthetic response mattered more to the Romantics than the pursuit of critical value judgments or the establishment of ethical principles. Nietzsche, on the other hand, saw the nature of music precisely in such moral terms and took them as his point of departure in his attack on the most Romantic of all composers—Richard Wagner.

The sympathies of insight, the intuitive powers of perception and the frailties of character that attend the Romantic personality are embodied in Hoffmann's autobiographical character Johannes Kreisler, the mad Kapellmeister—or is it perhaps not madness but genius?—who suffers at the hands of a Philistine society the misunderstandings and mockeries to which his creator had himself been subjected during his brief career as Kapellmeister in Bamberg and elsewhere. The two cycles of stories and sketches assembled as *Kreisleriana* reveal Hoffmann's suggestive thoughts on the characteristics of individual musical keys, on synaesthesia, on the means by which music achieves its emotional effect, and, often in bitter satirical vein, on the position of the musician in society. In the remarkable novel *Kater Murr* Kreisler's spiritual biography is laid bare in all its pathos and bizarrerie.

Yet all this literary activity is really directed towards the exploration of a world whose values lie not in literature but in music, and it is in his exploration of this world that a large part of Hoffmann's original contribution to aesthetic thought in the nineteenth century resides. His importance for the whole tradition of modern German culture is expressed by Oswald Spengler in terms that recall how vital is the strand of music in this culture: 'There used to be, above all in eighteenth-century Germany, a real musical culture that pervaded the whole of life, a culture that came to be typified by Kapellmeister Johannes Kreisler. Alongside Goethe's Faust, the German thinker, he stands as the profoundest poetic representation of the German musician—though today we can scarcely recall how vital that conception was' (*Der Untergang des Abendlandes*, 1921, I, 383).

BIBLIOGRAPHY

W. Bergengruen, *E. T. A. Hoffmann* (Stuttgart, 1939; new ed. Zürich, 1960)

G. Egli, *E. T. A. Hoffmann, Ewigkeit und Endlichkeit in seinem Werk* (Leipzig/Berlin, 1927)

H. Ehinger, *E. T. A. Hoffmann als Musiker und Musikschriftsteller* (Olten/Köln, 1954)

H. W. Hewett-Thayer, *Hoffmann, Author of the Tales* (Princeton, 1948)

K. Ochsner, *E. T. A. Hoffmann als Dichter des Unbewußten* (Frauenfeld/Leipzig, 1936)

R. Taylor, *E. T. A. Hoffmann* (London/New York, 1963)

Beethovens Instrumentalmusik

Sollte, wenn von der Musik als einer selbständigen Kunst die Rede ist, nicht immer nur die Instrumental-Musik gemeint sein, welche jede Hilfe, [1]jede Beimischung einer andern Kunst (der Poesie) verschmähend, das eigentümliche, nur in ihr zu erkennende Wesen dieser Kunst rein ausspricht? — Sie ist die romantischste aller Künste, beinahe möchte man sagen, allein echt romantisch, denn nur das Unendliche ist ihr Vorwurf. — Orpheus' Lyra öffnete die Thore des Orkus. Die Musik schließt dem Menschen ein unbekanntes Reich auf, eine Welt, die nichts gemein hat mit der äußern Sinnenwelt, die ihn umgiebt, und in der er [2]alle bestimmten Gefühle zurückläßt, um sich einer unausprechlichen Sehnsucht hinzugeben.

Habt ihr dies eigentümliche Wesen auch wohl nur geahnt, ihr armen Instrumentalkomponisten, die ihr euch mühsam abquältet, bestimmte Empfindungen, ja sogar Begebenheiten darzustellen? — Wie konnte es euch denn nur einfallen, die der Plastik geradezu entgegengesetzte Kunst plastisch zu behandeln? Eure Sonnaufgänge, eure Gewitter, eure [3]Batailles des trois Empereurs u. s. w. waren wohl gewiß gar lächerliche Verirrungen und sind wohlverdienterweise mit gänzlichem Vergessen bestraft.

In dem Gesange, wo die Poesie bestimmte Affekte durch Worte andeutet, wirkt die magische Kraft der Musik, wie das wunderbare Elixir der Weisen, von dem etliche Tropfen jeden Trank köstlicher und herrlicher machen. Jede Leidenschaft — Liebe — Haß — Zorn — Verzweiflung etc., wie die Oper sie uns giebt, kleidet die Musik in den Purpurschimmer der Romantik, und selbst das im Leben Empfundene führt uns hinaus aus dem Leben in das Reich des Unendlichen.

So stark ist der Zauber der Musik, und immer mächtiger werdend mußte er jede Fessel einer andern Kunst zerreißen.

Gewiß nicht allein in der Erleichterung der Ausdrucksmittel (Vervollkommnung der Instrumente, größere Virtuosität der Spieler), sondern in dem tieferen innigeren Erkennen des eigentümlichen Wesens der Musik liegt es, daß geniale Komponisten die Instrumental-Musik zu der jetzigen Höhe erhoben.

Mozart und Haydn, die Schöpfer der jetzigen Instrumental-Musik, zeigen uns zuerst die Kunst in ihrer vollen Glorie; wer sie da mit voller Liebe anschaute und eindrang in ihr innigstes Wesen, ist — Beethoven! — Die Instrumentalkompositionen aller drei Meister atmen einen gleichen romantischen Geist, welches in dem gleichen innigen Ergreifen des eigentümlichen Wesens der Kunst liegt; der Charakter ihrer Kompositionen unterscheidet sich jedoch merklich. — Der Ausdruck eines kindlichen heitern Gemüts herrscht in Haydns Kompositionen. Seine Sinfonien führen uns in unabsehbare grüne Haine, in ein lustiges buntes Gewühl glücklicher Menschen. Jünglinge und Mädchen schweben in Reihentänzen vorüber; lachende Kinder, hinter Bäumen, hinter Rosenbüschen lauschend, werfen sich neckend mit Blumen. Ein Leben voll Liebe, voll Seligkeit, wie vor der Sünde, in ewiger Jugend; kein Leiden, kein Schmerz, nur ein süßes wehmütiges Verlangen nach der geliebten Gestalt, die in der Ferne im Glanz des Abendrotes daher schwebt, nicht näher kommt, nicht verschwindet, und solange sie da ist, wird es nicht Nacht, denn sie selbst ist das Abendrot, von dem Berg und Hain erglühen. — In die Tiefen des Geisterreichs führt uns Mozart. Furcht umfängt uns, aber ohne Marter ist sie mehr Ahnung des Unendlichen.

Liebe und Wehmut tönen in holden Geisterstimmen; die Nacht geht auf in hellem Purpurschimmer, und in unaussprechlicher Sehnsucht ziehen wir nach den Gestalten, die freundlich uns in ihre Reihen winkend in ewigem Sphärentanze durch die Wolken fliegen. ([4]Mozarts Sinfonie in Es dur unter dem Namen des Schwanengesanges bekannt.)

So öffnet uns auch Beethovens Instrumental-Musik das Reich des Ungeheuern und Unermeßlichen. Glühende Strahlen schießen durch dieses Reiches tiefe Nacht, und wir werden Riesenschatten gewahr, die auf- und abwogen, enger und enger uns einschließen und uns vernichten, aber nicht den Schmerz der unendlichen Sehnsucht, in welcher jede Luft, die schnell in jauchzenden Tönen emporgestiegen, hinsinkt und untergeht, und nur in diesem Schmerz, der Liebe, Hoffnung, Freude, in sich verzehrend, aber nicht zerstörend, unsere Brust mit einem vollstimmigen Zusammenklange aller Leidenschaften zersprengen will, leben wir fort und sind entzückte Geisterseher! —

Der romantische Geschmack ist selten, noch seltener das romantische Talent, daher giebt es wohl so wenige, die jene Lyra, deren Ton das wundervolle Reich des Romantischen aufschließt, anzuschlagen vermögen.

Haydn faßt das Menschliche im menschlichen Leben romantisch auf; er ist kommensurabler, faßlicher für die Mehrzahl.

Mozart nimmt mehr das Übermenschliche, das Wunderbare, welches im innern Geiste wohnt, in Anspruch.

Beethovens Musik bewegt die Hebel der Furcht, des Schauers, des Entsetzens, des Schmerzes, und erweckt eben jene unendliche Sehnsucht, welche das Wesen der Romantik ist. Er ist daher ein rein romantischer Komponist, und mag es nicht daher kommen, daß ihm Vokalmusik, die den Charakter des unbestimmten Sehnens nicht zuläßt, sondern nur durch Worte bestimmte Affekte, als in dem Reiche des Unendlichen empfunden, darstellt, weniger gelingt?

Den musikalischen Pöbel drückt Beethovens mächtiger Genius; er will sich vergebens dagegen auflehnen. — Aber die weisen Richter, mit

12*

vornehmer Miene um sich schauend, versichern: man könne es ihnen als Männer von großem Verstande und tiefer Einsicht aufs Wort glauben, es fehle dem guten B. nicht im mindesten an einer sehr reichen, lebendigen Fantasie, aber er verstehe sie nicht zu zügeln. Da wäre denn nun von Auswahl und Formung der Gedanken gar nicht die Rede, sondern er werfe nach der sogenannten genialen Methode alles so hin, wie es ihm augenblicklich die im Feuer arbeitende Fantasie eingebe. Wie ist es aber, wenn nur eurem schwachen Blick der innere tiefe Zusammenhang jeder Beethovenschen Komposition entgeht? Wenn es nur an euch liegt, daß ihr des Meisters, dem Geweihten verständliche, Sprache nicht versteht, wenn euch die Pforte des innersten Heiligtums verschlossen blieb?

In Wahrheit, der Meister, an [5]Besonnenheit Haydn und Mozart ganz an die Seite zu stellen, trennt sein Ich von dem innern Reich der Töne und gebietet darüber als unumschränkter Herr. Ästhetische Meßkünstler haben oft im Shakespeare über gänzlichen Mangel innerer Einheit und inneren Zusammenhanges geklagt, indem dem tieferen Blick ein schöner Baum, Blätter, Blüten und Früchte aus einem Keim treibend, erwächst; so entfaltet sich auch nur durch ein sehr tiefes Eingehen in Beethovens Instrumental-Musik die hohe Besonnenheit, welche vom wahren Genie unzertrennlich ist und von dem Studium der Kunst genährt wird. Welches Instrumentalwerk Beethovens bestätigt dies alles wohl in höherm Grade, als die über alle Maßen herrliche tiefsinnige [6]Sinfonie in C moll. Wie führt diese wundervolle Komposition in einem fort und fort steigenden Klimax den Zuhörer unwiderstehlich fort in das Geisterreich des Unendlichen. Nichts kann einfacher sein als der nur aus Takten bestehende Hauptgedanke des ersten Allegros, der anfangs im Unisono dem Zuhörer nicht einmal die Tonart bestimmt. Den Charakter der ängstlichen, unruhvollen Sehnsucht, den dieser Satz in sich trägt, setzt das melodiöse Nebenthema nur noch mehr ins Klare! — Die Brust von der Ahnung des Ungeheuern, Vernichtung Drohenden gepreßt und beängstet, scheint sich in schneidenden Lauten gewaltsam Luft machen zu wollen, aber bald zieht eine freundliche Gestalt glänzend daher und erleuchtet die tiefe grauenvolle Nacht. ([7]Das liebliche Thema in G dur, das erst von dem Horn in Es dur berührt wurde.) — Wie einfach — noch einmal sei es gesagt — ist das Thema, das der Meister dem Ganzen zu Grunde legte, aber wie wundervoll reihen sich ihm alle Neben- und Zwischensätze durch ihr rhythmisches Verhältnis so an, daß sie nur dazu dienen, den Charakter des Allegros, den jenes Hauptthema nur andeutete, immer mehr und mehr zu entfalten. Alle Sätze sind kurz, beinahe alle nur aus zwei, drei Takten bestehend, und noch dazu verteilt in beständigem Wechsel der Blas- und Saiteninstrumente; man sollte glauben, daß aus solchen Elementen nur etwas Zerstückeltes, Unfaßbares entstehen könne, aber statt dessen ist es eben jene Einrichtung des Ganzen, sowie die beständige aufeinander folgende Wiederholung der Sätze und einzelner Accorde, die das Gefühl einer unnennbaren Sehnsucht bis zum höchsten Grade steigert. Ganz davon abgesehen, daß die kontrapunktische Behandlung von dem tiefen Studium der Kunst zeugt, so sind es auch die Zwischensätze, die beständigen Anspielungen auf das Hauptthema, welche darthun, wie der hohe Meister das Ganze mit allen den leidenschaftlichen Zügen im Geist auffaßte und durchdachte.

Tönt nicht wie eine holde Geisterstimme, die unsre Brust mit Hoffnung und Trost erfüllt, das liebliche Thema des [8]*Andante con moto* in As dur? — Aber auch hier tritt der furchtbare Geist, der im Allegro das Gemüt ergriff und ängstete, jeden Augenblick drohend aus der Wetterwolke hervor, in der er verschwand, und vor seinen Blitzen entfliehen schnell die freundlichen Gestalten, die uns umgaben. — Was soll ich von dem Menuett sagen? — Hört die eignen Modulationen, die Schlüsse in dem dominanten Accorde dur, den der Baß als Tonika des folgenden Themas in Moll aufgreift — das immer sich um einige Takte erweiternde Thema selbst! Ergreift euch nicht wieder jene unruhvolle, unnennbare Sehnsucht, jene Ahnung des wunderbaren Geisterreichs, in welchem der Meister herrscht? Aber wie blendendes Sonnenlicht strahlt das prächtige Thema des Schlußsatzes in dem jauchzenden Jubel des ganzen Orchesters. — Welche wunderbare kontrapunktische Verschlingungen verknüpfen sich hier wieder zum Ganzen. Wohl mag manchem alles vorüberrauschen wie eine geniale Rhapsodie, aber das Gemüt jedes sinnigen Zuhörers wird gewiß von einem Gefühl, das eben jene unnennbare ahnungsvolle Sehnsucht ist, tief und innig ergriffen, und bis zum Schlußaccord, ja noch in den Momenten nach demselben, wird er nicht heraustreten können aus dem wunderbaren Geisterreiche, wo Schmerz und Luft, in Tönen gestaltet, ihn umfingen.

Die Sätze ihrer innern Einrichtung nach, ihre Ausführung, Instrumentierung, die Art wie sie aneinander gereiht sind, alles arbeitet auf einen Punkt hinaus; aber vorzüglich die innige Verwandtschaft der Themas untereinander ist es, welche jene Einheit erzeugt, die nur allein vermag den Zuhörer in einer Stimmung festzuhalten. Oft wird diese Verwandtschaft dem Zuhörer klar, wenn er sie aus der Verbindung zweier Sätze heraushört, oder in den zwei verschiedenen Sätzen gemeinen Grundbaß entdeckt, aber eine tiefere Verwandtschaft, die sich auf jene Art nicht darthut, spricht oft nur aus dem Geiste zum Geiste, und eben diese ist es, welche unter den Sätzen der beiden Allegros und dem Menuett herrscht, und die besonnene Genialität des Meisters herrlich verkündet. —

Wie tief haben sich doch deine herrlichen Flügel-Kompositionen, du hoher Meister! meinem Gemüte eingeprägt; wie schal und nichtsbedeutend erscheint mir doch nun alles, was nicht dir, dem sinnigen Mozart und dem gewaltigen Genius Sebastian Bach angehört. — Mit welcher Luft empfing ich [9]dein siebzigstes Werk, die beiden herrlichen Trios, denn ich wußte ja wohl, daß ich sie nach weniger Übung bald gar herrlich hören würde. Und so gut ist es mir ja denn heute abend geworden, so daß ich jetzt wie einer, der in den mit allerlei seltenen Bäumen, Gewächsen und wunderbaren Blumen umflochtenen Irrgängen eines fantastischen Parks wandelt und immer tiefer und tiefer hineingerät, nicht aus den wundervollen Wendungen und Verschlingungen deiner Trios herauszukommen vermag. Die holden Sirenen-Stimmen deiner in bunter Mannigfaltigkeit prangenden Sätze locken mich immer tiefer und tiefer hinein. — Die geistreiche Dame, die heute mir, dem Kapellmeister Kreisler, recht eigentlich zu Ehren das Trio Nr. 1 gar herrlich spielte, und vor deren Flügel ich noch sitze und schreibe, hat es mich recht deutlich einsehen lassen, wie nur das, was der Geist giebt, zu achten, alles übrige aber vom Übel ist. —

Eben jetzt habe ich auswendig einige frappante Ausweichungen der beiden Trios auf dem Flügel wiederholt. — Es ist doch wahr, der Flügel (Flügel-Pianoforte) bleibt ein mehr für die Harmonie als für die Melodie brauchbares Instrument. Der feinste Ausdruck, dessen das Instrument fähig ist, giebt der Melodie nicht das regsame Leben in tausend und tausend Nuancierungen, das der Bogen des Geigers, der Hauch des Bläsers hervorzubringen imstande ist. Der Spieler ringt vergebens mit der unüberwindlichen Schwierigkeit, die der Mechanism, der die Saiten durch einen Schlag vibrieren und ertönen läßt, ihm entgegensetzt. Dagegen giebt es (die noch immer weit beschränktere Harfe abgerechnet) wohl kein Instrument, das, so wie der Flügel, in vollgriffigen Accorden das Reich der Harmonie umfaßt und seine Schätze in den wunderbarsten Formen und Gestalten dem Kenner entfaltet. Hat die Fantasie des Meisters ein ganzes Tongemälde mit reichen Gruppen, hellen Lichtern und tiefen Schattierungen ergriffen, so kann er es am Flügel ins Leben rufen, daß es aus der innern Welt farbigt und glänzend hervortritt. Die vollstimmige Partitur, dieses wahre musikalische Zauberbuch, das in feinen Zeichen alle Wunder der Tonkunst, den geheimnisvollen Chor der mannigfaltigsten Instrumente bewahrt, wird unter den Händen des Meisters am Flügel belebt, und ein in dieser Art gut und vollstimmig vorgetragenes Stück aus der Partitur möchte dem wohlgeratnen Kupferstich, der einem großen Gemälde entnommen, zu vergleichen sein. Zum Fantasieren, zum Vortragen aus der Partitur, zu einzelnen Sonaten, Accorden u. s. w. ist daher der Flügel vorzüglich geeignet, so wie nächstdem Trios, Quartetten, Quintetten etc., wo die gewöhnlichen Saiteninstrumente hinzutreten, schon deshalb ganz in das Reich der Flügel-Komposition gehören, weil, sind sie in der wahren Art, d. h. wirklich vierstimmig, fünfstimmig u. s. w. komponiert, hier es ganz auf die harmonische Ausarbeitung ankommt, die das Hervortreten einzelner Instrumente in glänzenden Passagen von selbst ausschließt. —

Einen wahren Widerwillen hege ich gegen all' die eigentlichen Flügel-Konzerte. (Mozartsche und Beethovensche sind nicht sowohl Konzerte als Sinfonien mit obligatem Flügel.) Hier soll die Virtuosität des einzelnen Spielers in Passagen und im Ausdruck der Melodie geltend gemacht werden; der beste Spieler auf dem schönsten Instrumente strebt aber vergebens nach dem, was z. B. der Violinist mit leichter Mühe erringt.

Jedes Solo klingt nach dem vollen Tutti der Geiger und Bläser steif und matt, und man bewundert die Fertigkeit der Finger u. dergl., ohne daß das Gemüt recht angesprochen wird.

Wie hat doch der Meister den eigentümlichsten Geist des Instruments aufgefaßt und in der dafür geeignetsten Art gesorgt!

Ein einfaches, aber fruchtbares, zu den verschiedensten kontrapunktischen Wendungen, Abkürzungen u. s. w. taugliches, singbares Thema liegt jedem Satze zum Grunde, alle übrigen Nebenthemata und Figuren sind dem Hauptgedanken innig verwandt, so daß sich alles zur höchsten Einheit durch alle Instrumente verschlingt und ordnet. So ist die Struktur des Ganzen: aber in diesem künstlichen Bau wechseln in rastlosem Fluge die wunderbarsten Bilder, in denen Freude und Schmerz, Wehmut und Wonne neben- und ineinander hervortreten. Seltsame Gestalten beginnen einen lustigen Tanz, indem sie bald zu einem Lichtpunkt verschweben, bald funkelnd und blitzend auseinander fahren, und sich in mannigfachen Gruppen jagen und verfolgen; und mitten in diesem aufgeschlossenen Geisterreiche horcht die entzückte Seele der unbekannten Sprache zu, und versteht alle die geheimsten Ahnungen, von denen sie ergriffen. —

Nur der Komponist drang wahrhaft in die Geheimnisse der Harmonie ein, der durch sie auf das Gemüt des Menschen zu wirken vermag; ihm sind die Zahlenproportionen, welche dem Grammatiker ohne Genius nur tote starre Rechenexempel bleiben, magische Präparate, denen er eine Zauberwelt entsteigen läßt.

Unerachtet der Gemütlichkeit, die vorzüglich in dem ersten Trio, selbst [10]das wehmutsvolle Largo nicht ausgenommen, herrscht, bleibt doch der Beethovensche Genius ernst und feierlich. Es ist, als meinte der Meister, man könne von tiefen, geheimnisvollen Dingen, selbst wenn der Geist, mit ihnen innig vertraut, sich freudig und fröhlich erhoben fühlt, nie in gemeinen, sondern nur in erhabenen herrlichen Worten reden; das Tanzstück der Isispriester kann nur ein hochjauchzender Hymnus sein.

Die Instrumental-Musik muß, da wo sie nur durch sich als Musik wirken und nicht vielleicht einem bestimmten dramatischen Zweck dienen soll, alles unbedeutend Spaßhafte, alle tändelnden Lazzi vermeiden. Es sucht das tiefe Gemüt für die Ahnungen der Freudigkeit, die herrlicher und schöner als hier in der beengten Welt, aus einem unbekannten Lande herübergekommen, ein inneres, wonnevolles Leben in der Brust entzündet, einen höheren Ausdruck, als ihn geringe Worte, die nur der befangenen irdischen Luft eigen, gewähren können. Schon dieser Ernst aller Beethovenschen Instrumental- und Flügel-Musik verbannt alle die halsbrechenden Passagen auf und ab mit beiden Händen, alle die seltsamen Sprünge, die possierlichen Capriccios, die hoch in die Luft gebauten Noten mit fünf- und sechsstrichigem Fundament, von denen die Flügel-Kompositionen neuster Art erfüllt sind.

Wenn von bloßer Fingerfertigkeit die Rede ist, haben die Flügel-Kompositionen des Meisters gar keine besondere Schwierigkeit, da die wenigen Läufe, Triolenfiguren u. d. m. wohl jeder geübte Spieler in der Hand haben muß; und doch ist ihr Vortrag bedingt recht schwer. Mancher sogenannte Virtuose verwirft des Meisters Flügel-Komposition, indem er dem Vorwurfe: sehr schwer! noch hinzufügt: und sehr undankbar!

Was nun die Schwerigkeit betrifft, so gehört zum richtigen, bequemen Vortrag Beethovenscher Komposition nichts Geringeres, als daß man ihn begreife, daß man tief in sein Wesen eindringe, daß man im Bewußtsein eigner Weihe es kühn wage, in den Kreis der magischen Erscheinungen zu treten, die sein mächtiger Zauber hervorruft. Wer diese Weihe nicht in sich fühlt, wer die heilige Musik nur als Spielerei, nur zum Zeitvertreib in leeren Stunden, zum augenblicklichen Reiz stumpfer Ohren, oder zur eignen Ostentation tauglich betrachtet, der bleibe ja davon. Nur einem solchen steht auch der Vorwurf: und höchst undankbar! zu. Der echte Künstler lebt nur in dem Werke, das er in dem Sinne des Meisters aufgefaßt hat und nun vorträgt. Er verschmäht es, auf irgend eine Weise seine Persönlichkeit geltend zu machen, und all' sein Dichten und Trachten geht nur dahin, alle die herrlichen, holdseligen Bilder und Erscheinungen, die der Meister mit magischer Gewalt in sein Werk verschloß, tausendfarbig glänzend ins rege Leben zu rufen, daß sie den Menschen in lichten funkelnden Kreisen umfangen und seine Fantasie, sein innerstes Gemüt entzündend, ihn raschen Fluges in das ferne Geisterreich der Töne tragen.

COMMENTARY

Text: E. T. A. Hoffmann, *Sämtliche Werke* ed. E. Grisebach (15 vols; Leipzig, 1900), I, 37–45.

The essay is presented as the work of Hoffmann's fictional *alter ego*, Kapellmeister Johannes Kreisler.

1. *jede Beimischung einer andern Kunst (der Poesie) verschmähend:* some years later, in *Der Dichter und der Komponist*, Hoffmann discourses at length on the question of setting words to music, above all in opera. Since he realised that music will of necessity become the dominant force in any partnership in

which it is involved–an objective, dispassionate realisation not dependent on his belief in the supremacy of music among the arts–he saw the role of the other arts as one of support: words, in these moments, became subsidiary, and their earth-bound associations could not be allowed to hold back the flow of the unfettered musical imagination. Hence his statement a few lines later in *Beethovens Instrumentalmusik:* 'So stark ist der Zauber der Musik . . . . . . mußte er jede Fessel einer andern Kunst zerreißen'. The fear that words could not but restrict the composer's creative impulse also led him to reject the idea that an operatic composer should write his own libretto–an interesting contrast to the theory and practice of Wagner, a great admirer of Hoffmann.

2. *alle bestimmten Gefühle*: it is precisely in the vagueness and indefinability of its emotional appeal that the universal power of music lies–which is another way of defining its abstractness and absoluteness. T. S. Eliot's well-known distinction, in *Shakespeare and the Stoicism of Seneca*, between precise emotion and vague emotion in literature cannot be applied to music.

3. *Batailles des trois Empereurs*: orchestral battle-pieces were especially popular at this time. A *battaglia* was composed to commemorate almost every battle in the campaigns of Frederick the Great and in the age of the French Revolution. Beethoven's *Wellingtons Sieg oder die Schlacht bei Vittoria* is one of the best-known examples of the genre, which is rich in *ephemerae*. Tchaikovsky's *1812* is probably the most familiar today.

4. *Mozarts Sinfonie in Es dur*: Symphony No. 39 in E flat major, the first of Mozart's last three great symphonies.

5. *Besonnenheit*: this power to control the forces of the creative imagination that welled up within them was for Hoffmann the ultimate source of the stature of Beethoven, Mozart and the few others of their company. It is also a quality as prominent in his own aesthetic writings as it is absent from the heroes of his stories. The image of Beethoven ruling over the creatures of his imagination from above is reminiscent of Friedrich Schlegel's praise of how, in *Wilhelm Meisters Lehrjahre*, Goethe 'seems to smile down from the heights of his spirit upon his masterful creation' in a blend of *engagement* and detachment.

6. *Sinfonie in C moll*: Beethoven's Fifth Symphony in C minor, Opus 67 was first performed on December 22, 1808.

7. *Das liebliche Thema in G dur*: there is no theme in G major in the first movement, though the second subject, in E flat major, is heralded by the horns, as Hoffmann says. The only G-major theme in the symphony is the second subject of the last movement, but neither is it 'lieblich' nor is it introduced by the horns in E flat major. One must assume that 'G dur' should read 'Es dur'.

8. *Andante con moto in As dur*: the second movement, in A flat major. The third movement is the Minuet, of which Hoffmann writes a few lines later, and the final movement, like the first, is an Allegro.

9. *dein siebzigstes Werk*: Beethoven's Opus 70 consists of two piano trios, No. 1 in D major (the so-called Geister Trio) and No. 2 in E flat major. Hoffmann reviewed them in 1813 in the *Allgemeine Musikalische Zeitung*.

10. *das wehmutsvolle Largo*: the slow movement of the trio Op. 70 No. 1.

HEGEL (1770—1831)

*Über das Wesen der philosophischen Kritik überhaupt
und ihr Verhältnis zum gegenwärtigen Zustand der Philosophie
insbesondere (1802)*

In 1801 Georg Wilhelm Friedrich Hegel came to Jena at Schelling's instigation and took up his first university post. He was already thirty-one, and the one essay he had written for publication had only just been finished; but the essentials of what was to emerge over the coming 25 years as one of the most comprehensive philosophical systems the world has known were already formed in his mind, and only six years later appeared the central and most compendious of his systematic works, the *Phänomenologie des Geistes* (1807). Shortly after his arrival in Jena he was invited by Schelling to share in the editorship of a projected new periodical called *Kritisches Journal der Philosophie*. The first number of this short-lived enterprise (1802–3) carried as an introduction the essay *Über das Wesen der philosophischen Kritik*, in which Hegel states certain principles which remained fundamental to his thought in all the subjects—and they are many—to which he gave his attention. His more particular concern, as he expressed it in a letter to W. F. Hufnagel at the time, was '... dem unphilosophischen Unwesen Ziel und Maß zu setzen' (*Briefe* I, 65).

To summarise Hegel's importance in the development of modern German thought—an importance felt in metaphysics, in ethics, in the philosophy of history, of social theory, of law and of art—entails an even graver risk of distortion and over-generalisation than to summarise the achievement of Kant, of whose tradition Hegel is usually seen as the idealistic culmination. But our context is an historical continuum, and as the post-Kantian line leads forwards to Hegel, so Marxism, for example, leads back to him; and from the confrontation with Marxism stem, in their turn, many of the ideological struggles of the twentieth century. Hegel may not be the Prince of Denmark; but the modern philosophical drama cannot be re-enacted without him.

There are two basic convictions in Hegel's philosophy, on the development and interaction of which his system rests. The first is that the only true and complete reality is the whole, the absolute; the second is that reality and rationality are identical.

That nothing is ultimately real save the whole is a statement easily made, but its ramifications are endless: indeed, its very meaning has been held to be so imprecise, so many-sided, and its application by Hegel so personal, that it ought to be regarded as an impressionistic psychological assumption rather than a general metaphysical postulate. But for Hegel it was a matter both of metaphysical and ethical truth. He took the view, by no means original to his own system, that the meaning of anything in the universe derives from its relationship to all the other things, and can only be defined in terms of these relationships; a true statement about a particular thing therefore defines the position, by implication, of all other things within the total complex. A thing in isolation has no real existence, and as any true statement about a thing is at the same time a statement about all other things, so the only real truth is the whole truth. Our task is thus to see beyond the mass of ostensibly separate 'real' things around us—which to Hegel are not real at all—and attain the universality of view which alone is real. As he put it: 'Man muß den Gedanken vom Universum in den Kopf bekommen'.

Hegel's philosophy is thus a philosophy of change, of historical movement, of continuously fluctuating relationships. Time and place are themselves as partial, i. e. as unreal, as any other element or dimension, and the only true sense in which the mind can dwell on the nature of, or on the role of the participants in, a given moment in time, is by seeing it as a moment in history, an effect to its predecessors and a cause to its successors. This is one aspect of the dynamic conception of man and of human history which marks Hegel's originality in the development of German—and European—thought. Taine, Cousin, Croce, Lukács, Adorno—these are but a few, from wider contexts, who carried Hegelian principles and methods into the fields of historiography, education, aesthetics and sociology.

Having given his own idealist definition of reality, Hegel states his second basic premiss: that the real is rational, and that the rational—indeed, only the rational—is real. As there is only one single, indivisible reality, so there is only one single principle of rationality. In *Über das Wesen der philosophischen Kritik* he states this in so many words: 'The fact that there is, and can be, only one philosophy, derives from the fact that there is only one Reason' (p. 174 below). This restoration of the integralist principle, which had been destroyed through the separation of Reason and History in the Age of Enlightenment (see note 9 below) and by the French Revolution, accords with the spirit of the Romantic movement of Hegel's day—Novalis, Hölderlin, the Schlegels, Tieck, Schelling, Wackenroder and Schleiermacher were all of his generation—as does also his concern with the spiritual and intellectual realities of the past for their own sake.

Kant, by demarcating the area of experience within which the exercise of pure reason was proper and necessary, had isolated a realm of noumena, *Dinge an sich*, which were by definition unknowable: speculation about these noumena, about ultimate causes, was idle because it involved itself in insoluble contradictions. Faced with this dualism, post-Kantian philosophers were to take one of two courses: either they subsumed the conflict under a single point of departure, like Fichte, who made everything subservient to the creative Ego, and Schelling, who linked the subjective and objective worlds in his *Identitätsphilosophie;* or they retained the dualism but changed the nature of the opposing terms — as Schopenhauer equated the *Ding an sich* with Will, and the events of experience with Idea *(Vorstellung)*. Hegel made the bold decision to accept the contradictions implicit in metaphysical speculation about *Dinge an sich* and to give them a positive, creative role in a new logic: since every statement ('thesis') generates its own contradiction ('antithesis'), true knowledge consists in seeing both elements as aspects of a higher truth, the product of their interaction ('synthesis'). This triadic pattern is the Hegelian dialectic, and to Hegel it was both a law of being and a law of thought. In other words, metaphysics and logic are one and the same, and the dialectic continues *ad infinitum* by its own self-generated power.

Not only is the dialectic the means by which Hegel would have us attain to truth but it also characterises the evolution of thought and knowledge itself. The first and lowest mode of thought is what he designated subjective mind, which inhabits a world composed only of its knowledge of its own sensations; in the second mode, called objective mind, thought externalises itself by the creation of social and political systems and institutions; at the third and highest stage the dichotomy of subject and object is overcome in absolute mind, manifested in the three forms of art, philosophy and religion, which embody both perfect subjective and creative freedom and perfect created objectivity. Only absolute mind can possess real, i. e. perfect, knowledge, and as the absolute is the whole, there is nothing outside it to know: 'The absolute idea, as the unity of the subjective and the objective idea, ... embraces all characteristics in its unity ... This unity is therefore absolute and perfect truth—pure thought thinking itself.' The full exposition of this conception is laid out in Hegel's *Wissenschaft der Logik*, but its vocabulary, together with its rising sequence of degrees of knowledge, is already employed in *Über das Wesen der philosophischen Kritik* (p. 176 below).

To the superficial gaze nothing would appear more concrete, more real than the particular, identifiable event or 'thing' within our experience. To Hegel, however, the particular is a mere abstraction, whereas the universal, and the universal alone—the sum total of all particulars— is concrete and real. His insistence on concreteness of thought is to be understood in this paradoxical sense; not without reason does he, in *Über das Wesen der philosophischen Kritik*, depict the world of philosophy, seen from the standpoint of 'common sense', as 'eine verkehrte Welt' (p.181 below). Thus the ultimate paradox is that of a concept of concrete reality which consists of an unattained ideal of reason towards which, by the dialectical process, men of all times and places are moving. And the terms of this thought, this movement, must be specific and tangible: 'Die Kraft des Geistes ist nur so groß als ihre Äußerung, seine Tiefe nur so tief als er in seiner Auslegung sich auszubreiten und sich zu verlieren getraut' (from the preface to the *Phänomenologie des Geistes*). Expressive of this conception is his view of history, not as a succession of logically connected events in themselves, but as the expression of a sequence of logically connected thoughts which found their physical expression in these events.

That it is the fate of man to strive, by the exercise of his noblest faculty, after an unattainable and incomprehensible ideal 'reality' has the quality of tragedy about it. And in his *Vorlesungen über die Ästhetik*, with its glorification of the art of Classical Greece and its querulent diagnosis of the ever-widening gulf that Romantic art, with its subjective, particularist and therefore disruptive tendencies, was opening up between the external world and the inner life, Hegel anatomises the spiritual, moral and intellectual ethos of tragedy with a modern relevance uncanny in the acuity of its perception and prophetic vision. For art, like religion and philosophy, is a manifestation of Absolute Spirit and thus mirrors the fragmented, volatile, 'unreal' character of our lives which issues in the fallibilities of our actions and the imperfections of our social institutions. And Hegel is but the last of a line of writers, traceable back to the 1770s, who reveal the intimate relationship between art and philosophy, and the profound faith in humanity, that characterise both the humanistic-Classical and the religious-Romantic traditions of German literature and thought.

At the centre of Hegel's vision of man lies his conception of freedom —a conception as different from what most people mean by freedom as is his conception of reality from what most people recognise as reality. In the terms of the dialectic, expounded in *Die Philosophie der Geschichte* and developed more fully in *Die Philosophie des Rechts*, his argument starts with the principle that freedom in the sense of doing as one likes —freedom without law— is ethically meaningless; one must therefore seek one's place in, and surrender this pseudo-freedom to, the community of which one is part. The synthesis that emerges from these two terms is the willing realisation that one's freedom consists in doing what the community, the State, requires of one, for the State is the highest outward manifestation of the 'real' freedom that emanates from Absolute Spirit.

In practical terms Hegel saw Prussia as the ideal State. From this he argued, *via* his admiration of historical men of power like Charlemagne, Luther (Hegel was a firm Protestant) and Frederick the Great, to the role of destiny which he regarded modern Germany as called upon to play in the progress of mankind towards his ideal of the Absolute. Presented in this way, his attitudes can readily be aligned with bureaucracy, censorship, political oppression and any other means of tyranny by which a state chooses to govern, and totalitarian regimes, both of the Left and of the Right, have found his doctrines extremely congenial. Such perverse but far from incomprehensible exploitations of Hegel's position have been made all the easier, on the one hand, by the context of Romantic idealism and nationalism to which Hegel belongs, and on the other hand by the obscurity and confusion attendant on what the pragmatic 'man in the street' sees as an arbitrary inversion of the 'normal' meaning of words like 'real', 'true', and 'free'. The dense, sometimes impenetrable fog of Hegel's literary style — a model of contorted inelegance — has also helped those concerned to 'interpret' his message for their own purposes.

As in the political and social sphere the individual is absorbed into the State, so in religion he is part of the historical continuum to which Christianity, like all philosophies and creeds, is subject. Hegel took the existence of God for granted, but his was not the immutable, revealed God of the New Testament, for such a faith would stultify the movement of the human reason towards the Absolute: rather he saw religion as an anticipation of philosophy, as a symbolical, perhaps mythical presentation of truths embodied in the onward march of history which yet needs some justification and meaning from outside itself. In the one direction his *Philosophie der Religion* (1832) recalls the convictions of Lessing in *Die Erziehung des Menschengeschlechts* (1780): 'Also gibt auch die Offenbarung dem Menschengeschlechte nichts worauf die menschliche Vernunft, sich selbst überlassen, nicht auch kommen würde' (§ 4). In the other direction it leads to the critical rationalistic position of David Friedrich Strauß in his *Leben Jesu* (1835) and *Der Christus des Glaubens und der Jesus der Geschichte* (1865).

Again, as his political philosophy came to be seen as an apologia for the power of the State over the individual, his rationalised philosophy of religion was made responsible for the demythologisation and secularisation of Christianity which gained such adherence—and attracted such opposition—as the nineteenth century progressed. His role in the European intellectual tradition, indeed, reveals him as the victim of his own dialectic. For although he talked in terms of Pure Spirit and the Absolute, his philosophy of history introduced the relativisation which brings the downfall of the Absolute, and the paradox—with, one might feel, his consent—remains unresolved. Marx claimed to have 'stood the Hegelian dialectic on its head'. If he had really done so—the statement is only true in a limited sense—many would say that the result would have been to restore philosophy to its proper stance: on its feet.

BIBLIOGRAPHY

H. Buchner, 'Hegel und das Kritische Journal der Philosophie' (*Hegel-Studien* III, 1965, 95–156)

J. N. Findlay, *Hegel: A Re-examination* (London/New York, 1958)

T. L. Haering, *Hegel. Sein Wollen und sein Werk* (2 vols; Leipzig/Berlin, 1929–38)

N. Hartmann, *Die Philosophie des deutschen Idealismus*[2] (Berlin, 1960)

R. Haym, *Hegel und seine Zeit* (Berlin, 1857; repr. 1962)

E. Heller, *The Artist's Journey into the Interior* (New York, 1965)

R. Kroner, *Von Kant bis Hegel*[2] (Tübingen, 1961)

W. Kaufmann, *Hegel: Reinterpretation, Texts and Commentary* (London, 1966)

Th. Litt, *Hegel, Versuch einer kritischen Erneuerung* (Heidelberg, 1953)

K. Löwith, *Von Hegel zu Nietzsche*[5] (Stuttgart, 1964); transl. D. E. Green, London, 1965

W. Seeberger, *Hegel oder die Entwicklung des Geistes zur Freiheit* (Stuttgart, 1961)

Über das
Wesen der philosophischen Kritik

Die Kritik, in welchem Theil der Kunst oder Wissenschaft sie ausgeübt werde, fordert einen Maaßstab, der von dem Beurtheilenden ebenso unabhängig als von dem Beurtheilten, nicht von der einzelnen Erscheinung, noch der Besonderheit des Subjekts, sondern von dem ewigen und unwandelbaren Urbild der Sache selbst hergenommen sey. Wie die Idee schöner Kunst durch die Kunst-Kritik nicht erst geschaffen oder erfunden, sondern schlechthin vorausgesetzt wird, ebenso ist in der philosophischen Kritik [1]die Idee der Philosophie selbst die Bedingung und Voraussetzung, ohne welche jene in alle Ewigkeit nur Subjektivitäten gegen Subjektivitäten, niemals das Absolute gegen das Bedingte zu setzen hätte.

Da die philosophische Kritik sich von der Kunst-Kritik nicht durch Beurtheilung des Vermögens zur Objektivität, das in einem Werke sich ausdrückt, sondern nur durch den Gegenstand, oder die Idee selbst unterscheidet, welche diesem zu Grunde liegt, und welche keine andere als die der Philosophie selbst seyn kann, so müßte (da, was das erste betrifft, die philosophische Kritik mit der Kunst-Kritik gleiche Ansprüche auf allgemeine Gültigkeit hat), wer derselben gleichwohl Objektivität des Urtheils absprechen wollte, nicht die Möglichkeit bloß verschiedener Formen der Einen und selben Idee, sondern die Möglichkeit wesentlich verschiedener und doch gleich wahrer Philosophien behaupten, — eine Vorstellung, auf welche, so großen Trost sie enthalten mag, eigentlich keine Rücksicht zu nehmen ist. [2]Daß die Philosophie nur Eine ist, und nur Eine seyn kann, beruht darauf, daß die Vernunft nur Eine ist; und so wenig es verschiedene Vernunften geben kann, ebenso wenig kann sich zwischen die Vernunft und ihr Selbsterkennen eine Wand stellen, durch welche dieses eine wesentliche Verschiedenheit der Erscheinung werden könnte, denn Vernunft absolut betrachtet, und insofern sie Objekt ihrer selbst im Selbsterkennen, also Philosophie wird, ist wieder nur Eins und dasselbe, und daher durchaus das Gleiche.

Da der Grund einer Verschiedenheit in der Philosophie selbst nicht im Wesen derselben liegen kann, welches schlechthin Eines ist, auch nicht in der Ungleichheit des Vermögens, die Idee derselben objektiv zu gestalten, weil nämlich, philosophisch betrachtet, die Idee selbst alles ist, das Vermögen aber, sie darzustellen, das zu ihrem Besitz hinzukommt, der Philosophie nur noch eine andere, ihr nicht eigenthümliche Seite giebt, so könnte also eine Möglichkeit unendlich vieler und verschiedener Reflexe, deren jeder, seinem Wesen nach verschieden vom andern gesetzt, gleiches Recht hätte, sich gegen die andern zu behaupten, nur dadurch herausgebracht werden, daß, indem die Philosophie als ein Erkennen des Absoluten bestimmt wird, dieses, es sey als Gott oder in irgend einer andern Rücksicht als Natur, in unbeweglicher und absoluter Entgegensetzung gegen das Erkennen als subjektives, gedacht würde.

Allein auch bei dieser Ansicht würde die Verschiedenheit sich selbst aufheben und verbessern müssen. Denn indem das Erkennen als etwas Formelles vorgestellt wird, wird es in seinem Verhältnisse zum Gegenstand als durchaus passiv gedacht, und an das Subjekt, das dieses Empfangens der Gottheit, oder des reinen objektiven Anschauens der Natur fähig seyn soll, gefordert werden, daß es überhaupt sich gegen jedes andere Verhältniß zu irgend einer Beschränkung verschließe, und aller eigenen Thätigkeit sich enthalte, indem dadurch die Reinheit des Empfangens getrübt würde. Durch diese Passivität des Aufnehmens und die Gleichheit des Objekts würde dasjenige, was als Resultat vorgestellt wird, das Erkennen des Absoluten, und eine daraus hervorgehende Philosophie durchaus wieder nur Eine und allenthalben dieselbe seyn müssen.

Dadurch, daß die Wahrheit der Vernunft, so wie die Schönheit nur Eine ist, ist Kritik als objektive Beurtheilung überhaupt möglich, und es folgt von selbst, daß sie nur für diejenigen einen Sinn habe, in welchen die Idee der Einen und selben Philosophie vorhanden ist; ebenso nur solche Werke betreffen kann, in welchen diese Idee als mehr oder weniger deutlich ausgesprochen zu erkennen ist. Das Geschäft der Kritik ist für diejenigen und an denjenigen Werken durchaus verloren, welche jener Idee entbehren sollten. Mit diesem Mangel der Idee kommt die Kritik am meisten in Verlegenheit, denn wenn alle Kritik Subsumtion unter die Idee ist, so hört da, wo diese fehlt, nothwendig alle Kritik auf, und diese kann sich kein anderes unmittelbares Verhältniß geben, als das der Verwerfung. In der Verwerfung aber bricht sie alle Beziehung desjenigen, worin die Idee der Philosophie mangelt, mit demjenigen, in dessen Dienst sie ist, gänzlich ab. Weil das gegenseitige Anerkennen hiermit aufgehoben wird, erscheinen nur zwei Subjektivitäten gegeneinander; was nichts mit einander gemein hat, tritt eben damit in gleichem Recht auf, und die Kritik hat sich, indem sie das zu Beurtheilende für alles Andere, nur nicht für Philosophie, und weil es doch nichts seyn will, als Philosophie, dadurch für gar nichts erklärt, in die Stellung eines Subjektiven versetzt, und ihr Ausspruch erscheint als ein einseitiger Machtspruch; eine Stellung, welche, da ihr Thun objektiv seyn soll, unmittelbar ihrem Wesen widerspricht; ihr Urtheil ist eine Appellation an die Idee der Philosophie, die aber, weil sie nicht von dem Gegenpart anerkannt wird, für diesen ein fremder Gerichtshof ist. Gegen dieß Verhältniß der Kritik, welche die Unphilosophie von der Philosophie abscheidet, — auf einer Seite zu stehen, und die Unphilosophie auf der entgegengesetzten zu haben, ist unmittelbar keine Rettung. Weil die Unphilosophie sich negativ gegen die Philosophie verhält, und also von Philosophie nicht die Rede seyn kann; so bleibt nichts übrig, als zu erzählen, wie sich diese negative Seite ausspricht, und ihr Nichtsseyn, welches, insofern es eine Erscheinung hat, Plattheit heißt, bekennt; und da es nicht fehlen kann, daß, was im Anfang nichts ist, im Fortgang nur immer mehr und mehr als Nichts erscheine, so daß es so ziemlich allgemein als solches erkannt werden kann; so versöhnt die Kritik durch diese von der ersten Nullität aus fortgesetzte Konstruktion wieder auch die Unfähigkeit, welche in dem ersten Ausspruch nichts als Eigenmächtigkeit und Willkür sehen konnte.

Wo aber die Idee der Philosophie wirklich vorhanden ist, da ist es Geschäft der Kritik, die Art und den Grad, in welchem sie frei und klar hervortritt, so wie den Umfang, in welchem sie sich zu einem wissenschaftlichen System der Philosophie herausgearbeitet hat, deutlich zu machen.

Was das Letztere betrifft, so muß man es mit Freude und Genuß annehmen, wenn die reine Idee der Philosophie ohne wissenschaftlichen Umfang mit Geist [3]als eine Naivetät sich ausdrückt, welche nicht zur Objektivität eines systematischen Bewußtseyns gelangt; es ist der Abdruck einer schönen Seele, welche die Trägheit hatte, sich vor dem Sündenfall des Denkens zu bewahren, aber auch des Muths entbehrte, sich in ihn zu stürzen, und seine Schuld bis zu ihrer Auflösung durchzuführen, darum aber auch zur Selbstanschauung in einem objektiven Ganzen der Wissenschaft nicht gelangte. Die leere Form solcher Geister aber, die ohne Geist in kurzen Worten Wesen und Hauptsache der Philosophie geben wollen, hat weder wissenschaftliche, noch sonst eine interessante Bedeutung.

Wenn aber die Idee der Philosophie wissenschaftlicher wird, [4]so ist von der Individualität, welche unbeschadet der Gleichheit der Idee der Philosophie, und der rein objektiven Darstellung derselben, ihren Charakter ausdrücken wird, die Subjektivität oder Beschränktheit, welche sich in die Darstellung der Idee der Philosophie einmischt, wohl zu unterscheiden; an den hierdurch getrübten Schein der Philosophie hat sich die Kritik vorzüglich zu wenden und ihn herunter zu reißen.

Wenn es sich hier zeigt, daß die Idee der Philosophie wirklich vorschwebt, so kann die Kritik an die Forderung und an das Bedürfniß, das sich ausdrückt, das Objektive, worin das Bedürfniß seine Befriedigung sucht, halten, und die Eingeschränktheit der Gestalt aus ihrer eigenen ächten Tendenz nach vollendeter Objektivität widerlegen.

Es ist aber hierbei ein gedoppelter Fall möglich. Entweder hat sich das Bewußtseyn über die Subjektivität nicht eigentlich entwickelt; die Idee der Philosophie hat sich nicht zur Klarheit freier Anschauung erhoben, und bleibt in einem dunklern Hintergrunde stehen, etwa auch weil Formen, in denen sich viel ausgedrückt findet, und die eine große Autorität haben, noch den Durchbruch zur reinen Formlosigkeit, oder was dasselbe ist, zur höchsten Form hindern. Wenn die Kritik das Werk und die That nicht als Gestalt der Idee kann gelten lassen, so wird sie doch das Streben nicht verkennen; das eigentlich wissenschaftliche Interesse dabei ist, die Schaale aufzureiben, die das innere Aufstreben noch hindert, den Tag zu sehen; es ist wichtig, die Mannigfaltigkeit der Reflexe des Geistes, deren jeder seine Sphäre in der Philosophie haben muß, so wie das Untergeordnete und Mangelhafte derselben zu kennen.

Oder es erhellt, daß die Idee der Philosophie deutlicher erkannt worden ist, daß aber die Subjektivität sich der Philosophie insoweit, als um sich selbst zu retten nöthig wird, zu erwehren bestrebt ist.

Hier gilt es nicht darum, die Idee der Philosophie emporzuheben, sondern die Winkelzüge aufzudecken, welche die Subjektivität, um der Philosophie zu entgehen, anwendet, so wie die Schwäche, für welche eine Beschränktheit ein sicherer Halt ist, Theils für sich, Theils in Rücksicht auf die Idee der Philosophie, die mit einer Subjektivität vergesellschaftet wird, anschaulich zu machen; denn wahre Energie jener Idee und Subjektivität sind unverträglich.

[5]Es giebt aber noch eine Manier, an die sich die Kritik vorzüglich zu heften hat, nämlich diejenige, welche im Besitz der Philosophie zu seyn vorgiebt, die Formen und Worte, in welchen große philosophische Systeme sich ausdrücken, gebraucht, viel mitspricht, aber im Grunde ein leerer Wortdunst ohne innern Gehalt ist. Ein solches Geschwätze ohne die Idee der Philosophie erwirbt sich durch seine Weitläufigkeit und eigene Anmaßung eine Art von Autorität, Theils weil es fast unglaublich scheint, daß so viel Schaale ohne Kern seyn soll, Theils weil die Leerheit eine Art von allgemeiner Verständlichkeit hat. Da es nichts Ekelhafteres giebt, als diese Verwandlung des Ernsts der Philosophie in Plattheit, so hat die Kritik alles aufzubieten, um dieß Unglück abzuwehren.

Diese verschiedenen Formen finden sich im Allgemeinen mehr oder weniger herrschend in dem jetzigen deutschen Philosophiren, worauf dieses kritische Journal gerichtet ist. Dabei haben sie aber die Eigenthümlichkeit, daß, seitdem durch Kant und noch mehr durch Fichte die Idee einer Wissenschaft, und besonders der Philosophie als Wissenschaft aufgestellt worden, und die Möglichkeit durch mancherlei philosophische Gedanken über diesen oder jenen Gegenstand, etwa in Abhandlungen für Akademien, sich als Philosophen geltend zu machen, vorbei ist, und das einzelne Philosophiren allen Kredit verloren hat, — jedes philosophische Beginnen sich zu einer Wissenschaft und einem System erweitert, oder wenigstens als absolutes Princip der ganzen Philosophie aufsteht, und daß dadurch eine solche Menge von Systemen und Principien entsteht, die dem philosophierenden Theil des Publikums eine äußere Aehnlichkeit mit jenem Zustande der Philosophie in Griechenland giebt, als jeder vorzüglichere philosophische Kopf die Idee der Philosophie nach seiner Individualität ausarbeitete. Zugleich scheint die philosophische Freiheit die Erhebung über Autorität und die Selbstständigkeit des Denkens unter uns so weit gediehen zu seyn, daß es für Schande gehalten würde, sich als Philosophen nach einer schon vorhandenen Philosophie zu nennen; und das Selbstdenken meint sich allein durch Originalität, die ein ganz eigenes und neues System erfindet, ankündigen zu müssen.

So nothwendig das innere Leben der Philosophie, wenn es sich zur äußern Gestalt gebiert, ihr von der Form seiner eigenthümlichen Organisation mitgiebt, so sehr ist das Originelle des Genies verschieden von der Besonderheit, die sich für Originalität hält und ausgiebt; denn diese Besonderheit, wenn sie näher ins Auge gefaßt wird, hält sich in Wahrheit innerhalb der allgemeinen Heerstraße der Kultur, und kann sich nicht einmal rühmen, aus dieser heraus zur reinen Idee der Philosophie gekommen zu seyn; denn wenn sie diese ergriffen hätte, würde sie dieselbe in anderen philosophischen Systemen erkennen, und eben damit wenn sie ihre eigene lebendige Form zwar behalten muß, [6]doch sich nicht den Namen einer eigenen Philosophie beilegen können. Was sie innerhalb jener Heerstraße sich Eigenes erschaffen hat, ist eine besondere Reflexions-Form, aufgegriffen von irgend einem einzelnen und darum untergeordneten Standpunkt, die in einem Zeitalter, das den Verstand so vielseitig ausgebildet, besonders auch ihn so mannigfaltig an der Philosophie verarbeitet hat, wohlfeil zu haben ist. Eine Versammlung solcher origineller Tendenzen und des mannigfaltigen Bestrebens nach eigenen Formen und Systemen bietet mehr das Schauspiel der Qual der Verdammten, die entweder ihrer Beschränktheit ewig verbunden sind, oder von einer zu der andern greifen, und alle durchbewundern, und eine nach der andern wegwerfen müssen, als das Schauspiel des freien Aufwachsens der mannigfaltigsten lebendigen Gestalten in den philosophischen Gärten Griechenlands dar.

Was die Arbeit betrifft, eine solche Besonderheit zum System zu erweitern, und sie als das Ganze darzustellen, so hält diese Arbeit freilich härter, und die Besonderheit müßte an ihr scheitern; denn wie wäre das Beschränkte fähig, sich zu einem Ganzen auszudehnen, ohne eben damit sich selbst zu zersprengen? Schon die Sucht nach einem besondern Princip geht darauf, etwas Eigenthümliches und nur sich selbst Genügendes zu besitzen, das sich dem Anspruch an Objektivität des Wissens und an Totalität desselben entzieht. Und doch ist das Ganze mehr oder weniger, in objektiver Form, wenigstens als Materialien, als eine Menge des Wissens vorhanden; es ist schwer, ihm Gewalt anzuthun, und konsequent seinen eigenthümlichen Begriff durch dasselbe durchzuführen; zugleich ist es nimmer erlaubt, es beifällig, weil es einmal da ist, ohne Zusammenhang aufzuführen; am genialischsten sieht es aus, sich darum nicht zu bekümmern, und sein eigenthümlichstes Princip einmal als das alleinige hinzustellen, um den Zusammenhang mit welchem sich das übrige Wissen selbst bekümmern möge; es scheint eher eine niedrige Arbeit zu seyn, dem Grundprincip seinen wissenschaftlichen objektiven Umfang zu geben. Soll aber dieser Umfang Theils nicht fehlen, Theils doch die Mühe erspart seyn, das Mannigfaltige des Wissens in den Zusammenhang unter sich und mit der Beschränktheit des Princips zu bringen; so vereinigt diejenige Manier alle diese Forderungen, welche provisorisch philosophirt, d. h. das Vorhandene nicht aus dem Bedürfnisse eines Systems des Wissens, sondern aus dem Grunde aufführt, weil es scheint, daß es doch auch seinen Gebrauch, den Kopf zu üben, habe, denn wofür wäre es sonst vorhanden?

In dieser Rücksicht hat die kritische Philosophie einen vorzüglich guten Dienst geleistet. Indem nämlich durch sie erwiesen worden ist, um es in ihren Worten zu sagen, daß die Verstandesbegriffe nur ihre Anwendung in der Erfahrung haben, die Vernunft als erkennend sich durch ihre theoretischen Ideen nur in Widersprüche verwickelt, und dem Wissen überhaupt seine Objekte durch die Sinnlichkeit gegeben werden müssen; so wird dieß dahin benutzt, auf die Vernunft in der Wissenschaft Verzicht zu thun, und sich dem krassesten Empirismus zu ergeben. Wenn die rohesten in die Erfahrung hineingetragenen Begriffe, eine durch die grellsten Geburten einer geistlosen Reflexion verunreinigte Anschauung, für innere und äußere Erfahrung und für Thatsachen des Bewußtseyns ausgegeben und unter diesem Titel Alles zusammengerafft wird, auf irgend woher erhaltene Versicherung, daß es im Bewußtseyn sich vorfinde; so geschieht dieß mit Berufung auf die kritische Philosophie, welche die Erfahrung und Wahrnehmung zur Erkenntniß für nothwendig erweise, und der Vernunft kein konstitutives, sondern nur ein regulatives Verhältniß zum Wissen erlaube. Außerdem daß die Unphilosophie und Unwissenschaftlichkeit, wie sie sonst die Philosophie frei verachtete, eine philosophische Form zu ihrer Rechtfertigung angenommen hat, hat sie hierdurch zugleich noch höhere Vortheile erreicht, nämlich den gesunden Menschenverstand und jedes beschränkte Bewußtseyn, und die höchsten Blüthen desselben, nämlich die jeweiligen höchsten moralischen Interessen der Menschheit mit der Philosophie ausgesöhnt.

Wenn aber die Subjektivität ohne Rücksicht der Schwierigkeit, welche sie findet, sich als ein System darzustellen, auch darum, weil bereits die kritische Philosophie wenigstens einen großen Umfang endlicher Formen verdächtig oder unbrauchbar gemacht hat, mit einer Einsicht in ihre Beschränktheit und einer Art von bösem Gewissen behaftet ist, und sich scheut, sich als absolut hinzustellen, wie mag sie ohnerachtet des eigenen bessern Wissens und der vorschwebenden Idee der Philosophie erhalten und geltend gemacht werden? — Mit einer als endlich anerkannten Form soll nur vor's Erste angefangen werden, sie soll nichts vorstellen als den dem Scheine nach willkürlichen Anfangspunkt, der sich zwar nicht für sich selbst trägt, aber den man vor der Hand, weil sich seine Nützlichkeit schon zeigen werde, gelten, nur provisorisch, problematisch und hypothetisch auf Bitte einstweilen ohne weitere Prätension sich gefallen lassen soll; hintennach werde er sich schon legitimiren; — wenn wir nun von ihm aus zu dem Wahren gelangen, so werde die Dankbarkeit für das Wegweisen jenen willkürlichen Anfangspunkt für ein Nothwendiges erkennen, und ihn bewährt finden. Allein weil das Wahre keines Gängelbandes bedarf, um an demselben herbeigeführt zu werden, sondern gleich für sich selbst aufzutreten die Kraft in sich tragen muß, und weil das Beschränkte, für was es darin, daß es nicht in sich den Gehalt des Bestehens zu haben, sondern nur etwas Hypothetisches und Problematisches zu seyn, eingestanden wird, — selbst anerkannt ist, denn doch noch am Ende als ein wahres Wahres bewährt werden soll; so erhellt, daß es hauptsächlich um die Rettung der Endlichkeit zu thun war; was hinterher nicht mehr hypothetisch seyn soll, kann es auch nicht von Anfang seyn, oder was Anfangs hypothetisch ist, kann hinterher nicht mehr kategorisch werden; sonst trete es gleich als absolut auf, aber da es dazu, wie billig, zu schüchtern ist, bedarf es eines Umwegs, um es einzuschwärzen.

Daß ein solcher endlicher Anfangspunkt für etwas einstweilen Hypothetisches ausgegeben wird, bringt, da er mit dem Scheine, ohne alle Prätension zu seyn, auftritt, nur eine Täuschung weiter herein; er trete bescheiden als ein hypothetischer oder sogleich als ein gewisser auf, so führt beides zu demselben Resultat, daß das Endliche als das, was es ist, in seiner Trennung erhalten, und das Absolute eine Idee, ein Jenseits, d. h. mit einer Endlichkeit behaftet bleibt.

Der gewisse Anfangspunkt, der, um gewiß zu seyn, im unmittelbaren Bewußtseyn aufgegriffen wird, scheint, was ihm dadurch, daß er ein endlicher ist, abgeht, durch seine unmittelbare Gewißheit zu ersetzen; und das reine Selbstbewußtseyn, da es, insofern es Anfangspunkt ist, als ein reines in unmittelbarer Entgegensetzung gegen das empirische gesetzt wird, ist ein solcher; um solche endliche Gewißheiten kann es an und für sich der Philosophie nicht zu thun seyn; eine Philosophie, die, um an eine Gewißheit sich anzuknüpfen, von dem Allgemeingültigsten, jedem Menschenverstande nahen Satze oder Thätigkeit ausgeht, thut entweder mit dieser Nützlichkeit etwas Ueberflüssiges, denn sie muß, um Philosophie zu seyn, doch sogleich über diese Beschränktheit hinausgehen und sie aufheben; [7]der gemeine Menschenverstand, der damit verführt werden sollte, wird es sehr gut merken, wenn man seine Sphäre verläßt, und ihn über sich hinausführen will; oder wenn dieses endliche Gewisse als solches nicht aufgehoben, sondern als ein Fixes bleiben und bestehen soll, so muß es wohl seine Endlichkeit anerkennen und Unendlichkeit fordern, aber das Unendliche tritt damit eben nur als eine Forderung, als ein Gedachtes auf, nur als eine Idee, welche als nothwendige und umfassende, alles beschließende Vernunft-Idee doch darum noch ein Einseitiges ist, weil dasjenige, das sie denkt (oder sonst irgend das Bestimmte, mit dem angefangen wurde), und sie selbst als getrennt gesetzt werden.

Diese Arten von Rettungen des Beschränkten, — durch welche das Absolute zur höchsten Idee, nur nicht zugleich zum einzigen Seyn erhoben wird, und da von hier an erst die Wissenschaft der Philosophie anfängt, in dem ganzen System derselben der Gegensatz herrschend und absolut bleibt, — sind gewissermaßen das, was unsere neuere philosophische Kultur charakterisirt, so daß in diesen Begriff ziemlich Alles fällt, was in unsern Tagen für Philosophie gegolten hat. Wenn auch die höchste philosophische Erscheinung der letzten Zeit die fixe Polarität des Innerhalb und Außerhalb, Diesseits und Jenseits nicht so weit überwunden hat, daß nicht eine andere Philosophie, mit der man sich im Wissen dem Absoluten nur nähert, und eine andere, die im Absoluten selbst ist (gesetzt die letztere werde auch nur unter dem Titel des Glaubens statuirt), als engegengesetzte zurückblieben, und wenn auf diese Art dem Gegensatze des Dualismus seine höchste Abstraktion gegeben, und die Philosophie damit nicht aus der Sphäre unserer Reflexionskultur herausgeführt worden ist; so ist schon die Form der höchsten Abstraktion des Gegensatzes von der größten Wichtigkeit und von diesem schärfsten Extrem der Uebergang zur ächten Philosophie um so leichter; weil die Idee des Absoluten, die aufgestellt wird, eigentlich selbst schon den Gegensatz, den die Form einer Idee, eines Sollens, einer unendlichen Forderung mit sich führt, verwirft. Es ist nicht zu übersehen, wie sehr durch die mannigfaltige Bearbeitung, welche der Gegensatz überhaupt, den jede Philosophie überwinden will, dadurch erfahren hat, daß gegen eine Form desselbigen in der er in einer Philosophie herrschend war, sich eine folgende Philosophie richtete, und sie überwand, wenn sie schon bewußtlos wieder in eine andere Form desselben zurückfiel, das Studium der Philosophie überhaupt gewonnen hat, zugleich aber in welcher Mannigfaltigkeit der Formen sie sich herumzuwerfen fähig ist.

Dagegen hat eine andere herrschende Manier durchaus nur nachtheilige Seiten, nämlich diejenige, welche sogleich die philosophischen Ideen, wie sie hervortreten, populär oder eigentlich gemein zu machen bestrebt ist. [8]Die Philosophie ist ihrer Natur nach etwas Esoterisches, für sich weder für den Pöbel gemacht, noch einer Zubereitung für den Pöbel fähig; sie ist nur dadurch Philosophie, daß sie dem Verstande, und damit noch mehr dem gesunden Menschenverstande, worunter man die lokale und temporäre Beschränktheit eines Geschlechts der Menschen versteht, gerade entgegengesetzt ist; im Verhältniß zu diesem ist an und für sich die Welt der Philosophie eine verkehrte Welt. Wenn Alexander an seinen Lehrer, als er hörte, dieser mache Schriften über seine Philosophie öffentlich bekannt, aus dem Herzen von Asien schrieb, daß er das, was sie zusammen philosophirt hätten, nicht hätte sollen gemein machen, und Aristoteles sich damit vertheidigte, daß seine Philosophie herausgegeben und auch nicht herausgegeben seye; so muß die Philosophie zwar die Möglichkeit erkennen, daß das Volk sich zu ihr erhebt, aber sie muß sich nicht zum Volk erniedrigen. In diesen Zeiten der Freiheit und Gleichheit aber, in welchen sich ein so großes Publikum gebildet hat, das nichts von sich ausgeschlossen wissen will, sondern sich zu Allem gut, oder Alles für sich gut genug hält, hat das Schönste und das Beste dem Schicksal nicht entgehen können, daß die Gemeinheit, die sich nicht zu dem, was sie über sich schweben sieht, zu erheben vermag, es dafür so lange behandelt, bis es gemein genug ist, um zur Aneignung fähig zu seyn; und das Plattmachen hat sich zu einer Art von anerkannt verdienstlicher Arbeit emporgeschwungen.

Es ist keine Seite des bessern Bestrebens des menschlichen Geistes, welche dieses Schicksal nicht erfahren hätte; es braucht eine Idee der Kunst oder der Philosophie sich nur blicken zu lassen, so geht es gleich an ein Zubereiten, bis die Sache für Kanzel, Kompendien und für den Hausbedarf des Reichsanzeigerischen Publikums zurecht gerührt ist; Leibnitz hatte durch seine Theodicee diese Mühe für seine Philosophie zum Theil selbst übernommen, und seiner Philosophie dadurch nicht, aber seinem Namen großen Eingang verschafft; und jetzt finden sich sogleich genug dienstfertige Leute zu diesem Zweck. Mit einzelnen Begriffen macht sich die Sache von selbst; es ist nichts nöthig, als ihren Namen auf das, was man in seinem bürgerlichen Leben längst hat, zu ziehen; [9]die Aufklärung drückt schon in ihrem Ursprung und an und für sich die Gemeinheit des Verstandes und seine eitle Erhebung über die Vernunft aus, und daher hat es keiner Veränderung ihrer Bedeutung bedurft, um sie beliebt und faßlich zu machen; aber man kann annehmen, daß das Wort Ideal nunmehr die allgemeine Bedeutung dessen trägt, was keine Wahrheit in sich hat, oder das Wort Humanität desjenigen, was überhaupt platt ist. — Der scheinbar umgekehrte Fall, welcher aber im Grunde mit jenem ganz gleich ist, tritt da ein, wo schon der Stoff populair ist, und Popularitäten, die mit keinem Schritt die Sphäre des gemeinen Begreifens überschreiten, durch philosophische und methodische Zubereitung zum äußern Ansehen der Philosophie gebracht werden sollen. So wie im ersten Fall die Voraussetzung gemacht wird, daß, was philosophisch ist, doch zugleich populair seyn, so im zweiten, daß, was seiner Beschaffenheit nach populair ist, auf irgend eine Weise philosophisch werden könne; also in beiden Kompatibilität der Flachheit mit der Philosophie.

Man kann diese mancherlei Bestrebungen überhaupt auf den in allen Dingen sich regenden Geist der Unruhe und des unsteten Wesens beziehen, welcher unsere Zeit auszeichnet, und der den deutschen Geist nach

langen Jahrhunderten der härtesten Zähheit, der es die fürchterlichsten
Krämpfe kostet, eine alte Form abzustreifen, endlich so weit gebracht
hat, auch philosophische Systeme in den Begriff des immer Wechselnden
und der Neuigkeiten zu ziehen; doch müßte man diese Sucht des Wechselnden und Neuen nicht mit der [10]Indifferenz des Spiels, welches in
seinem größten Leichtsinn zugleich der erhabenste und der einzig wahre
Ernst ist, selbst verwechseln; denn jenes unruhige Treiben geht mit der
größten Ernsthaftigkeit der Beschränktheit zu Werke; aber doch hat das
Schicksal ihr nothwendig das dunkle Gefühl eines Mißtrauens, und eine
geheime Verzweiflung gegeben, die zunächst dadurch sichtbar wird, daß,
weil die ernsthafte Beschränktheit ohne lebendigen Ernst ist, sie im
Ganzen nicht viel an ihre Sachen setzen kann, und darum auch keine
große oder höchst ephemerische Wirkungen thun kann.

Sonst, wenn man will, kann man jene Unruhe auch als eine Gährung
betrachten, durch welche der Geist aus der Verwesung der verstorbenen
Bildung zu einem neuen Leben sich emporringt, und unter der Asche
hervor einer verjüngten Gestalt entgegenquillt. Gegen die kartesische
Philosophie nämlich, welche den allgemein um sich greifenden Dualismus
in der Kultur der neuern Geschichte unserer nordwestlichen Welt, —
einen Dualismus, von welchem, als dem Untergange alles alten Lebens
die stillere Umänderung des öffentlichen Lebens der Menschen, so wie
die lautern politischen und religiösen Revolutionen überhaupt nur ver-
schiedenfarbige Außenseiten sind, — in philosophischer Form ausgesprochen hat, — mußte, wie gegen die allgemeine Kultur, die sie ausdrückt, jede Seite der lebendigen Natur, so auch die Philosophie, Rettungsmittel suchen; was von der Philosophie in dieser Rücksicht gethan
worden ist, ist, wo es rein und offen war, mit Muth behandelt worden,
wo es verdeckter und verwirrter geschah, hat sich der Verstand desselben
um so leichter bemächtigt, und es in das vorige dualistische Wesen
umgeschaffen; auf diesen Tod haben sich alle Wissenschaften gegründet,
und was noch wissenschaftlich, also wenigstens subjektiv lebendig an
ihnen war, hat die Zeit vollends getödtet; so daß, wenn es nicht unmittelbar der Geist der Philosophie selbst wäre, der in dieses weite Meer
untergetaucht und zusammengeengt die Kraft seiner wachsenden Schwin-
gen um so stärker fühlt, auch die Langeweile der Wissenschaften — dieser
Gebäude eines von der Vernunft verlassenen Verstandes, der, was das
ärgste ist, mit dem geborgten Namen entweder einer aufklärenden oder
der moralischen Vernunft am Ende auch die Theologie ruinirt hat, — die
ganze flache Expansion unerträglich machen, und wenigstens eine
Sehnsucht des Reichthums nach einem Tropfen Feuers, nach einer
Koncentration lebendigen Anschauens, und nachdem das Todte lange
genug erkannt worden ist, nach einer Erkenntniß des Lebendigen, die
allein durch Vernunft möglich ist, erregen müßte.

Es muß nothwendig an die Möglichkeit einer solchen wirklichen

Erkenntniß, nicht bloß an jenes negative Durchwandern, oder perennirende Aufschießen neuer Formen geglaubt werden, wenn eine wahre Wirkung von einer Kritik derselben, nämlich nicht ein bloß negatives Zerschlagen dieser Beschränktheiten, sondern von ihr eine Wegbereitung für den Einzug wahrer Philosophie erwartet werden soll; sonst, inwiefern sie nur die erste Wirkung sollte haben können, ist es wenigstens immer billig, daß Beschränktheiten auch die Prätension und der Genuß ihres ephemerischen Daseyns verbittert und abgekürzt wird; und wer mag, kann in der Kritik auch nichts weiter als das ewig sich wälzende Rad, das jeden Augenblick eine Gestalt, welche die Welle oben hinauf trug, hinunterzieht, erblicken; es sey, daß er, auf der breiten Base des gesunden Menschenverstandes ruhend, seiner selbst sicher, nur an diesem objektiven Schauspiel des Erscheinens und Verschwindens sich weidet, und aus ihm selbst sich noch mehr Trost und Befestigung für seine Entfernung von der Philosophie holt, indem er *a priori* durch Induktion die Philosophie, an welcher das Beschränkte scheitert, auch für eine Beschränktheit ansieht; — oder daß er mit inniger und neugieriger Theilnahme das Kommen und Gehen der aufschießenden Formen bewundernd und mit vieler Bemühung aufgreift, dann mit klugen Augen ihrem Verschwinden zusieht, und schwindelnd sich forttreiben läßt.

Wenn die Kritik selbst einen einseitigen Gesichtspunkt gegen andere ebenso einseitige geltend machen will, so ist sie Polemik und Partheisache; aber auch die wahre Philosophie kann sich gegenüber von der Unphilosophie des äußern polemischen Ansehens um so weniger erwehren, da ihr, weil sie nichts Positives mit dieser gemein hat, und darüber in einer Kritik sich mit ihr nicht einlassen kann, nur jenes negative Kritisiren und das Konstruiren der, nothwendig einzelnen, Erscheinung der Unphilosophie, und weil diese keine Regel hat und in jedem Individuum auch wieder anders sich gestaltet, auch des Individuums, in dem sie sich aufgethan hat, übrig bleibt. — Weil aber, wenn eine Menge eine andere Menge gegen sich über stehen hat, jede von beiden eine Parthei heißt, aber wie die eine aufhört, Etwas zu scheinen, auch die andere aufhört, Parthei zu seyn; so muß eines Theils jede Seite es unerträglich finden, nur als eine Parthei zu erscheinen, und den augenblicklichen, von selbst verschwindenden Schein, den sie sich im Streit giebt, nicht vermeiden, sondern sich in Kampf, der zugleich die werdende Manifestation des Nichts der andern Menge ist, einlassen. Andern Theils wenn eine Menge sich gegen die Gefahr des Kampfs und der Manifestation ihres innern Nichts damit retten wollte, daß sie die andere nur für eine Parthei erklärte; so hätte sie diese eben damit für Etwas anerkannt, und sich selbst diejenige Allgemeingültigkeit abgesprochen, für welche das, was wirklich Parthei ist, nicht Parthei, sondern vielmehr gar nichts seyn muß, und damit zugleich sich selbst als Parthei, d. h. als Nichts für die wahre Philosophie, bekannt.

COMMENTARY

Text: *Hegel, Sämtliche Werke: Jubiläumsausgabe in 20 Bänden* (Berlin, 1832–45, repr. Stuttgart, 1958) I, 173–89.

1. *die Idee der Philosophie:* it is wholly characteristic of Hegel to operate from the very outset with such unitary terms as 'the in-dwelling spirit of philosophy' and 'the in-dwelling spirit of art', each of which derives from what he calls 'das ewige und unwandelbare Urbild der Seele'. Cf. also 'the one-ness of reason' (note 2 below) and 'the one-ness of beauty' (p. 175 above).

2. *Daß die Philosophie nur Eine ist* etc.: on Hegel's conception of the one-ness of the cosmos and his identification of the real (in his idealistic sense) with the rational, see p. 169 above. 'Reason is spirit, where its certainty of being all reality has been raised to the level of truth, and reason is consciously aware of its own world, and of the world as itself' (*Phänomenologie des Geistes; ed. cit.* II, 335). The exclusive claim of reason as a cognitive agent is re-stated later (p. 183).

3. *als eine Naivetät:* the word recalls Schiller's *Über naive und sentimentalische Dichtung* (1795), as 'der Abdruck einer schönen Seele', a few lines later, recalls Goethe. In his historiography Hegel took over from Schiller the strict attitude that history ends, not in some future Golden Age but with the present.

4. *so ist von der Individualität … die Subjektivität oder Beschränktheit … wohl zu unterscheiden:* Hegel repeatedly returned to the necessity of overcoming the condition of subjectivity, which he saw as the equivalent of limitation and confinement – quite a different matter from the legitimate *principium individuationis* ('Individualität'). Cf. p. 177: 'denn wahre Energie jener Idee (*sc.* der Philosophie) und Subjektivität sind unverträglich'.

5. *Es giebt aber noch eine Manier* etc.: this warning against facile popularising is repeated later in the essay when Hegel states his belief in the esoteric nature of true philosophical thought.

6. *doch sich nicht den Namen einer eigenen Philosophie beilegen können:* having stated his faith in there being only one true, all-comprehending philosophy, Hegel naturally derides the legion of would-be original thinkers who set up their own little systems with false pretensions to exclusive scientific procedures and conclusions. He himself made no such claims for his own system.

7. *der gemeine Menschenverstand:* the empirical, 'common-sense' opposition to the philosophy of idealism is also mocked in a later essay by Hegel in the same issue of the *Kritisches Journal,* called *Wie der gemeine Menschenverstand die Philosophie nehme, dargestellt an den Werken des Herrn Krug* – Krug having spoken out against the transcendental idealist position of Fichte and Schelling.

8 *Die Philosophie ist ihrer Natur nach etwas Esoterisches:* therefore, as he says a few lines later, philosophy will not demean herself to the level of the common people: it is up to the common people to rise to the level of philosophy. When he returns to this theme in the preface to the *Phänomenologie des Geistes,* Hegel concedes that an attempt to make philosophy systematic is tantamount to treating it as a science, i.e. making it accessible, by implication, to all who can engage their powers of reason to understand it.

9. *die Aufklärung:* the concept of rational man presented by the Enlightenment was to Hegel a mere abstraction, for he saw the reality as man animated both by passion and by reason, the one inseparable from the other: indeed the impulse of action, rational or irrational, derives not from reason but from passion. Hegel's conception of reason–it emerges most strikingly in his philosophy of history–involves the essential presence of irrational elements, and this leads him away from the static concept of human nature which characterised the Age of Enlightenment.

10. *Indifferenz des Spiels:* the introduction of the *Spiel*-concept at this point suggests that Hegel has Schiller's *Briefe über die aesthetische Erziehung des Menschen* in mind. For example: 'Aber was heisst denn ein *blosses* Spiel, nachdem wir wissen, dass unter allen Zuständen des Menschen gerade das Spiel und *nur* das Spiel es ist, was ihn vollständig macht' (XV). The aesthetic conceit of the 'play impulse' *(Spieltrieb)* and the notion of the 'indifference' of life in this context are developed in particular in the 15th and 26th of these *Letters*.

Hegel's words – 'Spiel, welches ... zugleich der erhabenste und der einzig wahre Ernst ist' – are echoed by Nietzsche's definition of true maturity as 'to recapture the seriousness of a child at play'. The classic modern statement of the role of play in the development of Western civilisation is J. Huizinga's *Homo Ludens* (1938; newly translated into English, 1970).

SCHOPENHAUER (1788 – 1860)

Zur idealistischen Grundansicht (1844)

'Ich bin der Geist, der stets verneint', says Mephistopheles to Faust, by way of presenting his credentials. His tone is calculated to take advantage of Faust's pessimistic mood, itself already a disillusionment with the buoyant rationalist faith under whose aegis he has reached his intellectual eminence. In *Faust* the power of negation is made to serve a positive end: the positive pole, indeed, depends on the negative pole for its meaning—'Ich habe deinesgleichen nie gehaßt', the Lord says to Mephistopheles, for evil has its part in God's purpose.

But perhaps it was predictable that a prophet of doom would eventually appear to deny both the Christian ethic of salvation and the optimistic trust in human goodness and progress which sustained the Age of Enlightenment. Kant's dualistic system had left a realm of unknowable *Dinge an sich;* thinkers of the Romantic persuasion, led by Fichte and Schelling, abandoned the Kantian dualism and preached a message in which world and creator, mind and being were one, with the individual creative ego, in all its irrationality and unpredictability, as a microcosm of this entity. The Romantics, contemplating the world of their creation, still 'saw that it was good'. Artur Schopenhauer, more by personal temperament than from philosophical necessity, found that it was not.

The source of Schopenhauer's pessimism lies not in logic but in psychology. He suffered from a sense of personal inadequacy, both in his private and professional life, and chose to see the world around him as a place ruled by greed, envy, dishonesty, charlatanism and ingratitude. Seeking the philosophical consequences of this attitude, he first restored the Kantian dualism of noumena and phenomena, identifying the former with what he called, in one term of his antithesis, *Wille*—a metaphysically irrational and ethically wicked world-purpose heedless of human fate—and the latter with what he called *Vorstellung*—the forms assumed by the Will under the scrutiny and interpretation of our senses and our reason. Since the Will is the ultimate *Ding an sich* and lies beyond human cognition, man's only meaningful thoughts must be of *Vorstellungen*, the phenomenal world, the objectification of the Will. Hence the opening sentence of his central work: 'Die Welt ist meine Vorstellung'. The essay *Zur idealistischen Grundansicht* is largely concerned with the implications of this principle.

The first edition of this central work, *Die Welt als Wille und Vorstellung*, appeared in 1818—the year that Hegel acceded to the chair of philosophy in Berlin. It attracted virtually no attention. Twenty-six years later, in 1844, Schopenhauer persuaded the publisher to issue a second edition, and from this stems his great influence on German art and thought in the nineteenth and twentieth centuries.

'Die Welt ist meine Vorstellung', like 'Die Welt ist mein Wille' a few lines later, is a restatement of the subjectivist position of the Romantics, and retains as such, irrespective of the pessimism which Schopenhauer built into it, its transcendental idealist essence. 'It is obviously more correct to teach that an understanding of the world should proceed from an understanding of man, than that an understanding of man should proceed from an understanding of the world. Surely one should seek to explain the external world, i.e. the objects of one's perception, in terms of the vital inner world, i.e. one's subjective awareness of oneself' (*Die Welt als Wille und Vorstellung*, II, § 50). Or as he puts it in *Zur idealistischen Grundansicht:* 'The subjective principle, one's own consciousness ... is and remains the sole Absolute: all else, whatever it be, is conveyed and conditioned by this Absolute, and is thus dependent on it' (p. 192 below).

But by his pre-assumption of pessimism Schopenhauer is bound to argue that the knowledge—the *Vorstellungen*—transmitted and interpreted by our arbitrary and irrational egos can only issue in a world of pointlessness and illusion: the notion of cosmic purpose is meaningless, and the vision of human progress a mirage. It is labouring the obvious to add the parenthesis that Schopenhauer, unlike Kant, Fichte, Schelling, Hegel and the Romantic thinkers at large, was an atheist.

Nor do the implications of Schopenhauer's position end here. For since the Will is evil, any human striving after success or even self-fulfilment is not merely meaningless but wicked. Self-assertion must be destroyed and self-denial cultivated: the individual will must be broken down by asceticism and by the perpetual suffering that the cosmic Will inflicts upon it. It is an ideal virtually identical to that embodied in the Buddhist *nirvana*, a state in which all passions and desires are extinguished and the perfect bliss of oblivion achieved. Schopenhauer was proud of this affinity, and named Hindu philosophy, Plato and Kant as the three great formative influences on his thought (cf. the Kantian pattern of thought, especially in the passage on pp. 195-6).

Although the ideal demands the utter destruction of the individual will, self-torture, the renunciation of happiness—in short, the transcendence of that episode of senseless suffering which we call life—there is an intermediate stage at which we can receive a presentiment of the perfect *nirvana* beyond. This is the realm of art and aesthetic contemplation. For in moments of high inspiration the artist, the creative genius, achieves a state of self-absorption into his art which approaches the condition of self-destruction; it is a condition expressed, in the same terms but in a different context, through Rilke's concept of self-knowledge and wisdom as—

Der Tiefbesiegte
von immer Größerem zu sein *(Der Schauende)*

— a concept echoed in the vision of the all-consuming Angel of the first Duino Elegy:

ich verginge von seinem
stärkeren Dasein.

Of all the arts music is the furthest removed from material reality, from the representational world of forms and ideas, and this very 'unreality', this absoluteness and immediacy, made music the power, in Schopenhauer's eyes, through which the most vital meaning of the world was conveyed. 'In that it by-passes ideas, music is independent of the physical world ... and could exist, in a sense, even if there were no world .... Thus far from being, like the other arts, the reflection of these ideas, music is a reflection of the Will itself, with the same objectivity as that possessed by ideas. This is the reason why the effect of music is so much more powerful than that of the other arts. For while the latter deal only with the shadow, music deals with the substance' (*Die Welt als Wille und Vorstellung*, Großherzog Wilhelm Ernst Ausgabe, I, 346). This is a philosophy of music that stands in direct line of descent from E. T. A. Hoffmann (see p. 160ff above) and in direct line of attack from the later Nietzsche.

Since music is 'a reflection of the Will itself', and the Will is evil, music becomes invested, by definition, with a sinister, destructive force which many would see as the very negation of what music means. But there is at the same time a daemonic, irrational power of music, associated above all with the nineteenth-century German Romantic tradition, which invokes just those associations, and has just these effects, which Schopenhauer's exegesis is concerned to demonstrate. It is the realm in which music 'is no longer just music', as a famous conductor said to Thomas Mann of Wagner's *Tristan und Isolde*, and in which the exploitation of irrationality becomes a dominant concern. This aspect of Schopenhauer's philosophy assumes particular importance with the music of Wagner.

There is a remarkable unity to Schopenhauer's œuvre. Unlike Plato, or Kant, or Nietzsche, he left unchanged throughout his life the principles on which his earliest work was based. Thus *Zur idealistischen Grundansicht* and the other essays that make up the commentative Part Two of *Die Welt als Wille und Vorstellung* speak exactly the same language, though perhaps with greater confidence, as the systematic Part One published a quarter of a century earlier.

Zur idealistischen Grundansicht itself is a kind of reflective reiteration of the idealist themes originally stated in Sections 1–7 of the first book of *Die Welt als Wille und Vorstellung*, above all the theme of the subjectivity of knowledge. In 1800 Fichte had written: 'Mein unmittelbares Bewußtsein, die eigentliche Wahrnehmung, geht nicht über mich selbst und meine Bestimmungen hinaus, ich weiß nur unmittelbar von mir selbst' (*Bestimmung des Menschen: Sämtliche Werke*, 1845, II, 183). In 1818 Schopenhauer opened his argument in *Die Welt als Wille und Vorstellung* with the claim: 'Die Welt ist meine Vorstellung'. And now, in 1844: 'Der *wahre* Stützpunkt aller Philosophie ... ist wesentlich und unumgänglich das *Subjektive, das eigentliche Bewußtsein*' (p. 192 below; the italics are Schopenhauer's).

In the context of Western philosophy as a whole Schopenhauer is something of an outsider. To a large degree this is due to his pessimistic world-outlook, both as such and within the specific context of the Kantian tradition with its otherwise unblemished optimism. It also has something to do with what one might almost dare to call a capricious, dilettante quality in his work, which has left his thought with little influence on the course of modern 'professional' philosophy.

All the greater, on the other hand, has been his impact on the arts: from Wagner and Nietzsche to Thomas Mann, men of letters, aestheticians and critics reveal the power of his influence, either by their submission to it or by their struggles to overcome it. The intellectual life of modern Germany and the tendencies of the national German psyche cannot be understood without it.

BIBLIOGRAPHY

F. Copleston, *Artur Schopenhauer, Philosopher of Pessimism* (1947)

P. L. Gardiner, *Schopenhauer* (London, 1963)

Thomas Mann, *Schopenhauer* (1938; in *Adel des Geistes*, 1945)

Nietzsche, *Schopenhauer als Erzieher* (1874)

R. Tengler, *Schopenhauer und die Romantik* (Berlin, 1923)

H. M. Wolff, *Artur Schopenhauer, Hundert Jahre später* (Berne/Munich, 1960)

Zur idealistischen Grundansicht

Im unendlichen Raum zahllose leuchtende Kugeln, um jede von welchen etwan ein Dutzend kleinerer, beleuchteter sich wälzt, die inwendig heiß, mit erstarrter, kalter Rinde überzogen sind, auf der ein Schimmelüberzug lebende und erkennende Wesen erzeugt hat; — dies ist die empirische Wahrheit, das Reale, die Welt. Jedoch ist es für ein denkendes Wesen eine mißliche Lage, auf einer jener zahllosen im gränzenlosen Raum frei schwebenden Kugeln zu stehen, ohne zu wissen woher noch wohin, und nur Eines zu seyn von unzählbaren ähnlichen Wesen, die sich drängen, treiben, quälen, rastlos und schnell entstehend und vergehend, in anfangs- und endloser Zeit: dabei nichts Beharrliches, als allein die Materie und die Wiederkehr der selben, verschiedenen, organischen Formen, mittelst gewisser Wege und Kanäle, die nun ein Mal da sind. Alles was empirische Wissenschaft lehren kann, ist nur die genauere Beschaffenheit und Regel dieser Hergänge. — Da hat nun endlich die Philosophie der neueren Zeit, zumal durch [1]*Berkeley* und *Kant*, sich darauf besonnen, daß Jenes alles zunächst doch nur ein *Gehirnphänomen* und mit so großen, vielen und verschiedenen *subjektiven* Bedingungen behaftet sei, daß die gewähnte absolute Realität desselben verschwindet und für eine ganz andere Weltordnung Raum läßt, die das jenem Phänomen zum Grunde Liegende wäre, d. h. sich dazu verhielte, wie zur bloßen Erscheinung das Ding an sich selbst.

[2]«Die Welt ist meine Vorstellung» — ist, gleich den Axiomen Euklids, ein Satz, den Jeder als wahr erkennen muß, sobald er ihn versteht; wenn gleich nicht ein solcher, den Jeder versteht, sobald er ihn hört. — Diesen Satz zum Bewußtseyn gebracht und ihn an das Problem vom Verhältnis des Idealen zum Realen, d. h. der Welt im Kopf zur Welt außer dem Kopf, geknüpft zu haben, macht, neben dem Problem von der moralischen Freiheit, den auszeichnenden Charakter der Philosophie der Neueren aus. Denn erst nachdem man sich Jahrtausende lang im bloß *objektiven* Philosophiren versucht hatte, entdeckte man, daß unter dem Vielen, was die Welt so räthselhaft und bedenklich macht, das Nächste und Erste Dieses ist, daß, so unermeßlich und massiv sie auch seyn mag, ihr Daseyn dennoch an einem einzigen Fädchen hängt: und dieses ist das jedesmalige Bewußtseyn, in welchem sie dasteht. Diese Bedingung, mit welcher das Daseyn der Welt unwiderruflich behaftet ist, drückt ihr, trotz aller *empirischen* Realität, den Stempel der *Idealität* und somit der bloßen *Erscheinung* auf; wodurch sie, wenigstens von Einer Seite, als dem Traume verwandt, ja als in die selbe Klasse mit ihm zu setzen, erkannt werden muß. Denn die selbe Gehirnfunktion, welche, während

des Schlafes, eine vollkommen objektive, anschauliche, ja handgreifliche Welt hervorzaubert, muß eben so viel Antheil an der Darstellung der objektiven Welt des Wachens haben. Beide Welten nämlich sind, wenn auch durch ihre Materie verschieden, doch offenbar aus Einer Form gegossen. Diese Form ist der Intellekt, die Gehirnfunktion. — Wahrscheinlich ist ³*Cartesius* der Erste, welcher zu dem Grade von Besinnung gelangte, den jene Grundwahrheit erfordert und, in Folge hievon, dieselbe, wenn gleich vorläufig nur in der Gestalt skeptischer Bedenklichkeit, zum Ausgangspunkt seiner Philosophie machte. Wirklich war dadurch, daß er das *Cogito ergo sum* als allein gewiß, das Daseyn der Welt aber, vorläufig als problematisch nahm, der wesentliche und allein richtige Ausgangspunkt und zugleich der *wahre* Stützpunkt aller Philosophie gefunden. Dieser nämlich ist wesentlich und unumgänglich *das Subjektive, das eigene Bewußtseyn.* Denn dieses allein ist und bleibt das Unmittelbare: alles Andere, was immer es auch sei, ist durch dasselbe erst vermittelt und bedingt, sonach davon abhängig. Daher geschieht es mit Recht, daß man die Philosophie der Neueren, vom *Cartesius*, als dem Vater derselben, ausgehn läßt. Auf diesem Wege weiter gehend gelangte, nicht lange darauf, *Berkeley* zum eigentlichen *Idealismus*, d. h. zu der Erkenntniß, daß das im Raum Ausgedehnte, als die objektive, materielle Welt überhaupt, als solche, schlechterdings nur in unserer *Vorstellung* existirt, und daß es falsch, ja absurd ist, ihr, als *solcher*, ein Daseyn außerhalb aller Vorstellung und unabhängig vom erkennenden Subjekt beizulegen, also eine schlechthin vorhandene an sich seiende Materie anzunehmen. Diese sehr richtige und tiefe Einsicht macht aber auch eigentlich *Berkeley's* ganze Philosophie aus: er hatte sich daran erschöpft.

Demnach muß die wahre Philosophie jedenfalls *idealistisch* seyn: ja, sie muß es, um nur redlich zu seyn. Denn nichts ist gewisser, als daß Keiner jemals aus sich herauskann, um sich mit den von ihm verschiedenen Dingen unmittelbar zu identifiziren: sondern Alles, wovon er sichere, mithin unmittelbare Kunde, hat, liegt innerhalb seines Bewußtseyns. Ueber dieses hinaus kann es daher keine *unmittelbare* Gewißheit geben: eine solche aber müssen die ersten Grundsätze einer Wissenschaft haben. Dem empirischen Standpunkt der übrigen Wissenschaften ist es ganz angemessen, die objektive Welt als schlechthin vorhanden anzunehmen: nicht so dem der Philosophie, als welche auf das Erste und Ursprüngliche zurückzugehn hat. Nur das *Bewußtseyn* ist unmittelbar gegeben, daher ist *ihre* Grundlage auf Thatsachen des Bewußtseyns beschränkt: d. h. sie ist wesentlich *idealistisch*. — Der Realismus, der sich dem rohen Verstande dadurch empfiehlt, daß er sich das Ansehn giebt thatsächlich zu seyn, geht gerade von einer willkürlichen Annahme aus und ist mithin ein windiges Luftgebäude, indem er die allererste Thatsache überspringt oder verleugnet, diese, daß Alles was wir kennen innerhalb des Bewußtseyns liegt. ⁴Denn, daß das *objektive Daseyn* der Dinge bedingt sei durch ein sie Vorstellendes, und folglich die objektive Welt nur *als Vorstellung* existire, ist keine Hypothese, noch weniger ein Machtspruch, oder gar ein Disputirens halber aufgestelltes Paradoxon; sondern es ist die gewisseste und einfachste Wahrheit, deren Erkenntniß nur dadurch erschwert wird, daß sie sogar zu einfach ist, und nicht Alle Besonnenheit genug haben, um auf die ersten Elemente ihres Bewußtseyns von den Dingen zurückzugehen. Nimmermehr kann es ein absolut und an sich selbst objektives Daseyn geben; ja, ein solches ist geradezu undenkbar: denn immer und wesentlich hat das Objektive, als solches, seine Existenz im Bewußtseyn eines Subjekts, ist also dessen Vorstellung, folglich bedingt durch dasselbe und dazu noch durch dessen Vorstellungsformen, als welche dem Subjekt, nicht dem Objekt anhängen.

Daß die *objektive Welt da wäre*, auch wenn gar kein erkennendes Wesen existirte, scheint freilich auf den ersten Anlauf gewiß, weil es sich *in abstracto* denken läßt, ohne daß der Widerspruch zu Tage käme, den es im Innern trägt. — Allein wenn man diesen abstrakten Gedanken *realisiren*, d. h. ihn auf anschauliche Vorstellungen, von welchen allein er doch (wie alles Abstrakte) Gehalt und Wahrheit haben kann, zurückführen will und demnach versucht, *eine objektive Welt ohne erkennendes Subjekt zu imaginiren;* so wird man inne, daß Das, was man da imaginirt, in Wahrheit das Gegentheil von Dem ist, was man beabsichtigte, nämlich nichts Anderes, als eben nur der Vorgang im Intellekt eines Erkennenden, der eine objektive Welt anschaut, also gerade Das, was man ausschließen gewollt hatte. Denn diese anschauliche und reale Welt ist offenbar ein Gehirnphänomen: daher hegt ein Widerspruch in der Annahme, daß sie auch unabhängig von allen Gehirnen, als eine solche, daseyn sollte.

Der Haupteinwand gegen die unumgängliche und wesentliche *Idealität alles Objekts*, der Einwand, der sich in Jedem, deutlich oder undeutlich, regt, ist wohl dieser: Auch meine eigene Person ist Objekt für einen Andern, ist also dessen Vorstellung; und doch weiß ich gewiß, daß ich dawäre, auch ohne daß Jener mich vorstellte. In demselben Verhältniß aber, in welchem *ich* zu seinem Intellekt stehe, stehen auch alle andern Objekte zu diesem: folglich wären auch sie da, ohne daß jener Andere sie vorstellte. — Hierauf ist die Antwort: Jener Andere, als dessen Objekt ich jetzt meine Person betrachte, ist nicht schlechthin *das Subjekt*, sondern zunächst ein erkennendes Individuum. Daher, wenn er auch *nicht* dawäre, ja sogar wenn überhaupt kein anderes erkennendes Wesen als ich selbst existirte; so wäre damit noch keineswegs das *Subjekt* aufgehoben, in dessen Vorstellung allein alle Objekte existiren. Denn dieses *Subjekt* bin ja eben auch ich selbst, wie jedes Erkennende es ist. Folglich wäre, im angenommenen Fall, meine Person allerdings noch da, aber wieder als Vorstellung, nämlich in meiner eigenen Erkenntniß. Denn sie wird, auch von mir selbst, immer nur mittelbar nie unmittelbar erkannt: weil

alles Vorstellungseyn ein mittelbares ist. Nämlich als *Objekt*, d. h. als
ausgedehnt, raumerfüllend und wirkend, erkenne ich meinen Leib nur
in der Anschauung meines Gehirns: diese ist vermittelt durch die Sinne,
auf deren Data der anschauende Verstand seine Funktion, von der
Wirkung auf die Ursache zu gehen, vollzieht, und dadurch, indem das
Auge den Leib sieht, oder die Hände ihn betasten, die räumliche Figur
konstruirt, die im Raume als mein Leib sich darstellt. Keineswegs aber
ist mir unmittelbar, etwan im Gemeingefühl des Leibes, oder im innern
Selbstbewußtseyn, irgend eine Ausdehnung, Gestalt und Wirksamkeit
gegeben, welche dann zusammenfallen würde mit meinem Wesen selbst,
das demnach, um so dazuseyn, keines Andern, in dessen Erkenntniß es
sich darstellte, bedürfte. Vielmehr ist jenes Gemeingefühl, wie auch das
Selbstbewußtseyn, unmittelbar nur in Bezug auf den *Willen* da, nämlich
als behaglich oder unbehaglich, und als aktiv in den Willensakten, welche, für die äußere Anschauung, sich als Leibesaktionen darstellen.

Hieraus nun folgt, daß das Daseyn meiner Person oder meines Leibes,
als eines Ausgedehnten und Wirkenden, allezeit ein davon verschiedenes
Erkennendes voraussetzt: weil es wesentlich ein Daseyn in der Apprehension, in der Vorstellung, also ein Daseyn *für ein Anderes* ist. In der That
ist es ein Gehirnphänomen, gleichviel ob das Gehirn, in welchem es sich
darstellt, der eigenen oder einer fremden Person angehört. Im ersten
Fall zerfällt dann die eigene Person in Erkennendes und Erkanntes, in
Objekt und Subjekt, die sich hier, wie überall, unzertrennlich und unvereinbar gegenüberstehen. — Wenn nun also meine eigene Person,
um als solche dazuseyn, stets eines Erkennenden bedarf; so wird dies
wenigstens eben so sehr von den übrigen Objekten gelten, welchen ein
von der Erkenntniß und deren Subjekt unabhängiges Daseyn zu vindi-
ciren, der Zweck des obigen Einwandes war.

Inzwischen versteht es sich, daß das Daseyn, welches durch ein Erkennendes bedingt ist, ganz allein das Daseyn *im Raum* und daher das
eines Ausgedehnten und Wirkenden ist: dieses allein ist stets ein erkanntes, folglich ein Daseyn *für ein Anderes*. Hingegen mag jedes auf diese
Weise Daseiende noch ein *Daseyn für sich selbst* haben, zu welchem es
keines Subjekts bedarf. Jedoch kann dieses Daseyn für sich selbst nicht
Ausdehnung und Wirksamkeit (zusammen Raumerfüllung) seyn; sondern es ist nothwendig ein Seyn anderer Art, nämlich das eines *Dinges
an sich selbst*, welches, eben als solches, nie *Objekt* seyn kann. — Dies
also wäre die Antwort auf den oben dargelegten Haupteinwand, der
demnach die Grundwahrheit, daß die objektiv vorhandene Welt nur in
der Vorstellung, also nur für ein Subjekt daseyn kann, nicht umstößt.

Hier sei noch bemerkt, daß auch *Kant* unter seinen Dingen an sich,
wenigstens so lange er konsequent blieb, keine *Objekte* gedacht haben
kann. Denn dies geht schon daraus hervor, daß er bewies, der Raum,
wie auch die Zeit sei eine bloße Form unserer Anschauung, die folglich

nicht den Dingen an sich angehöre. Was nicht im Raum, noch in der Zeit ist, kann auch nicht *Objekt* seyn: also kann das Seyn der *Dinge an sich* kein *objektives* mehr seyn, sondern nur ein ganz anderartiges, ein metaphysisches. Folglich liegt in jenem Kantischen Satze auch schon dieser, daß die *objektive* Welt nur als *Vorstellung* existirt.

Nichts wird so anhaltend, Allem was man sagen mag zum Trotz und stets wieder von Neuem mißverstanden, wie der *Idealismus*, indem er dahin ausgelegt wird, daß man die *empirische* Realität der Außenwelt leugne. Hierauf beruht die beständige Wiederkehr der Appellation an den gesunden Verstand, die in mancherlei Wendungen und Verkleidungen auftritt, z. B. als «*Grundüberzeugung*» [5]in der Schottischen Schule, oder [6]als Jacobischer *Glaube* an die Realität der Außenwelt. Keineswegs giebt sich, wie *Jacobi* es darstellt, die Außenwelt bloß auf Kredit und wird von uns auf Treu und Glauben angenommen: sie giebt sich als das was sie ist, und leistet unmittelbar was sie verspricht. Man muß sich erinnern, daß *Jacobi*, der ein solches Kreditsystem der Welt aufstellte und es glücklich einigen Philosophieprofessoren aufband, die es dreißig Jahre lang ihm behaglich und breit nachphilosophirt haben, der selbe war, der einst *Lessingen* als Spinozisten und später *Schellingen* als Atheisten denunzirte, von welchem Letzteren er die bekannte, wohlverdiente Züchtigung erhielt. Solchem Eifer gemäß wollte er, indem er die Außenwelt zur Glaubenssache herabsetzte, nur das Pförtchen für den Glauben überhaupt eröffnen und den Kredit vorbereiten für Das, was nachher wirklich auf Kredit an den Mann gebracht werden sollte: wie wenn man, um Papiergeld einzuführen, sich darauf berufen wollte, daß der Werth der klingenden Münze doch auch nur auf dem Stempel beruhe, den der Staat darauf gesetzt hat. Jacobi, in seinem Philosophem über die auf Glauben angenommene Realität der Außenwelt, ist ganz genau der von *Kant* (Kritik der reinen Vernunft, erste Auflage, S.369) getadelte «transscendentale Realist, der den empirischen Idealisten spielt.» —

Der wahre Idealismus hingegen ist eben nicht der empirische, sondern der transscendentale. Dieser läßt die *empirische* Realität der Welt unangetastet, hält aber fest, daß alles *Objekt*, also das empirisch Reale überhaupt, durch das *Subjekt* zwiefach bedingt ist: erstlich *materiell*, oder als *Objekt* überhaupt, weil ein objektives Daseyn nur einem Subjekt gegenüber und als dessen Vorstellung denkbar ist; zweitens *formell*, indem *die Art und Weise* der Existenz des Objekts, d. h. des Vorgestelltwerdens (Raum, Zeit, Kausalität), vom Subjekt ausgeht, im Subjekt prädisponirt ist. Also an den einfachen oder *Berkeley'schen* Idealismus, welcher das *Objekt überhaupt* betrifft, schließt sich unmittelbar der *Kantische*, welcher die speciell gegebene *Art und Weise* des Objektseyns betrifft. Dieser weist nach, daß die gesammte materielle Welt, mit ihren Körpern im ¹Raum, welche ausgedehnt sind und, mittelst der Zeit, Kausalverhältnisse zu einander haben, und was dem anhängt, — daß dies Alles nicht ein

unabhängig von unserm Kopfe Vorhandenes sei; sondern seine Grund-
voraussetzungen habe in unsern Gehirnfunktionen, *mittelst* welcher und
in welchen allein eine *solche* objektive Ordnung der Dinge möglich ist;
weil Zeit, Raum und Kausalität, auf welchen alle jene realen und objektiven Vorgänge beruhen, selbst nichts weiter, als Funktionen des Gehir-
nes sind; daß also jene unwandelbare *Ordnung* der Dinge, welche das
Kriterium und den Leitfaden ihrer empirischen *Realität* abgiebt, selbst
erst vom Gehirn ausgeht und von diesem allein ihre Kreditive hat: dies
hat *Kant* ausführlich und gründlich dargethan; nur daß er nicht das
Gehirn nennt, sondern sagt: «das Erkenntnißvermögen». Sogar hat er
zu beweisen versucht, daß jene objektive Ordnung in Zeit, Raum,
Kausalität, Materie u. s. f., auf welcher alle Vorgänge der realen Welt
zuletzt beruhen, sich als eine für sich bestehende, d. h. als Ordnung der
Dinge an sich selbst, oder als etwas absolut Objektives und schlechthin
Vorhandenes, genau betrachtet, nicht ein Mal *denken* läßt, indem sie,
wenn man versucht sie zu Ende zu denken, auf Widersprüche leitete.
Dies darzuthun war die Absicht der Antinomien: jedoch habe ich, im
Anhange zu meinem Werke, das Mißlingen des Versuches nachgewiesen.

Hingegen leitet die Kantische Lehre, auch ohne die Antinomien, zu
der Einsicht, daß die Dinge und die ganze Art und Weise ihres Daseyns
mit unserm Bewußtseyn von ihnen unzertrennlich verknüpft sind; daher
die Annahme, die Dinge existirten als solche auch außerhalb unsers Bewußtseyns und unabhängig davon, wirklich absurd ist. Daß wir nämlich
so tief eingesenkt sind in Zeit, Raum, Kausalität und den ganzen darauf
beruhenden gesetzmäßigen Hergang der Erfahrung, daß wir (ja sogar
die Thiere) darin so vollkommen zu Hause sind und uns von Anfang an
darin zurecht zu finden wissen, — Dies wäre nicht möglich, wenn
unser Intellekt Eines und die Dinge ein Anderes wären; sondern ist nur
daraus erklärlich, daß Beide ein Ganzes ausmachen, der Intellekt selbst
jene Ordnung schafft und er nur für die Dinge, diese aber auch nur für
ihn da sind.

Allein selbst abgesehn von den tiefen Einsichten, welche nur die Kantische Philosophie eröffnet, läßt sich die Unstatthaftigkeit der so hart-
näckig festgehaltenen Annahme des absoluten *Realismus* auch wohl
unmittelbar nachweisen, oder doch wenigstens fühlbar machen, durch
die bloße Verdeutlichung ihres Sinnes, mittelst Betrachtungen, wie etwan
folgende. — Die Welt soll, dem Realismus zufolge, so wie wir sie erkennen, auch unabhängig von diesem Erkennen daseyn. Jetzt wollen
wir ein Mal alle erkennenden Wesen daraus wegnehmen, also bloß die
unorganische und die vegetabilische Natur übrig lassen. Fels, Baum und
Bach sei da und blauer Himmel: Sonne, Mond und Sterne erhellen diese
Welt, wie zuvor; nur freilich vergeblich, indem kein Auge da ist, solche
zu sehn. Nunmehr aber wollen wir, nachträglich, ein erkennendes Wesen
hineinsetzen. Jetzt also stellt, in dessen Gehirne, jene Welt sich *nochmals*

dar und wiederholt sich innerhalb desselben, genau eben so, wie sie vorher außerhalb war. Zur *ersten* Welt ist also jetzt eine *zweite* gekommen, die, obwohl von jener völlig getrennt, ihr auf ein Haar gleicht. Wie im *objektiven* endlosen Raum die *objektive* Welt, genau so ist jetzt im *subjektiven*, erkannten Raum die *subjektive* Welt dieser Anschauung beschaffen. Die letztere hat aber vor der erstern noch die Erkenntniß voraus, daß jener Raum, da draußen, endlos ist, sogar auch kann sie die ganze Gesetzmäßigkeit aller in ihm möglichen und noch nicht wirklichen Verhältnisse haarklein und richtig angeben, zum voraus, und braucht nicht erst nachzusehen: eben so viel giebt sie über den Lauf der Zeit an, wie auch über das Verhältniß von Ursach und Wirkung, welches da draußen die Veränderungen leitet.

Ich denke, daß dies Alles, bei näherer Betrachtung, absurd genug ausfällt und dadurch zu der Ueberzeugung führt, daß jene absolut *objektive* Welt, außerhalb des Kopfes, unabhängig von ihm und *vor* aller Erkenntniß, welche wir zuerst gedacht zu haben wähnten, eben keine andere war, als schon die zweite, die *subjektiv* erkannte, die Welt der Vorstellung, als welche allein es ist, die wir wirklich zu denken vermögen. Demnach drängt sich von selbst die Annahme auf, daß die Welt, so wie wir sie erkennen, auch nur für unsere Erkenntniß da ist, mithin in der *Vorstellung* allein, und nicht noch ein Mal außer derselben*. Dieser Annahme entsprechend ist sodann das Ding an sich, d. h. das von unserer und jeder Erkenntniß unabhängig Daseyende, als ein von der *Vorstellung* und allen ihren Attributen, also von der Objektivität überhaupt, gänzlich Verschiedenes zu setzen: was dieses sei, wird nachher das Thema unsers zweiten Buches.

Hingegen auf der so eben kritisirten Annahme einer objektiven und einer subjektiven Welt, beide im *Raume*, und auf der bei dieser Voraussetzung entstehenden Unmöglichkeit eines Ueberganges, einer Brücke, zwischen beiden, beruht der, §.5 des ersten Bandes, in Betracht gezogene Streit über die Realität der Außenwelt; hinsichtlich auf welchen ich noch Folgendes beizubringen habe.

Das Subjektive und das Objektive bilden kein Kontinuum: das unmittelbar Bewußte ist abgegränzt durch die Haut, oder vielmehr durch

---

* Ich empfehle hier besonders die Stelle in *Lichtenberg's* vermischten Schriften (Göttingen 1801, Bd. 2, pag. 12 fg.): "*Euler* sagt in seinen Briefen über verschiedene Gegenstände aus der Naturlehre (Band 2, S. 228), es würde eben so gut donnern und blitzen, wenn auch kein Mensch vorhanden wäre, den der Blitz erschlagen könnte. Es ist ein gar gewöhnlicher Ausdruck, ich muß aber gestehen, daß es mir nie leicht gewesen ist, ihn ganz zu fassen. Mir kommt es immer vor, als wenn der Begriff *seyn* etwas von unserm Denken erborgtes wäre, und wenn es keine empfindenden und denkenden Geschöpfe mehr giebt, so *ist* auch nichts mehr."

die äußersten Enden der vom Cerebralsystem ausgehenden Nerven. Darüber hinaus liegt eine Welt, von der wir keine andere Kunde haben, als durch Bilder in unserm Kopfe. Ob nun und inwiefern diesen eine unabhängig von uns vorhandene Welt entspreche, ist die Frage. Die Beziehung zwischen Beiden könnte allein vermittelt werden durch das Gesetz der Kausalität: denn nur dieses führt von einem Gegebenen auf ein davon ganz Verschiedenes. Aber dieses Gesetz selbst hat zuvorderst seine Gültigkeit zu beglaubigen. Es muß nun entweder *objektiven*, oder *subjektiven* Ursprungs seyn: in beiden Fällen aber liegt es auf dem einen oder dem andern Ufer, kann also nicht die Brücke abgeben.

Ist es, wie *Locke* und *Hume* annahmen, *a posteriori*, also aus der Erfahrung abgezogen; so ist es *objektiven* Ursprungs, gehört dann selbst zu der in Frage stehenden Außenwelt und kann daher ihre Realität nicht verbürgen: denn da würde, nach *Locke's* Methode, das Kausalitätsgesetz aus der Erfahrung, und die Realität der Erfahrung aus dem Kausalitätsgesetz bewiesen.

Ist es hingegen, wie Kant uns richtiger belehrt hat, *a priori* gegeben, so ist es *subjektiven* Ursprungs, und dann ist klar, daß wir damit stets im *Subjektiven* bleiben. Denn das einzige wirklich *empirisch* Gegebene, bei der Anschauung, ist der Eintritt einer Empfindung im Sinnesorgan: die Voraussetzung, daß diese, auch nur überhaupt, eine *Ursache* haben müsse, beruht auf einem in der Form unsers Erkennens, d. h. in den Funktionen unsers Gehirns, wurzelnden Gesetz, dessen Ursprung daher eben so subjektiv ist, wie jene Sinnesempfindung selbst.

Die in Folge dieses Gesetzes zu der gegebenen Empfindung vorausgesetzte *Ursache* stellt sich alsbald in der Anschauung dar als *Objekt*, welches Raum und Zeit zur Form seines Erscheinens hat. Aber auch *diese* Formen selbst sind wieder ganz subjektiven Ursprungs: denn sie sind die Art und Weise unsers Anschauungsvermögens. Jener Uebergang von der Sinnesempfindung zu ihrer Ursache, der, wie ich wiederholentlich dargethan habe, aller Sinnesanschauung zum Grunde liegt, ist zwar hinreichend, uns die empirische Gegenwart, in Raum und Zeit, eines empirischen Objekts anzuzeigen, also völlig genügend für das praktische Leben; aber er reicht keineswegs hin, uns Aufschluß zu geben über das Daseyn und Wesen an sich der auf solche Weise für uns entstehenden Erscheinungen; oder vielmehr ihres intelligibeln Substrats. Daß also auf Anlaß gewisser, in meinen Sinnesorganen eintretender Empfindungen, in meinem Kopfe eine *Anschauung* von räumlich ausgedehnten, zeitlich beharrenden, und ursächlich wirkenden Dingen entsteht, berechtigt mich durchaus nicht zu der Annahme, daß auch an sich selbst, d. h. unabhängig von meinem Kopfe und außer demselben dergleichen Dinge mit solchen ihnen schlechthin angehörigen Eigenschaften existiren. — Dies ist das richtige Ergebniß der *Kantischen* Philosophie. Dasselbe knüpft sich an ein früheres. eben so richtiges, aber sehr viel leichter faßliches Resultat

Locke's. Wenn nämlich auch, wie *Locke's* Lehre es zuläßt, zu den Sinnesempfindungen äußere Dinge als ihre Ursachen schlechthin angenommen werden; so kann doch zwischen der *Empfindung*, in welcher die *Wirkung* besteht, und der objektiven *Beschaffenheit* der sie veranlassenden *Ursache* gar keine *Aehnlichkeit* seyn; weil die Empfindung, als organische Funktion, zunächst bestimmt ist durch die sehr künstliche und komplicirte Beschaffenheit unserer Sinneswerkzeuge, daher sie von der äußern Ursache bloß angeregt, dann aber ganz ihren eigenen Gesetzen gemäß vollzogen wird, also völlig subjektiv ist. — *Locke's* Philosophie war die Kritik der Sinnesfunktionen: *Kant* aber hat die Kritik der Gehirnfunktionen geliefert. — Nun aber ist diesem Allen noch das *Berkeley'sche*, von mir erneuerte Resultat unterzubreiten, daß nämlich alles *Objekt*, welchen Ursprung es auch haben möge, schon *als Objekt* durch das Subjekt bedingt, *nämlich* wesentlich bloß dessen *Vorstellung* ist. Der Zielpunkt des Realismus ist eben das Objekt ohne Subjekt: aber ein solches auch nur klar zu denken ist unmöglich.

Aus dieser ganzen Darstellung geht sicher und deutlich hervor, daß die Absicht, *das Wesen an sich* der Dinge zu erfassen, schlechtin unerreichbar ist auf dem Wege der bloßen *Erkenntniß und Vorstellung*, weil diese stets *von außen* zu den Dingen kommt und daher ewig *draußen* bleiben muß. Jene Absicht könnte allein dadurch erreicht werden, daß *wir selbst* uns im Innern der Dinge befänden, wodurch es uns unmittelbar bekannt würde. Inwiefern dies nun wirklich der Fall sei, betrachtet mein zweites Buch. So lange wir aber, wie in diesem ersten Buche, bei der objektiven Auffassung, also bei der *Erkenntniß*, stehen bleiben, ist und bleibt uns die Welt eine bloße *Vorstellung*, weil hier kein Weg möglich ist, der darüber hinausführte.

Ueberdies nun aber ist das Festhalten des *idealistischen* Gesichtspunktes ein nothwendiges Gegengewicht gegen den *materialistischen*. Die Kontroverse über das Reale und Ideale läßt sich nämlich auch ansehen als betreffend die Existenz der *Materie*. Denn die Realität, oder Idealität dieser ist es zuletzt, um die gestritten wird. Ist die Materie als solche bloß in unserer Vorstellung vorhanden; oder ist sie es auch unabhängig davon? Im letzteren Falle wäre sie das Ding an sich, und wer eine an sich existirende Materie annimmt, muß, konsequent, auch Materialist seyn, d. h. sie zum Erklärungsprincip aller Dinge machen. Wer sie hingegen als Ding an sich leugnet, ist *eo ipso* Idealist. Geradezu und ohne Umweg die Realität der Materie behauptet hat, unter den Neueren, nur *Locke:* daher hat seine Lehre, [7]unter *Condillac's* Vermittelung, zum Sensualismus und Materialismus der Franzosen geführt. Geradezu und ohne Modifikationen geleugnet hat die Materie nur *Berkeley.* Der durchgeführte Gegensatz ist also Idealismus und Materialismus, in seinen Extremen repräsentirt durch *Berkeley* und die französischen Materialisten ([8]*Hollbach*). [9]*Fichte* ist hier nicht zu erwähnen: er verdient keine

Stelle unter den wirklichen Philosophen, unter diesen Auserwählten der Menschheit, die mit hohem Ernst nicht ihre Sache, sondern die *Wahrheit* suchen und daher nicht mit Solchen verwechselt werden dürfen, die unter diesem Vorgeben bloß ihr persönliches Fortkommen im Auge haben. *Fichte* ist der Vater der *Schein-Philosophie*, der *unredlichen* Methode, welche durch Zweideutigkeit im Gebrauch der Worte, durch unverständliche Reden und durch Sophismen zu täuschen, dabei durch einen vornehmen Ton zu imponiren, also den Lernbegierigen zu übertölpeln sucht; ihren Gipfel hat diese, nachdem auch *Schelling* sie angewandt hatte, bekanntlich in *Hegeln* erreicht, als woselbst sie zur eigentlichen Scharlatanerie herangereift war. Wer aber selbst nur jenen *Fichte* ganz ernsthaft neben Kant nennt, beweist, daß er keine Ahndung davon hat, was *Kant* sei. —

Hingegen hat auch der Materialismus seine Berechtigung. Es ist eben so wahr, daß das Erkennende ein Produkt der Materie sei, als daß die Materie eine bloße Vorstellung des Erkennenden sei: aber es ist auch eben so einseitig. Denn der Materialismus ist die Philosophie des bei seiner Rechnung sich selbst vergessenden Subjekts. Darum eben muß der Behauptung, daß ich eine bloße Modifikation der Materie sei, gegenüber, diese geltend gemacht werden, daß alle Materie bloß in meiner Vorstellung existire: und sie hat nicht minder Recht. Eine noch dunkle Erkenntniß dieser Verhältnisse scheint [10]den Platonischen Ausspruch ὕλη ἀληθινον ψευδος *(materia mendacium verax)* hervorgerufen zu haben.

Der *Realismus* führt, wie gesagt, nothwendig zum *Materialismus*. Denn liefert die empirische Anschauung die Dinge an sich, wie sie unabhängig von unserm Erkennen da sind; so liefert auch die Erfahrung die *Ordnung der Dinge an sich,* d. h. die wahre und alleinige Weltordnung. Dieser Weg aber führt zu der Annahme, daß es nur *ein* Ding an sich gebe, die Materie, deren Modifikation alles Uebrige sei; da hier der Naturlauf die absolute und alleinige Weltordnung ist. Um diesen Konsequenzen auszuweichen, wurde, so lange der *Realismus* in unangefochtener Geltung war, der *Spiritualismus* aufgestellt, also die Annahme einer zweiten Substanz, außer und neben der Materie, einer *immateriellen Substanz.* Dieser von Erfahrung, Beweisen und Begreiflichkeit gleich sehr verlassene Dualismus und *Spiritualismus* wurde von *Spinoza* geleugnet und von *Kant* als falsch nachgewiesen, der dies durfte, weil er zugleich den *Idealismus* in seine Rechte einsetzte. Denn mit dem *Realismus* fällt der *Materialismus*, als dessen Gegengewicht man den *Spiritualismus* ersonnen hatte, von selbst weg, indem alsdann die Materie, nebst dem Naturlauf, zur bloßen *Erscheinung* wird, welche durch den Intellekt bedingt ist, indem sie in dessen *Vorstellung* allein ihr Daseyn hat. Sonach ist gegen den *Materialismus* das scheinbare und falsche Rettungsmittel der *Spiritualismus*, das wirkliche und wahre aber der *Idealismus*, der dadurch, daß er die objektive Welt in Abhängigkeit *von uns* setzt, das nöthige Gegengewicht giebt zu der Abhängigkeit, in welche der Naturlauf *uns von ihr* setzt. Die Welt, aus der ich durch den Tod scheide, war andrerseits nur meine Vorstellung. Der Schwerpunkt des Daseyns fällt ins *Subjekt* zurück. Nicht, wie im Spiritualismus, die Unabhängigkeit des Erkennenden von der Materie, sondern die Abhängigkeit aller Materie von ihm wird nachgewiesen. Freilich ist das nicht so leicht faßlich und bequem zu handhaben wie der Spiritualismus mit seinen zwei Substanzen: aber [11]χαλεπα τα καλα.

Allerdings nämlich steht dem *subjektiven* Ausgangspunkt «die Welt ist meine Vorstellung» vorläufig mit gleicher Berechtigung gegenüber der *objektive* «die Welt ist Materie», oder «die Materie allein ist schlechthin» (da sie allein dem Werden und Vergehen nicht unterworfen ist), oder «alles Existirende ist Materie». Dies ist der Ausgangspunkt des [12]Demokritos, Leukippos und Epikuros. Näher betrachet aber bleibt dem Ausgehen vom *Subjekt* ein wirklicher Vorzug: es hat einen völlig berechtigten Schritt voraus. Nämlich das Bewußtseyn allein ist das *Unmittelbare:* dieses aber überspringen wir, wenn wir gleich zur Materie gehen und sie zum Ausgangspunkt machen.

Andererseits müßte es möglich seyn, aus der Materie und den richtig, vollständig und erschöpfend erkannten Eigenschaften derselben (woran uns noch viel fehlt) die Welt zu konstruiren. Denn alles Entstandene ist durch *Ursachen* wirklich geworden, welche nur vermöge der *Grundkräfte* der *Materie* wirken und zusammenkommen konnten: diese aber müssen wenigstens *objektive* vollständig nachweisbar seyn, wenn wir auch *subjektive* nie dahin kommen werden, sie zu erkennen. Immer aber würde einer solchen Erklärung und Konstruktion der Welt nicht nur die Voraussetzung eines Daseyns an sich der Materie (während es in Wahrheit durch das Subjekt bedingt ist) zum Grunde liegen; sondern sie müßte auch noch *an* dieser Materie alle ihre *ursprünglichen Eigenschaften* als schlechthin unerklärliche, also als *qualitates occultae*, gelten und stehen lassen. (Siehe [13]§. 26, 27 des ersten Bandes.) Denn die Materie ist nur der Träger dieser Kräfte, wie das Gesetz der Kausalität nur der Ordner ihrer Erscheinungen. Mithin würde eine solche Erklärung der Welt doch immer nur eine relative und bedingte seyn, eigentlich das Werk einer *Physik*, die sich bei jedem Schritte nach einer *Metaphysik* sehnte.

Andererseits hat auch der subjektive Ausgangspunkt und Ursatz «die Welt ist meine Vorstellung» sein Inadäquates: theils sofern er einseitig ist, da die Welt doch außerdem noch viel mehr ist (nämlich Ding an sich, Wille), ja, das Vorstellungseyn ihr gewissermaßen accidentell ist; theils aber auch, sofern er bloß das Bedingtseyn des Objekts durch das Subjekt ausspricht, ohne zugleich zu besagen, daß auch das Subjekt als solches durch das Objekt bedingt ist. Denn eben so falsch wie der Satz des rohen Verstandes, «die Welt, das Objekt, wäre doch da, auch wenn es kein Subjekt gäbe», ist dieser: «das Subjekt wäre doch ein Erkennendes, wenn es auch kein Objekt, d. h. gar keine Vorstellung hätte». Ein Bewußtseyn ohne Gegenstand ist kein Bewußtseyn. Ein denkendes Subjekt hat *Begriffe* zu seinem Objekt, ein sinnlich anschauendes hat Objekte mit den seiner Organisation entsprechenden Qualitäten. Berauben wir nun das *Subjekt* aller näheren Bestimmungen und Formen seines Erkennens; so verschwinden auch am Objekt alle Eigenschaften, und nichts bleibt übrig, als die *Materie ohne Form und Qualität,* welche in der Erfahrung so wenig vorkommen kann, wie das Subjekt ohne Formen seines Erkennens, jedoch dem nackten Subjekt als solchem gegenüber stehen bleibt, als sein Reflex, der nur mit ihm zugleich verschwinden kann. Wenn auch der Materialismus nichts weiter als diese Materie, etwan Atome, zu postuliren wähnt; so setzt er doch unbewußt nicht nur das Subjekt, sondern auch Raum, Zeit und Kausalität hinzu, die auf speciellen Bestimmungen des Subjekts beruhen.

Die Welt als Vorstellung, die objektive Welt, hat also gleichsam zwei Kugel-Pole: nämlich das erkennende Subjekt schlechthin, ohne die Formen seines Erkennens, und dann die rohe Materie ohne Form und Qualität. Beide sind durchaus unerkennbar: das Subjekt, weil es das Erkennende ist; die Materie, weil sie ohne Form und Qualität nicht angeschaut werden kann. Dennoch sind beide die Grundbedingungen aller empirischen Anschauung. So steht der rohen, formlosen, ganz todten (d. i. willenlosen) Materie, die in keiner Erfahrung gegeben, aber in jeder vorausgesetzt wird, als reines Widerspiel gegenüber das erkennende Subjekt, bloß als solches, welches ebenfalls Voraussetzung aller Erfahrung ist. Dieses Subjekt ist nicht in der Zeit: denn die Zeit ist erst die nähere Form alles seines Vorstellens; die ihm gegenüberstehende Materie ist, dem entsprechend, ewig unvergänglich, beharrt durch alle Zeit, ist aber eigentlich nicht einmal ausgedehnt, weil Ausdehnung Form giebt, also nicht räumlich. Alles Andere ist in beständigem Entstehen und Vergehen begriffen, während jene beiden die ruhenden Kugel-Pole der Welt als Vorstellung darstellen. Man kann daher die Beharrlichkeit der Materie betrachten als den Reflex der Zeitlosigkeit des reinen, schlechthin als Bedingung alles Objekts angenommenen Subjekts. Beide gehören der Erscheinung an, nicht dem Dinge an sich: aber sie sind das Grundgerüst der Erscheinung. Beide werden nur durch Abstraktion herausgefunden, sind nicht unmittelbar rein und für sich gegeben.

Der Grundfehler aller Systeme ist das Verkennen dieser Wahrheit, daß *der Intellekt und die Materie Korrelata* sind, d. h. Eines nur für das Andere da ist, Beide mit einander stehen und fallen, Eines nur der Reflex des Andern ist, ja, daß sie eigentlich Eines und dasselbe sind, von zwei entgegengesetzten Seiten betrachtet; welches Eine, was ich hier anticipire, — die Erscheinung des Willens, oder Dinges an sich ist; daß mithin beide sekundär sind: daher der Ursprung der Welt in keinem von Beiden zu suchen ist. Aber in Folge jenes Verkennens suchten alle

Systeme (den Spinozismus etwan ausgenommen) den Ursprung aller Dinge in einem jener Beiden. Sie setzen nämlich entweder einen Intellekt, [14]νοῦς, als schlechthin Erstes und δημιουργός, lassen demnach in diesem eine *Vorstellung* der Dinge und der Welt vor der Wirklichkeit derselben vorhergehen: mithin unterscheiden sie die reale Welt von der Welt als Vorstellung; welches falsch ist. Daher tritt jetzt als Das, wodurch Beide unterschieden sind, die *Materie* auf, als ein Ding an sich. Hieraus entsteht die Verlegenheit, diese Materie, die [15]ὕλη, herbeizuschaffen, damit sie zur bloßen Vorstellung der Welt hinzukommend, dieser Realität ertheile. Da muß nun entweder jener ursprüngliche Intellekt sie vorfinden: dann ist sie, so gut wie er, ein absolut Erstes, und wir erhalten zwei absolut Erste, den δημιουργός und die ὕλη. Oder aber er bringt sie aus nichts hervor; eine Annahme, der unser Verstand sich widersetzt, da er nur Veränderungen an der Materie, nicht aber ein Entstehen oder Vergehen derselben zu fassen fähig ist; welches im Grunde gerade darauf beruht, daß die Materie sein wesentliches Korrelat ist. — Die diesen Systemen entgegengesetzten, welche das andere der beiden Korrelate, also die Materie, zum absolut Ersten machen, setzen eine Materie, die dawäre, ohne vorgestellt zu werden, welches, wie aus allem oben Gesagten genugsam erhellt, ein gerader Widerspruch ist; da wir im Daseyn der Materie stets nur ihr Vorgestelltwerden denken. Danach aber entsteht ihnen die Verlegenheit, zu dieser Materie, die allein ihr absolut Erstes ist, den Intellekt hinzuzubringen, der endlich von ihr erfahren soll. Diese Blöße des Materialismus habe ich §. 7 des ersten Bandes geschildert. — Bei mir hingegen sind Materie und Intellekt unzertrennliche Korrelata, nur für einander, daher nur relativ, da: die Materie ist die Vorstellung des Intellekts; der Intellekt ist das, in dessen Vorstellung allein die Materie existirt. Beide zusammen machen die *Welt als Vorstellung* aus, welche eben *Kants Erscheinung*, mithin ein sekundäres ist. Das Primäre ist das Erscheinende, das *Ding an sich selbst*, als welches wir nachher den *Willen* kennen lernen. Dieser ist an sich weder Vorstellendes, noch Vorgestelltes; sondern von seiner Erscheinungsweise völlig verschieden.

Zum nachdrücklichen Schluß dieser so wichtigen, wie schwierigen Betrachtung will ich jetzt jene beiden Abstrakta ein Mal personificirt und im Dialog auftreten lassen, nach dem Vorgang des [16]*Prabodha Tschandro Daya:* auch kann man damit einen ähnlichen Dialog der Materie mit der Form in des [17]*Raimund Lullius* Duodecim principia philosophiae c. 1 et 2, vergleichen.

Das Subjekt. Ich bin, und außer mir ist nichts. Denn die Welt ist meine Vorstellung.

Die Materie. Vermessener Wahn! Ich, ich bin: und außer mir ist nichts. Denn die Welt ist meine vorübergehende Form. Du bist ein bloßes Resultat eines Theiles dieser Form und durchaus zufällig.

Das Subjekt. Welch thörichter Dünkel! Weder du noch deine Form wären vorhanden ohne *mich:* ihr seyd durch mich bedingt. Wer mich wegdenkt und dann glaubt euch noch denken zu können, ist in einer groben Täuschung begriffen: denn euer Daseyn außerhalb meiner Vorstellung ist ein gerader Widerspruch, ein Sideroxylon. *Ihr seyd* heißt eben nur, ihr werdet von mir vorgestellt. Meine Vorstellung ist der Ort eures Daseyns: daher bin ich die erste Bedingung desselben.

Die Materie. Zum Glück wird die Vermessenheit deiner Behauptung bald auf eine reale Weise widerlegt werden und nicht durch bloße Worte. Noch wenige Augenblicke, und du — bist wirklich nicht mehr, bist mit sammt deiner Großsprecherei ins Nichts versunken, hast, nach Schatten-Weise, vorübergeschwebt und das Schicksal jeder meiner vergänglichen Formen erlitten. Ich aber, ich bleibe, unverletzt und unvermindert, von Jahrtausend zu Jahrtausend, die unendliche Zeit hindurch und schaue unerschüttert dem Spiel des Wechsels meiner Formen zu.

Das Subjekt. Diese unendliche Zeit, welche zu durchleben du dich rühmst, ist, wie der unendlich Raum, den du füllst, bloß in meiner Vorstellung vorhanden, ja, ist bloße Form meiner Vorstellung, die ich fertig in mir trage, und in der du dich darstellst, die dich aufnimmt, wodurch du allererst dabist. Die Vernichtung aber, mit der du mir drohest, trifft nicht *mich;* sonst wärest du *mit* vernichtet: vielmehr trifft sie bloß das Individuum, welches auf kurze Zeit mein Träger ist und von mir vorgestellt wird, wie alles Andere.

Die Materie. Und wenn ich dir dies zugestehe und darauf eingehe, dein Daseyn, welches doch an das dieser vergänglichen Individuen unzertrennlich geknüpft ist, als ein für sich bestehendes zu betrachten; so bleibt es dennoch von dem meinigen abhängig. Denn du bist Subjekt nur sofern du ein Objekt hast; und dieses Objekt bin ich. Ich bin dessen Kern und Gehalt, das Bleibende darin, welches es zusammenhält und ohne welches es so unzusammenhängend wäre und so wesenlos verschwebte, wie die Träume und Phantasien deiner Individuen, die selbst ihren Scheingehalt doch noch von mir geborgt haben.

Das Subjekt. Du thust wohl, mein Daseyn mir deshalb, daß es an die Individuen geknüpft ist, nicht abstreiten zu wollen: denn so unzertrennlich, wie ich an diese, bist du an deine Schwester, die Form, gekettet, und bist noch nie ohne sie erschienen. Dich, wie mich, hat nackt und isolirt noch kein Auge gesehen: denn beide sind wir nur Abstraktionen. *Ein* Wesen ist es im Grunde, das sich selbst anschaut und von sich selbst angeschaut wird, dessen Seyn an sich aber weder im Anschauen noch im Angeschautwerden bestehen kann, da diese zwischen uns Beide vertheilt sind.

Beide. So sind wir denn unzertrennlich verknüpft, als nothwendige Theile eines Ganzen, das uns Beide umfaßt und durch uns besteht. Nur ein Mißverständniß kann uns Beide einander feindlich gegenüber stellen und dahin verleiten, das eines des Andern Daseyn bekämpft, mit welchem sein eigenes steht und fällt.

Dieses Beide umfassende Ganze ist die Welt als Vorstellung, oder die Erscheinung. Nach deren Wegnahme bleibt nur noch das rein Metaphysische, das Ding an sich, welches wir [18]im zweiten Buche als den Willen erkennen werden.

COMMENTARY

Text: Schopenhauer, *Gesammelte Werke* (Großherzog Wilhelm Ernst Ausgabe) II, 701–20

1. *Berkeley und Kant*: the idealist views of Berkeley (1685–1753), represented by propositions such as 'The reality of sensible things consists in being perceived', played a significant part in the development of the German idealist tradition. His work, like that of Locke and Hume, was known to Kant.

2. '*Die Welt ist meine Vorstellung*': the opening sentence of *Die Welt als Wille und Vorstellung*.

3. *Cartesius*: the famous *Cogito ergo sum* of Descartes (1596–1650) contains in itself the seeds both of the subjectivist tendency and of the assertion of the priority of mind over matter – characteristics of German idealism on the one hand and British empiricism on the other.

4. *Denn, daß das objektive Daseyn der Dinge* etc: in paragraph 1 of *Die Welt als Wille und Vorstellung*, which is likewise concerned with stating the subjectivist position, Schopenhauer draws a parallel with Hindu philosophy and quotes the pioneer Sanskrit scholar Sir William Jones: 'The fundamental tenet of the Vedanta school consisted ... in contending that matter has no essence independent of mental perception; that existence and perceptibility are convertible terms' (*ed. cit.* I, 34).

5. *in der Schottischen Schule*: a reference to Hume's empirical method.

6. *als Jacobischer Glaube* etc: Friedrich Heinrich Jacobi (1743–1819), the rationalist-minded friend of Lessing and Goethe. Schopenhauer refers in the course of this paragraph to two matters: (i) Jacobi's conversations with Lessing, in which the latter roundly declared himself an adherent of Spinoza ('Es gibt keine andere Philosophie als die Philosophie des Spinoza' [*Lessings Werke* ed. Petersen and Olshausen, XXIV, 170]); (ii) Jacobi's last philosophical work, *Von den göttlichen Dingen und ihrer Offenbarung* (1811), which was particularly directed against what he regarded as a fundamental neglect of ethical concerns in Schelling's philosophy. Schelling's riposte was his *Denkmal der Schrift von den göttlichen Dingen etc. des Herrn Friedrich Heinrich Jacobi* (1812), which the amoral, atheistic Schopenhauer calls here 'die bekannte, wohlverdiente Züchtigung'.

7. *unter Condillac's Vermittelung*: Etienne Bonnet de Condillac (1715–80) is remembered not only as the systematiser of Locke's philosophy for French readers but also as an early contributor to the development of psychology as an academic discipline.

8. *Hollbach:* Paul Heinrich Dietrich, Baron d'Holbach (1723–89) was one of the most radical anti-religious writers of the eighteenth century.

9. *Fichte:* Schopenhauer had attended lectures by Fichte in Berlin in 1811–12; Fichte's thought contained much that he must have found congenial, and Fichte's later writings on ethics and religion presage Schopenhauer's own work in a number of respects, but Schopenhauer's attacks on what he called 'die große Seifenblase der Fichte-Schelling-Hegelschen Philosophie' became more and more intemperate.

10. *den Platonischen Ausspruch*: 'Matter is a lie, yet true'. The fragmentary experience of reality which we receive through the senses transmits, by Plato's theory of forms, necessarily imperfect knowledge, inferior to the true knowledge which derives from the supra-sensible, eternal 'idea' behind the incoherent reality of material phenomena.

11. χαλεπα τα καλα: 'Beautiful things are difficult'.

12. *Demokritos, Leukippos und Epikuros:* Democritus and Leucippus (both fl. fourth century B. C.) were the founders of atomism, according to which the whole of the material and spiritual universe is composed of atoms governed by mechanical laws. Epicurus (fl. 300 B. C.) was also an atomist but, unlike his two predecessors, was not a determinist.

13. § 26, 27 des ersten Bandes: in these sections of *Die Welt als Wille und Vorstellung* Schopenhauer had dealt with the objectification of the Will in terms of physical and biological phenomena.

14. νους: 'mind'. δημιουργος 'creator'.

15. ὕλη: see note 10.

16. *Prabodha Tschandro Daya:* an Indian morality play of the eleventh/twelfth century (Prabodha Chandrodaya = Rise of the Moon of Understanding, i. e. the victory of truth over error).

17. *Raimund Lullius:* Raimon Lull or Lully (ca.1235–1315), Catalan mystic, philosopher and poet. His unconventional, unscholastic philosophy, in the neo-Platonist tradition, was admired *inter alia* by Giordano Bruno and Leibniz.

18. *im zweiten Buche:* the four books of commentary that form Part Two of *Die Welt als Wille und Vorstellung* correspond to the four books of Part One; the first book, starting with *Zur idealistischen Weltansicht*, is devoted to 'Die Welt als Vorstellung', while the second, to which Schopenhauer here refers, elaborates on the equation of the Will and the *Ding an sich*.

NIETZSCHE (1844 – 1900)

Von den ersten und letzten Dingen (1876)

(Menschliches, Allzumenschliches, 1,1)

The history of philosophy is not poor in examples of the misinterpretation, calculated or fortuitous, of a thinker's ideas by his contemporaries or successors, and thence by the public of his own or a later age. Socrates was accused of atheism and of corrupting the young, Galileo of heresy and of denying the teaching of the Scriptures, Darwin's *Origin of Species* was seen as an attack on the dogma of Creation, while Rousseau, Herder, Marx and many others have had their views taken from context and applied in ways which the authors of these views would have utterly disavowed.

At the same time there are thinkers whose work has an ambiguity which makes one hesitate to brand such interpretations by posterity as wilful perversions. Darwin as a materialistic opponent of Christianity —the falsity of such a notion is patent. But Friedrich Nietzsche as in some sense a spiritual forbear of National Socialism—a scornful dismissal of the thought does not come so readily. To be sure, one must beware of the primitive error of *post hoc ergo propter hoc*, and a non-systematic thinker like Nietzsche inevitably exposes himself to such exploitation in a way that the author of a unitary philosophical system does not. Yet one cannot ignore the presence, in a great number of Nietzsche's uncoordinated and often mutually contradictory utterances, of attitudes, ostensible intentions, indeed a whole psychology, which reveal only too clearly the stance of intolerance and destruction that was to be so crudely struck half a century later by the 'intellectuals' of the Third Reich.

Variable as are the emphases in his thought over the short period —less than twenty years—of his rational creative life (*Die Geburt der Tragödie*, 1872; he was insane from 1889 until his death), there remain two antithetical sides to his personality in terms of which such variations can be accommodated. The one side reveals a passionate prophet, the intolerant preacher of an intoxicating message for a mankind threatened by mediocrity, by hypocrisy, by spiritual malaise, by nihilism. The other side

15

is that of the merciless realist, the ruthless destructive critic of systematic philosophy and contemporary mores, of individual self-delusion and corporate unconcern with unpalatable realities. Like the polarities—thesis and antithesis, positive and negative—by which he built up his own world-picture, the two aspects exist side by side throughout his career: *Die Geburt der Tragödie*, with its elevation of the celebratory, irrational, musical cult of the Dionysian, was followed by the critical *Unzeitgemäße Betrachtungen;* this detached, analytical manner persists in *Menschliches, Allzumenschliches* and *Morgenröte*, to yield in its turn to the daemonic excitement of *Also sprach Zarathustra*.

Menschliches, Allzumenschliches. Ein Buch für freie Geister (published 1878), of which *Von den ersten und letzten Dingen* is the 'Erstes Hauptstück', marks a vital moment in Nietzsche's development. Since his first encounter with the music of Richard Wagner in the 1860s he was convinced that he had discovered the greatest creative genius of the day: this music, especially *Tristan und Isolde*, embodied all the philosophical and aesthetic values of which the world, in Nietzsche's view, stood in need. He had already succumbed to Schopenhauer's philosophy of the Will; when he learned how profoundly Wagner too had been affected by Schopenhauer, and when he experienced in the frenzied passion of *Tristan* the workings of this blind, heedless, immovable Will, the seal was set on the relationship, personal, intellectual and spiritual, of which his works up to 1876 are a celebration, his writings after 1878 a rejection, and the last essays of his lucid years a revilement. As, in the shadow of movements towards national German unity and of the eventual birth of the Second Reich in 1871, Wagner invoked the world of Germanic mythology and offered his art *ad maiorem Germaniae gloriam*, so Nietzsche, against the same background, envisaged a new national culture derived from the heroic age of Greece. One of Nietzsche's most cherished memories was of being present at the laying of the foundation-stone of the Festspielhaus in Bayreuth in 1872 (See Nietzsche's *Mahnruf an die Deutschen*, note 1). Years later, reflecting on his love-hate relationship to Wagner's music, he wrote: 'The world is a poor place for the man who has never been sick enough to enjoy this «ecstasy of hell»' (*Ecce Homo* II, 6).

But the situation was quickly to change. The festival theatre in Bayreuth opened in 1876 with the first complete performance of Wagner's *Ring des Nibelungen*. Nietzsche was there, but he left for the little village of Klingenbrunn in the Böhmerwald before the tetralogy had run its course; after a while he returned to Bayreuth—but a changed man, his idol disintegrating, his vision destroyed. And during these days in Klingenbrunn he wrote the first book of *Menschliches, Allzumenschliches*, dedicating it to the memory of the most un-Wagnerian figure of Voltaire, 'einer der größten Befreier des Geistes'.

In *Richard Wagner in Bayreuth* (1876), the last of the four *Unzeitgemäße Betrachtungen,* Nietzsche still believed in the constructive possibility of halting the advance of relativism, cultural philistinism and bourgeois nationalism by setting before his countrymen new ideals, new values, drawn from what he still tried to see as the paradigmatic world of Wagner's art. But even as he was writing this essay, he found himself confronted with a twin-pronged reality that mocked his illusion. On the one hand the new Reich was staking its conscience, not on moral regeneration and aesthetic ideals but on militarism and the pursuit of material prosperity. On the other, Bayreuth no longer symbolised a new clarity of national purpose but was emerging as a shrine for the worship of metaphysical vagueness and moral indifference. 'We are living in a civilisation which is being destroyed by the powers of civilisation', he wrote in the summer of 1876 (*Kritische Gesamtausgabe,* hrsg. Colli and Montineri, IV. Abt. Band 2, 441). Casting Wagner as the arch-Romantic, Nietzsche now portrays him, both as a person and as an artist, as the embodiment of all that has to be conquered if the world is to be saved. 'To those who have the courage to preserve their intellectual integrity', he wrote in the preface to *Menschliches, Allzumenschliches II,* 'my advice is: "Beware of Music!" '

The fall of his idol induced the detachment, the scepticism, the analytical appeal to philosophy and the aversion from the impressionistic values of music, that characterise *Von den ersten und letzten Dingen* and the whole of *Menschliches, Allzumenschliches.* In a deliberately anti-systematic, almost wilfully uncoordinated manner he surveys the world with the cold eye of the realist, analysing the life he sees, not enthusing about the ideals he had cherished: 'Wo *Ihr* Ideale seht, sehe *ich* Menschliches, ach nur Allzumenschliches!' (*Ecce Homo* III, 3, 1). There are some interesting parallels between Nietzsche in this mood and the anti-metaphysical thought of his contemporary, Dilthey (see p. 257ff. below).

Analytical challenge of the assumptions of the status quo presupposes the centrality of doubt—as a constructive as well as a destructive power. His purpose in *Menschliches, Allzumenschliches* was, he said, to destroy the 'comfortable faith' which people had in the speculative truths of metaphysics, and to seek instead the 'real' truths of appearances. This search, an exercise in meaning and in ethics, was incumbent on each individual who had to arrive at a moral standpoint by the efforts of his own understanding, not by sheltering behind a body of received doctrine such as Christianity. Throughout his life Nietzsche saw the state and organised society, not as the consummation of the cohesive forces of rationality, moral conduct and justice but as the expression of mediocrity and spiritual inertia: the proud, independent mind must be roused to overcome this torpor and realise its potential. Here lie the seeds of Nietzsche's ethical concepts of the Superman and of the Will to Power, as well as of his later anti-Christian tirades. These latter are not ends in themselves but incidental to his view of a world in which man had killed God; had thereby destroyed the power which made life meaningful, yet which paradoxically also depreciated life; and had thus induced the nihilistic temper in terms of which Nietzsche now defined the human condition of the age.

The sharp, provocative, aphoristic style which Nietzsche adopted in *Menschliches, Allzumenschliches* for this disruptive task—'eine Umwertung aller Werte', as he defined it—allowed him to make his points successively without need of logical progression. Moving from subject to subject at will, and acknowledging the example of the French moralists whose aphoristic manner he much admired, he set about his didactic 'revaluation of all values', prescribing, often by paradox and the dialectical confrontation of thesis and antithesis, the ethical remedies by which those of open mind can, as he puts it in the preface which he later added to the work, 'regain their health and become even healthier' (one recalls Schopenhauer at this moment, and looks forward to the therapeutic function of sickness in the works of Thomas Mann). From the psychological standpoint the detachment of the aphoristic form reflects the loneliness, the non-committedness of Nietzsche's life after his personal break with Wagner and with all that Wagner's art stood for. Looking back on this time in his later preface (1886) to the second volume of *Menschliches, Allzumenschliches*, he wrote: 'Damals lernte ich erst jenes einsiedlerische Reden, auf welches sich nur die Schweigendsten und Leidendsten verstehen.'

The 'revaluation of all values' is part of Nietzsche's dynamic conception of man as characterised not by 'being' but by 'becoming'. This in its turn, by the assertion of the will, moves towards Nietzsche's concept of Eternal Recurrence—which, like the concept of the Superman, receives its most powerful presentation in *Also sprach Zarathustra*. For Nietzsche the doctrine of the Eternal Recurrence—which is present in the concept of metempsychosis, is found in Pythagoras and has reappeared at various moments in Western European philosophy—proceeds from the fact of numerous empirical 'recurrences' in physical nature: the recognition of these recurrent individual realities leads to the affirmation by the will of the abstract principle of recurrence *per se*, and the purpose of the cosmos is seen not as a final state, the conclusion of a linear development which men call progress, but as a condition of infinite cyclical movement, a Becoming.

Nietzsche's Superman, the man who has conquered his animal nature and achieved a new freedom and wholeness—Socrates and Goethe were such, Caesar and Napoleon were so in part—takes his place in the same complex of concepts and is part of what is essentially an aristocratic ethical doctrine. For Nietzsche did not believe that men were born equal, or were naturally good, or were all capable of that self-dedication to philosophy and art which led to the attainment of what he saw as the Good Life.

It was on discriminatory attitudes of this kind that the Nazis based their perverse adulation of Nietzsche. A crude misrepresentation of the *Übermensch*, and its application to the diabolical chimera of a 'master-race'; a mindless adoption of the phrase 'Will to Power' to justify a gospel of violence; the perversion of his late anti-Christian attitudes into a defence of anti-Semitism (Nietzsche despised Wagner's anti-Jewish views and would have nothing to do with the nationalistic cult of Teutonicism): such were the abuses to which his doctrines, couched in a magnificent language whose beauty none could escape and to whose passion many succumbed, so readily lent themselves. Add to this the unsystematic, often episodic form of his books and the profusion of brilliantly-turned *aperçus* that invite quotation—particularly out of context—and one can readily see how vulnerable are his works to deformation by unscrupulous 'interpreters'. The Nietzsche-Archiv's veneration of Hitler only helped to compromise Nietzsche's position further (see the letter from Elizabeth Förster-Nietzsche, Nietzsche's sister, to Oswald Spengler on October 15, 1935).

But the paradoxical is of the essence both of his beliefs and of his methods: one need not be surprised if the individual elements in the paradox become twisted and their relationship distorted. His message is not one of comfort and good cheer: it is one of violence and disruption, of the inadequacies of the human race and the hypocrisies of state and society. There is an unhappily close affinity between this message and the violence and disruption for which, by the biggest, most predictable paradox of all, he himself was to be held partly responsible: 'Nietzsches Übermensch,' wrote Thomas Mann in 1947, 'ist nichts anderes als die Idealisierung des faschistischen Führers, und ... er selbst mit seinem ganzen Philosophieren ein Schrittmacher, Mitschöpfer und Ideensouffleur des europäischen Weltfaschismus' (*Nietzsches Philosophie im Lichte unserer Erfahrung;* Thomas Mann, *Gesammelte Werke in 12 Bänden*, 1960, IX, 701).

Thus, while distinguishing Nietzsche from Nietzscheanism, we are still left to face the latter in all the destructive manifestations in which the modern German tradition is so rich. 'Nietzscheanism has been subjected to the same test as Hegelianism, and here and there philosophical themes have been used as pretexts for a new offensive on the part of barbarism. But the fact that they have been thus used, and the manner in which they have been used, have a significance that must not be overlooked. Is it not the criterion of a philosophy that may be called rational, without reserve and equivocation, that it should remain incorruptibly faithful to itself? Systems which begin by accepting contradictions, reserving the right to add that they are capable of surmounting them or 'living through' them, conceal the enemy in their midst. Their punishment is that their antithesis still resembles them. That is what happened to Nietzsche' (Léon Brunschvicg, *Le progrès de la conscience dans la philosophie occidentale* [1927, 431]; see J. Benda, *The Treason of the Intellectuals* [1928, 229–30]).

BIBLIOGRAPHY

C. Brinton, *Nietzsche* (Cambridge, Mass., 1941)

A. C. Danto, *Nietzsche as Philosopher* (New York, 1965)

M. Heidegger, *Nietzsche* (2 vols; Pfullingen, 1961)

E. Heller, *The Disinherited Mind* (Cambridge, 1952)

R. J. Hollingdale, *Nietzsche: The Man and his Philosophy* (London, 1965)

K. Jaspers, *Nietzsche: Einführung in das Verständnis seines Philosophierens* (Munich, 1936)

W. Kaufmann, *Nietzsche* (Cleveland, 1956)

J. Lavrin, *Nietzsche: An Approach* (London, 1948)

F. A. Lea, *The Tragic Philosopher: Nietzsche* (London, 1957)

K. Löwith, *Nietzsches Philosophie der ewigen Wiederkehr des Gleichen* (Stuttgart, 1956)

G. Lukács, *Die Zerstörung der Vernunft* (Neuwied, 1962); the relevant chapters are also published as *Von Nietzsche bis Hitler* (Frankfurt/Hamburg, 1966)

P. Putz, *Nietzsche* (Stuttgart, 1967)

Von den ersten und letzten Dingen

(Menschliches, Allzumenschliches I, I)

1

Chemie der Begriffe und Empfindungen. — Die philosophischen Probleme nehmen jetzt wieder fast in allen Stücken dieselbe Form der Frage an wie vor zweitausend Jahren: wie kann etwas aus seinem Gegensatz entstehen, zum Beispiel Vernünftiges aus Vernunftlosem, Empfindendes aus Totem, Logik aus Unlogik, interesseloses Anschauen aus begehrlichem Wollen, Leben für andere aus Egoismus, Wahrheit aus Irrtümern? Die metaphysische Philosophie half sich bisher über diese Schwierigkeit hinweg, insofern sie die Entstehung des einen aus dem andern leugnete und für die höher gewerteten Dinge einen Wunder-Ursprung annahm, unmittelbar aus dem Kern und Wesen des «Dinges an sich» heraus. Die historische Philosophie dagegen, welche gar nicht mehr getrennt von der Naturwissenschaft zu denken ist, die allerjüngste aller philosophischen Methoden, ermittelte in einzelnen Fällen (und vermutlich wird dies in allen ihr Ergebnis sein), daß es keine Gegensätze sind, außer in der gewohnten Übertreibung der populären oder metaphysischen Auffassung, und daß ein Irrtum der Vernunft dieser Gegenüberstellung zugrunde liegt: nach ihrer Erklärung gibt es, streng gefaßt, weder ein unegoistisches Handeln, noch ein völlig interesseloses Anschauen, es sind beides nur Sublimierungen, bei denen das Grundelement fast verflüchtigt erscheint und nur noch für die feinste Beobachtung sich als vorhanden erweist. — Alles, was wir brauchen und was erst bei der gegenwärtigen Höhe der einzelnen Wissenschaften uns gegeben werden kann, ist eine Chemie der moralischen, religiösen, ästhetischen Vorstellungen und Empfindungen, ebenso aller jener Regungen, welche wir im Groß- und Kleinverkehr der Kultur und Gesellschaft, ja in der Einsamkeit an uns erleben: wie, wenn diese Chemie mit dem Ergebnis abschlösse, daß auch auf diesem Gebiete die herrlichsten Farben aus niedrigen, ja verachteten Stoffen gewonnen sind? Werden viele Lust haben, solchen Untersuchungen zu folgen? Die Menschheit liebt es, die Fragen über Herkunft und Anfänge sich aus dem Sinne zu schlagen: muß man nicht fast entmenscht sein, um den entgegengesetzten Hang in sich zu spüren? —

2

Erbfehler der Philosophen. — Alle Philosophen haben den gemeinsamen Fehler an sich, daß sie vom gegenwärtigen Menschen ausgehen und durch eine Analyse desselben ans Ziel zu kommen meinen. Unwillkürlich schwebt ihnen [1]«der Mensch» als eine aeterna veritas, als ein Gleichbleibendes in allem Strudel, als ein sichres Maß der Dinge vor. Alles, was der Philosoph über den Menschen aussagt, ist aber im Grunde nicht mehr als ein Zeugnis über den Menschen eines sehr beschränkten Zeitraums. Mangel an historischem Sinn ist der Erbfehler aller Philosophen; manche sogar nehmen unversehens die allerjüngste Gestaltung des Menschen, wie eine solche unter dem Eindruck bestimmter Religionen, ja bestimmter politischer Ereignisse entstanden ist, als die feste Form, von der man ausgehen müsse. Sie wollen nicht lernen, daß der Mensch geworden ist, daß auch das Erkenntnisvermögen geworden ist; während einige von ihnen sogar die ganze Welt aus diesem Erkenntnisvermögen sich herausspinnen lassen. — Nun ist alles Wesentliche der menschlichen Entwicklung in Urzeiten vor sich gegangen, lange vor jenen 4000 Jahren, die wir ungefähr kennen; in diesen mag sich der

Mensch nicht viel mehr verändert haben. Da sieht aber der Philosoph «Instinkte» am gegenwärtigen Menschen und nimmt an, daß diese zu den unveränderlichen Tatsachen des Menschen gehören und insofern einen Schlüssel zum Verständnis der Welt überhaupt abgeben können: die ganze Teleologie ist darauf gebaut, daß man vom Menschen der letzten vier Jahrtausende als von einem ewigen redet, zu welchem hin alle Dinge in der Welt von ihrem Anbeginne eine natürliche Richtung haben. Alles aber ist geworden; es gibt keine ewigen Tatsachen: so wie es keine absoluten Wahrheiten gibt. — Demnach ist das historische Philosophieren von jetzt ab nötig und mit ihm die Tugend der Bescheidung.

3

Schätzung der unscheinbaren Wahrheiten. — Es ist das Merkmal einer höheren Kultur, die kleinen unscheinbaren Wahrheiten, welche mit strenger Methode gefunden wurden, höher zu schätzen als die beglückenden und blendenden Irrtümer, welche metaphysischen und künstlerischen Zeitaltern und Menschen entstammen. Zunächst hat man gegen erstere den Hohn auf den Lippen, als könne hier gar nichts Gleichberechtigtes gegeneinander stehen: so bescheiden, schlicht, nüchtern, ja scheinbar entmutigend stehen diese, so schön, prunkend, berauschend, ja vielleicht beseligend stehen jene da. Aber das Mühsam-Errungene, Gewisse, Dauernde und deshalb für jede weitere Erkenntnis noch Folgenreiche ist doch das Höhere; zu ihm sich zu halten ist männlich und zeigt Tapferkeit, Schlichtheit, Enthaltsamkeit an. Allmählich wird nicht nur der einzelne, sondern die gesamte Menschheit zu dieser Männlichkeit emporgehoben werden, wenn sie sich endlich an die höhere Schätzung der haltbaren, dauerhaften Erkenntnisse gewöhnt und allen Glauben an Inspiration und wundergleiche Mitteilung von Wahrheiten verloren hat. — Die Verehrer der Formen freilich, mit ihrem Maßstabe des Schönen und Erhabenen, werden zunächst gute Gründe zu spotten haben, sobald die Schätzung der unscheinbaren Wahrheiten und der wissenschaftliche Geist anfängt zur Herrschaft zu kommen: aber nur weil entweder ihr Auge sich noch nicht dem Reiz der schlichtesten Form erschlossen hat oder weil die in jenem Geiste erzogenen Menschen noch lange nicht völlig und innerlich von ihm durchdrungen sind, so daß sie immer noch gedankenlos alte Formen nachmachen (und dies schlecht genug, wie es jemand tut, dem nicht mehr viel an einer Sache liegt). Ehemals war der Geist nicht durch strenges Denken in Anspruch genommen, da lag sein Ernst [2]im Ausspinnen von Symbolen und Formen. Das hat sich verändert; jener Ernst des Symbolischen ist zum Kennzeichen der niederen Kultur geworden. Wie unsere Künste selber immer intellektualer, unsre Sinne geistiger werden, und wie man zum Beispiel jetzt ganz anders darüber urteilt, was sinnlich wohltönend ist, als vor 100 Jahren:

so werden auch die Formen unseres Lebens immer geistiger, für das
Auge älterer Zeiten vielleicht häßlicher, aber nur weil es nicht zu sehen
vermag, wie das Reich der inneren, geistigen Schönheit sich fortwährend
vertieft und erweitert und inwiefern uns allen der geistreiche Blick jetzt
mehr gelten darf als der schönste Gliederbau und das erhabenste Bau-
werk.

4

Astrologie und Verwandtes. — Es ist wahrscheinlich, daß die Objekte des
religiösen, moralischen und ästhetischen Empfindens ebenfalls nur zur
Oberfläche der Dinge gehören, während der Mensch gern glaubt, daß er
hier wenigstens an das Herz der Welt rühre; er täuscht sich, weil jene
Dinge ihn so tief beseligen und so tief unglücklich machen, und zeigt
also hier denselben Stolz wie bei der Astrologie. Denn diese meint, der
Sternenhimmel drehe sich um das Los des Menschen; der moralische
Mensch aber setzt voraus, das, was ihm wesentlich am Herzen liege,
müsse auch Wesen und Herz der Dinge sein.

5

Mißverständnis des Traumes. — Im Traum glaubte der Mensch in den
Zeitaltern roher uranfänglicher Kultur eine zweite reale Welt kennen zu
lernen; hier ist der Ursprung aller Metaphysik. Ohne den Traum hätte
man keinen Anlaß zu einer Scheidung der Welt gefunden. Auch die
Zerlegung in Seele und Leib hängt mit der ältesten Auffassung des
Traumes zusammen, ebenso die Annahme eines Seelenscheinleibes, also
die Herkunft alles Geisterglaubens und wahrscheinlich auch des Götter-
glaubens. «Der Tote lebt fort; denn er erscheint dem Lebenden im
Traume»: so schloß man ehedem, durch viele Jahrtausende hindurch.

6

Der Geist der Wissenschaft im Teil, nicht im Ganzen mächtig. — Die abgetrenn-
ten kleinsten Gebiete der Wissenschaft werden rein sachlich behandelt:
die allgemeinen großen Wissenschaften dagegen legen, als Ganzes betrachtet, die Frage — eine recht unsachliche Frage freilich — auf die
Lippen, wozu? zu welchem Nutzen? Wegen dieser Rücksicht auf den
Nutzen werden sie, als Ganzes, weniger unpersönlich als in ihren Teilen
behandelt. Bei der Philosophie nun gar, als bei der Spitze der gesamten
Wissenspyramide, wird unwillkürlich die Frage nach dem Nutzen der
Erkenntnis überhaupt aufgeworfen, und jede Philosophie hat unbewußt
die Absicht, ihr den höchsten Nutzen zuzuschreiben. Deshalb gibt es in
allen Philosophien soviel hochfliegende Metaphysik und eine solche
Scheu vor den unbedeutend erscheinenden Lösungen der Physik; denn
die Bedeutsamkeit der Erkenntnis für das Leben soll so groß als möglich
erscheinen. Hier ist der Antagonismus zwischen den wissenschaftlichen

Einzelgebieten und der Philosophie. Letztere will, was die Kunst will, dem Leben und Handeln möglichste Tiefe und Bedeutung geben; in ersteren sucht man Erkenntnis und nichts weiter — was dabei auch herauskomme. Es hat bis jetzt noch keinen Philosophen gegeben, unter dessen Händen die Philosophie nicht zu einer Apologie der Erkenntnis geworden wäre; in diesem Punkte wenigstens ist ein jeder Optimist, daß dieser die höchste Nützlichkeit zugesprochen werden müsse. Sie alle werden von der Logik tyrannisiert: und diese ist ihrem Wesen nach Optimismus.

7

Der Störenfried in der Wissenschaft. — Die Philosophie schied sich von der Wissenschaft, als sie die Frage stellte: welches ist diejenige. Erkenntnis der Welt und des Lebens, bei welcher der Mensch am glücklichsten lebt? Dies geschah in den sokratischen Schulen: durch den Gesichtspunkt des Glücks unterband man die Blutadern der wissenschaftlichen Forschung— und tut es heute noch.

8

Pneumatische Erklärung der Natur. — Die Metaphysik erklärt die Schrift der Natur gleichsam pneumatisch, wie die Kirche und ihre Gelehrten es ehemals mit der Bibel taten. Es gehört sehr viel Verstand dazu, um auf die Natur dieselbe Art der strengen Erklärungskunst anzuwenden, wie jetzt die Philologen sie für alle Bücher geschaffen haben: mit der Absicht, schlicht zu verstehen, was die Schrift sagen will, aber nicht einen doppelten Sinn zu wittern, ja vorauszusetzen. Wie aber selbst in betreff der Bücher die schlechte Erklärungskunst keineswegs völlig überwunden ist und man in der besten gebildeten Gesellschaft noch fortwährend auf Überreste allegorischer und mystischer Ausdeutung stößt: so steht es auch in betreff der Natur — ja noch viel schlimmer.

9

[3]*Metaphysische Welt.* — Es ist wahr, es könnte eine metaphysische Welt geben; die absolute Möglichkeit davon ist kaum zu bekämpfen. Wir sehen alle Dinge durch den Menschenkopf an und können diesen Kopf nicht abschneiden; während doch die Frage übrig bleibt, was von der Welt noch da wäre, wenn man ihn doch abgeschnitten hätte. Dies ist ein rein wissenschaftliches Problem und nicht sehr geeignet, den Menschen Sorge zu machen; aber alles, was ihnen bisher metaphysische Annahmen wertvoll, schreckenvoll, lustvoll gemacht, was sie erzeugt hat, ist Leidenschaft, Irrtum und Selbstbetrug; die allerschlechtesten Methoden der Erkenntnis, nicht die allerbesten, haben daran glauben lehren. Wenn man diese Methoden, als das Fundament aller vorhandenen Religionen und Metaphysiken aufgedeckt hat, hat man sie widerlegt. Dann bleibt immer

noch jene Möglichkeit übrig; aber mit ihr kann man gar nichts anfangen, geschweige denn, daß man Glück, Heil und Leben von den Spinnenfäden einer solchen Möglichkeit abhängen lassen dürfte. — Denn man könnte von der metaphysischen Welt gar nichts aussagen als ein Anderssein, ein uns unzugängliches unbegreifliches Anderssein; es wäre ein Ding mit negativen Eigenschaften. — Wäre die Existenz einer solchen Welt noch so gut bewiesen, so stünde doch fest, daß die gleichgültigste aller Erkenntnisse eben ihre Erkenntnis wäre: noch gleichgültiger als dem Schiffer in Sturmesgefahr die Erkenntnis von der chemischen Analysis des Wassers sein muß.

10

Harmlosigkeit der Metaphysik in der Zukunft. — Sobald die Religion, Kunst und Moral in ihrer Entstehung so beschrieben sind, daß man sie vollständig sich erklären kann, ohne zur Annahme metaphysischer Eingriffe am Beginn und im Verlaufe der Bahn seine Zuflucht zu nehmen, hört das stärkste Interesse an dem rein theoretischen Problem vom [4]«Ding an sich» und der «Erscheinung» auf. Denn wie es hier auch stehe: mit Religion, Kunst und Moral rühren wir nicht an das «Wesen der Welt an sich»; wir sind im Bereiche der Vorstellung, keine «Ahnung» kann uns weitertragen. Mit voller Ruhe wird man die Frage, wie unser Weltbild so stark sich von dem erschlossenen Wesen der Welt unterscheiden könne, der Physiologie und der Entwicklungsgeschichte der Organismen und Begriffe überlassen.

11

Die Sprache als vermeintliche Wissenschaft. Die Bedeutung der Sprache für die Entwicklung der Kultur liegt darin, daß in ihr der Mensch eine eigne Welt neben die andere stellte, einen Ort, welchen er für so fest hielt, um von ihm aus die übrige Welt aus den Angeln zu heben und sich zum Herren derselben zu machen. Insofern der Mensch an die Begriffe und Namen der Dinge als an aeternae veritates durch lange Zeitstrecken hindurch geglaubt hat, hat er sich jenen Stolz angeeignet, mit dem er sich über das Tier erhob: er meinte wirklich in der Sprache die Erkenntnis der Welt zu haben. Der Sprachbildner war nicht so bescheiden zu glauben, daß er den Dingen eben nur Bezeichnungen gebe, er drückte vielmehr, wie er wähnte, das höchste Wissen über die Dinge mit den Worten aus; in der Tat ist die Sprache die erste Stufe der Bemühung um die Wissenschaft. Der Glaube an die gefundene Wahrheit ist es auch hier, aus dem die mächtigsten Kraftquellen geflossen sind. Sehr nachträglich — jetzt erst — dämmert es den Menschen auf, daß sie einen ungeheuren Irrtum in ihrem Glauben an die Sprache propagiert haben. Glücklicherweise ist es zu spät, als daß es die Entwicklung der Vernunft, die auf jenem Glauben beruht, wieder rückgängig machen könnte. — Auch die

Logik beruht auf Voraussetzungen, denen nichts in der wirklichen Welt entspricht, z. B. auf der Voraussetzung der Gleichheit von Dingen, der Identität desselben Dings in verschiedenen Punkten der Zeit: aber jene Wissenschaft entstand durch den entgegengesetzten Glauben (daß es dergleichen in der wirklichen Welt allerdings gebe). Ebenso steht es mit der Mathematik, welche gewiß nicht entstanden wäre, wenn man von Anfang an gewußt hätte, daß es in der Natur keine exakt gerade Linie, keinen wirklichen Kreis, kein absolutes Größenmaß gebe.

12

⁵*Traum und Kultur.* — Die Gehirnfunktion, welche durch den Schlaf am meisten beeinträchtigt wird, ist das Gedächtnis: nicht daß es ganz pausierte — aber es ist auf einen Zustand der Unvollkommenheit zurückgebracht, wie es in Urzeiten der Menschheit bei jedermann am Tage und im Wachen gewesen sein mag. Willkürlich und verworren, wie es ist, verwechselt es fortwährend die Dinge auf Grund der flüchtigsten Ähnlichkeiten: aber mit derselben Willkür und Verworrenheit dichteten die Völker ihre Mythologien, und noch jetzt pflegen Reisende zu beobachten, wie sehr der Wilde zur Vergeßlichkeit neigt, wie sein Geist nach kurzer Anspannung des Gedächtnisses hin und her zu taumeln beginnt und er, aus bloßer Erschlaffung, Lügen und Unsinn hervorbringt. Aber wir alle gleichen im Traume diesem Wilden; das schlechte Wiedererkennen und irrtümliche Gleichsetzen ist der Grund des schlechten Schließens, dessen wir uns im Traume schuldig machen: so daß wir, bei deutlicher Vergegenwärtigung eines Traumes, vor uns erschrecken, weil wir soviel Narrheit in uns bergen. — Die vollkommene Deutlichkeit aller Traumvorstellungen, welche den unbedingten Glauben an ihre Realität zur Voraussetzung hat, erinnert uns wieder an Zustände früherer Menschheit, in der die Halluzination außerordentlich häufig war und mitunter ganze Gemeinden, ganze Völker gleichzeitig ergriff. Also: im Schlaf und Traum machen wir das Pensum früheren Menschentums noch einmal durch.

13

Logik des Traumes. — Im Schlafe ist fortwährend unser Nervensystem durch mannigfache innere Anlässe in Erregung, fast alle Organe sezernieren und sind in Tätigkeit, das Blut macht seinen ungestümen Kreislauf, die Lage des Schlafenden drückt einzelne Glieder, seine Decken beeinflussen die Empfindung verschiedenartig, der Magen verdaut und beunruhigt mit seinen Bewegungen andere Organe, die Gedärme winden sich, die Stellung des Kopfes bringt ungewöhnliche Muskellagen mit sich, die Füße, unbeschuht, nicht mit den Sohlen den Boden drückend, verursachen das Gefühl des Ungewöhnlichen ebenso wie die andersartige Bekleidung des ganzen Körpers, — alles dies, nach seinem täglichen Wechsel und Grade, erregt durch seine Außergewöhnlichkeit das gesamte System bis in die Gehirnfunktion hinein: und so gibt es hundert Anlässe für den Geist, um sich zu verwundern und nach Gründen dieser Erregung zu suchen: der Traum aber ist das Suchen und Vorstellen der Ursachen für jene erregten Empfindungen, das heißt der vermeintlichen Ursachen. Wer zum Beispiel seine Füße mit zwei Riemen umgürtet, träumt wohl, daß zwei Schlangen seine Füße umringeln: dies ist zuerst eine Hypothese, sodann ein Glaube, mit einer begleitenden bildlichen Vorstellung und Ausdichtung: «diese Schlangen müssen die causa jener Empfindung sein, welche ich, der Schlafende, habe», — so urteilt der Geist des Schlafenden. Die so erschlossene nächste Vergangenheit wird durch die erregte Phantasie ihm zur Gegenwart. So weiß jeder aus Erfahrung, wie schnell der Träumende einen starken an ihn dringenden Ton, zum Beispiel Glockenläuten, Kanonenschüsse in seinen Traum verflicht, das heißt aus ihm hinterdrein erklärt, so daß er zuerst die veranlassenden Umstände, dann jenen Ton zu erleben meint. — Wie kommt es aber, daß der Geist des Träumenden immer so fehl greift, während derselbe Geist im Wachen so nüchtern, behutsam und in bezug auf Hypothesen so skeptisch zu sein pflegt? — so daß ihm die erste beste Hypothese zur Erklärung eines Gefühls genügt, um sofort an ihre Wahrheit zu glauben? (Denn wir glauben im Traume an den Traum, als sei er Realität, das heißt wir halten unsre Hypothese für völlig erwiesen.) — Ich meine: wie jetzt noch der Mensch im Traume schließt, schloß die Menschheit auch im Wachen viele Jahrtausende hindurch: die erste causa, die dem Geiste einfiel, um irgend etwas, das der Erklärung bedurfte, zu erklären, genügte ihm und galt als Wahrheit. (So verfahren nach den Erzählungen der Reisenden die Wilden heute noch.) Im Traum übt sich dieses uralte Stück Menschentum in uns fort, denn es ist die Grundlage, auf der die höhere Vernunft sich entwickelte und in jedem Menschen sich noch entwickelt: der Traum bringt uns in ferne Zustände der menschlichen Kultur wieder zurück und gibt ein Mittel an die Hand, sie besser zu verstehen. Das Traumdenken wird uns jetzt so leicht, weil wir in ungeheuren Entwicklungsstrecken der Menschheit gerade auf diese Form des phantastischen und wohlfeilen Erklärens aus dem ersten beliebigen Einfalle heraus so gut eingedrillt worden sind. Insofern ist der Traum eine Erholung für das Gehirn, welches am Tage den strengeren Anforderungen an das Denken zu genügen hat, wie sie von der höheren Kultur gestellt werden. —

Einen verwandten Vorgang können wir geradezu als Pforte und Vorhalle des Traumes noch bei wachem Verstande in Augenschein nehmen. Schließen wir die Augen, so produziert das Gehirn eine Menge von Lichteindrücken und Farben, wahrscheinlich als eine Art Nachspiel und Echo aller jener Lichtwirkungen, welche am Tage auf dasselbe eindringen. Nun verarbeitet aber der Verstand (mit der Phantasie im Bunde) diese an sich formlosen Farbenspiele sofort zu bestimmten Figuren,

Gestalten, Landschaften, belebten Gruppen. Der eigentliche Vorgang dabei ist wiederum eine Art Schluß von der Wirkung auf die Ursache; indem der Geist fragt: woher diese Lichteindrücke und Farben, supponiert er als Ursachen jene Figuren, Gestalten: sie gelten ihm als die Veranlassungen jener Farben und Lichter, weil er, am Tage, bei offenen Augen, gewohnt ist, zu jeder Farbe, jedem Lichteindruck eine veranlassende Ursache zu finden. Hier also schiebt ihm die Phantasie fortwährend Bilder vor, indem sie an die Gesichtseindrücke des Tages sich in ihrer Produktion anlehnt, und geradeso macht es die Traumphantasie: — das heißt die vermeintliche Ursache wird aus der Wirkung erschlossen und nach der Wirkung vorgestellt: alles dies mit außerordentlicher Schnelligkeit, so daß hier wie beim Taschenspieler eine Verwirrung des Urteils entstehen und ein Nacheinander sich wie etwas Gleichzeitiges, selbst wie ein umgedrehtes Nacheinander ausnehmen kann. — Wir können aus diesen Vorgängen entnehmen, wie spät das schärfere logische Denken, das Strengnehmen von Ursache und Wirkung entwickelt worden ist, wenn unsere Vernunft- und Verstandesfunktionen jetzt noch unwillkürlich nach jenen primitiven Formen des Schließens zurückgreifen und wir ziemlich die Hälfte unseres Lebens in diesem Zustande leben. — Auch der Dichter, der Künstler schiebt seinen Stimmungen und Zuständen Ursachen unter, welche durchaus nicht die wahren sind; er erinnert insofern an älteres Menschentum und kann uns zum Verständnisse desselben verhelfen.

14

Miterklingen. — Alle stärkeren Stimmungen bringen ein Miterklingen verwandter Empfindungen und Stimmungen mit sich: sie wühlen gleichsam das Gedächtnis auf. Es erinnert sich bei ihnen etwas in uns und wird sich ähnlicher Zustände und deren Herkunft bewußt. So bilden sich angewöhnte rasche Verbindungen von Gefühlen und Gedanken, welche zuletzt, wenn sie blitzschnell hintereinander erfolgen, nicht einmal mehr als Komplexe, sondern als Einheiten empfunden werden. In diesem Sinne redet man vom moralischen Gefühle, vom religiösen Gefühle, wie als ob dies lauter Einheiten seien: in Wahrheit sind sie Ströme mit hundert Quellen und Zuflüssen. Auch hier, wie so oft, verbürgt die Einheit des Wortes nichts für die Einheit der Sache.

15

[6]*Kein Innen und Außen in der Welt.* — Wie [7]Demokrit die Begriffe Oben und Unten auf den unendlichen Raum übertrug, wo sie keinen Sinn haben, so die Philosophen überhaupt den Begriff «Innen und Außen» auf Wesen und Erscheinung der Welt; sie meinen, mit tiefen Gefühlen komme man tief ins Innere, nahe man sich dem Herzen der Natur. Aber diese Gefühle sind nur insofern tief, als mit ihnen, kaum bemerkbar, gewisse komplizierte Gedankengruppen regelmäßig erregt werden,

welche wir tief nennen; ein Gefühl ist tief, weil wir den begleitenden Gedanken für tief halten. Aber der «tiefe» Gedanke kann dennoch der Wahrheit sehr fern sein, wie zum Beispiel jeder metaphysische; rechnet man vom tiefen Gefühle die beigemischten Gedankenelemente ab, so bleibt das starke Gefühl übrig und dieses verbürgt nichts für die Erkenntnis als sich selbst, ebenso wie der starke Glaube nur seine Stärke, nicht die Wahrheit des Geglaubten beweist.

16

[8]*Erscheinung und Ding an sich.* — Die Philosophen pflegen sich vor das Leben und die Erfahrung — vor das, was sie die Welt der Erscheinung nennen — wie vor ein Gemälde hinzustellen, das ein für allemal entrollt ist und unveränderlich fest denselben Vorgang zeigt: diesen Vorgang, meinen sie, müsse man richtig ausdeuten, um damit einen Schluß auf das Wesen zu machen, welches das Gemälde hervorgebracht habe: also auf das Ding an sich, das immer als der zureichende Grund der Welt der Erscheinung angesehen zu werden pflegt. Dagegen haben strengere Logiker, nachdem sie den Begriff des Metaphysischen scharf als den des Unbedingten, folglich auch Unbedingenden festgestellt hatten, jeden Zusammenhang zwischen dem Unbedingten (der metaphysischen Welt) und der uns bekannten Welt in Abrede gestellt: so daß in der Erscheinung eben durchaus nicht das Ding an sich erscheine, und von jener auf dieses jeder Schluß abzulehnen sei. Von beiden Seiten ist aber die Möglichkeit übersehen, daß jenes Gemälde — das, was jetzt uns Menschen Leben und Erfahrung heißt — allmählich geworden ist, ja noch völlig im Werden ist und deshalb nicht als feste Größe betrachtet werden soll, von welcher aus man einen Schluß über den Urheber (den zureichenden Grund) machen oder auch nur ablehnen dürfte. Dadurch, daß wir seit Jahrtausenden mit moralischen, ästhetischen, religiösen Ansprüchen, mit blinder Neigung, Leidenschaft oder Furcht in die Welt geblickt und uns in den Unarten des unlogischen Denkens recht ausgeschwelgt haben, ist diese Welt allmählich so wundersam bunt, schrecklich, bedeutungstief, seelenvoll geworden, sie hat Farbe bekommen, — aber wir sind die Koloristen gewesen: der menschliche Intellekt hat die Erscheinung erscheinen lassen und seine irrtümlichen Grundauffassungen in die Dinge hineingetragen. Spät, sehr spät — besinnt er sich: und jetzt scheinen ihm die Welt der Erfahrung und das Ding an sich so außerordentlich verschieden und getrennt, daß er den Schluß von jener auf dieses ablehnt — oder auf eine schauerlich geheimnisvolle Weise zum Aufgeben unseres Intellektes, unseres persönlichen Willens auffordert: um dadurch zum Wesenhaften zu kommen, daß man wesenhaft werde. Wiederum haben andere alle charakteristischen Züge unserer Welt der Erscheinung — das heißt der aus intellektuellen Irrtümern herausgesponnenen und uns angeerbten Vorstellung von der Welt — zusammengelesen und, statt den Intellekt

als Schuldigen anzuklagen, das Wesen der Dinge als Ursache dieses tatsächlichen, sehr unheimlichen Weltcharakters angeschuldigt und die
Erlösung vom Sein gepredigt. — Mit all diesen Auffassungen wird der
stetige und mühsame Prozeß der Wissenschaft, welcher zuletzt einmal in
einer Entstehungsgeschichte des Denkens seinen höchsten Triumph fei-
ert, in entscheidender Weise fertig werden, dessen Resultat vielleicht auf
diesen Satz hinauslaufen dürfte: Das, was wir jetzt die Welt nennen, ist
das Resultat einer Menge von Irrtümern und Phantasien, welche in der
gesamten Entwicklung der organischen Wesen allmählich entstanden,
ineinander verwachsen sind und uns jetzt als aufgesammelter Schatz der
ganzen Vergangenheit vererbt werden, — als Schatz: denn der Wert
unseres Menschentums ruht darauf. Von dieser Welt der Vorstellung
vermag uns die strenge Wissenschaft tatsächlich nur in geringem Maße
zu lösen — wie es auch gar nicht zu wünschen ist —, insofern sie die
Gewalt uralter Gewohnheiten der Empfindung nicht wesentlich zu
brechen vermag: aber sie kann die Geschichte der Entstehung jener
Welt als Vorstellung ganz allmählich und schrittweise aufhellen — und
uns wenigstens für Augenblicke über den ganzen Vorgang hinausheben.
Vielleicht erkennen wir dann, daß das Ding an sich eines homerischen
Gelächters wert ist: daß es so viel, ja alles schien und eigentlich leer,
nämlich bedeutungsleer ist.

17

Metaphysische Erklärungen. — Der junge Mensch schätzt metaphysische
Erklärungen, weil sie ihm in Dingen, welche er unangenehm oder
verächtlich fand, etwas höchst Bedeutungsvolles aufweisen; und ist er
mit sich unzufrieden, so erleichtert sich dies Gefühl, wenn er das innerste
Welträtsel oder Weltelend in dem wiedererkennt, was er so sehr an sich
mißbilligt. Sich unverantwortlicher fühlen und die Dinge zugleich
interessanter finden — das gilt ihm als die doppelte Wohltat, welche er
der Metaphysik verdankt. Später freilich bekommt er Mißtrauen gegen
die ganze metaphysische Erklärungsart; dann sieht er vielleicht ein, daß
jene Wirkungen auf einem anderen Wege ebensogut und wissenschaftlicher zu erreichen sind: daß physische und historische Erklärungen
mindestens ebensosehr jenes Gefühl der Unverantwortlichkeit herbeiführen, und daß jenes Interesse am Leben und seinen Problemen vielleicht
noch mehr dabei entflammt wird.

18

Grundfragen der Metaphysik. — Wenn einmal die Entstehungsgeschichte
des Denkens geschrieben ist, so wird auch [9]der folgende Satz eines
ausgezeichneten Logikers von einem neuen Lichte erhellt dastehen: «Das
ursprüngliche allgemeine Gesetz des erkennenden Subjekts besteht in
der inneren Notwendigkeit, jeden Gegenstand an sich, in seinem eigenen

Wesen als einen mit sich selbst identischen, also selbstexistierenden und im Grunde stets gleichbleibenden und unwandelbaren, kurz als eine Substanz zu erkennen.» Auch dieses Gesetz, welches hier «ursprünglich» genannt wird, ist geworden: es wird einmal gezeigt werden, wie allmählich, in den niederen Organismen, dieser Hang entsteht: wie die blöden Maulwurfsaugen dieser Organisationen zuerst nichts als immer das gleiche sehen; wie dann, wenn die verschiedenen Erregungen von Lust und Unlust bemerkbarer werden, allmählich verschiedene Substanzen unterschieden werden, aber jede mit einem Attribut, das heißt einer einzigen Beziehung zu einem solchen Organismus. — Die erste Stufe des Logischen ist das Urteil: dessen Wesen besteht, nach der Feststellung der besten Logiker, im Glauben. Allem Glauben zugrunde liegt die Empfindung des Angenehmen oder Schmerzhaften in bezug auf das empfindende Subjekt. Eine neue dritte Empfindung als Resultat zweier vorangegangenen einzelnen Empfindungen ist das Urteil in seiner niedrigsten Form. — Uns organische Wesen interessiert ursprünglich nichts an jedem Dinge, als sein Verhältnis zu uns in bezug auf Lust und Schmerz. Zwischen den Momenten, wo wir uns dieser Beziehung bewußt werden, den Zuständen des Empfindens, liegen solche der Ruhe, des Nichtempfindens: da ist die Welt und jedes Ding für uns interesselos, wir bemerken keine Veränderung an ihm (wie jetzt noch ein heftig Interessierter nicht merkt, daß jemand an ihm vorbeigeht). Für die Pflanze sind gewöhnlich alle Dinge ruhig, ewig, jedes Ding sich selbst gleich. Aus der Periode der niederen Organismen her ist dem Menschen der Glaube vererbt, daß es gleiche Dinge gibt (erst die durch höchste Wissenschaft ausgebildete Erfahrung widerspricht diesem Satze). Der Urglaube alles Organischen von Anfang an ist vielleicht sogar, daß die ganze übrige Welt eins und unbewegt ist. — Am fernsten liegt für jene Urstufe des Logischen der Gedanke an Kausalität: ja jetzt noch meinen wir im Grunde, alle Empfindungen und Handlungen seien Akte des freien Willens; wenn das fühlende Individuum sich selbst betrachtet, so hält es jede Empfindung, jede Veränderung für etwas Isoliertes, das heißt Unbedingtes, Zusammenhangloses: es taucht aus uns auf, ohne Verbindung mit Früherem oder Späterem. Wir haben Hunger, aber meinen ursprünglich nicht, daß der Organismus erhalten werden will, sondern jenes Gefühl scheint sich ohne Grund und Zweck geltend zu machen, es isoliert sich und hält sich für willkürlich. Also: der Glaube an die Freiheit des Willens ist ein ursprünglicher Irrtum alles Organischen, so alt, als die Regungen des Logischen in ihm existieren; der Glaube an unbedingte Substanzen und an gleiche Dinge ist ebenfalls ein ursprünglicher, ebenso alter Irrtum alles Organischen. Insofern aber alle Metaphysik sich vornehmlich mit Substanz und Freiheit des Willens abgegeben hat, so darf man sie als die Wissenschaft bezeichnen, welche von den Grundirrtümern des Menschen handelt — doch so, als wären es Grundwahrheiten.

16

19

Die Zahl. — Die Erfindung der Gesetze der Zahlen ist auf Grund des ursprünglich schon herrschenden Irrtums gemacht, daß es mehrere gleiche Dinge gebe (aber tatsächlich gibt es nichts Gleiches), mindestens daß es Dinge gebe (aber es gibt kein «Ding»). Die Annahme der Vielheit setzt immer schon voraus, daß es etwas gebe, was vielfach vorkommt: aber gerade hier schon waltet der Irrtum, schon da fingieren wir Wesen, Einheiten, die es nicht gibt. — Unsere Empfindungen von Raum und Zeit sind falsch, denn sie führen, konsequent geprüft, auf logische Widersprüche. Bei allen wissenschaftlichen Feststellungen rechnen wir unvermeidlich immer mit einigen falschen Größen: aber weil diese Größen wenigstens konstant sind, wie zum Beispiel unsere Zeit- und Raumempfindung, so bekommen die Resultate der Wissenschaft doch eine vollkommene Strenge und Sicherheit in ihrem Zusammenhange miteinander; man kann auf ihnen fortbauen — bis an jenes letzte Ende, wo die irrtümliche Grundannahme, jene konstanten Fehler, in Widerspruch mit den Resultaten treten, zum Beispiel in der Atomenlehre. Da fühlen wir uns immer noch zur Annahme eines «Dinges» oder stofflichen «Substrats», das bewegt wird, gezwungen, während die ganze wissenschaftliche Prozedur eben die Aufgabe verfolgt hat, alles Dingartige (Stoffliche) in Bewegungen aufzulösen: wir scheiden auch hier noch mit unserer Empfindung Bewegendes und Bewegtes und kommen aus diesem Zirkel nicht heraus, weil der Glaube an Dinge mit unserem Wesen von alters her verknotet ist. — Wenn Kant sagt, «der Verstand schöpft seine Gesetze nicht aus der Natur, sondern schreibt sie dieser vor», so ist dies in Hinsicht auf den Begriff der Natur völlig wahr, welchen wir genötigt sind mit ihr zu verbinden (Natur = Welt als Vorstellung, das heißt als Irrtum), welcher aber die Aufsummierung einer Menge von Irrtümern des Verstandes ist. — Auf eine Welt, welche nicht unsere Vorstellung ist, sind die Gesetze der Zahlen gänzlich unanwendbar: diese gelten allein in der Menschen-Welt.

20

[10]*Einige Sprossen zurück.* — Die eine, gewiß sehr hohe Stufe der Bildung ist erreicht, wenn der Mensch über abergläubische und religiöse Begriffe und Ängste hinauskommt und zum Beispiel nicht mehr an die lieben Englein oder die Erbsünde glaubt, auch vom Heil der Seelen zu reden verlernt hat: ist er auf dieser Stufe der Befreiung, so hat er auch noch mit höchster Anspannung seiner Besonnenheit die Metaphysik zu überwinden. Dann aber ist eine rückläufige Bewegung nötig: er muß die historische Berechtigung, ebenso die psychologische in solchen Vorstellungen begreifen, er muß erkennen, wie die größte Förderung der Menschheit von dorther gekommen sei und wie man sich, ohne eine solche rückläufige Bewegung, der besten Ergebnisse der bisherigen Menschheit berauben

würde. — In betreff der philosophischen Metaphysik sehe ich jetzt immer mehrere, welche an das negative Ziel (daß jede positive Metaphysik Irrtum ist) gelangt sind, aber noch wenige, welche einige Sprossen rückwärts steigen; man soll nämlich über die letzte Sprosse der Leiter wohl hinausschauen, aber nicht auf ihr stehen wollen. Die Aufgeklärtesten bringen es nur so weit, sich von der Metaphysik zu befreien und mit Überlegenheit auf sie zurückzusehen: während es doch auch hier, wie im Hippodrom, not tut, um das Ende der Bahn herumzubiegen.

21

Mutmaßlicher Sieg der Skepsis. — Man lasse einmal den skeptischen Ausgangspunkt gelten: gesetzt es gäbe keine andere, metaphysische Welt und alle aus der Metaphysik genommenen Erklärungen der uns einzig bekannten Welt wären unbrauchbar für uns, mit welchem Blick würden wir dann auf Menschen und Dinge sehen? Dies kann man sich ausdenken, es ist nützlich, selbst wenn die Frage, ob etwas Metaphysisches wissenschaftlich durch Kant und Schopenhauer bewiesen sei, einmal abgelehnt würde. Denn es ist, nach historischer Wahrscheinlichkeit, sehr gut möglich, daß die Menschen einmal in dieser Beziehung im ganzen und allgemeinen skeptisch werden; da lautet also die Frage: wie wird sich dann die menschliche Gesellschaft, unter dem Einfluß einer solchen Gesinnung, gestalten? Vielleicht ist der wissenschaftliche Beweis irgend einer metaphysischen Welt schon so schwierig, daß die Menschheit ein mißtrauen gegen ihn nicht mehr los wird. Und wenn man gegen die Metaphysik Mißtrauen hat, so gibt es im ganzen und großen dieselben Folgen, wie wenn sie direkt widerlegt wäre und man nicht mehr an sie glauben dürfte. Die historische Frage in betreff einer unmetaphysischen Gesinnung der Menschheit bleibt in beiden Fällen dieselbe.

22

Unglaube an das [11]*«monumentum aere perennius».* — Ein wesentlicher Nachteil, welchen das Aufhören metaphysischer Ansichten mit sich bringt, liegt darin, daß das Individuum zu streng seine kurze Lebenszeit ins Auge faßt und keine stärkeren Antriebe empfängt, an dauerhaften, für Jahrhunderte angelegten Institutionen zu bauen; es will die Frucht selbst vom Baume pflücken, den es pflanzt, und deshalb mag es jene Bäume nicht mehr pflanzen, welche eine jahrhundertlange gleichmäßige Pflege erfordern und welche lange Reihenfolgen von Geschlechtern zu überschatten bestimmt sind. Denn metaphysische Ansichten geben den Glauben, daß in ihnen das letzte endgültige Fundament gegeben sei, auf welchem sich nunmehr alle Zukunft der Menschheit niederzulassen und anzubauen genötigt sei; der einzelne fördert sein Heil, wenn er zum Beispiel eine Kirche, ein Kloster stiftet, es wird ihm, so meint er, im ewigen Fortleben der Seele angerechnet und vergolten, es ist Arbeit am ewigen Heil der Seele. — Kann die Wissenschaft auch solchen Glauben an ihre Resultate erwecken? In der Tat braucht sie den Zweifel und das Mißtrauen als treuesten Bundesgenossen; trotzdem kann mit der Zeit die Summe der unantastbaren, das heißt alle Stürme der Skepsis, alle Zersetzungen überdauernden Wahrheiten so groß werden (zum Beispiel in der Diätetik der Gesundheit), daß man sich daraufhin entschließt, «ewige» Werke zu gründen. Einstweilen wirkt der Kontrast unseres aufgeregten Ephemeren-Daseins gegen die langatmige Ruhe metaphysischer Zeitalter noch zu stark, weil die beiden Zeiten noch zu nahe gestellt sind; der einzelne Mensch selber durchläuft jetzt zu viele innere und äußere Entwicklungen, als daß er auch nur auf seine eigene Lebenszeit sich dauerhaft und ein für allemal einzurichten wagt. Ein ganz moderner Mensch, der sich zum Beispiel ein Haus bauen will, hat dabei ein Gefühl, als ob er bei lebendigem Leibe sich in ein Mausoleum vermauern wolle.

23

Zeitalter der Vergleichung. — Je weniger die Menschen durch das Herkommen gebunden sind, um so größer wird die innere Bewegung der Motive, um so größer wiederum, dementsprechend, die äußere Unruhe, das Durcheinanderfluten der Menschen, die Polyphonie der Bestrebungen. Für wen gibt es jetzt noch einen strengen Zwang, an einem Ort sich und seine Nachkommen anzubinden? Für wen gibt es überhaupt noch etwas streng Bindendes? Wie alle Stilarten der Künste nebeneinander nachgebildet werden, so auch alle Stufen und Arten der Moralität, der Sitten, der Kulturen. — Ein solches Zeitalter bekommt seine Bedeutung dadurch, daß in ihm die verschiedenen Weltbetrachtungen, Sitten, Kulturen verglichen und nebeneinander durchlebt werden können; was früher, bei der immer lokalisierten Herrschaft jeder Kultur, nicht möglich war, entsprechend der Gebundenheit aller künstlerischen Stilarten an Ort und Zeit. Jetzt wird eine Vermehrung des ästhetischen Gefühls endgültig unter so vielen der Vergleichung sich darbietenden Formen entscheiden: sie wird die meisten — nämlich alle, welche durch dasselbe abgewiesen werden — absterben lassen. Ebenso findet jetzt ein Auswählen in den Formen und Gewohnheiten der höheren Sittlichkeit statt, deren Ziel kein anderes als der Untergang der niedrigeren Sittlichkeiten sein kann. Es ist das Zeitalter der Vergleichung! Das ist sein Stolz — aber billigerweise auch sein Leiden. [12]Fürchten wir uns vor diesem Leiden nicht! Vielmehr wollen wir die Aufgabe, welche das Zeitalter uns stellt, so groß verstehen, als wir nur vermögen: so wird uns die Nachwelt darob segnen — eine Nachwelt, die ebenso sich über die abgeschlossenen originalen Volkskulturen hinaus weiß, als über die Kultur der Vergleichung, aber auf beide Arten der Kultur als auf verehrungswürdige Altertümer mit Dankbarkeit zurückblickt.

24

Möglichkeit des Fortschritts. — Wenn ein Gelehrter der alten Kultur es verschwört, nicht mehr mit Menschen umzugehn, welche an den Fortschritt glauben, so hat er recht. Denn die alte Kultur hat ihre Größe und Güte hinter sich und die historische Bildung zwingt einen, zuzugestehn, daß sie nie wieder frisch werden kann; es ist ein unausstehlicher Stumpfsinn oder ebenso unleidliche Schwärmerei nötig, um dies zu leugnen. Aber die Menschen können [13]mit Bewußtsein beschließen, sich zu einer neuen Kultur fortzuentwickeln, während sie sich früher unbewußt und zufällig entwickelten: sie können jetzt bessere Bedingungen für die Entstehung der Menschen, ihre Ernährung, Erziehung, Unterrichtung schaffen, die Erde als Ganzes ökonomisch verwalten, die Kräfte der Menschen überhaupt gegeneinander abwägen und einsetzen. Diese neue bewußte Kultur tötet die alte, welche als Ganzes angeschaut ein unbewußtes Tier- und Pflanzenleben geführt hat; sie tötet auch das Mißtrauen gegen den Fortschritt — er ist möglich. Ich will sagen: es ist voreilig und fast unsinnig, zu glauben, daß der Fortschritt notwendig erfolgen müsse; aber wie könnte man leugnen, daß er möglich sei? Dagegen ist ein Fortschritt im Sinne und auf dem Wege der alten Kultur nicht einmal denkbar. Wenn romantische Phantastik immerhin auch das Wort «Fortschritt» von ihren Zielen (z. B. abgeschlossenen originalen Volks-Kulturen) gebraucht: jedenfalls entlehnt sie das Bild davon aus der Vergangenheit; ihr Denken und Vorstellen ist auf diesem Gebiete ohne jede Originalität.

25

Privat- und Weltmoral. — [14]Seitdem der Glaube aufgehört hat, daß ein Gott die Schicksale der Welt im Großen leite und trotz aller anscheinenden Krümmungen im Pfade der Menschheit sie doch herrlich hinausführe, müssen die Menschen selber sich ökumenische, die ganze Erde umspannende Ziele stellen. Die ältere Moral, [15]namentlich die Kants, verlangt vom einzelnen Handlungen, welche man von allen Menschen wünscht: das war eine schöne naive Sache; als ob ein jeder ohne weiteres wüßte, bei welcher Handlungsweise das Ganze der Menschheit wohlfahre, also welche Handlungen überhaupt wünschenswert seien; es ist eine Theorie wie die vom Freihandel, voraussetzend, daß die allgemeine Harmonie sich nach eingebornen Gesetzen des Besserwerdens von selbst ergeben müsse. Vielleicht läßt es ein zukünftiger Überblick über die Bedürfnisse der Menschheit durchaus nicht wünschenswert erscheinen, daß alle Menschen gleich handeln, vielmehr dürften im Interesse ökumenischer Ziele für ganze Strecken der Menschheit spezielle, vielleicht unter Umständen [16]sogar böse Aufgaben zu stellen sein. — Jedenfalls muß, wenn die Menschheit sich nicht durch eine solche bewußte Gesamtregierung zugrunde richten soll, vorher eine alle bisherigen Grade übersteigende [17]Kenntnis der Bedingungen der Kultur, als wissenschaftlicher

Maßstab für ökumenische Ziele, gefunden sein. Hierin liegt die ungeheure Aufgabe der großen Geister des nächsten Jahrhunderts.

26

Die Reaktion als Fortschritt. — Mitunter erscheinen schroffe, gewaltsame und fortreißende, aber trotzdem zurückgebliebene Geister, welche eine vergangene Phase der Menschheit noch einmal heraufbeschwören: sie dienen zum Beweis, daß die neuen Richtungen, welchen sie entgegenwirken, noch nicht kräftig genug sind, daß etwas an ihnen fehlt: sonst würden sie jenen Beschwörern bessern Widerpart halten. So zeugt zum Beispiel [18]Luthers Reformation dafür, daß in seinem Jahrhundert alle Regungen der Freiheit des Geistes noch unsicher, zart, jugendlich waren; die Wissenschaft konnte noch nicht ihr Haupt erheben. Ja die gesamte Renaissance erscheint wie ein erster Frühling, der fast wieder weggeschneit wird. Aber auch in unserem Jahrhundert bewies Schopenhauers Metaphysik, daß auch jetzt der wissenschaftliche Geist noch nicht kräftig genug ist: so konnte die ganze mittelalterliche christliche Weltbetrachtung und Mensch-Empfindung noch einmal in Schopenhauers Lehre trotz der längst errungenen Vernichtung aller christlichen Dogmen eine Auferstehung feiern. Viel Wissenschaft klingt in seine Lehre hinein, aber sie beherrscht dieselbe nicht, sondern das alte wohlbekannte «metaphysische Bedürfnis». Es ist gewiß einer der größten und ganz unschätzbaren Vorteile, welche wir aus Schopenhauer gewinnen, daß er unsre Empfindung zeitweilig in [19]ältere, mächtige Betrachtungsarten der Welt und Menschen zurückzwingt, zu welchen sonst uns so leicht kein Pfad führen würde. Der Gewinn für die Historie und die Gerechtigkeit ist sehr groß: ich glaube, daß es jetzt niemandem so leicht gelingen möchte, ohne Schopenhauers Beihilfe dem Christentum und seinen asiatischen Verwandten Gerechtigkeit widerfahren zu lassen: was namentlich vom Boden des noch vorhandenen Christentums aus unmöglich ist. Erst nach diesem großen Erfolge der Gerechtigkeit, erst nachdem wir die historische Betrachtungsart, welche die Zeit der Aufklärung mit sich brachte, in einem so wesentlichen Punkte korrigiert haben, dürfen wir die Fahne der Aufklärung — die Fahne mit den drei Namen: Petrarca, Erasmus, Voltaire — von neuem weitertragen. Wir haben aus der Reaktion einen Fortschritt gemacht.

27

Ersatz der Religion. — Man glaubt einer Philosophie etwas Gutes nachzusagen, wenn man sie als Ersatz der Religion für das Volk hinstellt. In der Tat bedarf es in der geistigen Ökonomie gelegentlich überleitender Gedankenkreise; so ist der Übergang aus Religion in wissenschaftliche Betrachtung ein gewaltsamer gefährlicher Sprung, etwas, das zu widerraten ist. Insofern hat man mit jener Anempfehlung recht. Aber endlich sollte man doch auch lernen, daß die Bedürfnisse, welche die Religion befriedigt hat und nun die Philosophie befriedigen soll, nicht unwandelbar sind; diese selbst kann man schwächen und ausrotten. Man denke zum Beispiel an die christliche Seelennot, das Seufzen über die innere Verderbtheit, die Sorge um das Heil — alles Vorstellungen, welche nur aus Irrtümern der Vernunft herrühren und gar keine Befriedigung, sondern Vernichtung verdienen. Eine Philosophie kann entweder so nützen, daß sie jene Bedürfnisse auch befriedigt oder daß sie dieselben beseitigt; denn es sind angelernte, zeitlich begrenzte Bedürfnisse, welche auf Voraussetzungen beruhen, die denen der Wissenschaft widersprechen. Hier ist, um einen Übergang zu machen, die Kunst viel eher zu benutzen, um das mit Empfindungen überladne Gemüt zu erleichtern; denn durch sie werden jene Vorstellungen viel weniger unterhalten als durch eine metaphysische Philosophie. Von der Kunst aus kann man dann leichter in eine wirklich befreiende philosophische Wissenschaft übergehen.

28

Verrufene Worte. — Weg mit den bis zum Überdruß verbrauchten Wörtern[20] Optimismus und Pessimismus! Denn der Anlaß sie zu gebrauchen, fehlt von Tag zu Tag mehr; nur die Schwätzer haben sie jetzt noch so unumgänglich nötig. Denn weshalb in aller Welt sollte jemand Optimist sein wollen, wenn er nicht einen Gott zu verteidigen hat, welcher die beste der Welten geschaffen haben muß, falls er selber das Gute und Vollkommene ist, — welcher Denkende hat aber die Hypothese eines Gottes noch nötig? — Es fehlt aber auch jeder Anlaß zu einem pessimistischen Glaubensbekenntnis, wenn man nicht ein Interesse daran hat, den Advokaten Gottes, den Theologen oder den theologisierenden Philosophen, ärgerlich zu werden und die Gegenbehauptung kräftig aufzustellen: daß das Böse regiere, daß die Unlust größer sei als die Lust, daß die Welt ein Machwerk, die Erscheinung eines bösen Willens zum Leben sei. Wer aber kümmert sich jetzt noch um die Theologen — außer den Theologen? — Abgesehen von aller Theologie und ihrer Bekämpfung liegt es auf der Hand, daß die Welt nicht gut und nicht böse, geschweige denn die beste oder die schlechteste ist, und daß diese Begriffe «gut» und «böse» nur in bezug auf Menschen Sinn haben, ja vielleicht selbst hier, in der Weise, wie sie gewöhnlich gebraucht werden, nicht berechtigt sind: der schimpfenden und verherrlichenden Weltbetrachtung müssen wir uns in jedem Falle entschlagen.

29

Vom Dufte der Blüten berauscht. — Das Schiff der Menschheit, meint man, hat einen immer stärkeren Tiefgang, je mehr es belastet wird; man glaubt, je tiefer der Mensch denkt, je zarter er fühlt, je höher er sich schätzt, je weiter seine Entfernung von den anderen Tieren wird — je mehr er als das Genie unter den Tieren erscheint —, um so näher werde er dem wirklichen Wesen der Welt und deren Erkenntnis kommen: dies tut er auch wirklich durch die Wissenschaft, aber er meint dies noch mehr durch seine Religionen und Künste zu tun. Diese sind zwar eine Blüte der Welt, aber durchaus nicht der Wurzel der Welt näher, als der Stengel ist: man kann aus ihnen das Wesen der Dinge gerade gar nicht besser verstehen, obschon dies fast jedermann glaubt. Der Irrtum hat den Menschen so tief, zart, erfinderisch gemacht, eine solche Blüte, wie Religionen und Künste, herauszutreiben. Das reine Erkennen wäre dazu außerstande gewesen. Wer uns das Wesen der Welt enthüllte, würde uns allen die unangenehmste Enttäuschung machen. Nicht die Welt als Ding an sich, sondern die Welt als Vorstellung (als Irrtum) ist so bedeutungsreich, tief, wundervoll, Glück und Unglück im Schoße tragend. Dies Resultat führt zu einer Philosophie der logischen Weltverneinung: welche übrigens sich [21]mit einer praktischen Weltbejahung ebensogut wie mit deren Gegenteile vereinigen läßt.

30

Schlechte Gewohnheiten im Schließen. — Die gewöhnlichsten Irrschlüsse der Menschen sind diese: eine Sache existiert, also hat sie ein Recht. Hier wird aus der Lebensfähigkeit auf die Zweckmäßigkeit, aus der Zweckmäßigkeit auf die Rechtmäßigkeit geschlossen. Sodann: eine Meinung beglückt, also ist sie die wahre, ihre Wirkung ist gut, also ist sie selber gut und wahr. Hier legt man der Wirkung das Prädikat beglückend, gut im Sinne des Nützlichen, bei und versieht nun die Ursache mit demselben Prädikat gut, aber hier im Sinne des Logisch-Gültigen. Die Umkehrung der Sätze lautet: eine Sache kann sich nicht durchsetzen, erhalten, also ist sie unrecht; eine Meinung quält, regt auf, also ist sie falsch. Der Freigeist, der das Fehlerhafte dieser Art zu schließen nur allzu häufig kennenlernt und an ihren Folgen zu leiden hat, unterliegt oft der Verführung, die entgegengesetzten Schlüsse zu machen, welche im allgemeinen natürlich ebensosehr Irrschlüsse sind: eine Sache kann sich nicht durchsetzen, also ist sie gut; eine Meinung macht Not, beunruhigt, also ist sie wahr.

31

[22]*Das Unlogische notwendig.* — Zu den Dingen, welche einen Denker in Verzweiflung bringen können, gehört die Erkenntnis, daß das Unlogische für den Menschen nötig ist, und daß aus dem Unlogischen vieles Gute entsteht. Es steckt so fest in den Leidenschaften, in der Sprache, in der Kunst, in der Religion und überhaupt in allem, was dem Leben Wert verleiht, daß man es nicht herausziehen kann, ohne damit diese schönen Dinge heillos zu beschädigen. Es sind nur die allzu naiven Menschen, welche glauben können, daß die Natur des Menschen in eine rein logische verwandelt werden könne; wenn es aber Grade der Annäherung

an dieses Ziel geben sollte, was würde da nicht alles auf diesem Wege verloren gehen müssen! Auch der vernünftigste Mensch bedarf von Zeit zu Zeit wieder der Natur, das heißt seiner unlogischen Grundstellung zu allen Dingen.

32

Ungerechtsein notwendig. — Alle Urteile über den Wert des Lebens sind unlogisch entwickelt und deshalb ungerecht. Die Unreinheit des Urteils liegt erstens in der Art, wie das Material vorliegt, nämlich sehr unvollständig, zweitens in der Art, wie daraus die Summe gebildet wird, und drittens darin, daß jedes einzelne Stück des Materials wieder das Resultat unreinen Erkennens ist, und zwar dies mit voller Notwendigkeit. Keine Erfahrung zum Beispiel über einen Menschen, stünde er uns auch noch so nah, kann vollständig sein, so daß wir ein logisches Recht zu einer Gesamtabschätzung desselben hätten; alle Schätzungen sind voreilig und müssen es sein. Endlich ist das Maß, womit wir messen, unser Wesen, keine unabänderliche Größe, wir haben Stimmungen und Schwankungen, und doch müßten wir uns selbst als ein festes Maß kennen, um das Verhältnis irgend einer Sache zu uns gerecht abzuschätzen. Vielleicht wird aus alledem folgen, daß man gar nicht urteilen sollte; wenn man aber nur leben könnte ohne abzuschätzen, ohne Abneigung und Zuneigung zu haben! — denn alles Abgeneigtsein hängt mit einer Schätzung zusammen, ebenso alles Geneigtsein. Ein Trieb zu etwas oder von etwas weg, ohne ein Gefühl davon, daß man das Förderliche wolle, dem Schädlichen ausweiche, ein Trieb ohne eine Art von erkennender Abschätzung über den Wert des Zieles existiert beim Menschen nicht. Wir sind von vornherein unlogische und daher ungerechte Wesen und können dies erkennen: dies ist eine der größten und unauflösbarsten Disharmonien des Daseins.

33

Der Irrtum über das Leben zum Leben notwendig. — Jeder Glaube an Wert und Würdigkeit des Lebens beruht auf unreinem Denken; er ist allein dadurch möglich, daß das Mitgefühl für das allgemeine Leben und Leiden der Menschheit sehr schwach im Individuum entwickelt ist. Auch die selteneren Menschen, welche überhaupt über sich hinaus denken, fassen nicht dieses allgemeine Leben, sondern abgegrenzte Teile desselben ins Auge. Versteht man es, sein Augenmerk vornehmlich auf Ausnahmen, ich meine auf die hohen Begabungen und die reichen Seelen zu richten, nimmt man deren Entstehung zum Ziel der ganzen Weltentwicklung und erfreut sich an deren Wirken, so mag man an den Wert des Lebens glauben, weil man nämlich die anderen Menschen dabei übersieht: also unrein denkt. Und ebenso, wenn man zwar alle Menschen ins Auge faßt, aber in ihnen nur eine Gattung von Trieben, die weniger egoistischen, gelten läßt und sie in betreff der anderen Triebe, entschuldigt: dann kann man wiederum von der Menschheit im ganzen etwas hoffen und insofern an den Wert des Lebens glauben: also auch in diesem Falle durch Unreinheit des Denkens. Mag man sich aber so oder so verhalten, man ist mit diesem Verhalten eine Ausnahme unter den Menschen. Nun ertragen aber gerade die allermeisten Menschen das Leben, ohne erheblich zu murren, und glauben somit an den Wert des Daseins, aber gerade dadurch, daß sich jeder allein will und behauptet, und nicht aus sich heraustritt wie jene Ausnahmen: alles Außerpersönliche ist ihnen gar nicht oder höchstens als ein schwacher Schatten bemerkbar. Also darauf allein beruht der Wert des Lebens für den gewöhnlichen, alltäglichen Menschen, daß er sich wichtiger nimmt als die Welt. Der große Mangel an Phantasie, an dem er leidet, macht, daß er sich nicht in andere Wesen hineinfühlen kann und daher so wenig als möglich an ihrem Los und Leiden teilnimmt. Wer dagegen wirklich daran teilnehmen könnte, müßte am Werte des Lebens verzweifeln; gelänge es ihm, das Gesamtbewußtsein der Menschheit in sich zu fassen und zu empfinden, er würde mit einem Fluche gegen das Dasein zusammenbrechen, — denn die Menschheit hat im ganzen keine Ziele, folglich kann der Mensch, in Betrachtung des ganzen Verlaufs, nicht darin seinen Trost und Halt finden, sondern seine Verzweiflung. Sieht er bei allem, was er tut, auf die letzte Ziellosigkeit der Menschen, so bekommt sein eignes Wirken in seinen Augen den Charakter der Vergeudung. Sich aber als Menschheit (und nicht nur als Individuum) ebenso vergeudet zu fühlen, wie wir die einzelne Blüte von der Natur vergeudet sehen, ist ein Gefühl über alle Gefühle. — Wer ist aber desselben fähig? Gewiß nur ein Dichter: und Dichter wissen sich immer zu trösten.

34

Zur Beruhigung. — Aber wird so unsere Philosophie nicht zur Tragödie? Wird die Wahrheit nicht dem Leben, dem Besseren feindlich? Eine Frage scheint uns die Zunge zu beschweren und doch nicht laut werden zu wollen: ob man bewußt in der Unwahrheit bleiben könne? oder, wenn man dies müsse, ob da nicht der Tod vorzuziehen sei? Denn ein Sollen gibt es nicht mehr; die Moral, insofern sie ein Sollen war, ist ja durch unsere Betrachtungsart ebenso vernichtet wie die Religion. Die Erkenntnis kann als Motive nur Lust und Unlust, Nutzen und Schaden bestehen lassen: wie aber werden diese Motive sich mit dem Sinne für Wahrheit auseinandersetzen? Auch sie berühren sich ja mit Irrtümern (insofern, wie gesagt, Neigung und Abneigung und ihre sehr ungerechten Messungen unsere Lust und Unlust wesentlich bestimmen). Das ganze menschliche Leben ist tief in die Unwahrheit eingesenkt; der einzelne kann es nicht aus diesem Brunnen herausziehen, ohne dabei seiner Vergangenheit aus tiefstem Grunde gram zu werden, ohne seine gegenwärtigen

Motive, wie die der Ehre, ungereimt zu finden und den Leidenschaften, welche zur Zukunft und zu einem Glück in derselben hindrängen, Hohn und Verachtung entgegenzustellen. Ist es wahr, bliebe einzig noch eine Denkweise übrig, welche als persönliches Ergebnis die Verzweiflung, als theoretisches eine Philosophie der Zerstörung nach sich zöge?

Ich glaube, die Entscheidung über die Nachwirkung der Erkenntnis wird durch das Temperament eines Menschen gegeben: ich könnte mir ebensogut wie jene geschilderte und bei einzelnen Naturen mögliche Nachwirkung eine andere denken, vermöge deren ein viel einfacheres, von Affekten reineres Leben entstünde, als das jetzige ist: so daß zuerst zwar die alten Motive des heftigeren Begehrens noch Kraft hätten, aus alter vererbter Gewöhnung her, allmählich aber unter dem Einflusse der reinigenden Erkenntnis schwächer würden. Man lebte zuletzt unter den Menschen und mit sich wie in der Natur, ohne Lob, Vorwürfe, Eiferung, an vielem sich wie an einem Schauspiel weidend, vor dem man sich bisher nur zu fürchten hatte. Man wäre die Emphasis los und würde die Anstachelung des Gedankens, daß man nicht nur Natur oder mehr als Natur sei, nicht weiter empfinden. Freilich gehörte hierzu, wie gesagt, ein gutes Temperament, eine gefestete, milde und im Grunde frohsinnige Seele, eine Stimmung, welche nicht vor Tücken und plötzlichen Ausbrüchen auf der Hut zu sein brauchte und in ihren Äußerungen nichts von dem knurrenden Tone und der Verbissenheit an sich trüge — jenen bekannten lästigen Eigenschaften alter Hunde und Menschen, die lange an der Kette gelegen haben. Vielmehr muß ein Mensch, von dem in solchem Maße die gewöhnlichen Fesseln des Lebens abgefallen sind, daß er nur deshalb weiter lebt, um immer besser zu erkennen, auf vieles, ja fast auf alles, was bei den anderen Menschen Wert hat, ohne Neid und Verdruß verzichten können, ihm muß als der wünschenswerteste Zustand jenes freie, furchtlose Schweben über Menschen, Sitten, Gesetzen und den herkömmlichen Schätzungen der Dinge genügen. Die Freude an diesem Zustande teilt er gern mit, und er hat vielleicht nichts anderes mitzuteilen — worin freilich eine Entbehrung, eine Entsagung mehr liegt. Will man aber trotzdem mehr von ihm, so wird er mit wohlwollendem Kopfschütteln auf seinen Bruder hinweisen, den freien Menschen der Tat, und vielleicht ein wenig Spott nicht verhehlen: denn mit dessen «Freiheit» hat es eine eigene Bewandtnis.

COMMENTARY

Text: Friedrich Nietzsche, *Sämtliche Werke in zwölf Bänden* (Stuttgart, 1964), III, 15–48.

1. *'der Mensch'*: this paragraph contains a number of thoughts of central importance to Nietzsche's philosophy, and in particular to the change in direction represented by *Menschliches, Allzumenschliches*. Criticising the starting-point of 'der Mensch' as an entity with allegedly immutable, eternally-valid characteristics, he turns to the examination of individual epistemological and ethical problems as they challenge his own age; this involves a view of man as 'becoming' rather than 'being' ('Alles aber ist geworden')—a theme to which he returns in paragraph 16—and leads him to reject metaphysical abstractions such as 'life' in favour of a practical discussion of realities confronting individual human beings. In terms of Nietzsche's own spiritual development this reflects his struggle to arrive at a naturalistic ethic which would fill the void left by his renunciation of the Wagnerian world.

   This conception carries over into the realm of science, which Nietzsche saw as determined by two related properties: its specialisation and its progressive nature. The combination of these properties—this is latent in Nietzsche's formulation—produces the modern situation in which man has come to know more and more about less and less — and *vice versa*. The significance of this problem was investigated shortly afterwards by Max Weber in the context of the social sciences and the development of society itself (see Vol. II, p. 64ff.).

2. *im Ausspinnen von Symbolen und Formen*: an expression of Nietzsche's aversion from the art of Wagner, which rests on the symbolic and the allusive.

3. *Metaphysische Welt*: *Menschliches, Allzumenschliches* marks a break on Nietzsche's part with metaphysical speculation in favour of an intellectual engagement with the perceptible realities surrounding us.

4. *'Ding an sich'* ... *'Erscheinung'*: Nietzsche, like Schopenhauer, from whom he received it together with the identification of *Ding an sich* with Will, here retains the Kantian dualism of noumena *(Dinge an sich)* and phenomena as an epistemological framework, but as paragraph 16 shows, he works towards a naturalistic reconciliation of the two in terms of man's apprehensible and demonstrable development or 'becoming' (p. 221 above), and ends by branding the *Ding an sich* as 'devoid of meaning' (p. 222 above).

5. *Traum und Kultur*: this and the following paragraph offer an interesting anticipation of Freud's investigations into dreams: '[Nietzsche's] premonitions and insights often agree in the most remarkable manner with the laborious results of psychoanalysis' (Freud, *Gesammelte Werke*, London, 1948, XIV, 86). Nietzsche later came to see the unconscious as the repository of the hidden 'will to power', but at the time of *Menschliches, Allzumenschliches* he has no systematic interpretation to make of these insights— which, he claims at the end of paragraph 13, are vouchsafed especially to the artist. *Morgenröte* § 119 also belongs in this context.

6. *Kein Innen und Außen in der Welt*: cf. Goethe: 'Natur hat weder Kern/Noch

Schale;/Alles ist sie mit einem Male' (from the poem 'Allerdings'). The theme of the one-ness of the universe is continued in paragraph 16.

7. *Demokrit:* Democritus (fl. 4th century B. C.) was one of the pre-Socratic philosophers (Pythagoras, Heraclitus, Empedocles, the atomists) greatly admired by Nietzsche, as they had been by Schopenhauer (cf. *Zur idealistischen Grundansicht,* p. 201 above).

8. *Erscheinung und Ding an sich:* see note 4.

9. *der folgende Satz:* probably from Kant, though I have not been able to identify the quotation. According to Jaspers, Nietzsche had read little of Kant in the original: most of his knowledge came from popularisers.

10. *Einige Sprossen zurück:* once more the concept of 'werden' reappears, this time in the context of historical progress: metaphysics is seen as something now to be overcome, but it has had its role in history and was at one time of value.

11. *'monumentum aere perennius':* 'a memorial more enduring than bronze'— a quotation from Horace, *Odes* III, 30, line 1. Nietzsche's contrast between scientific attitudes and religious faith is characteristically overstated: questioning, i. e. doubt, plays as integral a part in the Christian tradition, from Pascal through Dostoievsky to the protagonists of the 'new theology', as experimentation and the testing of hypotheses are at the basis of the so-called 'scientific method'.

12. *Fürchten wir uns vor diesem Leiden nicht!:* Nietzsche gave suffering—like evil, error and other 'negative' values—a positive heuristic role in his scheme of things. Thomas Mann, who brought this theme into many of his stories, similarly declared his faith in a vision of 'an humanitarianism that knows what it means to have lived through sickness and death'. Cf. paragraphs 25, 31 and 33, and notes 16 and 20.

13. *mit Bewußtsein:* cf. note 1. This, like the 'neue bewußte Kultur' a few lines later, expresses Nietzsche's new insistence on individual awareness and individual responsibility for making reasoned judgments. This is for him the prerequisite of human progress.

14. *Seitdem der Glaube aufgehört hat* etc.: 'You have killed God!' cries the madman in Nietzsche's parable (*Die fröhliche Wissenschaft,* § 125), and the result of this supreme act of destruction by man is a nihilistic world. The subjective tone of this almost casually introduced dogmatic assumption—as unproven as those which he attacks—is characteristic of Nietzsche and illustrative of the arbitrariness which many have seen, despite his protestations, as a mark of his affinity with the Romantics. Cf. paragraph 28: 'Welcher Denkende hat aber die Hypothese eines Gottes noch nötig?'

15. *namentlich die Kants:* Kant's categorical moral imperative: 'Act only as if the maxim of your action were to become through your will a general law'.

16. *sogar böse Aufgaben:* evil, i. e. the negative principle, destruction, renunciation of conformity, has a vital place in Nietzsche's dialectic scheme of things, for it is only by first negating the status quo that one can rise to a new level of personal and corporative awareness. This is an aspect of Nietzsche's *Selbstüberwindung,* which issues in the vision of the *Übermensch.* In the profile of 'Goethean man' which he gives in *Schopenhauer als Erzieher,*

Nietzsche points to the central significance for Faust of the constructive negativity of Mephistopheles —

Ein Teil von jener Kraft
Die stets das Böse will und stets das Gute schafft
(*Faust* I, 1336–7)

In Nietzsche's own formulation: 'Also, unverhohlen gesprochen: es ist nötig, daß wir einmal recht böse werden, damit es besser wird' (*Schopenhauer als Erzieher*, § 4: Musarionausgabe VII, 75). Parallel to this is the productive role Nietzsche assigns to suffering (cf. paragraph 23 and note 12), to human error (cf. paragraphs 31 and 33) and to injustice (cf. paragraph 32).

17. *Kenntnis der Bedingungen der Kultur:* Nietzsche followed Hegel in seeing freedom as a product of culture, although, unlike Hegel, he saw a reaction against the state as a *sine qua non* for the pursuit of culture. In *Schopenhauer als Erzieher* he portrays Rousseau as a Dionysian, life-giving figure but rejects a facile Rousseauesque 'Back to Nature' as a panacea for the ills of civilisation: in Nietzsche's eyes men were not born equal and were not naturally good, and a 'return to Nature' would lead, not to goodness, liberty and equality, but to savagery, violence and mob-rule. Like Heine, whom he much admired and with whom he has much in common, Nietzsche feared the envelopment of the superior personality—like his own—by the masses; his scorn of the inadequacies of 'den gewöhnlichen, alltäglichen Menschen' (paragraph 33) is part of this attitude.

18. *Luthers Reformation:* it is revelatory more of Nietzsche's psychology than of historical reality that he should underplay the importance of Luther's doctrine of freedom of conscience and concentrate instead on the intolerance which Luther showed to those who opposed his ideas. Nietzsche, who himself had a Protestant upbringing, saw St. Paul, St. Augustine and Luther as spokesmen for a faith which deprecated the use of reason and, by arrogating to itself an exclusive claim to ultimate revealed truth, distracted attention from the real task of man to analyse his condition and work towards his moral advancement. The ideals of the Renaissance—'ein erster Frühling', as he calls it,—were naturally far more congenial to him.

19. *ältere, mächtige Betrachtungsarten der Welt:* it was from Schopenhauer that Nietzsche derived his respect for pre-Socratic philosophers; see note 7.

20. *Optimismus und Pessimismus:* 'Es ist eine gründliche Kur gegen allen Pessimismus (den Krebsschaden aller Idealisten und Lügenbolde, wie bekannt), auf die Art dieser freien Geister [*sc.* the 'freie Geister' to whom the subtitle of *Menschliches, Allzumenschliches* refers] krank zu werden, eine gute Weile krank zu bleiben und dann, noch länger, noch länger, gesund, ich meine "gesünder" zu werden' (*Vorrede* of 1886 to *Menschliches, Allzumenschliches* I; *ed. cit.* III, 9–10).

21. *mit einer praktischen Weltbejahung:* one may recall, since Nietzsche is using Schopenhauer's terminology here, that the asceticism and self-abnegation which Schopenhauer preached were far from the self-indulgence of his day-to-day life.

22. *Das Unlogische notwendig:* see note 16.

NIETZSCHE (1844 – 1900)

Mahnruf an die Deutschen (1873)

This brief utterance of Nietzsche's, written à propos the laying of the foundation-stone of Richard Wagner's Festspielhaus in Bayreuth the previous year, illuminates that most significant relationship between himself and the music of Wagner; broaches the topic, vital to the cultures of all times and places, of the inner morality and public influence of art; and sets the particular art-form of music into the German context of which, above all in the nineteenth century, it is an inseparable part. From E. T. A. Hoffmann (see p. 157f above) and Schopenhauer (see p. 188f. above) through Nietzsche to Thomas Mann (see Vol. II, p. 235ff.) there runs a line of thought which establishes what Thomas Mann called 'the musicality of the German soul', and the history of this concern follows a vital strand in the German tradition.

The significance of this line of thought extends far beyond the realm of music. Music is deeply embedded in German Romanticism, and in the various manifestations of nineteenth-century Romanticism —philosophical, aesthetic, scientific, even political—lie the roots of many features of German intellectual life. The attraction of the irrational, the urge to abstraction and allegory, the appeal to, and the acceptance of the authority of, a mystical other-worldliness—these are some of the characteristics that many would find in the modern German psyche, characteristics symbolised in their absolute, impersonal essence in the ethos of music and the Romantic metaphysic to which it gave birth.

Nietzsche's first published work, *Die Geburt der Tragödie aus dem Geist der Musik* (1871), was the product of his encounter with, and captivation by, the personality of Wagner, whom he saw as the heroic modern embodiment of the god Dionysos. Yet for all his worship of Wagner the man, one already senses in this essay a certain reservation where Wagner's music was concerned—indeed Wagner resented the all-too-modest attention devoted to his own works in Nietzsche's original drafts, and this led Nietzsche to involve the Wagnerian Gesamtkunstwerk more deeply in the final version.

But his hesitations and doubts only deepened with time. His ambivalent reactions to the foundation of the Bayreuth Festspielhaus in 1872, with its overtones of national pride in the newly-established Second Reich, find clear expression in the *Mahnruf an die Deutschen* of 1873. Later in the fragments published posthumously as *Gedanken über Richard Wagner aus dem Jahre 1874* we find a juxtaposition of praise of Wagner's historical achievement in extending almost beyond belief the range of musical expression, and uneasiness at the strained intensity — 'Unbändigkeit, Maßlosigkeit' are Nietzsche's words—that characterises the whole Wagnerian *œuvre*. *Richard Wagner in Bayreuth* (1876), the fourth of Nietzsche's *Unzeitgemäße Betrachtungen*, deepens the dichotomy, and by the time of *Menschliches, Allzumenschliches* (1878) he is writing of Wagner as 'ein morschgewordener, verzweifelnder Romantiker' (see p. 208 above). *Der Fall Wagner*, written in 1888, five years after Wagner's death, brings Nietzsche's anti-Wagner crusade to its violent climax, scorning the *Weltmüdigkeit* of the Schopenhauer-Wagner line and casting Wagner in the role of practical synthesizer of the past, no longer of visionary, or prophet, or pioneer. In fact, the future lay, said Nietzsche, not with the musician at all, but with the poet.

The controversy over Wagner still rages, and it probably always will. For its roots lie in ethics, in the morality of art, in the hold that music, the most abstract, most 'un-real', most absolute of the arts, can come to have over men's minds. 'Es ist gar keine Musik mehr', said a famous conductor to Thomas Mann after a performance of *Tristan und Isolde*. This is what Nietzsche is talking about. It is a theme embedded in the heart of the German intellectual and cultural tradition.

BIBLIOGRAPHY

R. W. Gutman, *Richard Wagner: The Man, His Mind and His Music* (London, 1968)

T. Mann, 'Leiden und Größe Richard Wagners' (*Adel des Geistes*, Stockholm, 1945)

J. M. Stein, *Richard Wagner and the Synthesis of the Arts* (Detroit, 1960)

R. Taylor, *The Romantic Tradition in Germany* (London, 1970)

—'Romantic Music'; in *The Romantic Period in Germany* ed. S. S. Prawer (London, 1970)

See also the Bibliographies to Schopenhauer (p. 190) and Nietzsche (p. 212) above.

Mahnruf an die Deutschen

Wir wollen gehört werden, denn wir reden als Warner, und immer ist die Stimme des Warners, wer er auch sei und wo sie auch immer erklinge, in ihrem Rechte; dafür habt ihr, die ihr angeredet werdet, das Recht euch zu entscheiden, ob ihr eure Warner als ehrliche und einsichtige Männer nehmen wollt, die nur laut werden, weil ihr in Gefahr seid, und die erschrecken, euch so stumm, gleichgiltig und ahnungslos zu finden. Dies aber dürfen wir von uns selbst bezeugen, dass wir aus reinem Herzen reden und nur soweit dabei das Unsere wollen und suchen, als es auch das Eure ist — nämlich die Wohlfahrt und die Ehre des deutschen Geistes und des deutschen Namens.

Es ist euch gemeldet worden, [1]welches Fest im Mai des vorigen Jahres zu Bayreuth gefeiert wurde: einen gewaltigen Grundstein galt es dort zu legen, unter dem wir viele Befürchtungen auf immer begraben, durch den wir unsere edelsten Hoffnungen endgiltig besiegelt glaubten — oder vielmehr, wie wir heute sagen müssen, besiegelt wähnten. Denn ach! es war viel Wahn dabei: jetzt noch leben jene Befürchtungen; und wenn wir auch keineswegs verlernt haben zu hoffen, so giebt doch unser heutiger Hilf-und Mahnruf zu verstehen, dass wir mehr fürchten als hoffen. Unsre Furcht aber richtet sich gegen euch: ihr möchtet gar nicht wissen, was geschieht, und vielleicht gar aus Unwissenheit verhindern, dass Etwas geschieht. Zwar ziemt es sich längst nicht mehr, so unwissend zu sein; ja fast scheint es unmöglich, dass Jemand es jetzt noch ist, nachdem der grosse, tapfere, unbeugsame und unaufhaltsame Kämpfer Richard Wagner schon Jahrzehnte lang unter dem gespannten Aufmerken fast aller Nationen für jene Gedanken einsteht, denen er in seinem Bayreuther Kunstwerk die letzte und höchste Form und eine wahrhaft siegreiche Vollendung zu geben verheisst. Wenn ihr ihn jetzt noch hindern würdet, den Schatz auch nur zu heben, den er Willens ist euch zu schenken: was meint ihr wohl damit für euch erreicht zu haben? Eben dies muss euch noch einmal und immer wieder öffentlich und eindringlich vorgehalten werden, damit ihr wisset, was an der Zeit sei, und damit auch nicht einmal das mehr in eurem Belieben steht, die Unwissenden zu spielen. Denn von jetzt ab wird das Ausland Zeuge und Richter im Schauspiele sein, das ihr gebt; und in seinem Spiegel werdet ihr ungefähr euer eigenes Bild wiederfinden können, so wie es die gerechte Nachwelt einmal von euch malen wird.

Gesetzt es gelänge euch, durch thatlose Unwissenheit, Misstrauen, durch hemmendes Secretiren, durch Bespötteln und Verleumden den Bau auf dem Hügel von Bayreuth zur zwecklosen Ruine zu machen;

gesetzt ihr liesset es in unduldsamem Misswollen nicht einmal zu, dass das vollendete Werk Wirklichkeit werde, Wirkung thue und für sich selber zeuge, so habt ihr euch vor dem Urtheile jener Nachwelt eben so zu fürchten als vor den Augen der ausserdeutschen Mitwelt zu schämen. Wenn ein Mann in Frankreich oder in England oder in Italien, ja selbst in den kleineren unsrer Nachbarstaaten, nachdem er allen öffentlichen Mächten und Meinungen zum Trotz den Theatern fünf Werke eines eigenthümlich grossen, mächtigen und durchaus nationalen Stiles geschenkt hätte, die vom Norden bis zum Süden unablässig verlangt und bejubelt werden — wenn ein solcher Mann ausriefe: «die bestehenden Theater entsprechen nicht dem Geiste der Nation, sie sind als öffentliche Kunst eine Schande! Helft mir dem nationalen Geiste eine Stätte bereiten!» würde ihm nicht Alles zu Hilfe kommen und sei es auch nur — aus Ehrgefühl? Und wahrlich! Hier thäte nicht nur Ehrgefühl, nicht nur die blinde Furcht vor der schlechten Nachrede Noth; hier könntet ihr mitfühlen, mitlernen, mitwissen, hier könntet ihr euch aus tiefstem Herzen mitfreuen, indem ihr euch entschlösset, mitzuhelfen. Alle eure Wissenschaften werden von euch freigebig mit kostspieligen Versuchs-Werkstätten ausgerüstet: und ihr wollt unthätig bei Seite stehen, wenn dem wagenden und versuchenden Geiste der deutschen Kunst eine solche Werkstatt aufgebaut werden soll? Könnt ihr irgend einen Moment aus der Geschichte unserer Kunst nennen, in dem wichtigere Probleme zur Lösung hingestellt und reicherer Anlass zu fruchtbaren Erfahrungen geboten wurde, als jetzt, wo der von Richard Wagner mit dem Namen [2]«Kunstwerk der Zukunft» bezeichnete Gedanke leibhafte und sichtbare Gegenwart werden soll? Was für eine Bewegung der Gedanken, Handlungen, Hoffnungen und Begabungen damit eingeleitet wird, dass vor den Augen mitwissender Vertreter des deutschen Volkes der viergetürmte Nibelungen-Riesenbau nach dem allein von seinem Schöpfer zu erlernenden Rhythmus sich aus dem Boden hebt, welche Bewegung in die fernste, fruchtbringendste, hoffnungsreichste Weite hinaus — wer möchte kühn genug sein, hier auch nur ahnen zu wollen! Und jedenfalls würde es nicht an dem Urheber der Bewegung liegen, wenn die Welle bald wieder zurücksinken und die Fläche wieder glatt werden sollte, als ob Nichts geschehen sei. Denn wenn es unsere erste Sorge sein muss, dass das Werk überhaupt gethan werde, so drückt uns doch als zweite Sorge nicht minder schwer der Zweifel, [3]wir möchten nicht reif, vorbereitet und empfänglich genug befunden werden, um die jedenfalls ungeheure allernächste Wirkung in die Tiefe und in die Weite zu leiten.

Wir glauben bemerkt zu haben, dass überall, wo man an Richard Wagner Anstoss genommen hat und zu nehmen pflegt, ein grosses und fruchtbares Problem unserer Kultur verborgen liegt; aber wenn man daraus immer nur einen Anstoss zum dünkelhaften Bekritteln und Be-

spötteln genommen hat und nur so selten einen Anstoss zum Nachdenken, so giebt dies uns bisweilen den beschämenden Argwohn ein, ob
vielleicht das berühmte «Volk der Denker» bereits zu Ende gedacht
und etwa den Dünkel gegen den Gedanken eingetauscht habe. Welchen
missverständlichen Einreden hat man zu begegnen, nur um zu verhüten,
dass das Bayreuther Ereigniss vom Mai 1872 nicht mit der Gründung
eines neuen Theaters verwechselt wird, um andererseits zu erklären,
warum dem Sinne jener Unternehmung kein bestehendes Theater entsprechen kann: welche Mühe kostet es, die absichtlich oder unabsichtlich
Blinden darüber hellsehend zu machen, dass bei dem Worte «Bayreuth»
nicht nur eine Anzahl Menschen, etwa eine Partei mit spezifischen Musik-
gelüsten, sondern die Nation in Betracht komme, ja dass selbst über die
Grenzen der deutschen Nation hinaus alle diejenigen zu ernster und
thätiger Betheiligung angerufen sind, denen die Veredlung und Reinigung der dramatischen Kunst am Herzen liegt, und die [4]Schiller's
wunderbare Ahnung verstanden haben, dass vielleicht einmal aus der
Oper sich das Trauerspiel in einer edleren Gestalt entwickeln werde.
Wer nur immer noch nicht verlernt hat nachzudenken — und sei es
wiederum auch nur aus Ehrgefühl —, der muss eine künstlerische Unternehmung als *sittlich* denkwürdiges Phänomen empfinden und begünsti-
gen, die in diesem Grade von dem opferbereiten und uneigennützigen
Willen aller Betheiligten getragen wird und dem ernst ausgesprochenen
Bekenntniss derselben geweiht ist, dass sie von der Kunst hoch und streng
denken und zumal von der deutschen Musik und ihrer verklärenden
Einwirkung auf das volksthümliche Drama die wichtigste Förderung
eines originalen deutsch ausgeprägten Lebens erhoffen. Glauben wir
doch sogar noch ein Höheres und Allgemeineres: ehrwürdig und heil-
bringend wird der Deutsche erst dann den anderen Nationen erscheinen,
wenn er gezeigt hat, dass er furchtbar ist und es doch *durch Anspannung
seiner höchsten und edelsten Kunst- und Kulturkräfte vergessen machen will, dass
er furchtbar war.*

An diese unsere deutsche Aufgabe in diesem Augenblick zu mahnen
hielten wir für unsere Pflicht, gerade jetzt, wo wir auffordern müssen,
mit allen Kräften eine grosse Kunstthat des deutschen Genius zu unterstützen. Wo wir nur immer Herde ernsten Nachsinnens sich in unserer
aufgeregten Zeit erhalten haben, erwarten wir einen freudigen und
sympathischen Zuruf zu hören, insbesondere werden die deutschen
Universitäten, Akademien und Kunstschulen nicht umsonst aufgerufen
sein, sich der geforderten Unterstützung gemäss, einzeln oder zusammen,
zu erklären: wie ebenfalls die politischen Vertreter deutscher Wohlfahrt
in Reichs- und Landtagen einen wichtigen Anlass haben zu bedenken,
dass das Volk jetzt mehr wie je der Reinigung und der Weihung durch
die erhabenen Zauber und Schrecken echter deutscher Kunst bedürfe,
wenn nicht die gewaltig erregten Triebe politischer und nationaler

Leidenschaft und die der Physionomie unseres Lebens aufgeschriebenen Züge der Jagd nach Glück und Genuss unsere Nachkommen zu dem Geständnisse nöthigen sollen, dass wir Deutsche uns selbst zu verlieren anfiengen, als wir uns endlich wiedergefunden hatten.

COMMENTARY

Text: Friedrich Nietzsche, *Gesammelte Werke* (Munich, 1922ff.), Vol. VII, 239–43.

1. *welches Fest*: Wagner himself laid the foundation-stone of the Bayreuth Festspielhaus on May 22, 1872. As early as 1848, in his *Entwurf zur Organisation eines deutschen Nationaltheaters für das Königreich Sachsen*, he had envisaged the establishment of a 'Centre for the Arts' which should be devoted to the higher interests of the community as a whole and not, like the traditional theatre and opera-house of the early nineteenth century, to the shallow tastes and fickle fashions of a philistine upper class. In 1865, the year of *Tristan und Isolde*, he offered his new-found patron Ludwig II of Bavaria a *Bericht über eine in München zu errichtende deutsche Musikschule*, and this marked the beginning of the enterprise which, with the enthusiastic support of the King, led to the choice of Bayreuth as a suitable centre for the Festival of Wagnerian Opera. The foundation of the theatre on the so-called Grüner Hügel was marked by a performance of Beethoven's Choral Symphony in the old civic opera-house of Bayreuth, and the Festspielhaus, completed 4 years later to Wagner's own detailed specification, was inaugurated in the presence of old Kaiser Wilhelm I with the first complete performance of *Der Ring des Nibelungen* in August 1876. The Kaiser had little idea of what Wagner was about, but his presence set the seal of official approval on Wagner's music and made it a national possession expressive of the achievements and aspirations of the Second Reich. The national, not to say nationalistic, aspect of Wagner's art is in Nietzsche's mind throughout the *Mahnruf an die Deutschen* and his other Wagner writings, and the final paragraph shows at its noblest his concern with the well-being of the moral and artistic conscience of the young German nation.

2. '*Kunstwerk der Zukunft*': Wagner's essay under this title, written in 1848, had propounded the principles of the *Gesamtkunstwerk*, the union of the arts in the service of a single ideal of dramatic purpose, and he intended his music-dramas, at their head the tetralogy *Der Ring des Nibelungen*—'der viergetürmte Riesenbau', as Nietzsche calls it a few lines later—as practical exemplifications of his theory. In fact they are nothing of the kind, but triumphant assertions of the domination by music of the composite art-form of opera.

3. *wir möchten nicht reif ... genug befunden werden:* cf. 'Damit ein Ereignis Größe

habe, muß zweierlei zusammenkommen: der große Sinn derer, die es voll-bringen, und der große Sinn derer, die es erleben' – the opening of Nietz-sche's *Richard Wagner in Bayreuth*, where he pursues the matter further.

4. *Schiller's wunderbare Ahnung*: 'Ich hatte immer ein gewisses Vertrauen zur Oper, dass aus ihr wie aus den Chören des alten Bacchusfestes das Trauer-spiel in einer edlern Gestalt sich loswickeln sollte. In der Oper erlässt man wirklich jede servile Naturnachahmung, und obgleich nur unter dem Namen der Indulgenz, könnte sich auf diesem Wege das Ideale auf das Theater stehlen' (letter to Goethe, December 29, 1797). Schiller had a particular admiration for Gluck.

DILTHEY (1833–1911)

Die Kultur der Gegenwart und die Philosophie (1898)

The contrast between the line of the great system-builders of the modern German philosophical tradition—Kant, Fichte, Schelling, Hegel, Schopenhauer—and the thought of Wilhelm Dilthey marks a decisive change in the intellectual and cultural climate of nineteenth-century Germany. He was born fifteen years after the first publication of Schopenhauer's *Die Welt als Wille und Vorstellung*—which was also the year of Karl Marx's birth—and two years after the death of Hegel; he was twenty years younger than Wagner and eleven years older than Nietzsche; the forty years of his philosophical career, from the mid-1860s until his death, reach from the foundation of the Second Reich to the eve of the Balkan Wars, saw the appearance of Marx's *Das Kapital*, the plays of Ibsen, the novels of Zola, the introduction of antiseptic surgery and the establishment of the Nobel prizes.

Such an inventory both sketches the social and intellectual situation of Dilthey's day and reveals the elements whose coalescence into a total world-pattern he sought to promote. On the one hand the line of post-Kantian idealism had come to an end: Hegel had constructed the metaphysical system to end all metaphysical systems, and philosophers were turning away from the imaginative vagaries of the speculative school. On the other hand the spirit of scientific enquiry was in the ascendancy: speculation gives way to critical observation, and the discoveries of science lead the mind to seek verifiable 'facts', statements to answer the question, not 'What is true?' but 'What is correct?'

Dilthey saw from the beginning that, at his own moment in time, metaphysics, once 'the queen of the sciences' (see p. 254 below), no longer held the answer to the problem of finding a philosophical standpoint from which the whole of material and spiritual reality could be surveyed. However, this did not warrant the rejection of the historical achievements of the post-Kantian idealists: 'Philosophy', he said in his inaugural lecture as Professor of Philosophy at Basel, 'should return via Hegel, Schelling and Fichte to Kant. But it should not pass these thinkers by in silence, for they ventured—and with what great success—to expound the mystery of the world and the practical thought which underlies all conceptions of it. For almost half a century they dominated the education and the spirit of enquiry in our nation, and we would be lacking in all self-esteem if we were to consider their intellectual activity utterly worthless' (*Gesammelte Werke* V⁴, 1964, 13).

German idealist philosophy he saw as the counterpart of German literary classicism: Hegel, Schelling and Schleiermacher supplied the logical and metaphysical exposition of the *Weltansicht* of Lessing, Goethe and Schiller. The depth of Dilthey's aesthetic appreciation—'auch die Probleme der Poesie sind Lebensprobleme', he writes in *Die Kultur der Gegenwart und die Philosophie* (p. 255 below)—finds expression in studies of Lessing, Goethe, Hölderlin, Novalis and others in *Das Erlebnis und die Dichtung* and *Von deutscher Dichtung und Musik*. Kant, to whom Dilthey returns time and again in the development of his own thought, had the same liberating significance for him as for the philosophers of idealism and the poets of Romanticism, and despite his anti-metaphysical bent, Dilthey is often to be found in the position of trying to reconcile his positivist scientific urge with an inner poetic consciousness of the world of the spiritual unknown which had been isolated by Kant's demarcation of the frontiers of reason. Indeed, the diverse philosophical, historical, literary and psychological writings that Dilthey has left are held together by the intention to write a *Kritik der historischen Vernunft*— or, as he sometimes calls it, a *Grundlegung der Geisteswissenschaften*. He was certainly no mystic, yet equally certainly he was anxious not to undervalue the non-rational elements in life, for an understanding of man (*Verstehen* is a vital principle with him) in his psychological and spiritual wholeness was a prime object of his efforts, as was his related search for a single point from which all philosophical systems could be surveyed and classified. These twin objectives are fixed in his work as early as 1860, when we find him noting in his diary the need for 'eine Klassifikation der Hauptformen der Philosophie aus dem Wesen des menschlichen Geistes' (*ed. cit.* VIII³, 1962, VI).

Classification means collection and identification of facts, and here the scientific spirit of the age makes itself felt in the humanities and the newly-fledged social sciences as well as in the familiar methods of the physical sciences. The analogical influence of biology was particularly marked. Darwin's *Origin of Species* (1859)—less through its demonstration of evolution than through its revelation of the complementary law of the survival of the fittest and the accompanying inevitability of waste and destruction—had an impact felt far beyond the realm to which it belonged; later Ernst Heinrich Haeckel took up the cause of Darwinism in Germany, not only exhibiting the doctrine of evolution in botany and zoology but also applying it to problems of philosophy and religion, while the work of the embryologist August Weismann and the botanist

Julius Sachs extended the range of Darwinian principles in terms both acceptable to science and intelligible to the layman.

The new concentration on facts rather than theories shows itself from the early decades of the century in the philological work of Wilhelm von Humboldt and the Grimm brothers, in the great *Römische Geschichte* of Barthold Niebuhr and in the historico-legal studies of Savigny. To this critical concern with minutiae were added Hegel's concept of universal history, Ranke's quest for a comprehensive political history, Marx's claim to an economic analysis of universal validity and Burckhardt's studies in world culture. As scepticism removed illusions and critical analysis established bases, the way became clear for a macrocosmic view of past and present reality, a *Weltanschauung* true to the inner nature of life.

Much of Dilthey's later life was given over to the pursuit of the significance of *Weltanschauungen* in their historical and philosophical aspects, and *Die Kultur der Gegenwart und die Philosophie* is in effect a parergon to the extended treatment of the theme in his *Geschichtliches Bewußtsein und die Weltanschauungen* and *Die Typen der Weltanschauung und ihre Ausbildung in den metaphysischen Systemen*. The search for a universally acceptable logical proof of a single universally acceptable *Weltanschauung*, which philosophers down to Hegel had seen it as their task to provide, was now abandoned, and *Weltanschauung* had become separated from scientific proof. Since a total world-view is not possible, attention must focus on the establishment of the truth of an individual aspect, but the resultant truth will only be partial, the truth of one *Weltanschauung* among many: '*Weltanschauungen* are rooted in the nature of the world and in the relationship to them of man's finite mind. Each such *Weltanschauung* thus represents one aspect of the world, and each is to this extent true. But each is also one-sided, and we are denied the possibility of viewing the different aspects *in toto*. The pure light of truth can only be perceived in the form of variously refracted rays.' (*Traum; ed. cit.* VIII, 224). Or, put the other way round and set in the context of history: 'The individual invariably experiences, thinks and acts in a common context' (*Einleitung in die Geisteswissenschaften; ed. cit.* I, 36).

This cool, sober attitude returns us to Dilthey's Kantian starting point of a belief in 'an objective order of things, independent of man and obeying certain laws. This is the expression of a profound reality to which our thoughts aspire. Yet it is certain that we shall never set eyes upon this reality, for our thought is bound to a similar language of properties, movements and physical relationships' (*Der moderne Mensch und der Streit der Weltanschauungen; ed. cit.* VIII, 227).

The vocabulary of this 'language of symbols' is drawn, for a philosopher of Dilthey's sympathies, from the whole range of experienced human reality—physical, intellectual, ethical, cultural, religious. The emphasis lies here on the power of personal thoughts and feelings which we have experienced *(erlebt)* within ourselves, whereas objective reality, though no less real, is less immediately felt to be so, and itself receives its meaning from our experience. This means that he saw the task of philosophy to consist in giving an account of what experience, both of rational and irrational realities, is about, and how it is converted into patterns of thought: in a word, it is an empirical approach that can be called, in the broadest sense, psychological, embracing the whole of experience. From this stems the importance of Dilthey to the disciplines of anthropology, psychoanalysis and the sociology of knowledge (cf. Max Scheler, Vol. II, p. 84ff.). We may also recall that one of his students in Berlin was Friedrich Gundolf.

Against this post-Hegelian background of confident scientific independence and growth of compartmentalised knowledge, together with Dilthey's catholicity of interest and comprehensiveness of purpose, it is not surprising that his work consists in the main of studies for a *magnum opus* which was never finished. What he called his *Kritik der historischen Vernunft* or *Grundlegung der Geisteswissenschaften* controlled the course of his whole career, and individual essays and lectures on ethics, aesthetics, epistemology, history and psychology have the status of prolegomena to this work, but the only systematic part to be published was the *Einleitung in die Geisteswissenschaften* (1883). Many of these pieces are revisions of the same material, or otherwise overlap, and the sequence of thought is not continuous, but there can be little doubt about either his intention or the character of his thoughts, or of the remarkable breadth of vision which led him to seek a practical synthesis of the divergent intellectual disciplines of his day.

In his last years he proposed a new title for the work that would have contained the crystallisation of his life-long efforts: *Der Aufbau der geschichtlichen Welt in den Geisteswissenschaften*. From the *Critiques* of Kant to the theology of Schleiermacher, from the historiography of Hegel to the biology of Darwin, the ethics of the utilitarians, the pioneer sociology of Comte and the literature of his own German classical and Romantic tradition he assembled the materials for just such an anatomy of the contemporary German philosophical situation in its historical perspective. At the beginning of his *Einleitung in die Geisteswissenschaften* he states his purpose as the service of understanding the troubled social conditions of his time. His faith in the therapeutic value of the study of the human sciences may strike us as naive, if understandable in its context. But the interest and value of the diagnosis remain.

BIBLIOGRAPHY

O. F. Bollnow, *Dilthey. Eine Einführung in seine Philosophie* (Berlin, 1936)

A. Degener, *Dilthey und das Problem der Metaphysik* (Bonn/Köln, 1933)

R. Dietrich, *Die Ethik Wilhelm Diltheys* (Düsseldorf, 1937)

W. Heynen, *Diltheys Psychologie des dichterischen Schaffens* (Halle, 1916)

H. A. Hodges, *The Philosophy of William Dilthey* (London, 1952)

W. Kluback, *William Dilthey's Philosophy of History* (New York, 1956)

G. Misch, Introduction to Volume V of Dilthey's *Gesammelte Schriften* (Stuttgart, 1923). The other volumes of this edition also contain editorial introductions to the respective texts.

K. Müller-Vollmer, *Towards a Phenomenological Theory of Literature. A Study of William Dilthey's Poetik* (The Hague, 1963)

(ed.) H. P. Rickman, *Meaning in History. Dilthey's Thoughts on History and Society* (translated excerpts; London, 1961)

Die Kultur der Gegenwart und die Philosophie

1

Was ich Ihnen bieten möchte, ist nicht eine bloße Kathederphilosophie. Nur aus dem Verständnis der Gegenwart kann das rechte philosophische Wort an Sie hervorgehen. Versuchen wir also, die Grundzüge der Gegenwart zu erfassen, welche die heutige Generation bestimmen und ihrer Philosophie das Gepräge geben.

Der allgemeinste Grundzug unseres Zeitalters ist sein [1]Wirklichkeitssinn und die Diesseitigkeit seiner Interessen. Wir halten uns an das Wort Goethes im [2]*Faust:*

> Der Erdenkreis ist mir genug bekannt,
> Nach drüben ist die Aussicht uns verrannt;
> Tor, wer dorthin die Augen blinzend richtet,
> Sich über Wolken Seinesgleichen dichtet!
> Er stehe fest und sehe hier sich um,
> Dem Tüchtigen ist diese Welt nicht stumm.

Seit Goethe das sagte, ist durch das Fortschreiten der Wissenschaften dieser Wirklichkeitssinn beständig gesteigert worden. Der Planet, auf dem wir leben, schrumpft gleichsam unter unseren Füßen zusammen. Jeder Bestandteil desselben ist von den Naturforschern gemessen, gewogen und nach seinem gesetzlichen Verhalten bestimmt worden. Erstaunliche Erfindungen haben die räumlichen Entfernungen auf ihm ins Kurze und Enge gebracht. Die Pflanzen und Tiere des ganzen Erdteils sind in Museen und Gärten zusammengebracht und in Handbüchern rubriziert worden. Die Schädel aller Menschenrassen sind gemessen, ihr Hirn ist gewogen, ihr Glaube und ihre Sitten sind bestimmt. Die Reisenden studieren die Psyche der Naturvölker und die Ausgrabungen machen die Reste der untergegangenen Kulturen uns zugänglich. Die Romantik, mit der noch die vorhergegangene Generation die Kultur Griechenlands oder die religiöse Entwicklung Israels ansah, ist verflogen, und wir merken, daß es überall recht natürlich und menschlich zugegangen ist. In der Politik sehen heute die Nationen jeden Teil des Erdballs auf die Interessen an, die sie da haben, und sie gehen diesen rücksichtslos nach, soweit die nüchterne Einsicht in das Verhältnis der Kräfte der Nationen das zuläßt.

Eine einzelne charakteristische Folge dieses Wirklichkeitssinnes macht sich bei Dichtern und Schriftstellern geltend. Das idealistische Pathos ist wirkungslos geworden. Wir gewahren deutlicher die Begrenzung in dem geschichtlich Großen und die Mischung im Trank des Lebens. Wir wollen allem auf den Grund sehen und uns nichts mehr vormachen lassen. [3]Unser Lebensgefühl steht dem von Voltaire, Diderot oder Friedrich dem Großen in dieser Beziehung näher als dem von Goethe und Schiller. Wir fühlen das Problematische des Lebens, und die ganze Literatur und Kunst der Gegenwart, die Bilder der großen französischen Wirklichkeitsmaler, der Realismus unseres Romans und unserer Bühne entsprechen diesem modernen Bedürfnis. Der gemischte Stil von Schopenhauer, Mommsen und Nietzsche wirkt stärker als das Pathos von Fichte und Schiller.

Ein zweiter Grundzug unserer Zeit bestimmt die Philosophie derselben. Die naturwissenschaftlichen Methoden haben einen Kreis allgemeingültigen Wissens hergestellt und dem Menschen die Herrschaft über die Erde verschafft. [4]Das Programm Bacos: Wissen ist Macht, die Menschheit soll durch die Kausalerkenntnis der Natur zur Herrschaft über sie fortschreiten, wird immer mehr von den Naturwissenschaften verwirklicht. Sie sind die Macht, welche den Fortschritt auf unserem Planeten in einer am wenigsten diskutabeln Art gefördert haben. Alle Künste Ludwigs XIV. haben geringere dauernde Veränderungen auf der Erde hervorgebracht als der mathematische Kalkül, den damals in der Stille Leibniz und Newton ersonnen haben. Daher beginnt mit der Begründung der mathematischen Naturwissenschaft im 17. Jahrhundert ein neues Stadium der Menschheit. Kein Jahrhundert hat ein größeres und schwierigeres Werk vollbracht als das siebzehnte.

Die Wissenschaft erhielt eine feste Grundlage in der Ausbildung der Mechanik. Diese vollzog sich durch die Verbindung der Mathematik mit dem Experiment. Die Mathematik entwickelte die Beziehungen der Größen, das Experiment zeigte, welche von diesen Beziehungen in den Bewegungen verwirklicht sind. Das einfachste und erste Beispiel des Verfahrens bilden die Entdeckungen des Galilei. So stellte Galilei experimentell fest, in welchem Verhältnis die Geschwindigkeit der Bewegung eines fallenden Körpers kontinuierlich zunimmt, und unter den einfachen Verhältnissen kontinuierlicher Zunahme der Bewegungsgröße erwies sich eines als hier verwirklicht. Soweit nun die Veränderungen der Natur repräsentiert werden konnten durch Bewegungen, erwies sich die neue Wissenschaft fähig, die Gesetze des Naturlaufs zu erkennen. Licht, Wärme, Elektrizität, Ton wurden so den Methoden der mathematischen Naturwissenschaft unterworfen. Die Bewegungen im Himmelsraum erwiesen sich als derselben Gesetzmäßigkeit untertan. Die chemischen Vorgänge erweisen sich quantitativen Bestimmungen in immer weiterem Umfang zugänglich. Schluß: So ist in all diesen Gebieten eine sichere allgemeingültige Naturwissenschaft entstanden, welche das Vorbild für alle Wissenschaften geworden ist. Und weit über das Gebiet der mechanischen Naturwissenschaft hinaus, auch in dem der biologischen

Naturwissenschaft, ist die Herrschaft des Menschen über die Natur auf Grund der Kausalgesetze möglich geworden. Wo in einem Zusammenhang der Natur die Ursachen der Änderung für unseren Willen zugänglich sind: können wir nach demselben absichtlich Wirkungen hervorrufen, deren wir bedürfen. In anderen Fällen ist uns wenigstens eine Voraussicht derselben möglich. So hat sich eine grenzenlose Aussicht auf Erweiterung unserer Macht über die Natur eröffnet.

Hiermit ist nun ein dritter Grundzug der gegenwärtigen Kultur verbunden. Der Glaube an unveränderliche Ordnungen der Gesellschaft ist geschwunden, wir stehen mitten in der Umgestaltung dieser Ordnungen nach rationalen Prinzipien. Mehrere Momente sind die letzten Jahrhunderte hindurch in dieser Richtung wirksam gewesen.

Allmählich wuchs von Land zu Land der Einfluß der Industrie und des Handels. So entstand eine Verschiebung der wirtschaftlichen Kräfte; sie hatte dann auch eine Veränderung in der sozialen Stellung der Klassen zur Folge, neue politische Machtansprüche machten sich geltend. Zuerst kam das Bürgertum hervor, dann verlangte die arbeitende Klasse eine bessere wirtschaftliche Lage und größeren politischen Einfluß, und diese Forderungen bestimmen heute die innere Politik der Staaten.

Ein anderes Moment liegt dann darin, daß das Bewußtsein vom Rechte der Einzelperson unendlich gewachsen ist. Es machte sich zuerst geltend in den religiösen Bewegungen, in den spiritualistischen Sekten, die im Bauernkrieg wirksam waren, in den religiös-politischen Bewegungen der Niederlande und im englischen Puritanismus. Dasselbe Recht der Einzelpersönlichkeit suchte dann in den philosophischen Bewegungen der modernen Zeit eine festere Begründung. [5]Hugo de Groot, Voltaire, Rousseau, Kant, Fichte bezeichnen die Stadien, in denen das Bewußtsein dieses Rechtes sich durchgesetzt hat. Dieses Bewußtsein fordert eine entsprechende Ordnung der Gesellschaft. Wo aber ist nun für diese eine feste Grundlage?

Hier tritt ein weiteres Moment auf. Es lag darin, daß die wissenschaftlichen Methoden, die sich in der Naturforschung so fruchtbar erwiesen hatten, nun auch auf die Probleme der Gesellschaft angewandt wurden. Selbständige Geisteswissenschaften bildeten sich aus. Im Anschluß an die Naturwissenschaften hat sie seit [6]Quesnay die Nationalökonomie als Lehre von den Gesetzen des wirtschaftlichen Lebens ausgebildet, die gesellschaftlich-geschichtliche Welt als ein komplexes Gebilde wird nach ihren Naturgesetzen studiert in den einzelnen Zweckzusammenhängen, die in ihr zusammenwirken, und so ist das neue Ideal entstanden, auf der Grundlage der Naturgesetze der Gesellschaft dieselbe umzugestalten. Endlich änderte sich das Subjekt, das diese Umgestaltung vollzieht. Die eingeschränkten Versuche der aufgeklärten Fürsten, zu reformieren, machten seit der Französischen Revolution immer mehr dem souveränen Willen der Völker Platz, sich ihre wirtschaftlichen, politischen und sozialen Ordnungen zu geben. Assoziationsfreiheit, zunehmende Macht der Volksvertretung und Ausbreitung des direkten allgemeinen Wahlrechtes enthalten die Möglichkeit, das Wissen von den Gesetzen des gesellschaftlichen Lebens umzusetzen in die Praxis.

2

Durchdringen Sie sich ganz mit diesem Wirklichkeitssinn, dieser Diesseitigkeit unseres Interesses, dieser Herrschaft der Wissenschaft über das Leben! Sie haben den Geist des vergangenen Jahrhunderts ausgemacht, und wie verhüllt auch das neue vor uns steht: diese Grundzüge werden auch ihm eigen bleiben. Diese Erde muß einmal der Schauplatz freien Handelns werden, das vom Gedanken regiert wird, und keine Repressionen werden hieran etwas hindern.

Indem die Gegenwart nun aber fragt, worin das letzte Ziel des Handelns für die Einzelperson und das Menschengeschlecht gelegen sei, zeigt sich der tiefe Widerspruch, der sie durchzieht. Diese Gegenwart steht dem großen Rätsel des Ursprungs der Dinge, des Wertes unseres Daseins, des letzten Wertes unseres Handelns nicht klüger gegenüber als ein Grieche in den ionischen oder italischen Kolonien oder ein Araber zur Zeit des ⁷Ibn Roschd. Gerade heute, umgeben vom rapiden Fortschritt der Wissenschaften, finden wir uns diesen Fragen gegenüber ratloser als in irgendeiner früheren Zeit. Denn 1. die positiven Wissenschaften haben die Voraussetzungen immer mehr aufgelöst, welche dem religiösen Glauben und den philosophischen Überzeugungen der früheren Jahrhunderte zugrunde lagen. Die gegebene Wirklichkeit mit ihren sinnlichen Qualitäten erwies sich als Erscheinung eines Unbekannten. 2. Eben das größte Werk der Philosophie im vergangenen Jahrhundert, die Analysis des Bewußtseins und der Erkenntnis hat am allerwirksamsten mitgearbeitet an diesem Werk der Zerstörung. Raum, Zeit, Kausalität, ja die Realität einer äußeren Welt selbst, wurden dem Zweifel unterworfen. 3. Die historische Vergleichung zeigt die Relativität aller geschichtlichen Überzeugungen. Sie sind alle bedingt durch Klima, Rasse, Umstände. Öfters in der Geschichte sind solche Zeitalter erschienen, in denen alle festen Voraussetzungen vom Werte des Lebens und den Zielen des Handelns in Frage gestellt waren. Ein solches Zeitalter war die griechische Aufklärung, das Rom der älteren Imperatorenzeit, die Epoche der Renaissance. Vergleichen wir aber diese Zeiten und die unsere, so ist in jeder folgenden die Skepsis gründlicher geworden, die Anarchie des Denkens erstreckt sich in unserer Zeit auf immer mehr Voraussetzungen unseres Denkens und Handelns. Eben unser Umblick über die ganze Erde zeigt uns die Relativität der Antworten auf das Welträtsel deutlicher als irgendeine frühere Periode sie sah. Das historische Bewußtsein erweist immer deutlicher die Relativität jeder metaphysischen oder religiösen Doktrin, die im Verlauf der Zeiten aufgetreten ist. Es scheint uns im menschlichen Erkenntnisstreben selbst etwas Tragisches zu liegen, ein Widerspruch zwischen Wollen und Können.

Aus dieser Dissonanz der Souveränität des wissenschaftlichen Denkens und der Ratlosigkeit des Geistes über sich selbst und seine Bedeutung im Universum entsteht nun der letzte und eigenste Zug im Geiste des gegenwärtigen Zeitalters und in seiner Philosophie. Der düstere Stolz und der Pessimismus eines Byron, Leopardi oder Nietzsche hat die Herrschaft des wissenschaftlichen Geistes über die Erde zu seiner Voraussetzung. In ihnen macht sich aber zugleich die Leere des Bewußtseins geltend, da alle Maßstäbe aufgehoben worden sind, alles Feste ist schwankend geworden, eine schrankenlose Freiheit der Annahmen, das Spiel mit grenzenlosen Möglichkeiten lassen den Geist seine Souveränität genießen und geben ihm zugleich den Schmerz seiner Inhaltlosigkeit. Dieser Schmerz der Leere, dies Bewußtsein der Anarchie in allen tieferen Überzeugungen, diese Unsicherheit über die Werte und Ziele des Lebens rufen die verschiedensten Versuche in Dichtung und Literatur hervor, die Fragen nach Wert und Ziel unseres Daseins zu beantworten.

3

Welche ist nun die Stellung der Philosophie in dieser Kultur der Gegenwart?

a)

Ihre nächste und deutlichste Aufgabe geht aus der Bedeutung der positiven Wissenschaften in der Gegenwart hervor. Dieselben fordern Begründung. Denn jede von ihnen enthält Voraussetzungen, deren Gültigkeit untersucht werden muß. Werden die Naturkräfte als ein System von Bewegungen aufgefaßt, so setzen diese Raum, Zeit, Realität einer äußeren Welt voraus, und es handelt sich darum, die Gültigkeit dieser Voraussetzungen zu prüfen. Wenn das Denken davon ausgeht, daß es die äußere Wirklichkeit nach seinen Gesetzen zu erkennen vermöge, so muß auch diese Voraussetzung der Prüfung unterworfen werden. An diesen und vielen anderen Punkten fordern sonach die positiven Wissenschaften eine Grundlegung. Aus diesem Bedürfnis entstand nach dem Verfall der metaphysischen Systeme der Rückgang auf Kant. Indem nun aber das Unzureichende der von ihm gegebenen Grundlegung sich herausstellte, entsprang die Bewegung, die an allen Universitäten gegenwärtig die Philosophie beherrscht. Es gilt, das Problem des Wissens so universell als möglich zu stellen, es gilt, durch neue, sichere Methoden die Auflösung dieses Problems vorzubereiten. Allgemeine Wissenschaftslehre ist die Aufgabe der heutigen Philosophie, überall wo sie Sicherheit des Wissens erstrebt. Wir sehen heute universal.

b)

Eine andere Aufgabe der Philosophie, die ihr durch die Einzelwissenschaften gegeben ist, ist die Herstellung des Zusammenhangs derselben. Dieser Zusammenhang war zuerst in der Metaphysik. Wird nun aber die Metaphysik verworfen, die Erfahrungswissenschaft allein anerkannt, so muß diese Aufgabe durch eine Enzyklopädie, eine Hierarchie der Wissenschaften aufgelöst werden. Diese Aufgabe unternahm die positive Philosophie aufzulösen. [8]Comte, die beiden Mill waren die ersten Vertreter dieses Standpunktes. In Deutschland erhielt er durch Mach und Avenarius seine Vollendung.

Die gemeinsame Lehre der Positivisten ist: Alles menschliche Wissen beruht auf Erfahrung. Die Begriffe sind nur die Hilfsmittel, Erfahrungen darzustellen und zu verbinden. Die Wissenschaft ist eine Repräsentation der Erfahrung, welche uns möglich macht, sie zu konzentrieren und zu verwerten. Die Philosophie ist nur die Zusammenfassung der Erfahrungswissenschaften. Wo die Erfahrungswissenschaften enden, beginnt das Unerforschliche. Der Positivismus ist die Philosophie der Naturforscher; alle kühlen, naturwissenschaftlich geschulten Köpfe nehmen ihn an. Sie haben in der Erweiterung des Wissens einen festumgrenzten Zweck ihres Daseins gefunden. So ist für sie die Frage nach Wert und Zweck des Lebens persönlich gelöst. Kühl und resigniert lassen sie nur Unerforschliches gelten.

[9]Wie kann nun das Unbefriedigende dieses ...? Nicht durch Metaphysik. Einst war sie Königin der Wissenschaften. Aristoteles — Thomas — Hegel.

c)
Die metaphysische Kathederphilosophie
Philosophie von Möglichkeiten, Wünschbarkeiten usw.
Dasselbe Prinzip einer unbegründbaren geistesblinden Autorität macht sich innerhalb der protestantischen Orthodoxie geltend, ja, erstreckt sich in die Theologie [10]Ritschls. Hier wird der skeptische Geist unseres Zeitalters benutzt, um den Sturz in die partikulare Positivität der lutherischen Religion zu rechtfertigen. Nachdem doch das ganze historische Fundament eines solchen Glaubens zusammengebrochen ist, schwebt der Glaube an kirchliche Wahrheiten, die keinen Anknüpfungspunkt in der Selbstbesinnung über die Ideale des Menschen hat, gänzlich im Leeren.

In dieser Lage des gegenwärtigen Geistes, in welcher Skepsis alles durchzieht, überall im Grunde jeder lebenskräftigen Richtung liegt, ist die metaphysische Kathederphilosophie zur schattenhaften Existenz geworden. Was wir brauchen, ist die Erhebung des Zusammenhangs menschlicher Bestrebungen zum klaren, wohlbegründeten Bewußtsein. Dagegen die leeren Möglichkeiten metaphysischer Konzeptionen erweisen sich schon durch die Anarchie, in welcher sie sich befehden, als wirkungslose Katheder weisheit. Diese schimmernden Märchen mögen Jünglinge hinreißen; aber ich sage Ihnen voraus: vor dem Ernst und der Arbeit Ihres nachkommenden Lebens brechen sie zusammen. Dann bleibt eben von dem philosophischen Rausch Ihrer Universitätsjahre nur ein philosophischer Katzenjammer zurück.

Welch ein leerer Lärm und was für metaphysische Disputationen! Es ist wie am Ausgang des Mittelalters, wo auf allen Kathedern Scholastik doziert wurde — siegreich aber bemächtigten sich die Humanisten der Welt. So wirken heute [11]Carlyle, Schopenhauer, Nietzsche, Richard Wagner, Tolstoi, Maeterlinck. Wenn die Möglichkeiten der Metaphysik von einer gegebenen Grundlage aus erschöpft sind, scheint die Auflösung des Lebensrätsels in einer nebelhaften Form sich zu verlieren.

Man ist am Abschluß des metaphysischen Denkens unter den gegebenen Bedingungen und glaubt am Ende der wissenschaftlichen Philosophie selbst zu sein. Dann entsteht die Lebensphilosophie. Und bei jedem neuen Auftreten entledigt sie sich mehrerer metaphysischer Elemente und entfaltet sich freier und selbständiger. In der letzten Generation ist sie wieder zur herrschenden Macht geworden. Schopenhauer, Richard Wagner, Nietzsche, Tolstoi, Ruskin und Maeterlinck lösten sich ab in ihrem Einfluß auf die Jugend. Ihre Einwirkung wurde verstärkt durch ihren natürlichen Zusammenhang mit der Dichtung; denn auch die Probleme der Poesie sind Lebensprobleme. Ihr Verfahren ist das einer methodischen Lebenserfahrung geworden, welche grundsätzlich alle systematischen Voraussetzungen ablehnt. Es ist eine methodische Induktion, welche auf die Vorgänge des menschlichen Lebens gerichtet ist und aus ihnen neue wesentliche Züge des Lebens abzuleiten sucht.

Es ist die Stärke dieser Lebensphilosophie, daß ihr direkter Bezug auf das Leben in metaphysischer Vorurteilslosigkeit jede Kraft des Sehens und des künstlerischen Darstellens in diesen Denkern verstärkt. Sie leben in einer beständigen Übung, solche Züge gewahr zu werden. Wie der scholastische Denker die Fähigkeit entwickelt, lange Reihen von Schlüssen zu überblicken oder der induktive die Kraft, viele Fälle nebeneinander zu sehen, so bildet sich in ihnen das Vermögen, die geheimen Gänge, in denen die Seele dem Glück nachgeht, die realen Bezüge zwischen dem, was verlangend in uns aus dem Dunkel des Trieblebens an den Tag tritt, dem, was von außen sich als Wirkungswert darbietet, dem, was in Erinnerung, Denken, Phantasie die so entstehenden Vorgänge beeinflußt, zur Darstellung zu bringen. So besetzen diese Schriftsteller ein Gebiet, das in der technisch entwickelten Philosophie immer frei geblieben ist.

[12] Unter diesem Gesichtspunkt habe ich als eine Aufgabe, die noch nicht in den technischen Betrieb der Psychologie eingeordnet ist, die Realpsychologie bezeichnet, noch vor dieser modernen Entwicklung der Lebensphilosophie. Sie würde innerhalb der deskriptiven Psychologie nach der Strukturpsychologie ihre Stelle einnehmen und vor der Individualpsychologie.

Von einer solchen Wissenschaft unterscheidet sich die Lebensphilosophie der genannten Personen durch den Anspruch, anstatt einzelner Beziehungen zwischen den in uns verborgen wirkenden Zügen, die bei

Anlässen ans Licht treten, und dem von außen Wirkenden, anstatt einzelner Möglichkeiten der Lebenswege das, was in uns verborgen wirkt, das, was von außen als Wirkungswert erscheint, den höchsten Wert, das Ziel des Lebens, den Weg zum Glück selbst auf definitive Weise aussprechen zu wollen. Nenne ich den ursächlichen Zusammenhang, in welchem die Lebenswerte erzeugt werden, oder die Beziehungen unseres nach Befriedigung strebenden Selbst zur Außenwelt Bedeutung des Lebens oder Sinn desselben, so wagen diese Schriftsteller, diesen Sinn oder diese Bedeutung definitiv aussprechen zu wollen. Hierdurch werden sie aber zu Genossen der Metaphysiker. In ihrer beschränkteren Sphäre machen sie denselben Anspruch wie diese. Auch sie wollen ein letztes Unbedingtes erfassen. Und auch ihre Mittel reichen hierzu nicht aus. Denn die einzige sichere Probe für die Beziehungen, welche sie aufsuchen, liegt nur in den spärlichen Momenten solcher Beziehungen des Verborgenen in uns und dessen, was auf uns wirkt, die an einzelnen Stellen unseres Lebens bemerkbar werden — einzelne helle Punkte, die aufblitzen auf einem weiten dunklen Gewässer, dessen Tiefen unerforschlich sind. Nur von sich selbst redet ein jeder von ihnen. Was er außer sich von Leben erblickt, deutet er hiernach.

Eben aus dieser Intention, welche dem Streben der Metaphysiker verwandt ist, entspringt ein eigentümlicher Fehler dieser Lebensphilosophie. Sie ist in dem, was innerhalb der eigenen Individualität gewahrt wird, richtig innerhalb gewisser Grenzen, aber sie wird ganz falsch, indem sie ihren Winkel für die Welt hält. Jene Irrtümer, die Bacon aus der Höhle der Individualitäst ableitet, sind für ie verderblich. Sie verkennen die geschichtliche, geographische, persönliche Bedingtheit. Die Geschichte ist ihre Widerlegung. Schopenhauer wurde sein unbändiges, von Angstgefühlen gequältes Selbst los in dem kontemplativen Verhalten. Carlyle ging auf das heroische Wollen als höchsten Wert im Sinne der großen religiösen Persönlichkeiten ... Tolstoi wiederholt den Sprung aus der ⟨Barbarei⟩ in die Abnegation. Maeterlincks Problem ist das Leben. Er geht aus von der stoischen Lebensphilosophie, und wie diese unternahm er, den Pantheismus mit einem gesteigerten Bewußtsein des eignen Selbst zu verbinden. Eben mit dem Bewußtsein unseres Verhältnisses zu dem Unendlichen, Unsichtbaren wächst nach ihm die geistige Persönlichkeit: denn sie ist in ihrem unbewußten Grunde mit diesem All-Leben verbunden und kann ihres Wertes nur sicher werden, indem sie sich als Äußerung des unerforschlich Göttlichen erfaßt. Hieraus folgert er im «Schatz der Armen» sein Ideal einer neuen Kunst, welche die stillen und unmerklichen Beziehungen der einfachen Seele zum Unsichtbaren und die so sich in ihnen vollziehende Gestaltung der Persönlichkeit zum Mittelpunkte des Dramas macht, im Gegensatz zur Darstellung der ungeheuren anormalen Leidenschaften im Drama Shakespeares. Ebenso entspringt ihm hieraus das Ideal einer seelischen Lebendigkeit, welche den feinsten Bezügen des Seelengrundes zu den Einwirkungen des Unsichtbaren nachgibt.

In «Weisheit und Schicksal» leitet er hieraus eine Anweisung ab, jedes Erlebnis für die Bildung der Persönlichkeit nutzbar zu machen. Eben die stoische Verbindung der Steigerung unserer Unabhängigkeit mit der Unterwerfung unter die Lebensmächte vermittels der Übereinstimmung unseres Wesens mit den Dingen, wie sie sind, also vermittels der Herstellung eines Einklangs zwischen der Welt und uns selbst wird ihm jetzt zum Grundbegriff. Indem der unzugängliche Grund unseres Seelenlebens stärker und lebendiger wird, indem Wahrheit und Gerechtigkeit in ihm sich entwickeln, tritt er in ein harmonisches Verhältnis zum äußeren Schicksal. Die letzte Schrift «Der begrabene Tempel» entwickelt von hier aus weiter, wie die Ausübung der Gerechtigkeit Glücksgefühle in uns entwickelt, die uns in einem gewissen Grade unabhängig von der äußeren Welt machen. Hier aber vollzieht sich nun die entscheidende Wendung zu paradoxer Einseitigkeit, welche keinem der Lebensphilosophen unserer Zeit erspart geblieben ist. Wir hören nun von einem zeitlosen unsichtbaren Ich.

4

Die letzte Folgerung, welche jemand aus der Verneinung der Erkenntnis in ihrem diskursiven, logischen Verfahren ziehen konnte, ist in Nietzsche repräsentiert und von ihm ausgesprochen. Der kulturschaffende Mensch ist ihm erst der Künstler, dann das wissenschaftliche Bewußtsein, endlich, da er auch an dessen Mission verzweifelt, der wertschaffende, wertsetzende Philosoph. Es ist in der Natur des exzentrischen Gefühls- und Phantasiemenschen, wenn er seine ganze Lebendigkeit hineinverlegt hat in eine Gestalt des Daseins, wenn er das Unzureichende in ihr eben darum erfährt, weil keine einzelne Gestalt des Lebens alles ist, daß dieser dann ebenso grenzenlos verneint, als er vorher bejaht hat. In Richard Wagner war ihm die Kulturmission des Künstlers erschienen; er verlegte sie nicht in diesen hinein, hat doch Wagner selbst sich in diesem Sinne gefühlt, aber die Grenzenlosigkeit, Ausschließlichkeit, in welcher er nun im Künstler den einzigen Menschen und Schöpfer sah, die Blindheit gegen die Grenzen dieser Gestalt des Lebens, mußte ins Gegenteil umschlagen. So blieb ihm weder aus dem Erleben jener ersten Zeit noch aus seiner sokratisch gestimmten zweiten Periode etwas Positives übrig. Gerade das Grenzensetzen war ihm an Kant zuwider. So ist denn auch der dritte Standpunkt: der wertschaffende Philosoph wieder ein Unbedingtes, Grenzenloses. Der Philosoph soll das Gefühl von dem positiven Werte des Lebens in der Menschheit steigern und dadurch reformatorisch auf sie wirken. Nun haben ja aber [13]Thrasymachus und [14]Kritias, Spinoza und Hobbes, [15]Feuerbach und [16]Stirner die Bejahung des Willens und seiner Macht so stark ausgesprochen, daß die Geschichte Nietzsches nicht bedurfte; zu schweigen von all denen, welche als Künstler oder Menschen der Tat diesem Ideal nachgelebt haben. Daher es für diese wertschaffenden und wertsetzenden Philosophen sich doch nur darum handeln kann, auszusprechen, was in dem, was der Wille zu leben von bunten Gestalten hervortreibt, das Wertvolle sei. Hierauf geben die Stellen Nietzsches keine Antwort; sie sagen nichts über die Methode, nach welcher dieser neue [17]Saggiatore, der den Galilei hinter sich läßt, verfahren soll.

[18]«Der philosophische Geist hat sich zunächst immer in die früher festgestellten Typen des kontemplativen Menschen verkleiden und verpuppen müssen, als Priester, Zauberer, Wahrsager, überhaupt als religiöser Mensch, um in irgendeinem Maße auch nur möglich zu sein. Das asketische Ideal hat lange Zeit dem Philosophen als Erscheinungsform, als Existenzvoraussetzung gedient — er mußte es darstellen, um Philosoph sein zu können, er mußte an dasselbe glauben, um es darstellen zu können. Die eigentümlich weltverneinende, lebensfeindliche Abseitshaltung des Philosophen ... ist vor allem eine Folge des Notstandes von Bedingungen, unter denen Philosophie überhaupt entstand und bestand. — Der asketische Priester hat beinahe bis auf die neueste Zeit die widrige und düstere Raupenform abgegeben, unter der allein die Philosophie leben durfte und umherschlich.»

[19]«Die eigentlichen Philosophen aber sind Befehlende und Gesetzgeber: sie sagen 'so soll es sein!' sie bestimmen erst das Wohin? und Wozu? des Menschen und verfügen dabei über die Vorarbeit aller philosophischen Arbeiter, aller Überwältiger der Vergangenheit — sie greifen mit schöpferischer Hand nach der Zukunft, und alles, was ist und war, wird ihnen dabei zum Mittel, zum Werkzeug, zum Hammer. Ihr Erkennen ist Schaffen, ihr Schaffen ist eine Gesetzgebung, ihr Wille zur Wahrheit ist Wille zur Macht.»

Die Philosophen, diese «cäsarischen Züchter und Gewaltmenschen der Kultur» sind daher mehr als bloß Erkennende, diese «sublimste Art von Sklaven, an sich aber Nichts». [20]«Auch der große Chinese von Königsberg war nur ein großer Kritiker.» Der Erklärungsgrund dafür, daß so das Wertschaffen inhaltlich immer unbestimmter wird und die Methode, durch welche der Philosoph dieses erwirkt, nichts als persönliche Intuition genau wie bei dem Künstler und den französischen Lebensphilosophen des 18. Jahrhunderts ist, auch keine Angaben über Ausbildung einer solchen Methode vorliegen, ist in der Stellung Nietzsches zu den wirklichen Wissenschaften gegründet. Er verwarf aus Unkenntnis die Psychologie als Wissenschaft. Was dann im sonderbarsten Widerspruch dazu steht, daß er ganz unbegründbare psychologische Hypothesen über die Entstehung der sittlichen Normen wie Ergebnisse von Wissenschaft vorträgt. Er blieb in der Benutzung historischer Tatsachen für das Verständnis der Zweckzusammenhänge der Kultur vollständiger Dilettant, zugleich aber hat er das Individuum kraft seines ersten Ausgangspunktes, nämlich des Kultus des Genius und der großen Männer isoliert. Er hat den Zweck des Individuums losgelöst von der Entwicklung der Kultur; denn ihm sind die großen Männer nicht nur die bewegenden Kräfte, sondern auch die eigentliche Leistung des geschichtlichen Prozesses. So ist ihm das Individuum losgelöst von den Zweckzusammenhängen der Kultur, und darum inhaltlich entleert; formal aber verliert er das Verhältnis zu einem Fortschreitenden und Festen. Und doch liegt in der Verlegung des Interesses in solches der größte Zug der tatsächlichen Ethik der modernen Zeit. Bejahung des Lebens ist in dieser entweder persönliche Vertiefung in das Ewige des Wissens und des künstlerischen Auffassens oder in die fortschreitende Kultur selber.

So ist es ihm nicht gelungen, das, was ihm vorschwebte, das Reformatorische in Sokrates, [21]Spinoza, Bruno zur Explikation als Bestimmung einer Seite der Philosophie, die bis dahin nicht verstanden wurde, zu machen.

Über Nietzsche geht ein letzter und extremster Begriff der Philosophie noch hinaus. Hatte dieser die Werterzeugung im Philosophen als etwas Objektives, zwar nicht allgemeingültig Bestimmbares, doch aber in der Intuition mit Überzeugung Erfaßbares übriggelassen, so kann auch dieses fallengelassen werden. Dann wird der Geist, des Allgemeingültigen und Beständigen in seinen philosophischen Erzeugnissen beraubt, zu einer Kraft, Begriffsdichtungen zu entwerfen. Diese aber muß sich selbst zerstören, da das Ergebnis des Aufwandes nicht verlohnt.

5
Das geschichtliche Bewusstsein des 19. Jahrhunderts

Nach dem Gesetz der Kontinuität bleibt dasjenige erhalten, was der menschliche Geist in letzten philosophischen Generalisationen, die der Ausdruck einer bestimmten Kulturstufe sind, erfaßt hat. Die Einheit der menschlichen Vernunft in dem Zusammenwirken der Wissenschaften, der Charakter der Allgemeingültigkeit, darauf gegründet der gemeinsame Fortschritt des Menschengeistes zur Macht über Natur und Gesellschaft: dieses waren die letzten Generalisationen, zu welcher das 18. Jahrhundert gelangte.

Aber diese Rationalisierung des Universums bedeutete zugleich eine Verarmung des menschlichen Geistes. Das Individuum in seiner lebendigen Totalität ist mehr, als in diesen abstrakten Verfahrungsweisen zu methodischem Bewußtsein gelangt. Wir sahen, daß die großen Weltansichten des 17. und 18. Jahrhunderts der Ausdruck großer Persönlichkeiten gewesen sind. Der Umfang, in welchem sie sich in die drei großen Formen menschlicher Weltanschauung und des Lebensideals einordneten, war durch die Gesetzmäßigkeit bedingt, nach welcher in fester Kontinuität unter den Möglichkeiten der Weltanschauung durch eine Art der Auswahl diese zu typischen Ausdrucksformen der menschlichen Natur in ihrer Mehrseitigkeit geworden sind. Aber die Methode, in welcher sie zum Ausdruck gelangten, war die der begrifflichen Abstraktion und die Voraussetzung die Rationalität des Universums. Selbst die Erfassung von Wert und immanenter Zweckmäßigkeit in der Singularität der Wirklichkeit war von Leibniz der Formel des Satzes vom Grunde unterworfen worden.

Wohl hatten auch im 17. und 18. Jahrhundert bis zum Auftreten von Rousseau Skeptiker und Mystiker Einspruch gegen diese Voraussetzungen und diese Methode eingelegt. Insbesondere bildete die skeptische Haltung den beständigen Hintergrund des 17. und 18. Jahrhunderts, in Montaigne, [22]Charron, [23]Sanchez, Pascal, [24]Pierre Bayle. Und die Mystik fand in Pascal gerade im Cartesianismus den Rückhalt zu der scharfsinnigsten Begründung, die sie je erfahren hat. Endlich war ja doch in der unteren Schicht der Kultur das theologische Denken in der Innerlichkeit der religiösen Selbsterfahrung jederzeit vornehmlich gegründet. 1675 erschienen die [25]*Pia Desideria* von Spener. Damit begann der Rückgang von der objektiven Dogmatik zur christlichen Selbsterfahrung. Die Epoche der Begründung derselben auf die Rationalität ging zu Ende, da die Konkurrenz mit dem philosophischen System der Rationalität unmöglich. Aber alle diese Bewegungen vermochten den in der Kultur bedingten Fortgang des rationalen Systems nicht aufzuhalten. Es fand in dem Beginn des 18. Jahrhunderts, in der Theodizee von Leibniz und in den Prinzipien von Newton seinen wissenschaftlichen Höhepunkt, ⟨erreichte⟩ in Voltaire, Wolf, Mendelssohn, Lessing den höchsten wissenschaftlichen Ausdruck, und es war die Seele der Regierung Friedrichs des Großen. Die Grenzen jeder großen philosophischen Generalisation machen sich zunächst immer in einem inneren Verfall geltend. Die Geister schrumpfen zusammen, sie verarmen, sie werden unsicher über das Prinzip, das sie erfüllt; oder wie sie durch Erbschaft dasselbe überkommen haben, stumpft sich in der Überlieferung die Macht desselben ab.

Dies wurde darin am deutlichsten: [26]in der schottischen Schule wurde platt usw. Der französische Positivismus schwenkte zu einem grauen, öden Materialismus hinüber; die deutsche Aufklärung wurde vulgär in [27]Nicolai, Biester und Konsorten. Das Prinzip der Rationalität hatte seine Kraft erschöpft.

Die Bewegung, welche in Rousseau begann und in der Romantik ihren Abschluß erreichte, enthält einen inneren Zusammenhang neuer Ideen, welche zusammengehörig sind. Der Rationalismus hatte die Vergangenheit verneint, die Epochen der Phantasie, des Affektes und der formlosen Subjektivität als niedere Stufen menschlicher Entwicklung aufgehoben. Rousseau kam und verneinte auch diese letzte Zeit menschlicher Kultur, sonach die Kultur überhaupt. Er suchte nicht rückwärts wie der Pietismus lebendigere Quellen menschlichen Glückes. Der Geist dieses mächtigen Menschen ist auf die Zukunft gerichtet. In einem Milieu, in dem Absolutismus, höfische Regulierung des Lebens, die Abstraktionen mathematischen Naturerkennens, Verwüstung und Verarmung sich verbreiteten, such er einen neuen Anfang: dieser liegt ihm in der lebendigen Totalität der Menschennatur, in ihrem Recht, sich zu entwickeln, Weltbild und Lebensideal aus ihrer Tiefe zu gestalten. Eine solche Stellung des Bewußtseins mußte in leerer Leidenschaft zerfließen oder in praktischer Verneinung der Gesellschaft zerstörend wirken, wenn sie nicht die Inhaltlichkeit der geschichtlichen Manifestationen des ganzen Menschen in sich aufnahm. Der Mensch Rousseaus mußte sich wiedererkennen in den großen Dichtern und Denkern, welche aus der Fülle der Person geschaffen hatten; er mußte in dem nationalen Leben, in welchem freie, bildende Kräfte noch lebendig pulsiert hatten, ein bestimmteres und positives Ideal aufsuchen. Wenn die menschliche Natur in ihrer Wirklichkeit und Macht sich besitzen will, in der Fülle lebendiger Möglichkeiten menschlichen Daseins, dann kann sie das nur in dem geschichtlichen Bewußtsein, sie muß die größten Manifestationen ihrer selbst verstehend sich zum Bewußtsein bringen, sie muß konkrete Ideale einer Zukunft von schönerer, freierer Art hieraus entnehmen. Die Totalität der Menschennatur ist nur in der Geschichte; sie kommt dem Individuum nur zu Bewußtsein und Genuß, wenn es die Geister der Vergangenheit in sich versammelt. Daher konnten Herder, Schiller und Goethe nicht bei dem Werther, den Räubern stehenbleiben. Sie mußten fortschreiten zu dem konkreten Ideal. In den Griechen erfaßten sie es zuerst, auf die urwüchsige Lebendigkeit des germanischen Geistes gehen dann die Romantiker zurück, der Orient wird lebendig.

Jedoch scheint dies Vermögen, Vergangenheiten wieder zu beleben, eine Kraftlosigkeit des menschlichen Geistes in eigenem festen Willen, das Zukünftige zu gestalten, zur Folge zu haben. Die Romantiker geben sich widerstandslos dem Vergangenen dahin mit ihrer ganzen Person, der große Erwerb des 18. Jahrhunderts scheint verloren zu gehen. Alles Geschichtliche ist relativ; halten wir es im Bewußtsein zusammen, so scheint darin eine geheime Wirkung von Auflösung, Skeptizismus, kraftloser Subjektivität enthalten zu sein.

So entsteht das Problem, das diese Epoche aufgibt. Die Relativitäten müssen mit der Allgemeingultigkeit in einen tieferen Zusammenhang gebracht werden. Das mitfühlende Verstehen alles Vergangenen muß zu einer Kraft werden, das Künftige zu gestalten. Der menschliche Geist muß die Steigerung seiner selbst, welche in dem wahren geschichtlichen Bewußtsein erworben ist, mit dem Gewinn des 17. und 18. Jahrhunderts verknüpfen. Die Pfadfinder auf diesem Wege waren Hegel, Schleiermacher, Carlyle, Niebuhr.

Aber erst mußte das Bewußtsein der Relativität alles geschichtlich Wirklichen bis in seine letzten Konsequenzen sich entwickeln. Das Studium aller Zustände des Menschen auf der Erde, die Berührung aller Nationen, Religionen und Begriffe mußte das Chaos der relativ geschichtlichen Tatsachen steigern. Erst indem wir von den Naturvölkern ab bis zur Gegenwart alle Lebensformen des Menschen in uns aufnehmen, wird die Aufgabe lösbar, im Relativen das Allgemeingültige, in den Vergangenheiten eine feste Zukunft, die Erhöhung des Subjektes im geschichtlichen Bewußtsein, die Anerkennung des Wirklichen als des Maßstabes für unser Fortschreiten in der Zukunft zu verknüpfen mit klaren Zielen der Zukunft; ja eben in dem geschichtlichen Bewußtsein müssen Regeln und Kraft enthalten sein, allen Vergangenheiten gegenüber frei und souverän einem einheitlichen Ziele menschlicher Kultur uns zuzuwenden. Der Zusammenhang des Menschengeschlechtes im allgemeingültigen Denken und auf dieses gegründeten klaren Zielen, die Gemeinsamkeit der Aufgaben, das gesunde Maß für das Erreichbare, das vertiefte Ideal des Lebens: all das erhält im geschichtlichen Bewußtsein ein Fundament, das nicht mehr abstrakt, nicht mehr bloß begrifflich, und daher auch nicht mehr in unbegrenzter Idealität verfließend. Die Generalisation, welche die Philosophie gegenwärtig zu vollziehen hat, ist hiermit bestimmt; sie würde der Ausdruck des Ringens unserer gesamten Kultur sein, eine höhere Stufe als alle bisherigen zu erreichen.

COMMENTARY

Text: Wilhelm Dilthey, *Gesammelte Schriften*, VIII³ (Stuttgart, 1962), 190–205.

1. *Wirklichkeitssinn*: see p. 245f. above on the influence of science in this age.
2. *Faust*: Part II, Act 5, 'Mitternacht' lines 11441–6.
3. *Unser Lebensgefühl* etc: Dilthey saw the Weimar Classicism of Goethe and Schiller as the literary counterpart of German idealist philosophy, and hence as less relevant to the needs of the time than the great figures of the Age of Enlightenment; the spirit of the age called, in his view, not for utopias but for the assertion of reason and the faculty of analysis, such as Schopenhauer, Mommsen and Nietzsche combine with their statement of ideals ('der gemischte Stil').
4. *Das Programm Bacos*: for Francis Bacon (1561–1626) the function of science was to search for a few fundamental physical properties which in combination and transmutation made up the whole range of material phenomena; the cause of each phenomenon lay in the phenomenon itself; and the discovery of this cause gave man his power over nature. 'Man, the servant and interpreter of nature, can do and understand so much, and so much

only, as he has observed in fact or in thought of the course of nature; beyond this he neither knows anything nor can do anything;' hence: 'The firm foundations of a purer natural philosophy are laid in natural history' (*Cogitationes: Works*[2] ed. R. L. Ellis, J. Spedding and D. D. Heath, 1870, III, 187).

5. *Hugo de Groot:* Hugo Grotius (Huig van Groot: 1583–1645), the father of modern international law. His concept was of an international community governed by the natural law common to all men and all nations.

6. *Quesnay*: François Quesnay (1694–1774) put out a utopian economic pattern concerned with the means by which the products of agriculture, the only real source of wealth, could be distributed in a state of natural freedom, contrasting with this the false situations in which government restraints violate this freedom.

7. *Ibn Roschd*: the Spanish-Arab philosopher Averroës (1126–98).

8. *Comte* etc: the positivism of Auguste Comte (1798–1857) and the empiricism of the English utilitarians John Stuart Mill (1806–73) and his father James (1773–1836) combined to make up one of the three very different formative influences on Dilthey's thought—the others being Kant and the German idealist tradition in philosophy and literature. Ernst Mach (1838–1916), Austrian physicist and psychologist, who has given his name to the unit by which supersonic speeds are measured, adopted a position of universal physical phenomenalism, while the Swiss philosopher Richard Avenarius (1843–96) followed an anti-metaphysical line in his search for a concept of 'pure experience'.

9. *Wie kann nun* etc: Bernhard Groethuysen, editor of the manuscript in which this piece is found, records that the rest of the sentence is illegible.

10. *Ritschls*: the Protestant theologian Albrecht Ritschl (1822–89) preached religious experience and a life of faith in God as the objective realities from which all else is to be explained—a religious positivism whose implications it was the task of systematic theology dogmatically to expound. As an attitude which rigidly excludes the necessity for explanation of human understanding—'Selbstbesinnung über die Ideale des Menschen', as he puts it—it naturally represents for Dilthey an unacceptable position.

11. *Carlyle* etc: these modern 'humanists', representative for Dilthey of the best of independent secular thought, are discussed again later—Schopenhauer, Carlyle, Tolstoi and Maeterlinck on p. 256, while the whole of section 4 is devoted to Nietzsche. Dilthey regarded Carlyle, Ranke and Tocqueville as the three greatest modern historians; for Schopenhauer he had a qualified respect (see note 3), but his intellectual debt to him is slight. The names of Carlyle, Nietzsche, Tolstoi and Maeterlinck, together with Ruskin and Emerson, are linked in a similar context in Dilthey's *Wesen der Philosophie* (*ed. cit.* V[4], 1964, 370 and 412).

12. *Unter diesem Gesichtspunkt* etc: according to Groethuysen this paragraph has been crossed out in pencil in the manuscript.

13. *Thrasymachus*: one of the characters in Plato's *Republic*.

14. *Kritias:* leader of the Spartan Thirty Tyrants who established an oligarchical government in Athens at the end of the Peloponnesian War in 405 B. C.; like others of the Thirty, he had been a pupil of Socrates.

15. *Feuerbach*: Ludwig Andreas Feuerbach (1804–72), apostle of a materialist philosophy which claimed that Christianity, like metaphysics, was contrary to the spirit of the age. Marx, Engels, David Friedrich Strauß, Richard Wagner, Gottfried Keller and many others were much influenced by him.

16. *Stirner*: Kaspar Schmidt (1806–56), who called himself Max Stirner, was an anarchist who advocated the complete liberation of the individual from social and moral restraints, even at the cost of the survival of society and civilised life itself.

17. *Saggiatore*: 'researcher, thinker' — Dilthey's tone is caustic.

18. *'Der philosophische Geist'* etc: from Nietzsche's *Genealogie der Moral*: 'Was bedeuten asketische Ideale?' § 10.

19. *'Die eigentlichen Philosophen aber'* etc: from Nietzsche's *Jenseits von Gut und Böse* § 211.

20. *'Auch der große Chinese von Königsberg'* etc: i. e. Kant. This and the preceding quotation are from *Jenseits von Gut und Böse* § 210; Dilthey adds further references to *Menschliches, Allzumenschliches* I, 6 and II, 31; to *Morgenröte* § 41 and 62; to *Die fröhliche Wissenschaft* § 151, and to *Jenseits von Gut und Böse* § 5.

21. *Spinoza, Bruno*: in these two philosophers, as in Leibnitz, Shaftesbury, Schelling, Hegel and Schleiermacher, Dilthey found the intellectual intuition of the one-ness of the universe which was a vital element in the type of *Weltanschauung* he called 'objektiver Idealismus' (*Die Typen der Weltanschauung* V; *ed. cit.* VIII, 112–18).

22. *Charron*: Pierre Charron (1541–1603), a Catholic theologian who preached a Stoic doctrine similar to that of his friend Montaigne, is remembered for his treatise *De la sagesse*, which expounded a system of secular morality that brought upon him the charge of impiety.

23. *Sanchez*: the Portuguese physician Francisco Sanchez (1550–1623), who opposed the predominant dogmatism of his time in his treatise *Quod nihil scitur* ('Because nothing is known').

24. *Pierre Bayle:* French critic and man of letters (1647–1706), chiefly remembered for his *Dictionnaire historique et critique*.

25. *Pia Desideria von Spener:* Philipp Jakob Spener (1635–1705), founder of German Pietism, published his collection of hymns and religious poems *Pia Desideria* in 1675; its earnestness and directness made it a work of great influence in Protestant circles.

26. *in der schottischen Schule:* Hume and his followers in empiricism.

27. *Nicolai, Biester:* Dilthey naturally sees the German Enlightenment at its best represented by Lessing, seconded by Moses Mendelssohn; Nicolai (1733–1811), who nevertheless has his place in literary history, and Johann Biester (1749–1816), who has not, represent a more popular, more 'typical' Rationalism.

DÖBLIN (1878 – 1957)

Von der Freiheit eines Dichtermenschen (1918)

Expressionism, both as an artistic movement in the narrow sense, focused on the decade 1910–20, and as a phenomenon whose explosive power has continued to send tremors of excitement through literature, painting and music ever since, is more intimately linked with German culture than with that of any other European country except Sweden. Its home is in northern parts, and in Germany itself its associations are stronger with northern cities, above all Berlin, than with the south. Indeed, many of the late nineteenth- and early twentieth-century writers who are now seen as in some sense precursors of expressionism—Strindberg, Wedekind, Richard Dehmel, Arno Holz, Else Lasker-Schüler—are also North German. At the same time one must, of course, observe that Kafka and Rilke, in so far as the term expressionism may be used of them, belonged to the southern periphery of the German-speaking area, as did Franz Werfel and Stefan Zweig. Yet the concern of the expressionists, properly so-called, with the life of the city, with the sordid phenomena of modern industrial society, with the dehumanisation of life and the growing disrespect for human dignity, emerged from their experience of life and work in industrial and commercial centres, which were becoming increasingly concentrated in the north, and the meaning of their art derives in large measure from its quality of violent reaction against the degradation imposed by such a life.

This reaction took the form of the rejection of the conceptual and the expository in art in favour of the spontaneity and autonomy of the moment, the legitimacy of instinctive emotion and thought: outer reality gives way to inner reality, unity of expounded content is replaced by unity of manifested expression, and attention moves from the contingent action to the inner essence, from man to Man. Hence the all-embracing claims that the expressionists made for their art. 'Der Expressionismus glaubt an das All-mögliche', wrote Friedrich Markus Huebner; 'er ist die Weltanschauung der Utopie. Er setzt den Menschen wieder in die Mitte der Schöpfung' (*Europas neue Kunst und Dichtung*, 1920, 83). Where impressionism represented the partial, expressionism, to its followers, sought the complete.

There had, of course, been 'expressionism' at all times in the history of culture: Matthias Grünewald, Shakespeare, Chinese folk-tales, Büchner and Strindberg are quoted by writers of the time as spiritual precursors, while in the immediate German tradition the poets in *Menschheitsdämmerung*, the significantly-named major anthology of expressionist lyric poetry published in 1920, all stand, partially or completely, in the shadow of Nietzsche, behind whom stand, in their turn, Kleist, Hölderlin, Goethe, Klopstock and the poets of the Baroque. But at this moment, as Europe was slithering into war, virtually a whole young generation was temporarily seized by the intoxicating new message of this poetry, 'die man die "jüngste" oder "expressionistische" nennt, weil sie ganz Eruption, Explosion, Intensität ist — sein muß, um jene feindliche Kruste [*sc.* of aestheticism] zu sprengen ... Niemals in der Weltdichtung scholl so laut, zerreißend und aufrüttelnd Schrei, Sturz und Sehnsucht einer Zeit ...' (Kurt Pinthus, in his preface to *Menschheitsdämmerung*, XIV–XV).

Historically speaking, expressionism as a movement begins, not in literature but in art, with the painters of the Dresden group known as 'Die Brücke' in 1906 and 1907, and whereas literary expressionism now appears as a frenetic, short-lived episode in the long tradition of Romanticism, in German art techniques and attitudes made prominent by the expressionist painters and sculptors have had a lasting influence. The collective impact of the 'Blauer Reiter' group (Franz Marc, Macke, Kandinsky, Klee), of Kokoschka, Nolde, Beckmann and others has been enormous, while in the wider European context one must see in the work of Picasso and cubism, Marinetti and futurism, Wyndham Lewis and vorticism, Matisse, Rouault, the novels of James Joyce and the music of Schoenberg the passage of expressionist modes of thought. The employment of its methods for bitter social comment in the spirit of pre-1914 German expressionist poets persists in the graphics and plastics of Ernst Barlach, Käthe Kollwitz, Josef Herrmann, Werner Gilles and many others, as well as in the tabloid methods of 'Socialist Realism'.

The violent, revolutionary mood of expressionism is already conveyed in the names of the journals founded to preach the new doctrines— *Der Sturm*, *Aktion*, *Der Stürmer* (the English Vorticist organ was called *Blast*)—and a deliberate savagery and offensiveness of language is the expression of this mood. It is a mood, moreover, proper to youth, to those impatient of old values and aglow with a new kind of freedom. And as Hermann Hesse, a figure far from the world of expressionism, reminded the literary world in an essay of 1918 ('Zu "Expressionismus in der Dichtung"'), one cannot expect from youth an automatic respect for the past, or even a tolerant understanding of what older generations have come to hold dear. Nor, one may add, is youth a phenomenon to be defined solely in terms of the date on a birth certificate.

In so far as Kasimir Edschmid, Friedrich Markus Huebner, Alfred Kerr, Walter von Molo and others made free and enthusiastic use of 'Expressionismus' and 'Ausdruckskunst' as a rallying-cry during the 'expressionist decade' 1910–20, and since poets who first came to the fore at that time, like Gottfried Benn and Johannes R. Becher, themselves continued to use it long afterwards as a formula for that particular cluster of phenomena, the modern critic too has justification for its discerning use as a collective term. Benn, for instance, replied to Börries von Münchhausen's attack of 1933 with a *Bekenntnis zum Expressionismus* (1933) whose inflammatory language glowed unrepentently in his introduction to the anthology *Lyrik des expressionistischen Jahrzehnts* (1954) twenty years later.

But like 'Baroque'—stretching from Opitz to Simon Dach—and 'Romanticism'—embracing such spiritual strangers as Hoffmann and Eichendorff, so 'Expressionism' has its own diversity. Benn and Becher, Hasenclever and Trakl, Klabund and Stramm shared an opposition to most of the values they had inherited, but they did not share a single set of alternatives. And Alfred Döblin, in his *Von der Freiheit eines Dichtermenschen* reproduced below—the title is a play on Luther's *Von der Freiheit eines Christenmenschen*—has his own original position in the movement, above all as a novelist and short-story writer in the years of the Weimar Republic. Döblin, a doctor who, like Benn, continued to practise on and off throughout his life, collaborated in the revolutionary art journal *Der Sturm* in 1910 and had a medical practice in Berlin for the treatment of nervous diseases from 1911 to 1933, when both his Jewish origin and his 'expressionist' artistic sympathies made it impossible for him to stay in Germany. He emigrated first to France, then to California and returned to Germany after the war, now a man of sixty-seven, as a cultural official in the military government of the French zone of occupation. But by this time the German literary world had almost forgotten him, and he died as an historical figure rather than a current inspiration. The extent to which the world had passed him by is reflected in the history of his last significant work, the psychological novel *Hamlet oder Die lange Nacht nimmt ein Ende*, with which, as he wrote, he had 'zehn Jahre lang bettelnd vor den Türen gestanden'. At the end of these ten years it was finally published—in East Germany; the following year (1957) it appeared in West Germany also.

By far his greatest success, and the work with which his name is invariably, and almost exclusively, associated today, was the novel *Berlin Alexanderplatz* (1929), a highly original montage of naturalistic, impressionistic, futuristic and Christian elements, half character-study of a working-class pseudo-hero, half essay in the psychology of a great city. Indebted, in terms of technique, to Joyce's *Ulysses* and Dos Passos' *Manhattan Transfer*, it was described by Walter Muschg, in language itself appropriate to Döblin's, as 'künstlerisch ein Pandämonium, das Himmel und Hölle umfaßt; plebejisch und sublim, formlos und grandios gebaut, nachlässig und streng, kunstfeindlich und trunken von Rhythmen und Melodien' (*Nachwort* to *Berlin Alexanderplatz*, 1961, 522).

Döblin is a minor talent, his name preserved virtually in a single work. But it is precisely the minor talent, swayed by a succession of influences or utterly confined within the boundaries of current convention, that reveals, more clearly than the figure that stands head and shoulders above his age, what the generally accepted values of that age are. In an essay such as *Von der Freiheit eines Dichtermenschen* much that is 'typical' of German expressionism, both in attitude and style, comes through. And as one follows Döblin's career through the years of the Weimar Republic, through his emigration in 1933 and the years of exile, about which his autobiographical *Schicksalsreise* (1949) relates, to his return to a post-war West Germany whose pursuit of economic prosperity he distrusted, one re-lives a panorama of forty troubled years through the reactions of a highly gifted Left-wing intellectual who was both a man of science and a man of letters. This is perhaps the spirit in which he, and others like him, may most appropriately be regarded. It is also the principal reason for his inclusion in this book.

BIBLIOGRAPHY

(eds.) W. Kandinsky and F. Marc, *Der Blaue Reiter*. Dokumentarische Neuausgabe von K. Lankheit (Munich, 1965)

W. Kort, *Alfred Döblin: Das Bild des Menschen in seinen Romanen* (Bonn, 1970)

R. Minder, 'Alfred Döblin zwischen Osten und Westen'; in R. Minder, *Dichter in der Gesellschaft* (Frankfurt, 1966)

B. S. Myers, *Expressionism. A Generation in Revolt* (London, 1963)

(ed.) P. Raabe, *Expressionismus. Der Kampf um eine literarische Bewegung* (Munich, 1965)

R. Samuel and R. H. Thomas, *Expressionism in German Life, Literature and the Theatre* (Cambridge, 1939)

P. Selz, *German Expressionist Painting* (Berkeley/Los Angeles, 1957)

W. Sokel, *The Writer in Extremis: Expressionism in Twentieth-Century German Literature* (Stanford, 1959)

J. Willet, *Expressionism* (London, 1970)

Von der Freiheit eines Dichtermenschen

Die Tatsache dieser Bewegung, die man ruhig Expressionismus nennen kann, ist nicht zu bezweifeln. Ein, zwei Jahre vor dem Krieg hatte ich Gelegenheit französische, russische, italienische Künstler der jetzt dominierenden Generation zu sprechen; zu meinem Erstaunen, dessen Heftigkeit ich mich noch entsinne, äußerten sie, die mit deutschen Verhältnissen gerade so unbekannt waren wie ich mit ihren, Wünsche, Urteile, Pläne über Kunst und Verwandtes, die verblüffend mit einigen in Deutschland umgehenden übereinstimmten. Es war und ist eine Bewegung, eine atmosphärische Welle, wie ein wanderndes barometrisches Maximum oder Minimum. Keine Richtung, durchaus im Gegenteil: Gärung ohne Richtung; etwa Zeitströmung im Sinne von [1]Brandes, nicht einmal so bestimmt und gezielt wie etwa ganz allgemein «Romantik». Einen wirklich bezeichnenden Namen kann das Ganze nicht, oder noch nicht, haben; spricht man von Expressionismus, so bezeichnet man den Wagen nach einem Rad; möglich ist, daß mit Expressionismus sich schon ein wesentlicher Einzelwille der Bewegung formuliert. Was voranging, so in der am meisten auffälligen Malerei, in Kubismus, Futurismus, aber noch früher, ja vielleicht längst vorher im Impressionismus, jawohl Impressionismus, gehört zu der gleichen Geisteswelle, die durchweg bei ihren Trägern oder Befallenen durch eine zunehmende Steigerung des Lebensgefühls, ein leidenschaftliches Sichbesinnen sich charakterisiert, durch eine berserkerhaft entschlossene Stellungnahme im Formalen und Inhaltlichen, Drang zu intensiver ungebrochener Äußerung.

Vielleicht hängt diese Bewegung, nicht nur zeitlich, mit anderen Bewegungen im Leben der europäischen Nationen zusammen: mit dem Erstarken der ganzen Volkskörper im letzten Jahrzehnt, dem Anschwellen des Nationalgefühls; wirtschaftliche Parallelvorgänge sind wahrscheinlich. Ich habe das Gefühl, daß diese Bewegung aus keiner Not, sondern einem Überfluß stammt; Stolz ist ihr charakteristisches Grundgefühl.

Es ist keine Bewegung der Jugend, ich meine kein plötzliches Auftreten einer neuen Jugend in der Kunst, «die nicht von Joseph wußte». Die Herren, deren Personalien mir bekannt sind, sind zum Teil zwischen zwanzig und dreißig, welche zwischen dreißig und vierzig und schon darüber. Weder [2]Franz Marc noch der sehr befallene August Stramm waren Knaben. Nun ist es zweifellos, daß diese und andere schon vorher, früher charakteristische Züge aufwiesen, jedoch der Durchbruch, die Ausbreitung, das Bodenfinden, damit das Hervortreten an die Öffentlichkeit ist erst in diesem Jahrzehnt ermöglicht. Jetzt konnten die einzelnen zu einer Welle zusammenschlagen, sich verstärken, indem sie rechts und links Bereitschaften verwirklichten. Und dieser Prozeß und sein Durchschlagen ist erst im Beginn, seine Ausbreitung auf andere Gebiete ist sehr wahrscheinlich und steht bevor.

Die Persönlichkeit hat sich ihrer Haut zu wehren gegenüber einer geistigen Bewegung. Personen sind die Träger der Bewegung, ihre Macher, sind die Beweger, andere geraten in das Fahrwasser, ahnungslos oder bewußt, treiben mit ihm. Von dieser Welle werden einzelne kaum bespült, andere waten knietief hinein, andere schwimmen darin stoßweise nach eigenem Antrieb, andere werden weggeschwemmt, liegen nach Abflauen der Flut platt auf dem Strand. Von solcher Bewegung erfahren viele eine Reinigung, viele eine Stärkung, viele eine Richtung. Sie folgen, wie einmal Hegel sagt, den Seelenführern, denn sie fühlen die unwiderstehliche Gewalt ihres eigenen inneren Geistes, der ihnen entgegentritt.

Das muß noch genauer gesagt werden, möglichst unbildlich oder mit anderen Bildern. Das fesselnde Renkontre von geistiger Bewegung und Charakter. Zunächst ist festzuhalten: eine Bewegung ist keine Mache oder das Arrangement einer Gruppe Interessenten. Vielmehr, aus zahlreichen zunächst dunklen Ursachen sozialer politischer menschlicher Art wächst sie, hier flammt es, dort flammt es bei Feinfühligen, Scharfhörigen, Hellsichtigen auf, durch sie kommt die Maschine zu ihren ersten Kolbenstößen und Umdrehungen. Und so sich voranschiebend, unsicher ratternd, mehr dampfend als bewegend, ist sie außerhalb bestimmter oder überhaupt einzelner Menschen, eine allgemeine öffentliche Angelegenheit, aber was mehr als das ist, unabhängig von den Plänen und dem Vorhaben von Menschen. Ein aus bestimmten Situationen und Konstellationen fließendes breites Spannungs- und Kraftgefälle. Ein Außerhalb des Menschen wie eben ein Milieumerkmal. Dies ist überaus wichtig, denn damit entfallen viele Angriffspunkte. Bewegungen sind prinzipiell zunächst einmal zu erkennen; damit ist schon alles geschehen. Daß ein Konservativer nicht die Notwendigkeit des [3]Zentrums, des Liberalismus oder gar der Sozialdemokratie anerkennen wird, ist ihm nachzufühlen, er bedarf dieser Partei nicht zu seiner Existenz, aber daraus folgt nicht die fehlende Existenzberechtigung der Parteien. Der Eitelkeitsfrage ist damit der Boden entzogen, denn da die Bewegung kein Privateigentum ist, kann sich jeder von ihr aneignen, was er will und wieviel er will. Man kann sich auch ohne Entschuldigung von dieser Table d'hote zurückziehen und Diner à part bevorzugen. Wie es [4]Goethe mit der Romantik gemacht hat, bald so bald so, ist bekannt. Was Theodor Fontane im Alter getan hat, war kein Schade für ihn. Es muß jeder wissen, wie ihm zumute ist.

Die der Bewegung mit Leib und Seele verschrieben sind, werden ihre Märtyrer. Sie werden von der Bewegung aufgebraucht und bleiben nachher liegen krüppelhaft, invalide. Hier kann man in der Tat sagen: sie werden verschluckt von der Idee, nur werden sie wieder ausgespien, nachdem ihr Bestes und Brauchbarstes resorbiert ist. Sie hatten außerordentlich feine Organe für die Not ihrer Zeit, sie dienten leidenschaftlich ihrer Zeit, trieben eine Art hohen Journalismus, sie begleiteten den Tag als sein Priester oder vielleicht als Vorreiter, um an einer bestimmten Wegstrecke abgedankt zu werden. Was sie leisteten: ein meist bald verschollenes Werk, das höchst signifikant für die Sache war, scharf ein paar Jahre vorwärts leuchtete, bei dessen Betrachtung man später rasch das dünne wesenlose Menschlein erkennt, das daran zappelt, aufgehängt erstickt an seiner Momentbegabung. Was ihnen fehlte? Oh, an sich nichts, keinem Menschen fehlt etwas, nur die Ursache dieses Verlaufs war das dünne Wesenlose der Persönlichkeit. Wesenhaft nämlich ist dieser Mensch nur gewesen in seiner Zeitspanne, aus ihr floß sein Wesen, zugleich mit ihr war er hin, verbrannt, verpufft, verronnen.

Das Tempo des Menschen aber, der nicht Märtyrer der Zeit, sondern ihr Herr ist, ist ein durchaus eigentümliches; ein Organismus wächst, entfaltet sich, altert aus sich heraus, rücksichtslos, keine Zeit hält damit, mit dieser Sonderbarkeit, Schritt. Und wie sollte sie auch. In unserem Leben sind Jahrmillionen zusammengezogen der Erd- und Menschengeschichte, was können mich sechzig Jahre lehren? Oder bloß zehn. Wie könnten «Bewegungen» anders als flüchtig über uns schwimmen; ein wirklich umwälzendes Geschehen ist auf keine Weise möglich. Wir sind gut gesichert gegen Einbruchsdiebstahl und Verführung. Man will nicht, man kann auch nicht aus seiner Haut heraus.

Die Bindung der Bewegung an die Persönlichkeiten ist ganz und gar nicht zwingend. Und hier beginnt ein besonderes, sehr fesselndes Kapitel. Es ist das Kapitel, das Ruhmreiches erzählt, denn es behandelt die [5]Trennung Nietzsches von Wagner, das traurig ist, wenn es erzählt, wie von den Bewegungen Menschen wie von Hefe aufgetrieben und dann fallen gelassen werden. Die Zeit ist danklos, treulos, erbarmungslos. Gegen die Zeit gibt es keine Rettung als unser angeborenes adern- und darmdurchflossenes Altenteil, anderthalb Meter hoch, sechzig, siebzig Kilogramm schwer. Ja die Entscheidung letzter Stunde liegt bei der Persönlichkeit. An dieser Stelle ist es Zeit Fanfaren zu blasen. Es ist das Kapitel von der menschlichen Freiheit.

Es braucht keiner Furcht haben, es verliert sich niemand, auch nicht an eine Bewegung. Etwas Abwechslung ist immer erwünscht. Und viel mehr kommt bei dem Zauber hier doch nicht heraus.

Wenn eine Bewegung viel getan hat, hat sie archäologisch gewirkt: sie hat eine Verschüttung in uns beseitigt.

Die Bewegung macht ein Ritzchen: tut nicht weh, tut nicht weh. Homer bewegt dabei nicht den Kopf, und nur das liebe Kindchen schreit.

Die Zeit dringt verschieden tief in unsere Poren ein. Man glaube nur nicht, daß die blanke glatte Hingabe an die Zeit die Regel und das Gewöhnliche wäre. Die wenigsten Menschen erleben ihre Zeit, das muß hart festgestellt werden, die meisten Menschen sind geschäftlich tätig und haben keine Zeit für ihre Zeit. Woraus nun nicht folgt, daß sie das Haupt in die Sterne erheben. Vielmehr, aber man weiß schon, was ich sagen will: sie sind überhaupt nicht vorhanden in einem gewissen Sinne. Die Gegenwart senkt sich verschieden tief in die künstlerischen Individuen, dies ist kein einfacher Vorgang [6]wie zwischen Zeus und Danae. Es gibt im Menschen recht viele, sehr unterschiedliche Strömungen; für literarische Zwecke kann man diesen Tatbestand nicht brauchen, jetzt haben wir keinen Grund ihn zu verheimlichen. Wie die Erde einen Kern von Nickeleisen hat, sechstausend Kilometer tief, drüber einen Mantel von Magnesium Silicium 1500 km tief, darüber eine ganz schmale Schicht Silicium, Aluminium, Basalt, Diabas, der Boden unserer Erde, dann wehend unsere Stickstoffatmosphäre, überragt von Wasserstoff in zweihundert Kilometer Höhe, so geschichtet und noch schlimmer verschoben und verschachtelt die erdgeborenen Individuen. Wir haben Fältelungen in uns, die auf die Eiszeit zurückgehen, andere, die mit Christi Geburt datieren, andere; wir stammen durch Vater und Mutter von sehr weit her, die kreuz und quer ab, das sind Dutzende Quellen, [7]aere perennius. Aber in dies dunkle Triebwerk von Erinnerungen und Instinkten greift unsere Erziehung. Unsere Umwelt, unser Umgang gruppiert hier, macht es wie bei einer Gesellschaftsphotographie: läßt den im Dunklen, setzt den in scharfes Licht, schiebt den vor, den daneben. Um unseren Reichtum zu zeigen, müssen Ereignisse herankommen. Die Bewegung als Reiz, Versuchung, Aufspaltung. Als Schlüssel zum Geldschrank.

Und da ist die Rolle der Bewegung für das Leben der Individuen schon klar; sie ist nicht mehr und nicht weniger wie sonst ein Erzeugnis von Belang. Über den Prozeß [8]Steinheil seligen Angedenkens können wir eine Umwälzung, eine Erdrevolution im Wasserglase so zu sagen erfahren, oder über dem Buch so und so von Tolstoi oder über dem Urteil in einem Prozeß, über einer Zeitungsnotiz, einer kindlichen Bemerkung, einer Reifbildung an einer Holzlatte.

Die Entscheidung letzter Stunde liegt bei der Persönlichkeit. Es gibt Menschen, die eine solche Spannung ihrer Vitalität durchstrafft, daß sie gänzlich unfähig sind, aufzumerken, ihrer Zeit bewußt zu werden, Einflüssen zu unterliegen. Produkte fließen aus ihnen kontinuierlich, aus ihnen schlägt es dauernd von Urteilen, Hinweisen, Anregungen, Förderungen. Sie sind eisern gepanzert, halb taub, halb blind. Ihre Kraftquellen kommen tief herauf. Sie sind umdüstert von den Gewalten ältester Zeiten, können nur wirken, sich ausstrahlen. Ihre persönliche Entwicklung ist wichtiger als alle Bewegung, welche dem gegenüber nur ein Hilfsmittel ist, etwa wie der Ersatz eines großen Staatsmannes durch ein Parlament. Sie berührt keine Bewegung, was sollte sie bei ihnen? Etwas aufdecken? Vulkane oder Sterne aufdecken? Sie können selbst Reihen von Bewegungen auslösen.

Die Bewegung ist mit einer Egge zu vergleichen, die den Boden aufreißt; das heißt, sie befruchtet nicht. Befruchten ist ein irreführendes Bild; die Persönlichkeit zentriert und orientiert sich an dem Geschehen. Die Bewegung revidiert, bietet mutig Ladenhüter aus. Daher die Rückwärtsentdeckungen: [9]Rampsenit der Zwölfte als Novität.

Sie wirkt wie das bekannte Salzkörnchen in der Mutterlauge, um das die Kristallisation, aber die der Mutterlauge, stattfindet.

Einseitigkeit, Monomanie der Bewegung. Die Gäule bekommen Scheuklappen, Selbstfahren verboten.

Eine Massenerscheinung, Erscheinung an Massen. Es gibt noch Aristokraten.

Ein Heilungsprozeß der zu einer neuen Gesundheit führt. Es gibt noch Gesunde.

Ein Wachstumsprozeß. Er geht Erwachsene nichts an.

Eine Epidemie. Unbeschadet daß manche schon aus den Masern heraus sind.

Unzeitliche aus Not: sie sind innerlich gefesselt, ihr Organismus erschöpft sich in Störungen, Reibungen. Sie kommen nicht zu sich, geschweige zu andern.

Reiz und Auslösung. Es werden manche in die falsche Zeit hineingeboren, erleben staunend Bewegungen mit, deren Reize an ihnen vorbeigleiten. Ein dumpfes suchendes quälendes Gefühl in ihnen: sie können nicht. Sind verbiestert. Die Raffaels ohne Arme, die Fehlgeburten. Mit der Demokratie allein ist es nicht getan; wie kommt der Tüchtigste, wenn das Malheur es nicht will, zu seiner höchsten Potenz? Wer geht politisch gegen das Malheur vor?

Ceterum: die ganze Menschenbetrachterei ist überflüssig. In der Kunst dreht es sich um das Opus. Der Künstler ist nur die Möglichkeit zum Opus, wir reden von den Fakten. Die Merkmale der Größe beim mazedonischen Alexander und Napoleon sind nicht schwer zu finden; das Ungeheure, das sie leisteten, springt hervor, man kann es negieren, man muß es erleiden, man hört: die und die Völker ausgerottet, umgepflanzt, Grenzen in dem und dem Maße verschoben, so und so viele hunderttausend Tote. Hier nun die Kunst, das Reich der Werte, jenseits des Zentimetermaßes, der Arithmetik, der Waagschale. Werte: das ist, was zwischen Menschen von Mensch zu Mensch geht. Das Opus ein Gewirr ethischer und ästhetischer Werte. Die Güte dieses Übertragungsapparates bemißt sich nach dem, was er überträgt, und wie er übertragen kann. Ein physikalisches Instrument, das psychische Spannungen beherbergt wie ein Kopf.

An sich ist ein Buch, Bild ein Raumfüllsel, — gänzlich ohne diese psychische Spannung. Nicht einmal ein Übertragungsapparat: nämlich dazu gehört einer, der sich etwas übertragen läßt. Das ist peinlich; Michelangelos Deckenmalerei ist Anstrich ohne den Herrn Müller und seine beiden Töchter, die sich die Sache besehen. Es ist peinlich, aber es hilft nichts. Michelangelo hat nicht an den Herrn Müller bei seiner Arbeit gedacht, aber von dem Augenblick an, wo er seinem Werke den Rücken kehrte, war es auf Herrn Müller angewiesen, als auf seinen nunmehrigen Pflegevater. Will dieser Herr nicht, so verkommt das Kind. Und so geschieht es bekanntlich: Dinge von ehemaliger Kostbarkeit verschwinden von der Bildfläche wie nichts, ohne Recht zu tragischer Grimasse zu haben. Was es ist, ob der Übertragungsapparat nicht funktioniert, ob die übertragenen Werte nicht taugen, beurteilt einzig Seine Majestät Herr Müller, es hängt von seinem Belieben ab.

Solche Zeitperiode ist ein weißer Elefant, pompös über und über behängt mit Dingen, die ihm Spaß machen, die es fressen und saufen kann, mit denen es sich und andere belustigt. Manchmal sitzt einer oben, mimt den Lenker. Die Bestie trabt gigantisch vorwärts, langt sich mit dem Rüssel heran, was es mag, wirft ab, was ihm nicht paßt, schabt sich an Bäumen, Felsen wie eine Laus den Michelangelo ab. Man hat leicht, ironisch «Herr Müller» sagen! Es läßt sich großartig sagen: das Kunstwerk ist ein organisches Gewächs. Ist es leider nicht, dann brauchte es nicht nach dem genannten Herrn zu rufen, um auf seinen, nämlich dessen Beinen zu stehen. Ist eine totale Null, von Haus aus belangloser als ein Kretin, nicht mal soviel wert, wie eine Leiche, [10]ja dies, woran Flaubert bluttriefend sechs Jahre lang feilte. Und in welcher Zeit wird ein Kind gezeugt von einem Betrunkenen und einer Betrunkenen? Das Opus ist einfach von dem Range einer alten Hose, günstigstenfalls einer neuen, und es können Debatten entstehen über den Wertunterschied von Bratkartoffeln und einem Beethovenquintett. Kein Wunder, wenn man das Großhirn ohne nennenswerten Schaden aus dem Kopf entfernen kann, dagegen bei dem Versuch nichts zu essen —

Man weiß, daß in der katholischen Kirche nur der geweihte Priester die Vollmacht hat zu absolvieren, die Pforte zum Himmel zu öffnen. In der Kunst hat Herr Müller diese Vollmacht. Dies sind die Massen der Zeitgenossen, ein vielgestaltiges Gebilde. Sie sind tief gestaffelt wie ein römisches Karree und eine spanische Armada. Zähflüssig für sie wie das Magma, auf dem unsere Erdrinde schwimmt. Sie werden wie das Individuum von hundert, sich fremden, aneinander, durcheinander ziehenden Strömungen durchwogt, — das ist das Leben der Massen. Hundert Instinkte brauchen Sättigung, Störung, jene Instinkte, die die Werte spenden, von welchen alles abhängt, unsere Zeitgötter, [11]die verblichene Marlitt, der glatte ewige Raffael, Munch der gespenstige, Zend-Avesta, Räuberpistolen, Frömmigkeit, Atheismus, Zoterei. Im Hause meines Vaters sind viele Wohnungen. Noch einmal müssen Fanfaren geblasen werden zum Lobe dieser Massen und der menschlichen Freiheit. Einmal nämlich fallen mir die Zähne aus, meine Haare werden weiß werden, knickebeinig werde ich gehen, falls ich nicht vorher ins Gras gebissen habe. Dann wird sich, was ich produziere, vergeblich umsehen nach einer Bewegung, die schon längst guten Morgen gesagt hat und um die Ecke geschwunden ist, nicht ohne einen angenehmen Duft hinterlassen zu haben. Meine armen lumpengestampften Kinder werden ins Weinen geraten. Aus dem Kreise des Herrn Müller wird einer an sie herantreten und wird sie fragen, wie es ihnen geht. Sie werden zusammen dinieren, Bratkartoffeln mit Schinkenstückchen; wenn noch Krieg ist, Kohlrabi mit Wuchertunke. Es wird anders sein als in früheren Zeiten, aber es wird auch sein.

COMMENTARY

Text: Alfred Döblin, 'Von der Freiheit eines Dichtermenschen' (*Die neue Rundschau*, XXIX, 1918, Bd. 2, 976–83. Also in Döblin, *Aufsätze zur Literatur*, ed. W. Muschg (Olten/Freiburg, 1963), 23–32.

1. *Brandes:* Georg Brandes (1842–1927), influential Danish literary critic whose work commanded great attention in Europe from the 1870s onwards, and whose *Main Streams in the Literature of the Nineteenth Century* (1872–5 in the original Danish; German translation 1872–6, English translation 1901–5)—hence Döblin's 'Zeitströmung'—remains a standard work. He also wrote books on Shakespeare, Kierkegaard, Lassalle, Disraeli, Anatole France, Ibsen and on Norwegian and Danish literature in general.

2. *Franz Marc ... August Stramm:* Marc (1880–1916), Kandinsky, Macke and Paul Klee were the principal members of the so-called 'Blauer Reiter' group

of expressionist painters who worked in Munich in the years before the outbreak of World War I. August Stramm (1874–1915) was one of the many expressionist poets killed in the war.

3. *Zentrum:* The Catholic Centre Party was a powerful force in German politics from its foundation in 1870 through the Second Reich and the years of the Weimar Republic; it formed the largest party in the Reichstag from 1884 to 1912 and shared in the coalition with the Socialists and the newly-constituted German Democratic Party, led by Max Weber and Friedrich Naumann, which established the republican constitution of 1919. It was dissolved by Hitler in 1934.

4. *Goethe ... Fontane:* there were many occasions in his life when Goethe played off the 'Classicism' of his maturity against the unruly 'Romanticism' of writers like Kleist, Zacharias Werner and E. T. A. Hoffmann, but it is not difficult to find 'Romantic' inclinations in his own late works, from the *West-östlicher Divan* to *Faust II.* The movement in Fontane's literary career is from historical romance to realist-naturalist novel inspired by Flaubert and Zola—though since he did not publish anything until he was in his sixties, Döblin's phrase 'im Alter' could be taken as referring to his literary activity *per se.*

5. *Trennung Nietzsches von Wagner:* with the passing of the enthusiasm that reached its peak in *Die Geburt der Tragödie* (1871) Nietzsche became more and more bitterly critical of Wagner both as man and artist (see p. 237ff. above).

6. *wie zwischen Zeus und Danae:* Zeus visited Danae in the form of a shower of gold, and Perseus was born as the fruit of the union.

7. *aere perennius:* 'more durable than bronze' — a quotation from Horace *Odes* III, 30, line 1.

8. *Steinheil:* in his work on wireless telegraphy the physicist K. A. Steinheil discovered that, instead of a complete metallic circuit, as had hitherto been assumed necessary, half of an electric circuit could be formed by the conducting earth, i. e. the so-called earth return. This is the background to Döblin's word 'Erdrevolution' in the following line, which he satirically weaves into the idiom of 'ein Sturm im Wasserglas'.

9. *Rampsenit der Zwölfte:* Rhampsenit = Rameses, dynastic name of a number of Kings of Egypt from ca. 1300–1000 B. C.; archaeological discoveries in the late nineteenth and early twentieth centuries aroused great interest in intellectual circles.

10. *ja dies, woran Flaubert* etc: a sarcastic reference to Flaubert's *Madame Bovary;* in calling this, one of the world's great novels, a 'corpse', Döblin shows the gulf between the realistic social novel of the nineteenth century and the young expressionists' vision of a revolutionary new set of literary values.

11. *die verblichene Marlitt ... Munch ... Zend-Avesta:* Marlitt, pseudonym of Eugenie John (1825–87), authoress of popular romantic novels; Edvard Munch (1863–1944), Norwegian painter, an early practitioner of 'expressionist' methods in art; Zend-Avesta, the original sacred writings of the Zoroastrian religion.

JASPERS (1883–1969)

Über Bedingungen und Möglichkeiten eines neuen Humanismus (1949)

Like Heidegger, with whom he shares certain vital points of departure and sources of stimulation, but with whose philosophical development, chosen fields of concern, attitudes to encompassing social realities and style of communication he has little in common, Karl Jaspers stands as one of the most important figures in what is generally called existentialist philosophy. The word *Existenz* has for Jaspers, as for Heidegger, the special meaning given to it by Kierkegaard (see p. 305 below), and to practise 'existential thinking' is both to align oneself with the essential nature of Being and to assert that individuality in which each man has to discover the meaning and nature of his own *Existenz* within the framework of Being.

It is not without significance for understanding the particularity of Jaspers' thought in the context of twentieth-century existentialism to recall that he graduated as a doctor and that his first book, *Allgemeine Psychopathologie* (1913), was that of a man devoted to the theory and practice of psychiatric medicine. For a number of years he was *Privatdozent* in psychology at the University of Heidelberg, becoming professor of philosophy there in 1921. The Nazis dismissed him in 1937 and forbade publication of his works (his wife was Jewish); in 1945, immediately after the end of the war, he was reinstated at Heidelberg but accepted a Chair at the University of Basel in 1948 and taught there until his retirement in 1961. Although he had never been an ivory-tower philosopher—*Die Idee der Universität* (originally 1923) and *Die geistige Situation der Zeit* (1931) alone show this—his engagement in human affairs became even more marked in the post-war era, manifesting itself in his co-editorship of the journal *Die Wandlung* (1945–9), with its blunt but constructive confrontation of a shattered Germany with the political and moral facts of her situation, in his intense concern with German war-guilt in the Heidelberg lectures published in 1946 as *Die Schuldfrage*, in *Die Atombombe und die Zukunft des Menschen* (1958), the political essay *Freiheit und Wiedervereinigung* and other writings.

In parallel to the course of his own career he sees science and philosophy as merging spheres of thought, the former a prerequisite of the latter, but the latter both less and more than the former: 'Wer philosophiert', he wrote in his inaugural lecture in Basel, 'will in wissenschaftlichen Methoden erfahren sein'. Further: 'Wer philosophiert, drängt zum wissenschaftlichen Wissen, weil es der einzige Weg ist zum eigentlichen Nichtwissen'. In other words, by carrying scientific enquiry to its limits, man discovers what lies beyond these limits, namely the realm proper to philosophical, not scientific, truth. But philosophical truth is an intensely personal matter, an expression of the individual personality, a reflection of private faith and conviction, and thus not amenable to formulation in comprehensive, and therefore closed, systems of concepts. Apprehended by faith, it is communicated, not by a reference to authority or orthodoxy but by an appeal to the individual freedoms of others: it is what Jaspers calls 'eine offenhaltende Systematik' (see note 1) and what his collaborator Kurt Rossmann calls 'eine Philosophie der Freiheit'.

This is the point at which one sees most clearly Jaspers' links with Kierkegaard and Nietzsche—individualists and unsystematic philosophers who found it possible to express their profoundest thoughts only in the form of metaphor and allegory, in the spirit in which Friedrich Schlegel once said: 'Das Höchste kann man, eben weil es unaussprechlich ist, nur allegorisch sagen.'

But behind these two figures stands an older and greater thinker whose significance for Jaspers' development was paramount: 'Kant wurde mir zum Philosophen schlechthin und blieb es mir'. (Über meine Philosophie, 1941: in Rechenschaft und Ausblick, 1951, 339). The relationship between Kant and Jaspers is as fundamental as it is difficult to define—unlike Jaspers' relationship to Nietzsche, the nature of which, both through specific studies of Nietzsche's thought (Nietzsche. Einführung in das Verständnis seines Philosophierens, 1936; Nietzsche und das Christentum, 1946) and through its traceable passage over the course of his own philosophy, is more readily perceptible. He himself found it apposite to express his relationship to Kant in paradoxical form: 'As a "Kantian" I stand in opposition to Neo-Kantianism' (The Philosophy of Karl Jaspers ed. P. Schilpp, 1957, 856). And if one is thinking in terms of those who have influenced his philosophy, one must mention here Max Weber, who, as Jaspers himself was to do, built on the essentiality, but also on the limitations, of empirical science, which cannot be permitted to encroach on the 'existential' freedom of the individual. From his first encounter with him in 1909 until his death in 1920, Jaspers had an affection, almost a veneration, for Weber the man as for Weber the philosophical and political thinker, and his understanding of Weber's meaning and importance has, as he says in his Philosophische Autobiographie of 1956, only deepened with time. And with lines both to Jaspers and to Weber are the methodology of Dilthey (see p. 245f above) and the phenomenological studies of Husserl.

The particular contemporary power and challenge of Jaspers' philosophy derive from the reciprocity within it of the objective and the subjective moments, man as Man and man as individual, man in history and man in present reality, man as unconditional rational being and man confined by his own 'existential' condition. As circumstance, both necessary and contingent, forms part of the question 'What is the nature of Being?' each time it is asked, so circumstance must also form part of any attempt at an answer. There can thus be no single, final, all-embracing, eternally valid philosophical doctrine; true philosophy is generated in the tension between verifiable, empirical truth—what Jaspers calls *Vernunft* —and one's assimilation of the meaning of this truth in the profoundest degree of which one is individually capable—what Jaspers calls *Existenz*. These moments of supreme experience constitute the Transcendent, or God, which is only accessible 'existentially', never as a conceptual postulate—is experienced, indeed, through the realisation that this is a realm beyond the reach of discursive reason and apprehensible only through symbol and myth. The elucidation of this reality is described by Jaspers as *Existenzerhellung*, and it is in those parts of his works which concentrate on this elucidation that one sees most clearly the Kierkegaardian derivation of his thought (the name of Schelling also belongs here), and his opposition to, on the one hand, the pretensions of positivism, and on the other, the conceptual idealism of Idea, Reason and Spirit that reached its culmination in Hegel. Here too lies the source of much of the contemporary relevance and influence that his philosophical attitudes have come to acquire.

A philosophy that so determinedly resists the formulation of abstracts and absolutes, and declares the authentic realities of existence and transcendence to be expressible only in *Chiffren*, 'ciphers', cannot but expose itself to the conclusion that, by dissolving a single, basic problem into an infinite number of relativisms, it can itself only exist as a series of ciphers that alludes to its own relativism—which would seem a frail foundation for something that bears the name of a philosophy. It is a conclusion which Jaspers accepts and absorbs, for he sees not *one* statement of philosophical truth but an infinity of such statements, all of which lead in their way to an awareness of Being: 'So ist am Ende kein Boden, kein Prinzip, sondern ein Schweben des Denkens im bodenlosen Raum. Gegen Verfestigung und Sicherung im Gedankensystem, in dem ich mich berge und dem ich mich unterwerfe, bleibe ich Herr meiner Gedanken, um offen zu sein für Transzendenz und daraus die eigentliche Unbedingtheit in der Welt zu erfahren. Das Ganze der Gedanken kann aussehen wie eine freischwebende Kugel in grenzenloser Erweiterung oder wie ein Kreis von Kreisen, in denen die Bedeutungen sich wechselweise spiegeln. Aber auch solch schwebendes Gedankenganzes ist als ein Denkgebilde selber wiederum nur ein Gleichnis des Seins neben anderen' (*Von der Wahrheit*, 1947, 185–6).

Beyond this point Jaspers will not be pushed, casting himself in the mould of the independent thinker of the European tradition from Plato through Giordano Bruno and Spinoza to Lessing, Kant and Goethe. It is a tradition, moreover, which has parallels in the intellectual history of India and China (see Jaspers' reference p. 300 below)—and more of Jaspers' writings have been translated into Japanese than into any other language. 'Die eine Wahrheit', he wrote, 'ist die Wahrheit der Existenz, die sich in den Ideen bewegt und in der Transzendenz ihren Grund findet' (*Von der Wahrheit*, 737).

The defeat of 1945 brought to the surface the feeling among German intellectuals that Germany's era of national political greatness was over, and that her future could only be based on the noble spiritual and cultural values of her past. Lessing, Humboldt and Goethe were invoked as spokesmen of the liberal, classical tradition in which the values of humanism resided. The liberal conservative historian Friedrich Meinecke, for example, who with Max Weber, Ernst Troeltsch and Hans Delbrück had been at the centre of an influential group of political reformers during and after World War I, proposed the establishment of Goethe Societies throughout Germany in order to discover and preserve the noblest elements in the German heritage.

Jaspers, who, unlike Heidegger, had preserved an uncompromising aloofness throughout the years of Nazi rule, felt the moral and cultural realities of 1945 as intensely as any of his contemporaries. *Die Schuldfrage* (1946; it is an interesting exercise to read this in conjunction with Max Weber's articles on the question of German war-guilt after World War I, *viz.* 'Zum Thema der "Kriegsschuld"' and 'Die Untersuchung der Schuldfrage') examines with implacable honesty the different kinds of guilt—criminal, moral, political and metaphysical—which, singly or in sum, can be laid at the door of practically every German, and which every German has to face if history and fate are to have any meaning. His search for liberal values in the German tradition naturally led him to Goethe, on whom he wrote two essays in the year following the war, and *Über Bedingungen und Möglichkeiten eines neuen Humanismus* belongs to the same period and the same complex of concerns. The issues it treats also occur in Jaspers' *Die geistige Situation der Zeit* (1931), *Der philosophische Glaube* (1948) and *Vom Ursprung und Ziel der Geschichte* (1949).

In its origin *Über Bedingungen und Möglichkeiten eines neuen Humanismus* is a lecture given in 1949 at the 'Rencontres internationales' in Geneva, a conference on humanism attended by intellectuals from many countries and of many different political and religious persuasions. Jaspers' situation at this conference, indeed, was an ironical parallel to his own existentialist position within philosophy itself, for as he later wrote, he found himself asking, confronted by the spokesmen of Catholic and Protestant theology, of Communism and other consolidated dogmas, whether the restless probings of philosophers in intellectual disarray did not render absurd and illusory the concept of a definable activity called philosophising. Significantly, he brings into his answer his conception of the university, a subject of great importance to him and one on which he has published his thoughts at very different moments in modern German history, from 1923 through 1946 to 1961. A concern with humanism, furthermore, is very appropriate for the existentialist: 'L'existentialisme', said Sartre, 'est un humanisme'.

Over and above the obvious domestic relevance for Germany in the post-war years of an appeal to the traditions of humanism, Jaspers' essay has a common human concern with the preservation of civilised liberal values in an age facing the dehumanisation of life and the prospect of nuclear self-destruction. Moreover the humanism of which he writes is not to be the exclusive preserve of an intellectual élite to whom, in the nature of things, the highest achievements are reserved, but will have to discover 'the simplest forms, accessible and convincing to everyone', as he puts it in *Über Bedingungen und Möglichkeiten eines neuen Humanismus* (p. 293 below). Perhaps the tenor of Jaspers' philosophy, as of all existentialism, secular and Christian alike, still remains aristocratic. But it is an aristocracy drawn from the lived reality of life, not imposed in the name of a speculative metaphysic, and it reaches to the roots of human existence.

BIBLIOGRAPHY

The general works on existentialism given in the bibliography under Heidegger are also relevant.

L. Jaspers, *Der Begriff der menschlichen Situation in der Existenzphilosophie von Karl Jaspers* (Würzburg, 1936)

A. Lichtigfeld, *Jaspers' Metaphysics* (London, 1954)

— *Aspects of Jaspers' Philosophy* (Pretoria, 1963)

J. Paumen, *Raison et existence chez Karl Jaspers* (Brussels, 1958)

(ed.) P. A. Schilpp, *The Philosophy of Karl Jaspers* (New York, 1957)

C. F. Wallraff, *Karl Jaspers* (Princeton, 1970)

Über Bedingungen und Möglichkeiten eines neuen Humanismus

Was Humanismus genannt wird, hat einen sehr verzweigten Sinn.

Gemeint ist erstens ein Bildungsideal: die Aneignung der Überlieferung der Antike, des Römertums und des Griechentums. In der Antike selber ist dieser Bildungsgedanke begründet im Scipionenkreis, strahlt in Cicero. Seit dem vierzehnten Jahrhundert in Italien wurde er erneuert. Die lateinische und griechische Sprache führt in die klassische Welt, die in ihrer Literatur, ihren Kunstwerken, Bauten, Dokumenten, Landschaften uns durch die Arbeit dieser Humanisten und ihrer Nachfolger vor Augen steht. Diese Bildung ist eine Sache aristokratischer Freunde, war historische Wirklichkeit von Petrarka bis zu Erasmus und Thomas Morus, dann wieder ganz anders [1]im deutschen Neuhumanismus der Goethezeit. In diesem Bildungsgedanken entstand seit dem vierzehnten Jahrhundert die klassische Philologie. Wie weit in ihren Vertretern der Humanismus fortlebt, der eine großartige Humanität, eine menschenfreundliche Gesinnung, den sicheren Blick für das Edle in sich schloß, zugunsten bloßer Wissenschaft verschwunden ist, ist seit Nietzsche eine Frage. Vielleicht lebt heute in immer kleiner werdenden Kreisen die humanistische Bildung kraftlos als eine Weise beschränkter Humanitas fort.

Im Humanismus ist heute zweitens ohne ausdrücklichen Bezug auf jenen historischen Humanismus das Wiedererstehen des Menschen aus seinem ewigen Ursprung gemeint. Nicht der Bildungsgedanke einer sprachlichen und literarischen Erziehung ist das Maßgebende, sondern die Idee des Menschen, die schon in der historisch begrenzten Gestalt des Humanismus eine Rolle spielte und in der Humanität als Anerkennung der Menschenwürde in jedem Menschen unliterarisch auf dem Grund des biblischen Glaubens wirklich war.

Die Frage der Rencontres Internationales nach einem neuen Humanismus meint nicht zuerst die historische Erkenntnis des Humanismus im Abendland (und des analogen chinesischen Humanismus), sondern etwas Zukünftiges. Sie verlangt daher sogleich die Frage nach den Rangordnungen für uns:

Gilt im Humanismus die Bindung an die Überlieferung oder vielmehr zuerst eine ungebundene, neue, gegenwärtige Idee?

Geht er auf einzelne große Ausnahmen und kleine Bildungskreise oder in Absicht und Ziel auf die Verwirklichung der Lebensform ganzer Bevölkerungen?

Meint der Humanismus eine bestimmte historische Bildungswirklichkeit von Menschen oder darüber hinaus und wesentlich die unbestimmte Chance dessen, was als Menschsein nie vollendbar ist, zu dem aber grundsätzlich jeder Mensch berufen ist?

Suchen wir den kommenden Humanismus, so orientieren wir uns an solchen Unterscheidungen und Rangordnungen.

Wir suchen unseren kommenden Humanismus aus der Sorge um uns selbst, um den *gegenwärtigen Menschen*. Die seit einem halben Jahrhundert gegebenen Beschreibungen des modernen Menschen lassen das Erschreckende sehen:

Der Mensch bricht die Brücken ab zum Vergangenen. In bloßer Augenblicklichkeit gibt er sich hin an die Situation und den Zufall. Er lebt zwar noch zwischen Kulissen, die aus der Vergangenheit stehen. Aber sie bilden nicht mehr die Szene seines wirklichen Lebens, sondern sehen aus wie ein Haufen von Gerümpel. Er durchschaut sie als Fiktionen.

Der Mensch scheint ins Nichts zu gehen. Er ergreift das Nichts in Verzweiflung oder im Triumph des Zerstörens. Seit Nietzsche wird es immer lauter: Gott ist tot.

Menschliches Dasein wird Massendasein. Der Einzelne verliert sich an Typen, die sich aufzwingen aus moderner Literatur, Zeitung, Kino und aus dem nivellierenden Alltag aller. In seiner Verlorenheit drängt er zu einem Selbstgefühl im Wir durch Teilnahme an einer vermeintlich gewaltigen Macht der Masse, einer Masse.

Andere aber, in einer Kontinuität ihres geschichtlichen Lebens, glauben an Gott. Sie fühlen sich gemeinschaftlich sicher in der Wahrheit, die geoffenbart ist, werde sie nun geglaubt in ursprünglicher Ergriffenheit oder in bürgerlicher Konvention oder im gewaltsamen Glaubenwollen, im Protest gegen das Nichts.

Und es gibt die großen Macher, die an die Weltgeschichte denken, sie im bloßen Gedanken total zu übersehen oder mit einer faktischen despotischen Macht total in die Hand zu nehmen meinen, sich dabei wähnen am Hebel der Geschichte, wo der Mensch geformt wird für die Zukunft.

Und es gibt die Gehorchenden, die ihr Dasein opfern, in ungeklärtem Fanatismus des Glaubens einem Führer oder einer Partei dienen, es aushalten, in einer Atmosphäre der Unwahrhaftigkeit zu leben, auf Befehl gar zu jedem Verbrechen und zum Bekennen gar nicht begangener Verbrechen bereit sind.

Heute kann man meinen, im Menschen das Chaos zu erblicken. Das Triebhafte bricht fessellos hervor. Das nur scheinbar Gebändigte zerreißt die Decke der geschichtlich erworbenen Zivilisation. Die moderne Psychologie begreift die Hölle dieses Untergrundes, indem sie sie öffnet. Sie vollzieht, indem sie sie zu erkennen meint, unwillkürlich ihre Rechtfertigung.

Über den Fluten dieser Niederungen aber wird der Mensch sich bewußt in dem, was nie ganz zu vernichten ist, in dem Menschsein, das über sich hinausdrängt, das nur Ruhe findet in etwas, das es sucht, aber nicht ist, auf dessen Wirklichkeit gerichtet er er selbst wird, das er aber nicht besitzt.

Doch aus diesem Über-sich-hinaus-Drängen des Menschen kann heute auch eine tiefe Friedlosigkeit erwachsen. Sie wird zur Empörung, sinkt in die Verachtung von allem, ist gequält in der Langeweile, wird fortgetrieben von der Angst, ist Verzweiflung. Nur scheinbar erlischt sie in dem gedankenlosen Vergessen bloß vitalen Dahinlebens.

Es gibt die Schweigenden, wirkliche Menschen, Unzeitgemäße, von denen man nur erfährt, wenn man ihnen persönlich begegnet.

Wie man aber die heute lebenden Menschen auch schildert, sie bleiben vieldeutig. Große Massen liegen noch wie im Schlaf, aus dem sie auch dann nicht erwachen, wenn sie in gewaltigen Erregungen Weltgeschichte zu machen scheinen. —

Die Frage nach unserem Wege in diesem Chaos zu einem kommenden Humanismus versuchen wir auf dreifache Weise zu beantworten.

Erstens fragen wir: Was ist der Mensch überhaupt?

Zweitens: Unter welchen faktischen Bedingungen steht das Menschsein heute?

Drittens fragen wir nach unserem Wege des Humanismus, wohl wissend, daß er nicht der einzige ist.

Erste Frage: Was ist der Mensch überhaupt?

Nicht ein Bild des Menschen ist die Frage, sondern wie wir uns seiner weitesten, noch bildlosen Möglichkeiten bewußt werden. Nur die Weite dieses Rahmens läßt alle möglichen Erfüllungen offen. Jedes Bild des Menschen beschränkt ihn schon.

a) Zunächst die Frage: ob der Mensch grundsätzlich erschöpfbar ist im *Gewußtsein*, oder ob er [2]*Freiheit* ist, die sich gegenständlicher Wißbarkeit entzieht.

Der Mensch wird *Gegenstand der Forschung* als Leib in der Physiologie, als Seele in der Psychologie, als Gesellschaftswesen in der Soziologie. Wir wissen von ihm als Natur und als Geschichte.

Aber der Mensch kann sich *seiner selbst bewußt* werden vor aller Natur im Ursprung seiner Herkunft, quer zur Geschichte in der Ewigkeit — und er wird sich dann gewiß, als Produkt der Natur und der Geschichte nicht erschöpft zu sein. Der Mensch ist mehr als er von sich wissen kann.

Daher machen wir den Unterschied zwischen dem Wissen vom Menschen *als Gegenstand*, der ins Unendliche in seinem Objektwerden erforschbar ist, und dem Innewerden des Menschen [3]*im Umgreifenden*, das wir sind und sein können auf dem unendlichen Wege unserer Freiheit.

Nur wenn wir diesen Unterschied festhalten, bleibt unserem Menschsein der Raum, unserer Freiheit der Atem, unserem Bewußtsein die Weite. Der Sinn der Aussagen über den Menschen ist dann grundsätzlich von zweierlei Art:

In einem Falle sage ich über den Menschen wie über einen Gegenstand aus, was er ist und was mit ihm geschieht. Im anderen Falle spreche ich von dem, was kein Gegenstand wird und daher nicht erkennbar notwendige Geschehnisse zeigt. Aber von dieser ungegenständlichen Freiheit des Menschen kann ich sprechen, indem ich für sie gültige Normen zur Klarheit bringe, indem ich erinnere, aufmerksam mache.

Was der Mensch sei, ist nicht abzuschieben auf ein Gewußtes, sondern ist, durch alles von ihm Wißbare hindurch, allein im Ursprung ungegenständlich zu erfahren.

Schließe ich den Menschen ein in das Gewußtsein von ihm, so verfüge ich in meinem Planen über ihn, vermeintlich von ihm Bescheid wissend, unmenschlich ihn vergewaltigend. Lasse ich ihn dagegen offen in seinen Möglichkeiten aus dem Ursprung, so bleibt er mir als er selbst durchaus unverfügbar.

Sehe ich den Menschen nur als gegenständlich erkennbare Natur, so verzichte ich auf den Humanismus zugunsten eines Hominismus [4](Windelband). Ich sehe ihn nur als natürliches Gattungswesen. Alle Einzelnen sind nur endlos viele, an sich gleichgültige Exemplare dieser Gattung.

Sehe ich ihn aber in seiner Freiheit, so sehe ich ihn in seiner Würde. Jeder Einzelne und ich selber sind unersetzbar, stehen gemeinschaftlich unter hohen Ansprüchen.

b) Dann ist die andere Frage: ob der Mensch im Ursprung *sich selbst hervorbringt* durch seine Freiheit, Selbstschöpfer aus Nichts, oder ob er im Ursprung *sich durch* [5]*Transzendenz gegeben* wird als das, was er sein kann.

Es ist unabweislich:

Erstens: Wir haben *uns nicht selbst geschaffen*, sondern sind in der Welt durch etwas, das nicht wir sind. Das wird uns bewußt durch den einfachen Gedanken, daß es möglich wäre, wir wären gar nicht.

Zweitens: Wir sind nicht frei durch uns selbst, sondern im Grunde der Freiheit durch das, worin *wir uns geschenkt werden*. Das wird uns erfahrbar, wenn wir uns ausbleiben, und nicht schon frei sein können allein dadurch, daß wir es wollen. Auf der Höhe der Freiheit ist das Bewußtsein des Sich-geschenkt-Werdens in unserer Freiheit, aus der wir leben, die wir aber nicht selbst erzwingen können.

Was wir nicht aus uns selbst gewinnen können—weder im «prometheischen Trotz» noch in der Absonderung des eigenen Ichs zur Mitte des Seins, noch im Heraufziehen aus dem Sumpf an dem eigenen Schopf wie [6]Münchhausen — woher soll uns das zukommen, woher die Hilfe?

Wir merken sie nicht als einen Vorgang in der Welt. Sie kommt nicht von außen. Denn wir selbst sind es, aus dessen tiefstem Grund wir spüren, wenn wir zu uns selbst kommen. Die Transzendenz spricht nirgends direkt, sie ist nicht da, ist nicht greifbar. Gott spricht nur durch unsere eigene Freiheit.

Hier liegt die Grundentscheidung in der Weise, wie wir uns als
Menschen bewußt werden. Wir sind uns als Menschen nie selbst genug,
sind uns nicht das einzige Ziel. Denn wir sind bezogen auf die Transzendenz. Durch sie werden wir selbst gesteigert und zugleich uns durchsichtig
im Bewußtsein unserer Nichtigkeit.

Freiheit und Transzendenz bewirken ein Grundbewußtsein: [7]Kant hat
es in folgender Form ausgesprochen. Ich müsse auf eine unbegreifliche
Hilfe rechnen für die Umwandlung aus dem radikal bösen in den guten
Willen, sofern ich alles tue, was ich kann. Das *Verdienst* des Menschen
fällt ganz dahin, wo er gutartig ist aus angeborener Neigung. Aber auch
da, wo er, alles Angeborenen Herr, aus Freiheit den rechten Weg
ergreift, da ist doch das, was er sich selbst verdankt, im Ganzen gerade
wieder nicht in der Kraft des Menschen allein gelegen.

Ist etwa ein jeder so, wie er nun einmal ist? Nein, die Freiheit erlaubt
jeden Augenblick die Umkehr zum guten Willen. Es ist nie zu spät. Und
umgekehrt: wer auf rechtem Wege ist, ist jeden Augenblick in Gefahr
des Abfalls und kann alles zunichte werden lassen, wenn er sich sicher
fühlt.

Aber gegen solches Denken hören wir den Einwand: Ist dieses ganze
Erdenken der Freiheit nicht nur der Versuch der Legitimierung guter
angeborener Anlagen und günstiger soziologischer Situationen, so daß
Menschen zu ihrer guten Mitgift auch noch das Verdienst dafür in
Anspruch nehmen?

Wir scheinen vor der Alternative zu stehen: Ist der Mensch durchaus
nur in der Welt nichts als Welt, ist er so, wie er geboren ist und seine
Umwelt ihn prägt, und ist er als solcher durch psychologische Natur-
notwendigkeit beherrscht von ihm wünschenswerten Illusionen, wie der
der Freiheit, und ist das alles? — oder ist er selbst aus anderem Ursprung,
der ganzen Welt gegenüberstehend und nicht aus ihr begreiflich?

Der Mensch ist in der Tat beides, das eine für sein gegenständliches
Wissen von sich, das andere für sein philosophierend gewonnenes Selbst-
bewußtsein. Und da er beides ist, ist es möglich, daß er philosophische
Gedanken aus ihrem ursprünglichen Sinne verdreht, zu Illusionen der
Glücklichen oder zu Fiktionen der Schlechtweggekommenen macht, die
Philosophie sich spalten und entarten läßt in eine Philosophie des Glücks
und des Unheils. Aber mit dieser Verkehrung im Zusammenhang
psychologisch-soziologischer Vorgänge hört die ursprüngliche Wahrheit nicht auf.

Als erforschbares Dasein und als Freiheit, in beiden Fällen ist der
Mensch *endlich*. Aber Freiheit und Transzendenz machen die Endlichkeit
des Menschen im Vergleich zu den anderen endlichen Dingen in der
Welt zu einer einzigartigen:

Der Mensch findet sich bestimmt in seiner konkreten Umwelt, in seinem Volk, in der Menschheit, im Erdleben, im Weltall. Während er sich seiner Endlichkeit bewußt wird, gewinnt er im Endlichen Teil an der Unendlichkeit. Er ist das einzige Wesen, das umfassend auf alles gerichtet ist und das in seiner verschwindenden Winzigkeit alles, was ist, auf irgendeine Weise sich zur Gegenwärtigkeit bringen kann. Er ist so in seiner Endlichkeit gleichsam alles. Er vermag seine Endlichkeit zu überschreiten, indem er sie ins Unendliche hinein mit neuen Inhalten erfüllt.

Der Mensch kann sich im Ernst nie dessen erwehren, daß etwas an ihm selber liegt, daß er mit seinen Entscheidungen über sich selbst entscheidet, über dieses Selbst, das keiner Forschung zugänglich ist.

Daraus ergibt sich, was die *Zukunft des Menschen* bedeutet.

Niemand übersieht die Möglichkeit des Menschseins, immer ist dem Menschen noch mehr und anderes möglich, als irgend jemand erwartet hatte. Der Mensch ist unvollendet und unvollendbar und immer noch offen in die Zukunft. Es gibt keinen totalen Menschen und wird ihn nie geben.

Daher gibt es zwei Weisen, an die Zukunft des Menschseins zu denken.

Entweder sehe ich es als ein Geschehen, wie das eines Naturobjekts, und entwerfe Wahrscheinlichkeiten. Ich erwarte ein zwingend Notwendiges, das ich grundsätzlich wissen könnte, wenn auch nicht weiß. Ich nehme hin, was nicht in meiner Macht steht.

Oder ich entwerfe Situationen, die sich ergeben werden, ohne zu wissen, wie der Mensch auf sie antworten, wie er in ihnen aus seiner Spontaneität zu sich kommen wird. Die Zukunft kommt nicht kausalnotwendig als das Geschehen des Seienden, sondern durch das, was jetzt aus Freiheit getan und gelebt wird. Die Bedeutung der zahllosen kleinen Handlungen, jedes freien Entschlusses und jeder Verwirklichung der einzelnen Menschen ist unabsehbar. Ich frage nach dem Ursprung in menschlicher Freiheit. Ich appelliere an unser Wollen.

Wir gehen in eine unwißbare, als Ganzes nicht entschiedene Zukunft. Was wir uns von ihr vorstellen, wird ständig korrigiert durch die Erfahrung. Ein Wissen vom Sein im Ganzen ist für uns unerreichbar. Unser Wissen von der Fülle des Seienden ist nie am Ende. Unser Bewußtsein ist stets auf dem Wege. Gegen das sich für endgültig haltende Bewußtsein steht die Wirklichkeit des Seins, das unaufhaltsam in den herankommenden Erscheinungen sich neu, sich anders zeigt und unser Bewußtsein in seine Verwandlung zwingt.

Was aus dem Menschen werden wird, wahrhaft vorauszusagen, das würde es auch schon verwirklichen. Voraussagen heißt hier Hervorbringen.

Gelingt uns die Vergewisserung des Menschseins im umgreifenden Rahmen seiner Möglichkeiten, so können wir nie endgültig am Menschen verzweifeln. Im Symbol: der Mensch ist von Gott geschaffen nach seinem Bilde — das kann in aller Verlorenheit nicht ganz verschwinden.

Zweite Frage: Unter welchen faktischen Bedingungen steht das Menschsein heute?

Die Frage, durch welche faktisch gegebenen Bedingungen das Menschsein heute bestimmt werde, erhält die Antwort: durch Technik, durch Politik, durch den Zerfall des verbindenden abendländischen Geistes.

a) [8]Das *technische Zeitalter* und dessen Folgen für Arbeitsweise, Arbeitsorganisation und soziologische Ordnung ist im Einzelnen immer klarer, im Ganzen seines Sinns aber ein immer größeres Rätsel geworden. Technik ermöglichte die gewaltige Vermehrung der Menschenmassen, und für diese solche Lebensbedingungen, daß Lesen und Schreiben, Lernen und Können allgemeiner Besitz und zugleich Bedingung des Fortbestandes der technischen Welt werden konnten.

Aber mit der Technik ist verknüpft eine unnatürliche Arbeitsweise, gemessen an Handwerk und Bauernwirtschaft und an den alten humanistisch durchdrungenen Berufen. Nur wer Spezialist wird, kann heute etwas Rechtes leisten, zumal auch in den modernen Wissenschaften. Die Zwangsläufigkeit des sich nur identisch wiederholenden Arbeitens bis zu der Grenze, wo der Mensch eine Funktion in der Maschine ist, auswechselbar wie Maschinenteile, ist ein Grundzug des Zeitalters. Dieser überträgt sich auf jede Weise der Beschäftigung bis zur Art des Vergnügens. Eine Selbstvergessenheit des Menschen scheint möglich zu werden: das Sichverlieren und Zufriedensein im Unpersönlichen. Wir sind auf dem Wege zur Funktionalisierung aller im Apparat.

Die Technik ist unumgänglich. Ihr vorher ging der Schlaf der Welt, aus dem sie die Massen grausam erweckt. In der Zukunft würde bei ihrem Versagen unerhörtes Unheil die Folge sein, zuerst das Massensterben, der Zerfall der planetarischen Verkehrseinheit, die Verwüstung des Planeten, dann neue Zerstreuung der Menschen, die noch überleben, schließlich wieder Bodenständigkeit dieser Wenigen, die mit ihrem fast aller Gehalte beraubten Bewußtsein noch unter der Nachwirkung des technischen Zeitalters leben würden, aber ohne den uralten, geschichtlich in unvordenklicher Überlieferung gegründeten Glauben.

Das Sträuben gegen diese Entwicklung des technischen Zeitalters kam zum Ausdruck in dem schlechten Gewissen mancher Forscher in vergangenen Jahrhunderten, im Zögern vor dem Unheimlichen. Goethes Abwehr ist ein verehrungswürdiges Zeugnis.

Heute ist die Frage: Sehen wir im technischen Zeitalter zwar ein Verhängnis, aber zugleich eine Chance des Menschseins — sehen wir in der größten Gefahr doch die Ermöglichung einer neuen Höhe der Menschheit —, oder sehen wir in ihm nur das Unheil, in dem die Menschheit zugrunde gehen wird? Verwerfen wir es daher grundsätzlich, ganz und endgültig, uns gleichsam zum Richter der Geschichte aufwerfend, und leben in trotziger Hoffnungslosigkeit, für die Menschen nach uns nichts als Verderben sehend? — Ein kommender Humanismus kann hier nicht unentschieden bleiben.

Es scheint dem redlichen Menschen angemessen, das Gewordene und das darin Mögliche zu übernehmen — heute das Schicksal der Menschheit in der Technik zu sehen, das zum Heil oder Unheil werden kann und noch nicht entschieden ist — dieses Schicksal als Aufgabe zu ergreifen. Bedingung eines kommenden Humanismus ist das unendliche Mühen um Aneignung und Beherrschung der Technik, ein unabsehbares Feld menschlichen Ringens.

Es ist die Frage, wie die Unersetzlichkeit des einzelnen Menschen doch wieder durchbricht und fordert und der Mensch wieder er selbst wird, statt nur in den Geleisen der Funktionen zu laufen.

Nicht aufhören dürfen die schon erfolgreichen Bemühungen um die Gestaltung der technischen Arbeit, ihre Verteilung und ihre Begrenzung, die teilweise Überwindung der schrecklichen [9]Prinzipien des *Taylor*-Systems, des *Stachanow*-Systems und ähnlicher Methoden der rücksichtslosen Ausbeutung menschlicher Arbeitskraft unter verschleiernden Rechtfertigungen.

Weiter aber ist die innere Haltung zu allem Technischen, die Erweiterung des Bewußtseins im Umgang mit der Natur unerläßlich. Die Aufgabe ist, durch die Möglichkeiten der Technik unser Leben in der Natur nicht verkümmern, sondern sich vertiefen zu lassen.

b) Technik ist heute ein Hauptelement des *politischen Zustandes*. In der Welt, in der Gott als tot galt und der Nihilismus triumphierte, konnten bedenkenlose Menschen gerade durch ihren faktischen Nihilismus zur Führung gelangen. «Neandertaler mit Technik.» Durch sie wurden ungezählte Menschen, dem Anspruch der Gewalt mit rätselhaftem Unterwerfungsdrang entgegenkommend, unter uneingeschränkte Vergewaltigung gebracht. Terror, Foltern, Deportationen, Ausrottungen, das gab es zwar seit Assyrern und Mongolen, aber ohne das Ausmaß der heutigen technischen Möglichkeiten. Die Staatenlosen, die Internierten, die Herumgewirbelten, die von heute auf morgen leben müssen, ohne Horizont eines Lebensplans und ohne Kontinuität eines Lebensgehalts, die sich einen Augenblick anschließen und dann wieder losgerissen werden, die auf der ganzen Welt und nirgends zu Hause sind, sie alle scheinen ein Symbol für den Weg der Menschenwelt in die Bodenlosigkeit. Sie sind preisgegeben an die politischen Apparate, die etwa so aussehen: Es operieren Funktionäre einer erbarmungslosen Bürokratie; der Mensch ist das Papier, das als Ausweis, Legitimierung, Verurteilung, Klassifikation ihm seine Chancen gibt, ihn beschränkt, ihn auslöscht; Widerstände häufen sich bis zur Sinnlosigkeit und lösen sich einmal plötzlich; unberechenbare Eingriffe verfügen über Dasein, Arbeit und Lebensweise der Menschen. Will man wissen, wer es befiehlt, so ist keine Stelle zu erreichen. Es scheint niemand da zu sein, der die Verantwortung trägt.

Vor der Drohung für alle, in solchem Apparat zermahlen zu werden, gibt es kein Entrinnen. Es ist heute nicht nur sittlich, sondern faktisch unmöglich, in die Einsamkeit zu gehen, in die Wälder, in die Wüste; man kann nicht auswandern in andere Länder, um eine neue, bessere Gemeinschaft zu begründen. Was aus dem Menschen wird, das hängt von ihm selber ab in der ihn umgebenden Wirklichkeit, aus der er nicht heraus kann und aus der durch sein Handeln der kommende politische Zustand stabilisiert wird. Man kann nicht mehr gleichgültig gegen Politik sein. Jeder, der wirklich mitlebt, muß sich entscheiden im Ringen um die kommende politische Wirklichkeit.

Denn Freiheit ist nie wirklich als Freiheit bloß Einzelner. [10] Jeder Einzelne ist frei in dem Maße, als die Andern frei sind.

Darum wird der lebendige Humanismus im Bunde sein mit den Kräften, die das Schicksal und die Chancen Aller fördern wollen. Die Menschenrechte sind Voraussetzung der menschlichen, nicht bestialischen Politik.

Denn Politik ist das Handeln, das orientiert ist an der Macht und an der Möglichkeit der Gewalt. Menschsein aber ist gebunden an die Selbstbegrenzung der Macht durch Gesetz, Recht und Vertrag. Wo die Macht keine Einschränkung mehr zuläßt, da ist ihr nur zu begegnen durch ebenso restlosen Einsatz aller eigenen Kräfte. Daß man im Kampf mit dem Drachen nicht selber zum Drachen werde und doch nicht an Kraft verliere, den Drachen zu bändigen, das ist die Schicksalsfrage der Menschheit heute.

Denn heute wird Politik für viel Menschen absolut. Wenn sie hineingerissen werden in den Drang zur Gewalt, so gelten sie sich selbst nur, wenn sie einer großen Macht angehören, und achten sie andere nur nach dem, was als Macht hinter diesen steht. Alles andere gilt als Geschwätz. Sprache kennen sie wesentlich als Mittel, Macht über andere zu gewinnen oder zu bestätigen, ihr Denken ist advokatorisch, sophistisch, selber immer nur eines der Mittel im Kampf um Macht. Ihr Lebensschwung ist bis in Gebärde und Ton hinein mit dem Bewußtsein der Macht verbunden.

Beflügelnde Kräfte dieses Machtwillens in den Massen sind Schwärmereien, die in ihrer Unwahrheit nur durch nüchternen Humanismus aufzulösen sind; zum Beispiel eine furchtbare Illusion: Seit Marx gibt es in geistigem Zusammenhang mit früheren Chiliasmen einen Glauben: Wenn nur erst alles Bestehende zerstört sei, dann werde aus der Vernichtung mit einem Schlage die neue Schöpfung hervorgehen. Diese Erwartung rechnet auf eine Magie: wenn nur erst das Nichts erreicht ist, dann werde sogleich die Herrlichkeit wahren Menschseins erwachsen — oder wenn erst die Diktatur des Proletariats errichtet sei, so werde die klassenlose Gesellschaft alsbald mit dem neuen Menschen den freien und gerechten Zustand hervorbringen. Dieser absurde Glaube, durch Zerstörung die Schöpfung zu vollbringen, aus der aktiven Vernichtung das Heil, aus dem Nichts die Wiedergeburt hervorzutreiben, ist ein unheimlicher Faktor heutigen Geschehens, zumal er aller Wildheit und Wütigkeit, allem Haß und dem Triumph der Grausamkeit ein gutes Gewissen gibt. Er hat zum faktischen Ergebnis nur die vollendete Sklaverei aller im Namen eines Götzen — nämlich des immer zukünftig bleibenden endgültigen Heils der Menschheit in der Welt —, unter Verkehrung des Sinns der Worte, in vollendetem Betrug.

Die große Alternative scheint zu liegen zwischen despotischen Zuständen und der Freiheit offener Chancen — zwischen terroristischer Scheinstabilität chaotischen Fortwälzens unveränderter Sklaverei und den Wegen, auf denen durch verwandelnde Reform Schritte zur Freiheit möglich bleiben — zwischen der Preisgegebenheit an Willkür und der Sicherheit rechtlicher Zustände. Aber keine richtige endgültige Einrichtung der Welt steht vor Augen, denn es gibt sie nicht. Der Weg ist zu finden, auf dem immer neu in neuen Situationen Freiheit und Ordnung sich einen, um Willkür und Anarchie einzuschränken.

Der Humanismus wird nicht mehr abseits sich entfalten können. Er sieht sich unter die politische Bedingung gesetzt und vor allem unter diese eine Alternative: Freiheit des öffentlich ringenden Geistes oder gelenkter Geist. Er lebt nur auf der einen Seite und ist verloren auf der anderen.

Macht und Gewalt waren jederzeit ungeheure Realitäten, heute sind sie wie losgelassen in ihrer Nacktheit. In dieser politischen Lage haben Menschen, die im Humanismus leben, für die Zukunft ihres Menschseins nur eine Chance, wenn sie auch zu kämpfen und zu sterben bereit sind.

c) Technik und Politik haben den bisher durch Jahrtausende bestehenden geistigen Zustand fast ausgelöscht. *Es gibt nicht mehr die gemeinsame abendländische Welt*, keinen gemeinsam geglaubten Gott, kein gültiges Menschenbild, nicht mehr das in allen Gegnerschaften, noch im Kampf auf Leben und Tod eine Solidarität Stiftende. Das heute gemeinsame Bewußtsein läßt sich nur durch Negationen charakterisieren: den *Zerfall der geschichtlichen Erinnerung*, den *Mangel eines herrschenden Grundwissens*, die *Ratlosigkeit in bezug auf die ungewisse Zukunft*.

Der Zerfall der geschichtlichen Erinnerung ist die Folge der gegengeschichtlichen Tendenzen moderner Technik und Politik. Zwar bleiben Überlieferungsfetzen, schon allein durch die Sprache. Mit der Preisgabe der geschichtlichen Kontinuität wird das Bewußtsein des Abendlandes, wird Heimat, Herkunft, Familie gleichgültig, wird selbst in Freundschaften die Verläßlichkeit des Lebenwährenden sinnlos, wird das je eigene Leben gelebt ohne Erinnerung. Durch Ausbleiben der Überlieferung, durch Beschränkung der Erziehung auf das Nützliche und die propagandistisch geformten Auffassungsschemata scheint die Geschichte gleichsam abzureißen.

Aber kann der Mensch die Geschichte abbrechen, seine Wurzeln abschneiden? Kann er aus dem geschichtlichen Nichts, aus seiner nur noch biologisch eingeborenen Natur sich entfalten, ein Menschsein verwirklichen, das allein auf dieses Geborensein, dieses Sosein, diesen Augenblick pocht und das nichts weiter sieht und will als eine imaginäre Zukunft des Heils?

Nein, der Mensch muß sich erkennen in dem, was er war, um gegenwärtig zu sich zu kommen. Was er geschichtlich gewesen ist, bleibt ein unumgänglicher und gründender Faktor dessen, was er sein wird.

Menschlicher Wille hat die Entscheidung. Es graut uns vor der Möglichkeit, daß furchtbare Despoten die Geschichte auslöschen wollen als unerwünschte Quelle menschlicher Selbständigkeit, daß sie sie ersetzen werden durch ein dogmatisches Schema, das, unwahr und sakrosankt zugleich, allen eingeprägt wird, und daß ihnen dabei eine Neigung der Massen zur Legende zu Hilfe kommt.

Zu den Bedingungen des Menschseins gehört die Gestalt des *gemeinschaftlichen Grundwissens* als eine geordnete Totalität von Begriffen und Symbolen.

Das größte Beispiel eines durchgearbeiteten, von sublimster Fülle bis zur einfachen Form einheitlichen Geistes ist der Katholizismus, diese in Jahrtausenden gewachsene Synthese der geschichtlichen Lebenskräfte von Urzeiten her, die selbst das Widersprechende zu vereinen vermag. Von ihm sind die in ihm Geborenen getragen. In ihm wird der Mensch, der ganz zu verkommen scheint, nie ganz fallen gelassen. Er bleibt der Hafen für die Gescheiterten und mutlos Gewordenen. Er bleibt noch da als wieder auftauchender Felsen, wenn die Fluten schöpferischen Lebens sich verlaufen. Aber diese Bedingung des Menschseins steht ihrerseits unter der Bedingung der verläßlich funktionierenden Autorität der Kirche, ihrer Herrschaft über die Geister. Diese Welt befriedigt heute nur noch einen Teil der in ihr geborenen Menschen. Für die Mehrheit der Menschen ist sie unannehmbar. Sie hat keine solche Autorität mehr über die Massen, daß ihr im Ernstfall eine entscheidende Macht bliebe.

Heute gibt es nichts anderes ihr Entsprechendes und sie Ersetzendes. Das Bewußtsein ist zerstreut und zerkrümelt, verwandelt sich kaleidoskopisch und bleibt darin doch gleich als ordnungslose Mannigfaltigkeit. Innerhalb dieser Zerstreuung sind zwar gewaltsame Formen eines simplifizierten Bewußtseins möglich, die in Verbindung mit politischer Gewalt einen Augenblick Geltung gewinnen können, aber kein geistiges Menschsein zu prägen vermögen.

Ein neues herrschendes Grundwissen wird nicht schnell entworfen. Es muß zusammenwachsen aus Schauen, Denken, Sprechen der Zeitgenossen. Heute ist das Erregende, daß zwar niemand es hinstellen kann, daß es aber doch fühlbar in aller Zerstreutheit sich herandrängt. Das kommende Menschsein wird geprägt durch die Gestalt dieses Grundwissens, die es gewinnt aus den Kräften der Einsamkeit in der freien Form öffentlichen Miteinanderdenkens.

Noch aber läßt heute das zerfallende Bewußtsein unser Menschsein chaotisch erscheinen, sich pulverisieren in immer leerere Atome der Einzelnen, die als Massen wohl Funktion der Gewalt, aber nicht Inkarnation eines Geistes sind.

Der Anspruch der Massen aber wird in Zukunft noch mehr als heute gelten. Keine geistige Wirklichkeit bleibt, die nicht von Massen getragen ist. Die Verwirklichung hohen Ranges wird zwar immer die Sache Einzelner, Weniger, und Sache sich selbst erziehender Eliten sein. Der kommende Humanismus wird jedoch mit dem Erringen der Gipfel zugleich die einfachsten Formen finden müssen, die für jedermann zugänglich und überzeugend werden. Ein wirksamer Humanismus wäre ein Humanismus grundsätzlich für alle.

Aber die Verwirklichung wird um so wahrer sein, je höher Einzelne steigen, deren Gesichte, Gedanken, Symbole die Maßstäbe errichten. Und in den Massen wendet sich der kommende Humanismus doch wieder an den Einzelnen, an alle Einzelnen, weil jeder Mensch eine Seele und kein Atom, er selbst und nur als solcher ein menschlich wirkendes Glied der Gemeinschaft ist.

Die *Ratlosigkeit in bezug auf die Zukunft* entspringt dem Bewußtsein der totalen Bedrohung. Es ist, als ob wir uns immer wieder vergeblich ansiedeln auf einem Vulkan, dessen Ausbrüche sicher sind, nur unbestimmt wann und wie und wo.

Kulturen sind versunken. Heute ist aber das Neue, daß die Menschheit im Ganzen in der Bedrohung steht, daß diese Bedrohung akuter und zugleich bewußter ist als je, daß sie nicht nur Gut und Leben, sondern das Menschsein selbst in ihre Gewalt zieht. Wem das Kurzfristige aller Unternehmen vor Augen steht, der Zustand der Galgenfrist, in dem wir leben, dem scheint vor der Zukunft alles sinnlos zu werden, was er jetzt tut.

Man hält es für möglich, daß der Mensch verlorengeht oder als Lebewesen so sehr anders wird, daß keine Brücke mehr ist zu dem, was wir sind, was wir wollen, lieben und hervorgebracht haben.

Die Hoffnungslosigkeit des Elends von Millionen, das Nachdenken über das nach unseren Maßstäben Wahrscheinliche haben eine Stimmung erzeugt, die nur Verwüstung und Ende sieht. Dichtungen der Verzweiflung haben den stärksten Widerhall.

Wer möchte wagen, angesichts der Tatsachen unseres Zeitalters einen Optimismus zu entwickeln! Es ist alles so entsetzlich richtig, was vom Unheil der Gegenwart und von dem möglicherweise zu Erwartenden gesagt wird.

Aber entscheidend ist dagegen zu setzen: Es gibt kein Bescheidwissen um die Zukunft im ganzen. Gegen die uns durch unser vermeintliches Wissen drohende innere Lähmung setzen wir [11]zwei Einsichten:

1. Die gegebenen Bedingungen des Menschseins — heute die Technik, Politik und das zerfallende gemeinschaftliche Bewußtsein — bedeuten zwar Einschränkungen, aber zugleich Chancen. Sie haben nicht nur zwanghafte Folgen, sondern erwecken zugleich die Spontaneität. Die Möglichkeiten des kommenden Menschseins sind nicht abzuleiten aus den Bedingungen, unter denen es heute steht, wenn sie auch niemals ohne diese Bedingungen und nur in ihrer Aneignung zu verwirklichen sind.

2. Es gibt heute nicht nur das Furchtbare, sondern auch große Wirklichkeiten des Menschseins, zumeist in der Verborgenheit: Liebeskraft, Heldentum, Tiefe des Glaubens. Wenn Voraussehen des Kommenden Wahrnehmen von schon Gegenwärtigem ist, darf uns das ermutigen.

Nie ist ein Wissen um den Ruin gewiß. Sich aufraffen vor dem schrecklichen Wahrscheinlichen, um für das Unwahrscheinliche zu wagen, das wird zu einem Grundzug menschlichen Schaffens.

Dritte Frage: Welchen Weg unseres Humanismus halten wir für möglich?

Bei jeder unserer bisherigen Erörterungen haben wir die Forderungen formuliert, die sich für einen kommenden Humanismus ergaben: den Blick im weitesten Rahmen der menschlichen Möglichkeiten, die Durchdringung der technischen Welt, die politische Entscheidung für die öffentliche Freiheit des Geistes, den Willen zum Festhalten der Überlieferung, die Arbeit am gemeinsamen Grundwissen, die Erfüllung des Anspruchs der Massen, das Standhalten in der Ungewißheit.

Jetzt versuchen wir, die zwei Wege ins Auge zu fassen, die untrennbar scheinen: das Leben in der Aneignung des *abendländischen Humanismus* als unersetzlichen Ausgang, und das *Ringen um die Unabhängigkeit des Menschen* als die Voraussetzung aller kommenden Möglichkeiten.

a) Eigentliches Menschsein ist jederzeit ursprünglich, aber wird um so tiefer, je entschiedener es aneignet, woher es kommt. Unser Humanismus ist *abendländischer Humanismus*. Er enthält zwei Momente: den Bezug auf die *griechisch-römische Antike* und den Willen zum *eigentlichen Menschsein*, und zwar das eine durch das andere.

Der Humanismus hat die ehrwürdigste Überlieferung. Ohne ihn sind Dante, Michelangelo, Shakespeare und Goethe undenkbar — in seinem Boden wuchsen auch Hölderlin, Kierkegaard und Nietzsche —, ohne ihn wären nicht einmal seine radikalen Gegner, wie Karl Marx, geistig möglich gewesen. Wie sollten wir diesen Namen des Humanismus verleugnen! In Nähe zu den abendländischen Menschen, zu ihnen aufblikkend, können wir unseren eigenen Weg suchen. Zu keiner erlauchteren Schar von Geistern können wir uns gesellen.

Lassen wir uns nicht einschüchtern durch die übermütigen Behauptungen, daß unser Zeitalter den Humanismus überwunden habe, daß er zu den Resten dekadenten Bürgertums gehöre. Solche Scheinerkenntnis gewinnt nur dann an Geltung, wenn eine despotische Gewalt gegen die wirklichen geistigen Ansprüche des Menschen ausmerzt, was ihr nicht gefällt.

Der Humanismus ist wesentlich eine Erziehungsfrage. Er bringt der Jugend die tiefsten menschlichen Gehalte in reinster Form und in einfachster Fassung. Es ist gar nicht unzeitgemäß, die humanistischen Gymnasien zu pflegen und den dazu begabten Kindern das Beste durch die alten Sprachen zukommen zu lassen, was auch heute nur auf diesem Wege zu geben möglich ist. Alle Kinder des Abendlandes aber sollten außer mit der Bibel auch mit der Geschichte des Altertums und mit Schriften der Antike in Übersetzungen und mit der Kunst jener einzigen Zeiten vertraut werden.

Doch die Propaganda für den Humanismus ist heute nicht selten irreführend:

Wird der römische Humanismus, diese Aneignung des späten Griechentums aus der Kraft des römischen Ethos, zum Vorbild für allen Humanismus, so wird dieser eng. Der erste Humanismus ist nicht der römische, sondern die griechische [12]*Paideia* selbst.

Gilt das Wissen von der Antike, die Kenntnis ihrer Sprachen und die Beherrschung der philologischen Methoden schon als Humanismus, so wird er hochmütig und inhuman, schätzenswert nur noch durch seine philologischen Leistungen.

Will ein kulturkonservativer Humanismus das geistige Leben sehen in den überlieferten *Topoi*, so kann er auch zur Rechtfertigung mancher Niedertracht werden durch Beispiele humanistischer Überlieferung. Das ist dann der Humanismus der Literaten, die leben in der Entscheidungslosigkeit, vielmehr aus der Entscheidung gegen den Ernst für den Reichtum des kaleidoskopischen geistigen Spiels, ob sie nun den Gelehrten, den Journalisten, den Konvertiten, den Nihilisten, den Philosophen oder andere Rollen ergreifen, hinter denen sie Verwirrungen ungeordneten Menschseins verbergen. Sie sind die neue Gestalt der immer lebendigen Sophistik, dieses bedeutenden Faktors des geistigen Lebens, den man beklagen muß und doch nicht missen möchte.

Das bodenlose Literatentum wurde möglich, weil der Anspruch erhoben wurde, den Menschen allein durch den Geist zu führen, im Humanismus seine Erfüllung zu sehen. Dann wurde vergessen: Der Geist ist in die materiellen Notwendigkeiten des Daseins gebunden, um real zu sein, und der Geist muß von der auf Gott bezogenen Existenz des Menschen getragen sein, um eigentlich wirklich zu werden. Der Humanismus ist nur das Medium, aber nicht die Vollendung des Menschseins. Wird er zum Endziel, [13]so entfaltet sich eine abgesonderte Pflege von Vergangenem in einem sowohl irreal wie existenzlos werdenden Dasein.

Gegen diese Abgleitungen wenden sich nicht nur die Kräfte der Philosophie, um den echten Humanismus zu bewahren — sondern auch die antihumanistischen Kräfte, um ihn ganz und gar zu vernichten.

Wird von diesen ein «realer Humanismus» (Marx) gefordert als ungeschichtliche Gegenwärtigkeit des Menschen und seine Verwirklichung durch vermeintliche Freiheit, Gerechtigkeit und Glück in Gemeinschaft aller, so gilt der Name für das Gegenteil allen Humanismus, für die Verleugnung der Überlieferung und der griechischen Ursprünge. Das wäre kein Humanismus mehr, vielmehr die Vernichtung des abendländischen Menschen. Zudem ist dieser reale Humanismus eine Fiktion, die aus anfänglicher Schwärmerei schließlich zur Täuschung durch politische Propaganda wird. Ein neuer Humanismus aus einer leeren Idee des Menschen als solchen ohne Geschichtlichkeit ist unmöglich.

[14]Wohl aber ist ein kommender Humanismus denkbar, der die chinesischen und indischen Grundlagen des Humanen abendländisch aneignet und zu einem gemeinschaftlichen menschlichen Humanismus aller Erdbewohner in der Mannigfaltigkeit seiner geschichtlichen Erscheinungen wird, die besser sie selbst sind, weil sie umeinander wissen.

b) Nun aber das Entscheidende. Der Humanismus ist nicht das Endziel. Er schafft nur den geistigen Raum, in dem jeder um seine *Unabhängigkeit* ringen kann und muß.

Die innere Unabhängigkeit des Menschen ist, solange es Geschichte gibt, erwachsen gegen die Verlorenheit an das Ganze. Vor allem immer dann, wenn sich dieses Ganze als brüchig erwies, wollte der Mensch in dessen Sturz sich nicht hineinreißen lassen. Dann wurde die Grundfrage des Humanen, äußerstenfalls auch als Einzelner auf sich stehen zu können.

Aber als Einzelner kommt der Mensch zu sich nur in unmittelbarem Bezug auf die Gottheit. Von Jesaias und Jeremias, von Sokrates, Jesus, den Stoikern über Giordano Bruno, Spinoza, Kant gehen die großen unabhängigen Gestalten durch die Geschichte, die es aushalten, durch keine Gemeinschaft gestützt zu sein, und es vermögen, selber der Keim neuer Gemeinschaft unabhängiger Menschen zu werden, gehalten von der Gottheit, so wie sie sich ihnen zeigte.

Nach den neueren Jahrhunderten, deren Freiheit durch unabhängige Menschen begründet wurde, aber so, daß in der Folge das Zeitalter im vermeintlichen Besitz der Unabhängigkeit als Liberalismus ständig unwahrer wurde, haben Millionen von Menschen die errungene Freiheit preisgegeben, ohne es zu wissen.

Wo die äußere Freiheit durch den politischen Zustand gesichert scheint, ist doch diese nur zu halten, wenn ihr Sinn durch die innere Freiheit erfüllt wird, die jeder Einzelne sich in seinem inneren Handeln ständig neu erwerben muß.

Und wo die äußere Freiheit verloren ist, da ist in der politischen Vergewaltigung und der Funktionalisierung durch den Apparat das Ringen um die innere Unabhängigkeit vielleicht schwerer als je, aber auch redlicher, klarer, bewährter.

Wir können durch die Autorität der Gewalt dazu gebracht werden, das Unsinnige für wahr, das offenbar Irreale für Tatsache zu halten. Der Unterwerfungswille, im trügenden Bewußtsein, einer dämonischen oder göttlichen Macht ausgeliefert zu sein, verwandelt den Menschen. [15]«Ich glaube es nicht, aber man muß es glauben», das Wort haben wir gehört von Menschen, in denen diese Verwandlung begann. Die Bußfertigkeit in den Schauprozessen, die Bekenntnisse zu Handlungen, die man gar nicht begangen hat, aber vielleicht einmal versuchsweise spielend im Innern erwogen hatte, sind das Zeichen des schließlich völligen Verlustes der Unabhängigkeit.

Die Aufgabe des Menschen, um seine Unabhängigkeit zu ringen, hört nicht auf. Das Ringen bleibt unter allen Bedingungen möglich, vielleicht in völliger Verborgenheit. Der weite geistige Raum des Humanismus hilft zwar im Kampfe um die Unabhängigkeit, aber bewirkt sie nicht. Der Humanismus seinerseits lebt nur auf dem Grunde menschlicher Unabhängigkeit.

Die Unabhängigkeit ist nun gar nicht einfach faßlich und selbstverständlich. Sie ist voll Gefahr. Oft versteht sie sich selber falsch. Sie ist nie vollendet.

Zunächst: Die Unabhängigkeit ist als solche nie mit sich zufrieden. Denn sie ist wirklich freie Unabhängigkeit erst, wo ihre Leerheit sich erfüllt.

Wenn ihm eine «Welt» verlorengeht, kann sich der Mensch vielleicht aufrecht halten als Einzelner in seiner Unabhängigkeit; aber die Frage ist: Wie kann er, statt im Punktuellen seines Ichseins zu verschwinden, den Ursprung der Gehalte, wie kann er statt der leeren Weite eine neue Welt gewinnen?

Wenn in einer versinkenden Welt, in der Überflutung durch selbstvergessene Massen Menschen sich retten gleichsam in eine Arche Noah, in diese Unabhängigkeit, die auf den Fluten einzelnen anderen zu begegnen hofft, wie finden sie aus der Arche heraus zueinander, wie gewinnen sie eine Öffentlichkeit, die nicht leerer Lärm ist, sondern gemeinsame Ziele des gemeinsamen Lebens trägt und steigert? Wie gewinnen sie nach der Sintflut den Boden echter menschlicher Gemeinschaft? —

Weiter kann die Unabhängigkeit sich mißverstehen im Stolz der Kraft, der Vitalität eines blühenden Soseins eines Menschen, der sich durch nichts bedroht fühlt — oder im vermeintlichen Sich-selbst-Schaffen aus nichts — oder im Zusehen von einem vermeintlichen archimedischen

Punkt, außerhalb im verantwortungslosen Betrachten. Immer ist dann verloren der Sinn von Freiheit, die nur in ihrem Sich-geschenkt-Werden in bezug auf Transzendenz gehaltvolle Erfüllung in der Welt findet und damit wirklich frei wird, sonst aber faktisch an die Zufälligkeiten des materiellen und psychischen Daseins bewußtlos ausgeliefert ist und außerdem nichts bewahrt als die Starrheit eines leeren Ichpunkts.

Tiefer aber als das Wissen um solche Entgleisungen dringt das Bewußtsein der Verlorenheit durch eine Unwahrheit im Menschsein als solchem. Sie erwächst zugleich mit dem Sichselbsthervorbringen des Menschen durch eigene Arbeit.

Mythisch wurde sie angeschaut im Sündenfall. Hegel zeigte die Selbstentfremdung des Menschen. Kierkegaard zeigte die Grundverkehrung des Menschen bis zur dämonischen Verschlossenheit. Nietzsche durchschaute die unübersehbare Fülle der Selbsttäuschungen. Illusionen wurden als ausschlaggebender Faktor im Völkerleben gegriffen. Solche Anschauungen sind als Ideologienlehre in der Soziologie und als psychoanalytische Lehren Allgemeingut geworden. Sartres existentielle Psychoanalyse wiederholt die Einsicht in die Grundtäuschungen des Menschseins.

Es handelt sich um die Phänomene des Verdeckens und Verhüllens, des Verdrängens und Vergessens, der Verkehrung, und um die Grundaufgabe, zu enthüllen, zu entlarven, aufzudecken, die Wahrheit und Wirklichkeit wiederherzustellen.

So klingt alles noch wie die Erkenntnis einer Krankheit, die zu heilen ist. Aber der moderne Mensch, der sich in das Äußerste hineingewagt hat, ist in einen Wirbel der Falschheit geraten, in das Unheimliche eines Verdrehtseins bis in den Grund, derart, daß Wahrheit und Wirklichkeit überhaupt ihm verschwinden.

Nietzsche erfuhr es: [16]«Zwischen hundert Spiegeln vor dir selber falsch ... in eigenen Stricken gewürgt, Selbstkenner, Selbstthenker.»

Die Gefahren der Unabhängigkeit sind so groß, daß der Zweifel an ihrer Möglichkeit auftritt.

Die moderne Unabhängigkeit, in der liberalistischen, nun zu Ende gehenden Welt nicht mehr gegen Widerstand zu erobern, sondern als Scheinfreiheit jedem mitgegeben, hat in dem letzten Jahrhundert zu der meist verschleierten These geführt: Die Freiheit führt ins Nichts; mit ihr geht es überhaupt nicht.

Es sieht in der Tat so aus, als ob viele Menschen nicht frei sein könnten oder wollten. Von da hat die Unzufriedenheit, das Ungenügen und dumpfe Drängen in den Massen vielleicht einen Einschlag. Das Nichtfreisein-Können zusammen mit der Not läßt eine gegenwärtige psychologische Realität verständlich erscheinen: Alle Bewegungen, die enthüllen, die die Unwahrheit der Zustände brandmarken, die aggressiv auf Vernichtung des zur Zeit Gültigen gehen, haben eine gewaltige Zugkraft. Sie fangen alle Unzufriedenheit und alle Ratlosigkeit auf, die mit sich und der Welt nichts anfangen kann. Hier liegen die Bahnen für wilde Lust am Zerstören, für den Machtwillen der Ohnmacht. Zugleich damit erwächst die Energie eines fanatischen Glaubens an Erlösung, die bevorsteht, der Drang zur Rettung im blinden Gehorsam.

So wird gerade mit der enthüllenden Wahrhaftigkeit heute eine Fülle neuer Verschleierungen vollzogen (in Marxismus und Psychoanalyse), werden mit der Zerstörung von Fiktionen neue Fiktionen geschaffen — ähnlich wie durch die Gewalt einer Befreiungsaktion vielmehr die größte Vergewaltigung aller eingeleitet wird.

Aber alle Interpretationen, erstens von der Leerheit der bloßen Unabhängigkeit, zweitens von den mannigfachen Entgleisungen in falsche Unabhängigkeiten, drittens von einer Grundverkehrung im Menschsein können nur steigern den Anspruch an die echte Unabhängigkeit: Die Aufgabe des Menschseins ist das Sichherausziehen aus der radikalen Unwahrheit. Doch wenn selbst aus dem Willen zum Heil gesteigertes Unheil erwächst, und mit der Einsicht in die Verkehrungen der Ruin doch nur immer größer geworden scheint, wie ist dann noch Hilfe möglich, wie eine Wegleitung zum eigentlichen Menschsein durch Bezug auf das Sein selbst, auf die Transzendenz?

Zur Hilfe stehen heute bereit die Offenbarungsreligionen und die Philosophie.

Der Naturalismus, oder besser die Denkungsart, die im Objektsein alles Sein, den Menschen als ein solches Objekt unter anderen sieht, erklärt das Denken der Transzendenz für eine falsche Auslegung von etwas, das in Wahrheit nur Weltsein ist. Er kennt keinen Ursprung der Freiheit, nichts, was «von außerhalb der Welt», «von oben», «aus der Lichtwelt», von «Gott» zu uns käme.

Offenbarungsreligion und Philosophie, beide stehen gegen diese Denkungsart. Die große Frage aber ist: *wo* spricht Gott zu uns?

Die Religion antwortet: nur vermittelt durch Offenbarung, die schon geschehen ist, und die in menschlichen Institutionen, wie der Kirche, in Kult und Sakramenten und in Sätzen menschlicher Sprachen, immer also durch Realitäten in der Welt, uns erreicht, durch Autorität und Gehorsam.

Die Philosophie antwortet: Die Transzendenz spricht unmittelbar zu einzelnen Menschen in der Wahrheit, welche zu hören uns alles Überlieferte nur erwecken und bereit machen kann; sie spricht in der Freiheit des Selbstseins als dem Organ, in dem der Mensch, jeder Mensch, ohne Ausnahme unmittelbar von Gott sich geschenkt werden muß, um eigentlich Mensch zu werden.

Die Religion vermittelt durch Garantien gestützte Glaubensgewißheit. Wer in ihr von Gott spricht, kann als Organ einer in der Welt sichtbaren Autorität von Gott zu sprechen meinen, durch das Amt, das ihm kirchlich gegeben oder bestätigt wird.

Dagegen in der Philosophie bleibt der unmittelbare Bezug auf die Transzendenz Gottes zweideutig, ein Hören in der Gefahr, ihn nicht zu verstehen, eine Spannung im Gewahrwerden, eine Gewißheit in bleibender Unsicherheit. Wer von Gott spricht, tut es ohne Amt, auf gleicher Ebene mit jedem anderen Menschen, ohne Anspruch einer Autorität, allein auf die Kraft menschlichen Überzeugens rechnend. Wer sich etwa philosophierend im Dienste eines Auftrages fühlen sollte, wird sich nie darauf berufen. Sokrates wagte es erst am Ende, vor dem Gericht der polis und vor dem Tode, zu sagen.

Die Offenbarungsreligion will transzendente Wirklichkeit vermitteln — die Philosophie zeigt Gedankenvollzüge, mit deren Erfüllung der Denkende je seinen Weg sucht. Philosophierend vergewissern wir uns entweder Gottes oder des Nichts. Die Alternative: «entweder Gott oder das Nichts» wird aber durch die Theologie umgesetzt in die ganz andere: «Christus oder das Nichts». Wobei alsbald Christus verstanden wird in Gestalt der Lehren einer bestimmten Kirche, der Gehorsam gegen Gott als Gehorsam gegen Kirche und Glaubenssätze.

Die Philosophierenden sehen sich wunderlichen Angriffen gegenüber. Es kommt vor, daß man uns die Gottheit versagt, als ob wir usurpierten, was den Theologen gehöre. Man gesteht die Möglichkeit nicht zu, unmittelbar zu Gott zu leben, erweckt von der Tiefe der Überlieferung derer, die einst Gott zu hören glaubten. Man wirft uns vor den Hochmut des Menschen, der meint, sich selbst helfen zu können, und bezichtigt uns des faktischen Nihilismus, in den man alles zusammenwirft, was nicht einstimmt in den Gehorsam gegen den Offenbarungsglauben.

Angegriffen ist damit nicht nur die große Philosophie, die älter ist als das Christentum und die nicht beschränkt ist auf das Abendland, sondern ihre Tiefe hat auch in China und Indien.

Angegriffen ist auch die Chance des heutigen Menschen, sein Weg durch den Humanismus zur Wahrheit seines metaphysisch gegründeten Ethos. Der Unglaube von ungezählten Millionen ist Tatsache. Die verbreitete Aufklärung macht es fast unmöglich, daß sie zum Offenbarungsglauben zurückkehren. Wenn sie das Absurde — wie Kierkegaard es nannte — auf sich nehmen wollen, ist es ihnen erträglicher in den platten Absurditäten welt-immanenter Heilslehren. Wer die Menschen, wie sie heute geworden sind, zur Wiederherstellung ihres Wesens zunächst in die Knechtschaft eines Gehorsams, und sei es eines Glaubensgehorsams, stürzen möchte, der liefert vielleicht die meisten eher dem Totalitarismus aus als einem konfessionell bestimmten Christentum. Man hegt fragwürdige Erwartungen, solches Christentum politisch zur Ordnung der Geister zu verwenden.

Der unabhängig denkende Mensch will sich herausziehen aus der Unwahrhaftigkeit, um eigentlicher Mensch zu werden.

Er sucht in der Kraft der Liebe, in der Offenheit der Vernunft und in der Bereitschaft zum Lesen der Chiffreschrift der Transzendenz. Dieser lebenwährende Prozeß bedarf nicht für alle der Hilfe der Kirchen. Aber er ist nur möglich mit Hilfe der Transzendenz. Wenn ich mir wiedergeschenkt werde im unablässigen Bemühen, das allein doch das Wesentliche nicht herbeizwingt, erfahre ich diese Hilfe, ohne sie als Tatbestand objektivieren und beweisen zu können.

Was leistet uns dabei die *Philosophie?* Die große Sache der Entfaltung philosophischer Lehre mag angedeutet sein in drei Sätzen:

1. Philosophie kann die Wahrheit nicht geben, aber sie kann erhellen, gleichsam den Star stechen, aufmerksam machen. Sehen und vollziehen muß ein jeder selbst.

2. Sie kann die Denkungsarten bewußtmachen, das heißt durch Kategorien-, Methoden- und Wissenschaftslehre uns zu Herren unserer Gedanken machen, statt uns an gewohnten Gedankenformen ungewußt gängeln zu lassen.

3. Die Philosophie leitet hin zu den gedanklichen Grundoperationen, mit denen wir uns befreien von dem bloßen Objekt eines vermeintlich gewußten Absoluten, zu den Grundoperationen, in denen in Formen des Verstandes unser Denken zugleich Vollzug unseres Wesens wird und wie das Gebet der Offenbarungsgläubigen uns verwandelt und hineinhebt in den Aufschwung.

Wenn wir aber in diesem Sinne philosophieren — und uns vor dem tötenden philosophischen Dogmatismus bewahren —, so kommen wir in folgende Situation:

Da wir das Ganze nicht wissen können, kann unser Leben nur *Versuch* sein. Zuerst das Ganze wissen wollen, das lähmt alles Tun. Man muß hineingehen, es wagen, die Erfahrung seiner selbst und der Dinge zu machen, bei maximalem Wissen entscheidend im Nichtwissen seiner Liebe folgen, mit Zögern zwar und in ständiger Ungewißheit, aber darüber hinaus mit dem erfüllenden Entschluß. In die Zukunft schreiten bedeutet, wenn es nicht ein passives Geschehenlassen ist, Bindung an einen Stern, der uns führt, aber nur durch die Klarheit unserer eigenen Entschlüsse, nicht durch Zeichen oder durch irgend etwas, aus dem als einem Anderen wir berechnend ableiten könnten, was zu tun ist.

Wenn Nietzsche das Leben [17] «ein Experiment des Erkennenden» nannte, so schien sich das Leben aufzulösen in den Versuch. Aber der wahre Versuch ist selber der Ernst der Wirklichkeit, die sich ihrer nicht objektiv gewiß ist. Das ist die moderne Tapferkeit: fortfahren im versuchenden Leben, wenn auch keine Gewißheit ist — nicht das Ergebnis verlangen, sondern das Scheitern wagen — das Ja zum Leben vollziehen, als werde in der Tiefe eine Hilfe sich zeigen, welche jedenfalls das bedeutet, daß das gut Gewollte nicht nichts sei, daß es am Ende einströme in das Sein.

So ist die eigentliche Unabhängigkeit nicht ein fester Punkt des Freiseins, sondern dieses Sichgewinnen, das nie am Ziele ist.

Unsere Erörterung des Ringens um die innere Unabhängigkeit hatte zuletzt nur den Menschen als *Einzelnen* im Auge. Klingt das nicht, als ob der Einzelne alles sei? Das Gegenteil ist wahr: der Einzelne ist im Gang der Dinge das verschwindende Individuum, und der Einzelne ist er selbst nur in dem Maße, als er es in Kommunikation mit anderem Selbstsein und mit der Welt ist.

Aber zugleich ist wahr, daß alles auf dieses verschwindende Ich ankommt. Denn erst auf dem Grunde persönlicher Wirklichkeit kann ich für das sonst imaginär bleibende Ganze, für die Gemeinschaft im engsten Kreise, in Staat und Menschheit mitleben. Denn der Geist dieses Ganzen ist gegründet auf die Wahrheit der Einzelnen, auf die Unbedingtheit geschichtlicher Entschlüsse in der Verwirklichung des täglichen Lebens ungezählter Einzelner.

Wohl scheint der Einzelne ohnmächtig. Aber wie bei Wahlen zwar jeder sagen kann, daß, wenn er nicht wähle, das Wahlresultat sich nicht ändere, er aber doch wählt, weil er weiß, daß alle Einzelnen zusammen das Ergebnis bringen — so ist die sittliche Kraft des scheinbar verschwindenden Einzelnen die einzige Substanz und der wirkliche Faktor für das, was aus dem Menschen wird — diese Substanz liegt nicht in einem objektiven Heilsprozeß oder einem metaphysischen Totalgeschehen des Seins oder in dämonischen Kräften oder in einem dialektisch-zwingenden Gang der Geschichte, nicht in Fiktionen hilflos von sich selbst und ihrer Aufgabe weglaufender Menschen.

Wer etwa, was aus dem Menschen werden kann, mit größtem Pessimismus ansieht, der hat doch den Hebel, es zu bessern, an sich selbst, wenn er sich sagt: was ich im Blick auf Transzendenz selbst bin und tue, soll mir zeigen, was der Mensch sein kann, und läßt vielleicht mein Auge heller werden, zu sehen, was ist. Die Zukunft liegt in der Gegenwärtigkeit jedes Einzelnen.

COMMENTARY

Text: Karl Jaspers, *Rechenschaft und Ausblick. Reden und Aufsätze* (Munich, 1951), 265–92.

1. *im deutschen Neuhumanismus der Goethezeit*: Jaspers' concern with Goethe and the liberal values of German Classicism finds expression at this time in two particular works: *Unsere Zukunft und Goethe*, a speech given in Frankfurt in 1947 at the ceremony to confer on him the Goethe Prize, and *Goethes Menschlichkeit*, a lecture delivered in Bâle in 1949.

2. *Freiheit:* an uncompromising insistence on the *principium individuationis*, and the avoidance of pre-named, systematising concepts, mark Jaspers' whole philosophy of *Existenz*; cf. the phrase 'auf dem unendlichen Wege unserer Freiheit' three paragraphs later.

3. *im Umgreifenden*; 'das Umgreifende' is a special term of Jaspers', intimately related to 'Existenz' and central to his philosophical logic, and most fully expounded in *Von der Wahrheit* (1947). An object of thought is only one mode of being among others, but we can never reach the horizon from which to encompass all modes of being, and Being itself remains open-ended, cf. Jaspers' 'offenhaltende Systematik'. Jaspers' own account is as follows: 'Alles was mir gegenständlich wird, ist jeweils zusammengeschlossen in einem relativ Ganzen unserer Welt, in der wir leben. Wir sehen dieses Ganze, sind in ihm geborgen. Es umschliesst uns gleichsam in einem Horizont unseres Wissens. Jeder Horizont schliesst uns ein; er versagt den weiteren Ausblick. Daher drängen wir über jeden Horizont hinaus. Doch der Horizont ... geht gleichsam mit. Niemals gewinnen wir einen Standpunkt, auf dem der begrenzende Horizont aufhörte ... Das Sein bleibt für uns ungeschlossen; es zieht uns nach allen Seiten ins Unbegrenzte... Dieses Sein, das weder (immer verengender) Gegenstand noch ein in einem (immer beschränkenden) Horizont gestaltetes Ganzes ist, nennen wir das Umgreifende' (*Von der Wahrheit*, 37–8).

4. *Windelband*: Wilhelm Windelband (1848–1916), a philosopher who, in the wake of Dilthey and in company with Heinrich Rickert, investigated the nature of knowledge in the natural sciences and in history. Jaspers wrote his philosophical *Habilitationsschrift* in Heidelberg under him.

5. *Transzendenz*: on the centrality of the notion of Transcendence to Jaspers' thought see p. 279 above. 'Existenz ist nur in bezug auf Transzendenz oder gar nicht', said Jaspers (*Philosophie III*, 1932, 6). Or: 'Ich selbst aber bin erst im Erfassen der Transzendenz existierend bei mir' (*ibid.* 15).

6. *Münchhausen*: hero of the eighteenth-century braggart romance *Baron Munchausen's Narrative of his Marvellous Travels and Campaigns in Russia*, first printed in 1785 and republished many times, with various additions, in the following years. The author was apparently one Rudolf Erich Raspe, a German clerk and scholar of less than absolute integrity, who wrote the work in London to get himself out of financial difficulties. Bürger's German translation of 1786 became immensely popular and for almost 40 years after its appearance was taken to be the original work. One of Munchausen's fantastic adventures involves his dragging himself out of a marsh by his own hair – hence 'an dem eigenen Schopf'.

7. *Kant hat es in folgender Form ausgesprochen:* in *Religion innerhalb der Grenzen der bloßen Vernunft.* Goethe, like Schiller, took strong exception to Kant's new notion of 'radical evil', and wrote to Herder: 'Dagegen hat aber auch Kant seinen philosophischen Mantel, nachdem er ein langes Menschenleben geführt hat, ihn von mancherlei sudelhaften Vorurtheilen zu reinigen, freventlich mit dem Schandfleck des radical Bösen beschlabbert, damit auch Christen herbeigelockt werden, den Saum zu küssen' (June 7, 1793). Jaspers had specifically concerned himself with this problem in his essay *Das radikal Böse bei Kant* (1935) and devotes some remarks to the relationship between Kant and Goethe in this matter in *Unsere Zukunft und Goethe* (1947).

8. *das technische Zeitalter:* of Jaspers' many works that deal with the problems of man in the age of technology, three may be mentioned in particular: *Die geistige Situation der Zeit* (1931), *Vom Ursprung und Ziel der Geschichte* (1949) and *Die Atombombe und die Zukunft des Menschen* (1958).

9. *Prinzipien des Taylor-Systems, des Stachanow-Systems:* Frederick W. Taylor (Midvale Steel Company, 1881) is an important early figure in the development of 'scientific' industrial management in the United States of America; under 'Stakhanovism', introduced in the Soviet Union in 1935, extra pressure was brought to bear on industrial workers to produce more in a given period of time, and the new production norms thus established became the basis for new and lower piece-work rates.

10. *Jeder Einzelne ist frei* etc: a statement reminiscent of Max Weber, in particular his ethic of individual responsibility and his sociological starting-point of man as a concrete reality in an historically changing society.

11. *zwei Einsichten:* one may note the positive, optimistic tone of these two principles: a limitation is also a challenge, and although there are terrible things in the world, there are also noble qualities.

12. *Paideia:* 'teaching, education'.

13. *so entfaltet sich eine abgesonderte Pflege von Vergangenem:* another thought that recalls Max Weber, for whom history was a means of understanding the present, and past ages were to be re-lived as though they were the vital present, not regarded as museum-pieces to be admired by antiquarians.

14. *Wohl aber ist ein kommender Humanismus denkbar* etc: the thought that the wisdom of the East could be brought into Western society to produce a true world humanism was expressed by Herder, Humboldt and other eighteenth-century strivers after *Menschlichkeit.* Jaspers refers again later (p. 300) to the humanistic unity of Orient and Occident.

15. '*Ich glaube es nicht*' etc.: an adaptation of the saying by Tertullian: '*Credo quia absurdum est*' — 'I believe it because it is absurd'.

16. '*Zwischen hundert Spiegeln*' etc.: from Nietzsche's poem 'Zwischen Raubvögeln'.

17. '*ein Experiment des Erkennenden*': in *Die fröhliche Wissenschaft* IV, 324.

HEIDEGGER (born 1889)

Was heißt Denken? (1952)

The decade or so after the end of World War II witnessed the particular vogue in Europe of a complex of attitudes, not always mutually compatible and never integrated into a single body of philosophical doctrine, which were subsumed under the name of Existentialism. It was in and from France, above all through the persons of Jean Paul Sartre and Gabriel Marcel, that these currents of thought flowed most powerfully, and it is French thinkers, Christian or Communist, politically *engagés* or aesthetically remote, who have substantially determined what is understood in England as the significance and relevance of these attitudes.

But their source does not lie in France, nor does the usage of the word in this technical, quasi-philosophical sense. The acknowledged spiritual father of modern existentialism, and the first to talk of *Existenz* and 'existential' thinking in this special new meaning, was the Danish religious thinker Søren Kierkegaard (1813–55), whose writings, though published in Denmark in the mid-nineteenth century, only became influential after the appearance of his *Gesammelte Werke* in German translation over fifty years after his death. The German philosophers Jaspers and Heidegger, their French, German and Italian inheritors, the modern Protestant theology of Karl Barth, Bonhoeffer and their 'liberal' successors, together with countless poets, dramatists and novelists of modern Europe at large, have found their spiritual starting-point in Kierkegaard's formulation of the human condition in *Either-Or*, *The Concept of Anxiety* and the *Unscientific Postscript*.

Existenz, in Kierkegaard's picture, is a quite different entity from the biological and spiritual phenomenon we call Life. Accepting the dangers inherent in trying to reduce a complicated concept to a basic definition, one may think of Kierkegaard's *Existenz* as a kind of sublimation or distillation of the vital elements in each individual human life, a condition attained—or, more accurately, attainable—by, and proper to, each human being on the basis of his attitude towards himself, his decisions and the circumstantial forces pressing upon him. It is not a state of Being, but a process of Becoming, determined by an absence of universal

21*

principles and predictable responses, and dependent on the individual acceptance of the agonised inevitability of responsible choice and of the state of loneliness and alienation in which this choice must be exercised. Existential thought must therefore proceed from the actuality of 'lived' life, the phenomenological reality of each man's three-score-years-and-ten; in this Kierkegaard takes his place alongside Nietzsche and Dilthey in the anti-metaphysical, anti-Hegelian movement of the latter nineteenth century. And within this span of reality between birth and death it is each thinking man's task to acquire, through the moments of his own deepest experience, a cognitive penetration of this reality, of the nature and the limitations of human knowledge, and of the ethical *ens realissimum* within which human conduct is to be guided and judged.

From the background of these assumptions and conceptions, and with the same basic vocabulary of terms, emerges the philosophy of Heidegger. Born in 1889, professor in Marburg and later in Freiburg, he was a supporter of Hitler and made a number of compromising pro-Nazi statements in the early years of the Third Reich which people have been slow to forget. He now lives in retirement in a village near Lake Constance.

The basis of his philosophy was laid in the late 1920s, with *Sein und Zeit* (1927), his central work, *Kant und das Problem der Metaphysik* (1929) and *Vom Wesen des Grundes* (1929). In the 1930s and 1940s he devoted much time to intensive, idiosyncratic studies of the poetry of Hölderlin (*Hölderlin und das Wesen der Dichtung*, 1937; *Erläuterungen zu Hölderlins Dichtung*, 1944: enlarged edition 1950; see p. 315 ff. and note 1 below), and in the last twenty years he has divided his attention, both in extended studies and in essays and lectures, between what might be called the philosophical exegesis of literary values—above all those of Nietzsche —and addenda to his own philosophical statements: chief among these latter is his *Einführung in die Metaphysik* (1953).

Heidegger's subject is Being—not the Being of a particular individual but Being as such, 'die Seinsfrage', a study in ontology. The question he asks, in a linguistically typical formulation, is 'Was ist das Sein des Seienden?' (see p. 319 and note 3 below)—where 'das Seiende' (= *Dasein*) signifies 'the things that exist', the nature of whose Being (*Sein*) is the subject under study. In terms of the history of philosophy Heidegger sees his quest as a return to the concerns of the pre-Socratics, particularly Parmenides (see p. 319f. and note 3 below). These were the first thinkers in Western history to have formulated the problem of Being, whereas from the time of Plato and Aristotle onwards, in Heidegger's view, philosophical activity became diverted—by forces such as Christianity and religious revelation, a preoccupation with mathematical and physical techniques of analysis and measurement, and the consequent pursuit of scattered material and psychological semi-problems—from its true and original involvement with ontological first principles. Descartes thus appears to him as a disruptive influence; Kant, on the other hand, he sees as the first modern thinker to respond in spirit to the authentic demand for a comprehensive metaphysic. It is in the spirit of the transcendentalism of Kant, the sense of historical awareness invoked by Herder, Dilthey and Nietzsche, and Kierkegaard's immediate 'existential' statement of the human condition, together with the phenomenological methodology of his mentor Husserl, that Heidegger essays a return to the pre-Socratic values of an undivided study of Being.

Sein und Zeit, the first and most important extended statement of Heidegger's position, investigates, in his words, 'die Frage nach dem Sinn vom Sein'. But the problem of Being as such (*Sein*) can only be approached through the actual 'things that are' (*das Seiende*) which surround us in their, and our, historical and temporal reality: hence the relevance of *Zeit*. The thematic relationship between the ontological and the existential is defined by Heidegger thus: 'In der Frage, was das Seiende als ein solches sei, ist nach dem gefragt, was überhaupt das Seiende zum Seienden bestimmt. Wir nennen es das *Sein* des Seienden und die Frage nach ihm die *Seinsfrage*' (*Kant und das Problem der Metaphysik*, 1929, 213). Unlike the Greeks, whose interpretation of life was derived from their conception of the world, we in the modern world must interpret the world, i. e. Being, from our conception of life, i. e. human life, and this is the significance of Kant's move to absorb the great questions of philosophy into one single question: What is Man? These are the terms, expressive also of the spirit of Dilthey's work, which Heidegger greatly admired, in which we find ourselves describing the forces that condition the nature and direction of Heidegger's thought.

Sein und Zeit also contains Heidegger's full exposition of the concept of *Angst*, a concept which has acquired wide currency in modern times. In Kierkegaard it is the confrontation with Nothingness that produces man's *Angst*: 'What effect has Nothingness?' he asks in *The Concept of Anxiety*, and answers: 'It evokes dread'. Similarly Heidegger's argument rests on the axis *Angst—Nichts:* 'Die Angst offenbart das Nichts' (*Was ist Metaphysik?;* in Heidegger, *Wegmarken*, 1967, 9)—a positive, creative relationship central to his definition of metaphysics: 'Metaphysik ist das Hinausfragen über das Seiende' (*ibid.* 15). Existence is a mode of being which leads outwards from what is to what is not, disclosing what Heidegger calls man's 'Seinkönnen' or 'eigenste Möglichkeit', his power to transcend temporal facticity in the name of the potentialities of his being. *Angst* is man's feeling of 'nothingness' in the face of *Existenz*, and as such a liberating experience of 'das Sein-zum-Tode'. And the 'Hineingehaltenheit in das Nichts' enables one to transcend the superficiality of 'das Seiende', the things that are.

The inseparability of the question of human life and human nature from the question of Being provides both the ontological and the existentialist significance of Heidegger's work. In an essay written almost thirty years after *Sein und Zeit* he puts it thus: 'Jede philosophische, d. h. denkende Lehre vom Wesen des Menschen ist *in sich schon* Lehre vom Sein des Seienden. Jede Lehre vom Sein ist *in sich schon* Lehre vom Wesen des Menschen'. And: 'In jedem der beiden Glieder der Beziehung zwischen Menschenwesen und Sein liegt schon die Beziehung selber' (see M. Grene, *Heidegger*, 1957, 13). It is his analysis of modern personal existence, of the agencies of freedom and responsibility in a world that has lost its way, that has made Heidegger something of a father figure in twentieth-century 'existentialism' and gained him an audience beyond the ranks of the philosophers, but he himself has always reiterated his unswerving commitment to a 'professional' metaphysical cause whose validity does not rest on some form of subjective, psychological 'existence'.

Most of the basic principles, all the methodological idiosyncrasies and all the esoteric complexities of language and style which characterise Heidegger's work, from *Sein und Zeit* (1927) to *Einführung in die Metaphysik* (1953) and the book on Nietzsche (1961), are also present in *Was ist Metaphysik?*, his inaugural lecture of 1929 as Professor of Philosophy in the University of Freiburg, where he succeeded Edmund Husserl, a philosopher to whose phenomenology he, like many other modern thinkers, has been greatly indebted. This is perhaps the best introduction to his work. Using concepts from *Sein und Zeit*—the relationship of 'das Nichts' to 'das Seiende', *Angst* as man's state of mind in the face of 'das Nichts', as a heuristic power which makes man aware of the teleological truth that the real meaning of 'Sein' is 'Sein zum Tode'—he picks his way between the metaphysical and the psychological, the ontological and the 'existential' poles of his subject, arriving finally at his basic question of metaphysics: 'Warum ist überhaupt Seiendes und nicht vielmehr Nichts?'—the question asked by Leibniz in one of his last works.

This is the precise question—and on various occasions Heidegger can be found to formulate statements and arguments in identical words—which he also asks at the beginning of the *Einführung in die Metaphysik*, and which presupposes the question: 'Wie steht es um das Sein?'—the counterpart to the question he asks in *Was ist Metaphysik?* 'Wie steht es um das Nichts?'. The *Einführung*, written in the nuclear uncertainty of post-World War II (*Was ist Metaphysik?*, like *Sein und Zeit*, belonged to the confident, apparently controlled assurance of the Weimar Republic in the late 1920s) pursues the theme of nihilism and the falseness of life through reflection on such phenomena as the growth of technology, the dehumanisation of values and the depersonalisation of human relationships. Such expressions of disillusionment and doubt about Being itself guaranteed the appeal of the 'existentialist' content of Heidegger's work to the *Zeitgeist* of the 1940s and 1950s.

Because the real significance and implications of Heidegger's concepts are inseparable from their local contexts, and in particular from their highly personal verbal formulations, any extended discussion is more properly conducted within the framework of the individual book or essay than through an attempt to refine a definition of his arguments in abstract. Moreover, the fluid nature of his thought, with its differences of emphasis at different moments in his professional career, makes any facile systematisation inappropriate. To a greater extent than almost any other German philosopher—perhaps not than his venerated Nietzsche, however, though in a very different way—his message is inextricably bound up with his mode of conveying it. Maybe it has something to do with his concern for literature and his engagement with the values of poetry. His German is utterly untranslatable—indeed, almost claustrophobic. He is one of the most difficult, most self-conscious, yet most inescapable of modern German thinkers.

Was heisst Denken? is the text of a talk given by Heidegger on the Bayerischer Rundfunk in May, 1952. As such it was intended for a wider and less expert audience than were his university lectures or his 'professional' philosophical works, and it forms a convenient introduction—second in suitability only to *Was ist Metaphysik?*, which the publishers would not allow to be reproduced here—to both his method and his style. A Socratic exercise using his own terms, it dwells at some length on Hölderlin, a particular object of Heidegger's study and a poet whose relevance for modern times he has been especially concerned to demonstrate, and also calls on Parmenides as a representative of the pre-Socratic thinkers he greatly admires. From this point to the end of his essay he introduces the vocabulary of his own individual philosophy and combines it with the question posed in his title.

BIBLIOGRAPHY

E. L. Allen, *Existentialism from Within* (London, 1953)

W. Brock, editorial matter in *Existence and Being*, selected works of Heidegger in English translation (London, 1949)

(ed.) M. S. Frings, *Heidegger and the Quest for Truth* (Chicago, 1968)

M. Grene, *Heidegger* (London, 1957)

P. Hühnerfeld, *In Sachen Heidegger* (Hamburg, 1959)

(ed.) W. Kaufmann, *Existentialism from Dostoevsky to Sartre* (London, 1957)

M. King, *Heidegger's Philosophy* (Oxford, 1964)

H. Kuhn, *Encounter with Nothingness* (Chicago, 1949)

J. B. Lotz, *Sein und Existenz* (Freiburg, 1965)

K. Löwith, *Heidegger: Denker in dürftiger Zeit* (Frankfurt, 1953)

W. B. Macomber, *The Anatomy of Disillusion. Martin Heidegger's Notion of Truth* (Evanston, 1967)

W. Marx, *Heidegger und die Tradition* (Stuttgart, 1961)

J. H. Mehta, *The Philosophy of Martin Heidegger* (Banaras University Press, Varanasi, 1967)

M. Müller, *Existenzphilosophie im geistigen Leben der Gegenwart* (Hamburg, 1945)

J. Pfeiffer, *Existenzphilosophie*[2] (Hamburg, 1949)

M. Reding, *Die Existenzphilosophie* (Düsseldorf, 1949)

W. Stegmüller, *Hauptströmungen der Gegenwartsphilosophie*[4] (Stuttgart, 1969); English transl.: *Main Currents in Contemporary German, British and American Philosophy* (Dordrecht, 1969)

A. de Waelhens, *La philosophie de Martin Heidegger* (Louvain, 1942)

Was heißt denken?

Wir gelangen in das, was Denken heißt, wenn wir selber denken. Damit ein solcher Versuch glückt, müssen wir bereit sein, das Denken zu lernen.

Sobald wir uns auf das Lernen einlassen, haben wir auch schon zugestanden, daß wir das Denken noch nicht vermögen.

Aber der Mensch gilt doch als jenes Wesen, das denken kann. Er gilt dafür mit Recht. Denn der Mensch ist das vernünftige Lebewesen. Die Vernunft aber, die *ratio*, entfaltet sich im Denken. Als das vernünftige Lebewesen muß der Mensch denken können, wenn er nur will. Doch vielleicht will der Mensch denken und kann es doch nicht. Am Ende will er bei diesem Denkenwollen zu viel und kann deshalb zu wenig.

Der Mensch kann denken, insofern er die Möglichkeit dazu hat. Allein dieses Mögliche verbürgt uns noch nicht, daß wir es vermögen. Denn etwas vermögen heißt: etwas nach seinem Wesen bei uns einlassen, inständig diesen Einlaß hüten. Doch wir vermögen immer nur solches, was wir mögen, solches, dem wir zugetan sind, indem wir es zulassen. Wahrhaft mögen wir nur jenes, was je zuvor von sich aus uns mag und zwar uns in unserem Wesen, indem es sich diesem zuneigt. Durch diese Zuneigung ist unser Wesen in den Anspruch genommen. Die Zuneigung ist Zuspruch. Der Zuspruch spricht uns auf unser Wesen an, ruft uns ins Wesen hervor und hält uns so in diesem. Halten heißt eigentlich Hüten. Was uns im Wesen hält, hält uns jedoch nur solange, als wir, von uns her, das uns Haltende selber behalten. Wir behalten es, wenn wir es nicht aus dem Gedächtnis lassen. Das Gedächtnis ist die Versammlung des Denkens. Worauf? Auf das, was uns im Wesen hält, insofern es zugleich gleich bei uns bedacht ist. Inwiefern muß das uns Haltende bedacht sein? Insofern es von Hause aus das zu-Bedenkende ist. Wird es bedacht, dann wird es mit Andenken beschenkt. Wir bringen ihm das An-denken entgegen, weil wir es als den Zuspruch unseres Wesens mögen.

Nur wenn wir das mögen, was in sich das zu Bedenkende ist, vermögen wir das Denken.

Damit wir in dieses Denken gelangen, müssen wir an unserem Teil das Denken lernen. Was ist Lernen? Der Mensch lernt, insofern er sein Tun und Lassen zu dem in die Entsprechung bringt, was ihm jeweils an Wesenhaftem zugesprochen wird. Das Denken lernen wir, indem wir auf das achten, was es zu bedenken gibt.

Unsere Sprache nennt das, was zum Wesen des Freundes gehört und ihm entstammt, das Freundliche. Demgemäß nennen wir jetzt das, was in sich das zu-Bedenkende ist, das Bedenkliche. Alles Bedenkliche gibt zu denken. Aber es gibt diese Gabe immer nur insoweit, als das Bedenkliche schon von sich her das zu-Bedenkende ist. Wir nennen darum jetzt und in der Folge dasjenige, was stets, weil einsther, was allem voraus und so einsthin zu denken gibt: das Bedenklichste.

Was ist das Bedenklichste? Woran zeigt es sich in unserer bedenklichen Zeit?

Das Bedenklichste zeigt sich daran, daß wir noch nicht denken. Immer noch nicht, obgleich der Weltzustand fortgesetzt bedenklicher wird. Dieser Vorgang scheint freilich eher zu fordern, daß der Mensch handelt, statt in Konferenzen und auf Kongressen zu reden und dabei sich im bloßen Vorstellen dessen zu bewegen, was sein sollte und wie es gemacht werden müßte. Demnach fehlt es am Handeln und keineswegs am Denken.

Und dennoch — vielleicht hat der bisherige Mensch seit Jahrhunderten bereits zu viel gehandelt und zu wenig gedacht.

Aber wie kann heute jemand behaupten, daß wir noch nicht denken, wo doch überall das Interesse für die Philosophie rege ist und immer geschäftiger wird, so daß jedermann wissen will, was es denn mit der Philosophie auf sich habe.

Die Philosophen sind *die* Denker. So heißen sie, weil *das* Denken sich vornehmlich in der Philosophie abspielt. Niemand wird leugnen, daß heute ein Interesse für die Philosophie besteht. Doch gibt es heute noch etwas, wofür der Mensch sich nicht interessiert, in der Weise nämlich, wie der heutige Mensch das «Interessieren» versteht?

Inter-esse heißt: unter und zwischen den Sachen sein, mitten in einer Sache stehen und bei ihr ausharren. Allein für das heutige Interesse gilt nur das Interessante. Das ist solches, was erlaubt, im nächsten Augenblick schon gleichgültig zu sein und durch anderes abgelöst zu werden, was einen dann ebensowenig angeht wie das vorige. Man meint heute oft, etwas sei dadurch besonders gewürdigt, daß man es interessant findet. In Wahrheit hat man durch dieses Urteil das Interessante zum Gleichgültigen hinabgewürdigt und in das alsbald Langweilige weggeschoben.

Daß man ein Interesse für die Philosophie zeigt, bezeugt keineswegs schon eine Bereitschaft zum Denken. Selbst die Tatsache, daß wir uns Jahre hindurch mit den Abhandlungen und Schriften der großen Denker eindringlich abgeben, leistet noch nicht die Gewähr, daß wir denken oder auch nur bereit sind, das Denken zu lernen. Die Beschäftigung mit der Philosophie kann uns sogar am hartnäckigsten den Anschein vorgaukeln, daß wir denken, weil wir doch «philosophieren».

Gleichwohl erscheint es als anmaßend, zu behaupten, daß wir noch nicht denken. Allein die Behauptung lautet anders. Sie sagt: das Bedenklichste zeigt sich in unserer bedenklichen Zeit daran, daß wir noch nicht denken. In der Behauptung wird darauf hingewiesen, daß das Bedenklichste sich zeigt. Die Behauptung versteigt sich keineswegs zu dem abschätzigen Urteil, überall herrsche nur die Gedankenlosigkeit. Die Behauptung, daß wir noch nicht denken, will auch keine Unterlassung brandmarken. Das Bedenkliche ist das, was zu denken gibt. Von sich her spricht es uns daraufhin an, daß wir uns ihm zuwenden, und zwar denkend. Das Bedenkliche wird keineswegs durch uns erst aufgestellt. Es beruht niemals nur darauf, daß wir es vorstellen. Das Bedenkliche gibt, es gibt uns zu denken. Es gibt, was es bei sich hat. Es hat, was es selber ist. Was am meisten von sich aus zu denken gibt, das Bedenklichste, soll sich daran zeigen, daß wir noch nicht denken. Was sagt dies jetzt? Es sagt: Wir sind noch nicht eigens in den Bereich dessen gelangt, was von sich her vor allem anderen und für alles andere bedacht sein möchte. Weshalb sind wir dahin noch nicht gelangt? Vielleicht weil wir Menschen uns noch nicht hinreichend dem zuwenden, was das zu-Bedenkende bleibt? Dann wäre dies, daß wir noch nicht denken, doch nur ein Versäumnis von seiten des Menschen. Diesem Mangel müßte dann durch geeignete Maßnahmen am Menschen auf eine menschliche Weise abgeholfen werden können.

Daß wir noch nicht denken, liegt jedoch keineswegs nur daran, daß der Mensch sich noch nicht genügend dem zuwendet, was von sich her bedacht sein möchte. Daß wir noch nicht denken, kommt vielmehr daher, daß dieses zu-Denkende selbst sich vom Menschen abwendet, sogar langher sich schon abgewendet hält.

Sogleich werden wir wissen wollen, wann und auf welche Weise die hier gemeinte Abwendung geschah. Wir werden vordem und noch begieriger fragen, wie wir denn überhaupt von einem solchen Vorkommnis wissen können. Die Fragen dieser Art überstürzen sich, wenn wir vom Bedenklichsten sogar behaupten: Das, was uns eigentlich zu denken gibt, hat sich nicht irgendwann zu einer historisch datierbaren Zeit vom Menschen abgewendet, sondern das zu-Denkende hält sich von einsther in solcher Abwendung. Allein Abwendung ereignet sich nur dort, wo bereits eine Zuwendung geschehen ist. Wenn das Bedenklichste sich in einer Abwendung hält, dann geschieht das bereits und nur innerhalb seiner Zuwendung, d. h. so, daß es schon zu denken gegeben hat. Das zu-Denkende hat bei aller Abwendung sich dem Wesen des Menschen schon zugesprochen. Darum hat der Mensch unserer Geschichte auch stets schon in einer wesentlichen Weise gedacht. Er hat sogar Tiefstes gedacht. Diesem Denken bleibt das zu-Denkende anvertraut, freilich in einer seltsamen Weise. Das bisherige Denken nämlich bedenkt gar nicht, daß und inwiefern das zu-Denkende sich dabei gleichwohl entzieht.

Doch wovon reden wir? Ist das Gesagte nicht eine einzige Kette leerer Behauptungen? Wo bleiben die Beweise? Hat das Vorgebrachte noch das Geringste mit Wissenschaft zu tun? Es wird gut sein, wenn wir möglichst lange in solcher Abwehrhaltung zu dem Gesagten ausharren.

Denn so allein halten wir uns in dem nötigen Abstand für einen Anlauf, aus dem her vielleicht dem einen oder anderen der Sprung in das Denken des Bedenklichsten gelingt.

Es ist nämlich wahr: Das bisher Gesagte und die ganze folgende Erörterung hat nichts mit Wissenschaft zu tun und zwar gerade dann, wenn die Erörterung ein Denken sein dürfte. Der Grund dieses Sachverhaltes liegt darin, daß die Wissenschaft nicht denkt. Sie denkt nicht, weil sie nach der Art ihres Vorgehens und ihrer Hilfsmittel niemals denken kann — denken nämlich nach der Weise der Denker. Daß die Wissenschaft nicht *denken* kann, ist kein Mangel, sondern ein Vorzug. Er allein sichert ihr die Möglichkeit, sich nach der Art der Forschung auf ein jeweiliges Gegenstandsgebiet einzulassen und sich darin anzusiedeln. Die Wissenschaft denkt nicht. Das ist für das gewöhnliche Vorstellen ein anstößiger Satz. Lassen wir dem Satz seinen anstößigen Charakter, auch dann, wenn ihm der Nachsatz folgt, die Wissenschaft sei, wie jedes Tun und Lassen des Menschen, auf das Denken angewiesen. Allein die Beziehung der Wissenschaft zum Denken ist nur dann eine echte und fruchtbare, wenn die Kluft, die zwischen den Wissenschaften und dem Denken besteht, sichtbar geworden ist und zwar als eine unüberbrückbare. Es gibt von den Wissenschaften her zum Denken keine Brücke, sondern nur den Sprung. Wohin er uns bringt, dort ist nicht nur die andere Seite, sondern eine völlig andere Ortschaft. Was mit ihr offen wird, läßt sich niemals beweisen, wenn beweisen heißt: Sätze über einen Sachverhalt aus geeigneten Voraussetzungen durch Schlußketten herleiten. Wer das, was nur offenkundig wird, insofern es von sich her erscheint, indem es sich zugleich verbirgt, wer solches noch beweisen und bewiesen haben will, urteilt keineswegs nach einem höheren und strengeren Maßstab des Wissens. Er *rechnet* lediglich mit einem Maßstab und zwar mit einem ungemäßen. Denn was sich nur so kundgibt, daß es im Sichverbergen erscheint, dem entsprechen wir auch nur dadurch, daß wir darauf hinweisen und hierbei uns selber anweisen, das, was sich zeigt, in die ihm eigene Unverborgenheit erscheinen zu lassen. Dieses einfache Weisen ist ein Grundzug des Denkens, der Weg zu dem, was dem Menschen einsther und einsthin zu denken *gibt*. Beweisen, d. h. aus geeigneten Voraussetzungen ableiten, läßt sich alles. Aber Weisen, durch ein Hinweisen zur Ankunft freigeben, läßt sich nur Weniges und dieses Wenige überdies noch selten.

Das Bedenklichste zeigt sich in unserer bedenklichen Zeit daran, daß wir noch nicht denken. Wir denken noch nicht, weil das zu-Denkende sich vom Menschen *ab*wendet und keinesfalls nur deshalb, weil der Mensch sich dem zu-Denkenden nicht hin-reichend *zu*wendet. Das zu-Denkende wendet sich vom Menschen ab. Es entzieht sich ihm, indem es sich ihm vorenthält. Das Vorenthaltene aber ist uns stets schon vorgehalten. Was sich nach der Art des Vorenthaltens entzieht, verschwindet nicht.

Doch wie können wir von dem, was sich auf solche Weise entzieht, überhaupt das geringste wissen? Wie kommen wir darauf, es auch nur zu nennen? Was sich entzieht, versagt die Ankunft. Allein — das Sichentziehen ist nicht nichts. Entzug ist hier Vorenthalt und ist als solcher — Ereignis. Was sich entzieht, kann den Menschen wesentlicher angehen und inniger in den Anspruch nehmen als jegliches Anwesende, das ihn trifft und betrifft. Man hält die Betroffenheit durch das Wirkliche gern für das, was die Wirklichkeit des Wirklichen ausmacht. Aber die Betroffenheit durch das Wirkliche kann den Menschen gerade gegen das absperren, was ihn angeht, — angeht in der gewiß rätselhaften Weise, daß das Angehen ihm entgeht, indem es sich entzieht. Der Entzug, das Sichentziehen des zu-Denkenden, könnte darum jetzt als Ereignis gegenwärtiger sein denn alles Aktuelle.

Was sich uns in der genannten Weise entzieht, zieht zwar von uns weg. Aber es zieht uns dabei gerade mit und zieht uns auf seine Weise an. Was sich entzieht, scheint völlig abwesend zu sein. Aber dieser Schein trügt. Was sich entzieht, west an, nämlich in der Weise, daß es uns anzieht, ob wir es sogleich oder überhaupt merken oder gar nicht. Was uns anzieht, hat schon Ankunft gewährt. Wenn wir in das Ziehen des Entzugs gelangen, sind wir auf dem Zug zu dem, was uns anzieht, indem es sich entzieht.

Sind wir aber als die so Angezogenen auf dem Zuge zu ... dem uns Ziehenden, dann ist unser Wesen auch schon geprägt, nämlich durch dieses «auf dem Zuge zu ...». Als die so Geprägten wiesen wir selber auf das Sichentziehende. Wir sind überhaupt nur wir und sind nur die, die wir sind, indem wir in das Sichentziehende weisen. Dieses Weisen ist unser Wesen. Wir sind, indem wir in das Sichentziehende zeigen. Als der dahin Zeigende *ist* der Mensch der Zeigende. Und zwar ist der Mensch nicht zunächst Mensch und dann noch außerdem und vielleicht gelegentlich ein Zeigender, sondern: gezogen in das Sichentziehende, auf dem Zug in dieses und somit zeigend in den Entzug ist der Mensch allererst Mensch. Sein Wesen beruht darin, ein solcher Zeigender zu sein.

Was in sich, seiner eigensten Verfassung nach, etwas Zeigendes ist, nennen wir ein Zeichen. Auf dem Zug in das Sichentziehende gezogen, *ist* der Mensch ein Zeichen.

Weil jedoch dieses Zeichen in solches zeigt, das sich entzieht, kann das Zeigen das, was sich da entzieht, nicht unmittelbar deuten. Das Zeichen bleibt so ohne Deutung.

Hölderlin sagt in einem Entwurf zu einer Hymne:

> «*Ein Zeichen sind wir, deutungslos*
> *Schmerzlos sind wir und haben fast*
> *Die Sprache in der Fremde verloren.*»

Die Entwürfe zur Hymne sind neben Titeln wie «Die Schlange», «Die Nymphe», «Das Zeichen» auch überschrieben [1]«Mnemosyne». Wir können das griechische Wort in unser deutsches übersetzen, das lautet: Gedächtnis. Unsere Sprache sagt: das Gedächtnis. Sie sagt aber auch: die Erkenntnis, die Befugnis; und wieder: das Begräbnis, das Geschehnis. Kant z. B. sagt in seinem Sprachgebrauch und oft nahe beieinander bald «die Erkenntnis», bald «das Erkenntnis». Wir dürften daher ohne Gewaltsamkeit *Μνημοσύνη*, dem griechischen Femininum entsprechend, übersetzen: «die Gedächtnis».

Hölderlin nennt nämlich das griechische Wort *Μνημοσύνη* als den Namen einer Titanide. Sie ist die Tochter von Himmel und Erde. Mnemosyne wird als Braut des Zeus in neun Nächten die Mutter der Musen. Spiel und Tanz, Gesang und Gedicht gehören dem Schoß der Mnemosyne, der Gedächtnis. Offenbar nennt dieses Wort hier anderes als nur die von der Psychologie gemeinte Fähigkeit, Vergangenes in der Vorstellung zu behalten. Gedächtnis denkt an das Gedachte. Aber der Name der Mutter der Musen meint «Gedächtnis» nicht als ein beliebiges Denken an irgendwelches Denkbare. Gedächtnis ist hier die Versammlung des Denkens, das gesammelt bleibt auf das, woran im voraus schon gedacht ist, weil es allem zuvor stets bedacht sein möchte. Gedächtnis ist die Versammlung des Andenkens an das vor allem anderen zu-Bedenkende. Diese Versammlung birgt bei sich und verbirgt in sich jenes, woran im vorhinein zu denken bleibt, bei allem, was west und sich als Wesendes und Gewesenes zuspricht. Gedächtnis, das gesammelte Andenken an das zu-Denkende, ist der Quellgrund des Dichtens. Demnach beruht das Wesen der Dichtung im Denken. Dies sagt uns der Mythos, d. h. die Sage. Sein Sagen heißt das älteste, nicht nur, insofern es der Zeitrechnung nach das früheste ist, sondern weil es seinem Wesen nach, voreinst und dereinst das Denkwürdigste bleibt. Solange wir freilich das Denken nach *den* Auskünften vorstellen, die uns die Logik darüber gibt, solange wir nicht damit ernst machen, daß alle Logik sich bereits auf eine besondere Art des Denkens festgelegt hat —, solange werden wir es nicht beachten können, daß und inwiefern das Dichten im Andenken beruht.

Alles Gedichtete ist der Andacht des Andenkens entsprungen. Unter dem Titel «Mnemosyne» sagt Hölderlin:

> «*Ein Zeichen sind wir, deutungslos...*»

Wer wir? Wir, die heutigen Menschen, die Menschen eines Heute, das schon lange und noch lange währt, in einer Länge, für die keine Zeitrechnung der Historie je ein Maß aufbringt. In derselben Hymne «Mnemosyne» heißt es: «*Lang ist | die Zeit*» — nämlich die, in der wir ein deutungsloses Zeichen sind. Gibt dies nicht genug zu denken, daß wir ein Zeichen sind und zwar ein deutungsloses? Vielleicht gehört das, was Hölderlin in diesen und in den folgenden Worten sagt, zu dem, woran sich uns das Bedenklichste zeigt, zu dem, daß wir noch nicht denken. Doch beruht dies, daß wir noch nicht denken, darin, daß wir ein deutungsloses Zeichen und schmerzlos sind, oder sind wir ein deutungsloses Zeichen schmerzlos, insofern wir noch nicht denken? Träfe dieses zuletzt Genannte zu, dann wäre· es das Denken, wodurch den Sterblichen allererst der Schmerz geschenkt und dem Zeichen, als welches die Sterblichen sind, eine Deutung gebracht würde. Solches Denken versetzte uns dann auch erst in eine Zwiesprache mit dem Dichten des Dichters, dessen Sagen wie kein anderes sein Echo im Denken sucht. Wenn wir es wagen, das dichtende Wort Hölderlins in den Bereich des Denkens einzuholen, dann müssen wir uns freilich hüten, das, was Hölderlin dichterisch sagt, unbedacht mit dem gleichzusetzen, was wir zu denken uns anschicken. Das dichtend Gesagte und das denkend Gesagte sind niemals das gleiche. Aber das eine und das andere kann in verschiedenen Weisen dasselbe sagen. Dies glückt allerdings nur dann, wenn die Kluft zwischen Dichten und Denken rein und entschieden klafft. Es geschieht, so oft das Dichten ein hohes und das Denken ein tiefes ist. Auch dies wußte Hölderlin. Wir entnehmen sein Wissen den beiden Strophen, die überschrieben sind:

[2] *Sokrates und Alcibiades*

> «*Warum huldigest du, heiliger Sokrates,*
>   *Diesem Jünglinge stets? Kennest du Größeres nicht?*
>   *Warum siehet mit Liebe,*
>   *Wie auf Götter, dein Aug' auf ihn?*»

Die Antwort gibt die zweite Strophe.

> «*Wer das Tiefste gedacht, liebt das Lebendigste,*
>   *Hohe Jugend versteht, wer in die Welt geblikt,*
>   *Und es neigen die Weisen*
>   *Oft am Ende zu Schönem sich.*»

Uns geht der Vers an:

> «*Wer das Tiefste gedacht, liebt das Lebendigste*».

Wir überhören jedoch bei diesem Vers allzuleicht die eigentlich sagenden und deshalb tragenden Worte. Die sagenden Worte sind die Verba. Wir hören das Verbale des Verses, wenn wir ihn, dem gewöhnlichen Ohr ungewohnt, anders betonen:

«Wer das Tiefste gedacht, liebt das Lebendigste».

Die nächste Nähe der beiden Verba «gedacht» und «liebt» bildet die Mitte des Verses. Demnach gründet die Liebe darin, daß wir Tiefstes gedacht haben. Solches Gedachthaben entstammt vermutlich jenem Gedächtnis, in dessen Denken sogar das Dichten und mit ihm alle Kunst beruht. Was heißt dann aber «denken»? Was z. B. schwimmen heißt, lernen wir nie durch eine Abhandlung über das Schwimmen. Was schwimmen heißt, sagt uns der Sprung in den Strom. Wir lernen so das Element erst kennen, worin sich das Schwimmen bewegen muß. Welches ist jedoch das Element, worin sich das Denken bewegt?

Gesetzt, die Behauptung, daß wir noch nicht denken, sei wahr, dann sagt sie zugleich, daß unser Denken sich noch nicht eigens in seinem eigentlichen Element bewege und zwar deshalb, weil das zu-Denkende sich uns entzieht. Was sich auf solche Weise uns vorenthält und darum ungedacht bleibt, können wir von uns aus nicht in die Ankunft zwingen, selbst den günstigen Fall angenommen, daß wir schon deutlich in das vordächten, was sich uns vorenthält.

So bleibt uns nur eines, nämlich zu warten, bis das zu-Denkende sich uns zuspricht. Doch *warten* besagt hier keineswegs, daß wir das Denken vorerst noch verschieben. Warten heißt hier: Ausschau halten und zwar innerhalb des schon Gedachten nach dem Ungedachten, das sich im schon Gedachten noch verbirgt. Durch solches Warten sind wir bereits denkend auf einen Gang in das zu-Denkende unterwegs. Der Gang könnte ein Irrgang sein. Er bliebe jedoch einzig darauf gestimmt, dem zu entsprechen, was es zu bedenken gibt.

Woran sollen wir jedoch das, was dem Menschen vor allem anderen einsther zu denken gibt, überhaupt bemerken? Wie kann sich das Bedenklichste uns zeigen? Es hieß: das Bedenklichste zeigt sich in unserer bedenklichen Zeit daran, daß wir noch nicht denken, noch nicht in der Weise, daß wir dem Bedenklichsten eigens entsprechen. Wir sind bislang in das eigene Wesen des Denkens nicht eingegangen, um darin zu wohnen. Wir denken in diesem Sinne noch nicht eigentlich. Aber dies gerade sagt: wir denken bereits, wir sind jedoch trotz aller Logik noch nicht eigens mit dem Element vertraut, worin das Denken eigentlich denkt. Darum wissen wir noch nicht einmal hinreichend, in welchem Element schon das bisherige Denken sich bewegt, insofern es ein Denken ist. Der Grundzug des bisherigen Denkens ist das Vernehmen. Das Vermögen dazu heißt die Vernunft.

Was vernimmt die Vernunft? In welchem Element hält sich das Vernehmen auf, daß hierdurch ein Denken geschieht? Vernehmen ist die Übersetzung des griechischen Wortes νοεῖν, das bedeutet: etwas Anwesendes bemerken, merkend es vornehmen und als Anwesendes es annehmen. Dieses vornehmende Vernehmen ist ein Vor-stellen, in dem einfachen, weiten und zugleich wesentlichen Sinne, daß wir Anwesendes vor uns stehen- und liegenlassen, wie es liegt und steht.

[3]Derjenige unter den frühgriechischen Denkern, der das Wesen des bisherigen abendländischen Denkens maßgebend bestimmt, achtet jedoch, wenn er vom Denken handelt, keineswegs lediglich und niemals zuerst auf das, was wir das bloße Denken nennen möchten. Vielmehr beruht die Wesensbestimmung des Denkens gerade darin, daß sein Wesen von dem her bestimmt bleibt, was das Denken als Vernehmen vernimmt — nämlich das Seiende in seinem Sein.

Parmenides sagt (*Fragmente* VIII, 34/36):

ταὐτόν δ'ἐστὶ νοεῖν τε καὶ οὕνεκεν ἔστι νόημα.
οὐ γὰρ ἄνευ τοῦ ἐόντος, ἐν ὧι πεφατισμένον ἐστιν,
εὑρήσεις τὸ νοεῖν.

«*Das Selbe aber ist Vernehmen sowohl als auch (das),*
wessentwegen Vernehmen ist.
Nicht nämlich ohne das Sein des Seienden, in welchem es
(nämlich das Vernehmen) als Gesagtes ist,
wirst du das Vernehmen finden.»

Aus diesen Worten des Parmenides tritt klar ans Licht: das Denken empfängt als Vernehmen sein Wesen aus dem Sein des Seienden. Doch was heißt hier und für die Griechen und in der Folge für das gesamte abendländische Denken bis zur Stunde: Sein des Seienden? Die Antwort auf diese bisher nie gestellte, weil allzu einfache Frage lautet: Sein des Seienden heißt: Anwesen des Anwesenden, Präsenz des Präsenten. Die Antwort ist ein Sprung ins Dunkle.

Was das Denken als Vernehmen vernimmt, ist das Präsente in seiner Präsenz. An ihr nimmt das Denken das Maß für sein Wesen als Vernehmen. Demgemäß ist das Denken jene Präsentation des Präsenten, die uns das Anwesende in seiner Anwesenheit zu-stellt und es damit vor uns stellt, damit wir vor dem Anwesenden stehen und innerhalb seiner dieses Stehen ausstehen können. Das Denken stellt als diese Präsentation das Anwesende in die Beziehung auf uns zu, stellt es zurück zu uns her. Die Präsentation ist darum Re-präsentation. Das Wort *repraesentatio* ist der später geläufige Name für das Vorstellen.

Der Grundzug des bisherigen Denkens ist das Vorstellen. Nach der alten Lehre vom Denken vollzieht sich dieses Vorstellen im λόγος, welches Wort hier Aussage, Urteil bedeutet. Die Lehre vom Denken, vom λόγος, heißt darum Logik. Kant nimmt auf eine einfache Weise die überlieferte Kennzeichnung des Denkens als Vorstellen auf, wenn er den Grundakt des Denkens, das Urteil, als die Vorstellung einer Vorstellung des Gegenstandes bestimmt (*Kritik der reinen Vernunft* A. 68,

22

B. 93). Urteilen wir z. B. «dieser Weg ist steinig», dann wird im Urteil die Vorstellung des Gegenstandes, d. h. des Weges, ihrerseits vorgestellt, nämlich als steinig.

Der Grundzug des Denkens ist das Vorstellen. Im Vorstellen entfaltet sich das Vernehmen. Das Vorstellen selbst ist Re-Präsentation. Doch weshalb beruht das Denken im Vernehmen? Weshalb entfaltet sich das Vernehmen im Vorstellen? Weshalb ist das Vorstellen Re-Präsentation? Die Philosophie verfährt so, als gäbe es hier überall nichts zu fragen.

Daß jedoch das bisherige Denken im Vorstellen und das Vorstellen in der Re-Präsentation beruht, dies hat seine lange Herkunft. Sie verbirgt sich in einem unscheinbaren Ereignis: das Sein des Seienden erscheint am Anfang der Geschichte des Abendlandes, erscheint für ihren ganzen Verlauf als Präsenz, als Anwesen. Dieses Erscheinen des Seins als das Anwesen des Anwesenden ist selbst *der* Anfang der abendländischen Geschichte, gesetzt, daß wir die Geschichte nicht nur nach den Geschehnissen vorstellen, sondern zuvor nach dem denken, was durch die Geschichte im vorhinein und alles Geschehende durchwaltend geschickt ist.

Sein heißt Anwesen. Dieser leicht hingesagte Grundzug des Seins, das Anwesen, wird nun aber in dem Augenblick geheimnisvoll, da wir erwachen und beachten, wohin dasjenige, was wir Anwesenheit nennen, unser Denken verweist.

Anwesendes ist Währendes, das in die Unverborgenheit herein und innerhalb ihrer west. Anwesen ereignet sich nur, wo bereits Unverborgenheit waltet. Anwesendes ist aber, insofern es in die Unverborgenheit hereinwährt, gegenwärtig.

Darum gehört zum Anwesen nicht nur Unverborgenheit, sondern Gegenwart. Diese im Anwesen waltende Gegenwart ist ein Charakter der Zeit. Deren Wesen läßt sich aber durch den überlieferten Zeitbegriff niemals fassen.

Im Sein, das als Anwesen erchienen ist, bleibt jedoch die darin waltende Unverborgenheit auf die gleiche Weise ungedacht wie das darin waltende Wesen von Gegenwart und Zeit. Vermutlich gehören Unverborgenheit und Gegenwart als Zeitwesen zusammen. Insoweit wir das Seiende in seinem Sein vernehmen, insofern wir, neuzeitlich gesprochen, die Gegenstände in ihrer Gegenständlichkeit vorstellen, denken wir bereits. Auf solche Weise denken wir schon lange. Aber wir denken gleichwohl noch nicht eigentlich, solange unbedacht bleibt, worin das Sein des Seienden beruht, wenn es als Anwesenheit erscheint.

Die Wesensherkunft des Seins des Seienden ist ungedacht. Das eigentlich zu-Denkende bleibt vorenthalten. Es ist noch nicht für uns denkwürdig geworden. Deshalb ist unser Denken noch nicht eigens in sein Element gelangt. Wir denken noch nicht eigentlich. Darum *fragen* wir: was heißt Denken?

COMMENTARY

Text: Martin Heidegger, *Vorträge und Aufsätze* (G. Neske Verlag, Pfullingen, 1954), 129–43.

1. *Mnemosyne:* Goddess of Memory, and mother, by Zeus, of the Muses. Hölderlin wrote three widely diverging versions of this poem in or around the year 1803: the lines that Heidegger quotes are the opening of the second (*Grosse Stuttgarter Ausgabe* ed. F. Beissner and A. Beck, 1946 ff, Vol. II, 195–6).

2. *Sokrates und Alcibiades:* written ca. 1798 (*ed. cit.* I, 260).

3. *Derjenige unter den frühgriechischen Denkern* etc.: the pre-Socratic thinker Parmenides (5th century B. C.), who, in his poem *On Nature*, put forward a metaphysical argument, based on the assumption that words have a constant meaning, for the identity of past and present, and thus for the denial of the reality of change.

It is in his methodological attachment to the literality of meaning, and hence in the cyclical tendency of his method, that Heidegger shows his particular indebtedness to Parmenides. As in his exposition of νοεῖν here, he enjoys excursions into etymology to illustrate a point, but such ploys tend to irritate, because although he starts with the dissection of a Greek (or Latin) word and translates each dissected element into a German equivalent, he proceeds to use the etymological relationships between these *German* equivalents to further his argument. The results are, naturally, quite bogus in any other than a metaphorical, 'inspirational' sense. In *Was ist Metaphysik?* for example, he takes the word 'metaphysics' (= μετὰ τὰ φυσικὰ, 'beyond the physical'), translates μετὰ as 'über ... hinaus', with the modern implications that this construction has, and re-applies these implications to the Greek original, giving it meanings that it was never meant to have (*Was ist Metaphysik? ed. cit.* 15). Similarly, to translate τοῦ ἐόντος in *Was heisst Denken?* as 'das Sein des Seienden'—virtually a technical term of Heidegger's coinage (see Introduction p. 306f. above)—and blandly to resume the argument with 'Aus diesen Worten des Parmenides ...' taxes one's credulity. His continued verbal sophistries—'Anwesen des Anwesenden, Präsenz des Präsenten'—, for all their suggestiveness, cannot but leave the impression that so highly personal a method is drawing one further and further away from the alleged realities behind the words.

BIBLIOGRAPHICAL NOTE

To compile a general bibliography for a volume of this kind would virtually mean writing a second book as long as the first. The brief individual bibliographies to each author and text suggest a few readily accessible works through which the study of the many subjects involved can be taken further, but readers may also find it useful to refer to the following more general modern studies of German culture—each of which, in turn, has its own historical, philosophical, political and literary bibliography—as a means of drawing together the diverse strands of development which the present work has been concerned to reveal.

D. M. van Abbé, *Image of a People* (London, 1964)

R. Aron, *German Sociology* (transl. M. and T. Bottomore, London, 1964)

G. Barraclough, *The Origins of Modern Germany* (Oxford, 1946)

L. Bergsträsser, *Geschichte der politischen Parteien in Deutschland* (11th ed. by W. Mommsen, 1965)

— *Politik in Wissenschaft und Bildung* (Freiburg, 1961)

H. P. Bleuel, *Deutschlands Bekenner. Professoren zwischen Kaiserreich und Diktatur* (Berne, 1968)

E. R. Curtius, *Deutscher Geist in Gefahr* (Stuttgart/Berlin, 1932)

R. Dahrendorf, *Society and Democracy in Germany* (London, 1967)

L. Dehio, *Germany and World Politics in the Twentieth Century* (transl. D. Pevsner, London, 1959)

R. Eschenburg, *Staat und Gesellschaft in Deutschland* (Stuttgart, 1956)

P. Gay, *Weimar Culture. The Outsider as Insider* (London, 1968)

T. Geiger, *Die soziale Schichtung des deutschen Volkes* (Stuttgart, 1932)

R. D. Gray, *The German Tradition in Literature 1871–1945* (Cambridge, 1965)

A. Grosser, *Germany in our Time* (London, 1972)

H. Kohn, *The Mind of Germany* (London, 1961)

L. Krieger, *The German Idea of Freedom: History of a Political Tradition* (Boston, 1957)

F. Lion, *Romantik als deutsches Schicksal* (Stuttgart, 1947)

G. Lukács, *Die Zerstörung der Vernunft* (Neuwied, 1962)

W. M. McGovern, *From Luther to Hitler. The History of Fascist-Nazi Political Philosophy* (Boston/New York/Chicago, 1941)

F. Meinecke, *The German Catastrophe: Reflections and Recollections* (transl. S. B. Fay, Cambridge, Mass., 1950)

G. L. Mosse, *The Crisis of German Ideology* (New York, 1964)

K. S. Pinson, *Modern Germany: Its History and Civilisation*, (2nd ed. New York, 1966)

W. K. Pfeiler, *War and the German Mind* (New York, 1941)

H. Plessner, *Die verspätete Nation: Über die politische Verführbarkeit bürgerlichen Geistes* (Stuttgart, 1959)

F. K. Ringer, *The Decline of the German Mandarins* (Cambridge, Mass., 1969)

R. H. Samuel and R. H. Thomas, *Education and Society in Modern Germany* (London, 1949)

G. Ritter, *Das deutsche Problem* (Munich, 1962)

K. Schwabe, *Wissenschaft und Kriegsmoral. Die deutschen Hochschullehrer und die politischen Grundfragen des Ersten Weltkrieges* (Göttingen, 1969)

F. C. Sell, *Die Tragödie des deutschen Liberalismus* (Stuttgart, 1953)

L. L. Snyder, *German Nationalism. The Tragedy of a People* (Harrisburg, 1952)

F. Stern, *The Politics of Cultural Despair* (Berkeley, 1961)

S. D. Stirk, *The Prussian Spirit. A Survey of German Literature and Politics 1914–1940* (London, 1941)

E. Vermeil, *L'Allemagne contemporaine 1890—1950* (Paris, 1953; Engl. trans. London, 1956)